KB129136

Zen Therapy
A Buddhist Approach to Psychotherapy

David Brazier 저 | 김용환 · 박종래 · 한기연 공역

학지사

Zen Therapy: A Buddhist Approach to Psychotherapy
by David Brazier

Korean Translation Copyright © 2007 by Hakjisa Publisher
Copyright © David Brazier 1995, 2001
All rights reserved.

Published by arrangement with Constable & Robinson Ltd., London, UK
through Bestun Korea Agency, Seoul, Korea.
All rights reserved.

본 저작물의 한국어판 저작권은 베스툰 코리아 에이전시를 통하여
Constable & Robinson Ltd와 독점 계약한 학지사가 소유합니다.
신 저작권법에 의해 한국 내에서 보호를 받는 저작물이므로
무단전재와 무단복제를 금합니다.

역자 서문

　영국의 역사가 아널드 토인비는 서양에서의 역사적 변화 중에서 가장 중요하면서도 그 영향에 대한 이해가 가장 부족한 것이 동양의 종교인 불교와의 만남이라고 기술하였다. 그는 이러한 만남이 제1, 2차 세계대전이나 원자 폭탄 또는 우주 탐험과 같은 역사적 사건보다 훨씬 더 중대한 영향을 앞으로의 인류 세계에 미칠 것이라고 예측하였다. 불교에 대한 서양의 지식인에 의한 이러한 관심과 평가는 과학의 발전과 더불어 우주와 생명의 기원에 관한 이해가 심화되면서 절대자를 중심으로 하는 종교적 세계관의 근본에 대한 확신이 약화되어 온 흐름과 결코 무관하지 않을 것이다. 그러나 불교에는 토인비가 지적한 바와 같은 보편적 종교로서의 측면 이외에 더 광대한 의미가 내재되어 있는 것 또한 사실이다. 20세기 최고의 과학자 알베르트 아인슈타인은 우주적인 종교적 체험을 일깨우고 생동감 넘치게 하는 것이 예술과 과학이 해야 할 가장 중요한 기능이라고 하였다. 또한 그는 그러한 우주적인 종교적 체험이 과학자로 하여금 헌신적으로 연구에 몰입하게 하는 가장 강력하고 고귀한 동기가 되며 불교야말로 이러한 요소가 특히 강하다고 지적하였다. 이러한 관점은 과학과 종교의 관계를 대립적인 것으로 보는 일반적인 견해와 너무나 다르기 때문에 이상하게 보일지도 모른다. 우리가 그러한 체험을 하게 되면 그동안 실재한다고 생각해 왔던 '자아'라는 것이 오히려 자신을 가두는 감옥처럼 느껴질 것이다. 인간의 욕망과 삶에 절대적인 실체가 있는 것도 아니며 모든 것은 강물처럼 말없이 그냥 흘러갈 뿐이다. 밤하늘에 빛나는 수많은 별, 그들과 더불어 운행하는 푸른 지구, 그 사이에 펼쳐진 헤아릴 수 없는 생명의 흐름이 물결치는 거대하고 장엄한 질서 속에서 함께 춤추며 흐르고 있는 한 생명체가 인간이라는 이름으로 명멸하고 있는 것이다.

  몇 년 전 '매트릭스'라는 영화가 전 세계인의 마음을 사로잡은 것을 기억할 것이다. 이 영화는 단순히 현대적 영화 기법상의 현란함이 불러일으키는 흥미진진한 긴장감을 뛰어넘어 삶의 본질과 인간의 실존에 관하여 철저한 성찰을 하게 함으로써 많은 사람에게 깊은 감명을 주었다. 뿐만 아니라 이 영화의 감독인 워쇼스키 형제는 이 영화를 두고 제기된 온갖 종류의 종교적, 철학적, 사회학적 해석과 의문에 침묵

함으로써 다양하고 폭넓은 담론이 이루어지도록 하였다. 하지만 영화를 보면 알 수 있듯이 워쇼스키 형제의 사상과 이들이 쓴 시나리오에 불교의 영향이 뚜렷하다는 것은 의문의 여지가 없으며 1999년의 인터뷰에서도 이것은 확인되었다. 매트릭스란 무엇인가? 아인슈타인이 말했듯이 그것은 우리 자신의 실존적 상황을 온갖 조건과 이유를 붙여 규정짓는 마음의 감옥인 것이다. 이러한 마음의 감옥에서 벗어나는 것이 우리의 근본적인 괴로움, 아픔과 슬픔을 치유하는 길인 것이다. 이것이 바로 선(禪) 수행의 핵심이기도 하다. 대행 선사는 말한다. "세상에 그 어떤 감옥보다도 더 무서운 감옥이 있다면 그것은 바로 생각의 감옥이다. 세상에 가장 넘기 어려운 벽이 있다면 그것은 바로 관념의 벽이다. 수행이란 어떤 측면에서 보면 바로 그러한 생각의 벽, 관념의 차이를 벗어나는 것이다." 즉, 우리는 온갖 생각과 관념으로 가득 찬 마음의 감옥에 갇혀 있는 것이다. 마음의 감옥에 갇혀 있기 때문에 우리는 좋아하고 싫어하며 분노하고 집착하며 아픔을 주고 아픔을 받으며 사는 삶을 끊임없이 되풀이하고 있는 것이다.

이 책은 영국의 심리학자이자 선 수행자인 데이비드 브레이저 (David Brazier)의 주요 저작인 『Zen Therapy』를 번역한 것이다. 이 책을 번역하게 된 것은 앞에서 언급한 관점, 즉 종교와 과학을 둘로 보지 않는 아인슈타인의 관점과 같은 입장에서 볼 때 이 책이 비교적 하나의 좋은 사례를 제시하고 있기 때문이다. 나아가 저자의 수많은 임상 체험을 담은 소중한 이야기가 우리의 마음에 잔잔한 감동을 주는 것 또한 이 책의 중요한 장점일 것이다. 뿐만 아니라 이 책은 서구식 교육에 길들여져 있는 현대인에게 부처님의 가르침을 좀 더 이해하기 쉬운 방식으로 전하기 위하여 집필되었다. 그러한 저자의 원래 의도가 충분히 달성되었는지는 독자가 판단할 몫이지만 만약 불충분하다고 느껴진다면 번역을 한 역자들에게도 책임이 있을 것이다. 우리는 이 책을 번역하면서 저자의 진실한 마음과 철저한 수행 정신을 느낄 수 있어서 좋았지만, 불교의 역사가 장구한 우리나라에서 이러한 책을 저술하지는 못하고 번역해야 하는 현실에 참으로 부끄러움을 느끼지 않을 수 없었다. 그러나 다른 한편으로 여기서 동양 정신인 선과 서양 과학인 심리치료가 융합될 수 있는 하나의 모델을 발견하게 된 것은 또 다른 기쁨이었다는 사실도 부인할 수 없다.

지금 한류를 통하여 우리의 대중문화가 세계로 나아가는 첫걸음을 내딛고 있지만 정작 소중한 우리의 정신문화에 대한 인식은 미미하기만 한 것이 현재 우리의 모습이다. 그러나 선이라는 인류 문명의 금자탑을 면면히 이어 온 우리나라의 뛰어난 선지식은 이미 현대 과학의 한계를 직시하고 새로운 정신문명으로 이를 극복해야 함을 역설하였다. 예를 들어 한국 현대 불교의 중흥조인 경허 선사의 제자인 만공 선사는 다음과 같이 말하였다. "현대 과학이 아무리 만능을 자랑하지만 자타를 위하여 순용되지 않고 역용되는 이상 그것은 인류에게 실리를 주는 것보다 해독을 더 많이 주는 것이다. 다만 세계가 불법(佛法)을 생활화하여 물질과 정신이 합치된 참된 과학의 시대가 와야 전 인류는 합리적인 제도하에서 안정된 생활을 하게 될 것이니, 정신문명을 건설하여야 잘 살 수 있느니라. 물질과학의 힘으로 자연의 일부는 정복할지언정 자연의 전체를 정복할 수 없을 것이다." 만공 선사는 물질과 마음이 둘 아닌 한마음을 인류가 증득하는 단계에 이르러야 참된 과학 시대를 열 수 있다는 것이다. 이러한 비전을 우리가 얼마나 마음에 새기고 있는지는 스스로 자문해 볼 일이지만, 참된 과학 시대를 열기 위하여 많은 사람이 피눈물 나는 헌신적인 노력을 하여야 할 것임은 분명하다. 대행 선사가 제시하는 다음과 같은 비전은 그것이 하나의 망상이 아니라 구체적으로 실현 가능한 길이라는 희망의 메시지를 담고 있다.

깊이 알고 보면 마음의 과학이야말로 깊고 아름답고 선(善)한 참과학임을 알 수가 있을 것입니다. 왜냐하면 마음법은 무위(無爲)의 과학이기 때문입니다. 일반적인 과학은 유위법(有爲法)을 다루어 이치를 밝힙니다. 그리하여 사람들에게 여러 가지로 편리한 것을 제공합니다. 그런데 마음법은 보이지 않는 원리, 우리의 머리로는 생각할 수 없는 이치까지도 밝혀 줍니다. 그리고 마침내 사람들을 완전한 상태로 진화시켜 주는 것입니다. 그렇기 때문에 우리는 부처님 법을 배워야 합니다. 그

렇게 되면 유위행과 무위행이 두루 갖추어져서 우리의 삶은 어떤 일에
든 자유롭고 드넓은 것이 될 수 있기 때문입니다. 그것을 모르고서 그
냥 일반적인 과학이 전부인 줄로만 알고 산다면 우리는 끝끝내 우리 자
신을 발현할 수 없게 됩니다. 즉, 우리 자신이 진정한 우리 자신이 되
는, 우리의 목표인 열반에 이를 수 없게 되는 것입니다. 그것이 곧 자기
자신, 즉 주인공을 찾는 공부입니다. 자기 자신이 진정 자기 자신으로
돌아가는 그 자리로부터 모든 문제는 풀리기 시작합니다. 거기에서만
이 나의 문제도, 가정의 문제도, 사회의 문제도, 국가와 인류의 문제도
다 풀리게 되는 것입니다.

2007년 6월
한마음과학원에서
法賀 김용환 합장

한국어판 저자 서문

이 한국어판 서문을 통하여 나는 이 책이 내 삶과 생각에 얼마나 중요한가 하는 것과 1995년에 영어판이 출간된 이후의 변화에 대하여 이야기하고자 한다. 과거에 심리치료에 관한 두 권의 저서를 낸 적은 있지만 이 책은 불교에 관하여 내가 쓴 첫 번째 책이다. 이 책에서 나는 불교 수행자의 관점에서 불교의 가르침에 내재되어 있는 심리학적 측면을 제시할 수 있었다. 하지만 이것은 단순히 불교와 서양사상을 비교하는 것과는 다르다. 이 책을 쓸 당시 내 머릿속에 있던 의문은 바로 '불교를 심리치료의 심리학으로 본다면 그것은 어떤 형태의 심리치료인 것인가.' 하는 것이었다.

불교는 문화, 종교, 교육 그리고 전통일 뿐만 아니라 수많은 것이 될 수 있다. 심리학으로서의 불교는 그중 하나라는 것이 나의 생각이었다. 그래서 나는 불교가 어떠한 심리학인지를 말하고 싶었고, 이를 위해 주로 아비달마(阿毘達磨, Abhidharma)라고 하는 초기 불교 원전에 의지하였다. 아비달마에서는 부처님의 초기 제자들이 그 가르침을 체계화하려는 노력을 찾아볼 수 있기 때문에 이 작업은 의미가 있었다.

이를 통하여 한편으로 나는 아비달마의 일정 부분은 세계 최초의 심리학 교과서로 간주될 수 있다는 사실을 발견하였다. 하지만 다른 한편으로 아비달마의 저자들이 가졌던 의미는 현대의 심리학자가 받아들일 수 있는 것과는 조금 다르다는 사실도 알게 되었다. 아비달마의 저작자들이 마음을 수많은 요소로 구분하는 데 주력한 반면, 현대의 심리학자는 마음에서의 인과과정과 그 작용 원리에 대하여 관심을 가지고 있다.

그러나 나는 불교와 현대 심리학의 연구 모두 실질적으로 서로 상대를 암시하고 있다는 것을 깨닫게 되었다. 그래서 이 책을 통하여 내가 한 일은 2,000년 전보다 훨씬 이전에 마음을 연구한 수행자들에 의하여 만들어진 이 초기원전을 현대인이 더 잘 이해할 수 있는 형식으로 재구성하는 것이었다. 내가 염두에 두는 사람들은 영적 수행자나 심리치료사다. 번뇌와 고통에 휘둘리는 우리의 삶에도 불구하고 모든 부처님의 가르침은 우리가 자신의 몸과 마음으로 이 세상에서 건설적이고 고귀한 삶을 살아갈 수 있도록 돕는 데 그 목적이 있다. 나는 이러한

부처님의 가르침을 사람들이 더욱더 쉽게 받아들이기를 발원하며 이
책을 썼지만 성공 여부에 대한 판단은 독자 여러분의 몫이다.

영국인이 쓴 불교서적의 한국어판 번역서에 이러한 글을 쓰는 것은
나에게 조금 이상하게 느껴진다. 왜냐하면 한국은 수 세기 동안 불교
의 나라였고, 영국에서 불교는 전체적으로 보았을 때 최근 소수의 사
람들에 의하여 수입된 것이기 때문이다. 어떻게 내가 부처님의 광대무
변한 가르침에 대하여 여러분에게 무언가를 말할 수 있다고 하겠는
가?

불교는 과거 수백 년간에 걸쳐 실질적인 부흥을 이루어 나가고 있
다. 그것은 서양으로 전파되었을 뿐 아니라 동양의 수많은 지역에서도
되살아나고 있다. 이러한 발전에 있어 불교가 어떻게 현대 생활에 영
향을 미칠 수 있는가 하는 것에 대한 관심은 동서양 모두 공통적이다.
현대 문화를 구성하는 데 있어 심리학은 매우 중요한 요소다. 독자 여
러분에 비해 내가 더 우월한 지식을 가지고 있다고 주장할 수는 없다.
그렇지만 일반적이고 개인적인 관심사로서 불교를 심리치료의 실천

학문으로 탐구하는 이 길에 여러분을 초대할 수는 있을 것이다. 우리는 함께 그 영역을 탐구할 수 있다.

저술 활동으로 인하여 내가 가지는 가장 큰 즐거움 중의 하나는 새로운 벗을 만난다는 것이다. 내 책을 읽은 사람들은 나에게 가끔 편지를 보내오는데 나는 이러한 교류를 환영해 마지않는다. 어느 누구도 삶에서 가장 중요한 문제에 대하여 빙산의 일각보다 더 많이 안다고 할 수 없다. 삶의 신비스러움을 탐구하는 우리의 여정에서 서로 의견을 나누고 서로 도와주며 서로 격려해 주는 일은 항상 좋은 일이다.

이 책의 초판이 출간된 다음 1년이 채 되지 않아 아미타 트러스트 (Amida Trust)라는 단체가 만들어졌고 그때부터 지금까지 나는 그 단체에서 불교의 가르침을 전하는 역할을 맡고 있다. 그 이후 지난 11년 동안에 걸쳐 아미타 트러스트는 세 가지 주요 방향을 중심으로 발전해 왔다. 첫째, 그것은 불교 심리치료의 교육 기관이 되었고, 둘째, 영국을 비롯하여 아프리카와 남아시아에서 참여 불교의 프로젝트를 지원해 왔으며, 마지막으로 이제는 교단으로 조직된 활발한 영적 수행 공동체로 발전하고 있다. 이러한 새로운 불교 운동은 아이디어와 실험을 촉진하지만 또한 직업 교육의 센터이기도 한 것이다. 우리는 이 모든 것이 오늘날의 세계에 적합한 불교의 현대화를 이루는 데 공헌할 것이라고 본다.

이 책 『Zen Therapy』가 나의 주요 저작이지만 그동안 나는 『The Feeling Buddha』와 『The New Buddhism』이라는 두 권의 책을 추가로 출판하였다. 그리고 『Who Loves Dies Well』이라는 책을 올해 영국에서 출판할 예정이다. 나의 아내 캐롤라인 또한 아미타 트러스트에서 활동하고 있으며 『Buddhist Psychology』라는 책을 출판하였고 『The Other Buddhism: Amida comes West』라는 책을 곧 출간할 예정이다. 이 책 모두가 『Zen Therapy』와 더불어 시작된 우리의 노력이 꽃피워 나온 것이다.

물론 지금 나는, 과거부터 지금까지 불교에 대한 광범위한 성찰이 이루어져 왔으며 동양의 지혜와 서양의 심리학 사이의 관계에 대한 연구가 이미 상당히 진전되어 있는 한국이라는 땅에서 이 책이 어떻게 받아들여질지 깊은 관심을 가지고 있다. 한국어를 알지 못하는 나를 대신하여 한국의 독자가 이 책을 읽을 수 있도록 번역해 준 역자들에게 지면을 빌려 깊이 감사드린다.

2007년 6월
한국어 번역판 출간을 기념하며
저자 David Brazier

차 례

제**3**부 선 치료의 길

제**1**부

선 치료의 기초

첫 단계

어느 추운 봄날

내가 선(禪)이 가진 심리치료의 힘을 첫 경험한 것은 내 생애 처음으로 참가하였던 선 수련회에서 만난 스승과의 첫 면담 때였다. 약 25년 여 전에 있었던 이 면담은 내 삶을 송두리째 바꾸어 놓는 전환점이 되었다. 그 이전에도 불교에 대해 관심을 가지고는 있었지만, 이 만남이야말로 내게는 실질적인 시험대가 될 터였다. 그때 나는 무슨 일이 일어나든 받아들일 준비를 하고 있었으며, 실망하지 않을까 하는 생각에 각오를 단단히 하고 있었던 것 같다.

그 수련회에서 우리는 묵언 명상으로 하루의 대부분을 보내고 있었다. 바깥 날씨는 살을 에는 듯이 추웠다. 전날 내린 눈은 밤새 얼어붙었고, 잠깐의 휴식 시간에 밖으로 나가 보면 눈은 발아래서 뽀드득뽀드득 소리를 냈다.

내 차례가 되어, 나는 선실 2층에 있는 작은 방으로 올라갔다. 방문을 두드리는 소리에 안에서 들어오라는 말이 들렸고, 나는 들어가 자리에 앉았다. 잠깐 동안 침묵의 시간이 흘렀다. 그녀는 내게 먼저 말문을 열 기회를 주었다. 하지만 나는 여전히 침묵하고 있었다. 그녀는 틀림없이 내가 당황하고 있음을 알아차렸을 것이다. 나는 그때 상당히 쑥스러워하고 있었다.

그녀는 나를 정면으로 뚫어질 듯이 바라보았다. 그녀의 기분은 짐작할 수 없었지만 그 눈빛에서 친절함을 느낄 수 있었다. 불과 1분 안팎의 시간이었지만 일생만큼이나 길게 느껴지던 때였다. 바로 그때 그녀가 먼저 나를 구해 주었다.

'뭔가 하실 말씀이 있습니까?' 하고 그녀가 물었다.

이와 같은 질문에는 어떤 것을 말해도 좋기 때문에 나는 무엇이든 내가 하고 싶은 말을 할 수 있었다. 예컨대 명상 수행의 기술적인 측면을 이야기하기 위한 시발점으로 활용한다거나 내 삶에 대한 이야기를 시작하는 계기로 삼을 수도 있었다. 그러나 나는 그 순간 더욱더 얼어붙고 말았다.

내가 사소한 말 한마디라도 할 수 없게 만드는 묘한 무엇이 그녀에게서 풍겨 나오고 있었기 때문이다. 그 순간 모든 것이 다르게 받아들여졌다. 그 방에 들어가기 전에 내 삶에서 그토록 중요하게 생각되었던 모든 것이 더 이상 중요하게 여겨지지 않았다. '뭔가 하실 말씀이 있습니까?' 라는 간단해 보이는 이 질문은 평범하게 기대할 수 있는 답변 이상을 요구하고 있었다. 그것은 마치 내게 '궁극적인 진리에 대해 무엇인가 말할 수 있겠습니까? 지금 바로 말할 수 있겠습니까?' 라고 묻는 것처럼 느껴졌다. 실로 수많은 생각이 섬광처럼 내 머릿속을 스치고 있었지만, 내 삶을 통틀어 아무것도 그 시험을 통과할 만한 답은 없었다.

바로 그때, 마치 우주만물이 나를 구해 주는 듯한 순간이 왔다. 나의 삶이 마치 흩어지는 물방울처럼 떨어져 나가고 있었고, 남아 있는 것이라곤 우리 두 사람, 추운 날 얼어붙은 정원 쪽으로 창문을 열어 놓은 방 안에서 서로 얼굴을 맞대고 앉아 있는 우리 두 사람뿐이었다.

'새들은 노래할 뿐이죠!' 라고 내가 말했다.

그녀의 입가에 미소가 번졌다. 그녀와 주고받은 말은 한두 마디에 지나지 않았지만, 그것은 내 삶의 방향을 송두리째 바꾸어 놓았다.

진리의 한마디

선이 우리에게 도전으로 제시하는 것은 참으로 진실된 그 무엇, 즉 진정한 빛을 찾기 위하여 생생하게 살아 있는 존재감을 뼛속 깊숙이 체험해 보는 것이다. 위에서 소개하였듯이 나 자신이 선과 처음으로 마주쳤을 때의 그 빛은 마치 반딧불처럼 아주 미약한 것이었지만 그 영향은 그야말로 마음 깊숙한 곳까지 퍼져 나가는 것이었다. 빛은 역시 빛인 것이다.

선은 간단하게 말하면 온전하게 깨어 있는 삶을 사는 것이다. 물론 선은 불교의 한 형태다. 그러나 이것은 같은 것을 달리 말하는 것에 지나지 않는다. 왜냐하면 불교는 깨달음의 체험을 통하여 존재의 근원을 발견함으로써 정신의 자유를 성취하는 길이기 때문이다. 불교의 역사는 석가모니 부처까지 거슬러 올라간다. 그는 약 2,500년 전에 인도에서 살았으며, 길고 험난한 탐구 끝에 삶의 진리를 깨달았다. 그러므로 선은 관념적인 것이기보다는 체험적인 것이다. 선은 석가모니 부처의 수행 정신과 방법을 채택하고 있지만 바로 지금 여기 우리의 삶 속에서 그것을 실천하고자 하는 것이다.

이 점은 아래에 있는 달마대사의 유명한 말에서도 확인된다.

가르침을 떠나 별도로 전하노니 (教外別傳)

문자에 의지하지 말고 (不立文字)

곧바로 마음으로 들어가라 (直指人心)

그러면 자성을 발견하여 부처가 되리니 (見性成佛).

선은 간단하게 말해서 마음에 의해 마음을 일깨우는 것이고 진실함에 의해 진실함을 깨우치는 것이다. 비록 언어로 선을 표현할 수 있고 지칭할 수 있다 하더라도 언어가 그것을 대신할 수는 없다. 선은 모든 비본질적인 것에 대한 관심이 다 사라졌을 때 일어나는 진정한 체험인 것이다.

---

1) 역주: 고(苦)는 산스크리트어로는 'duhkha', 팔리어로는 'dukkha'며 불교의 가르침에서 중심적인 역할을 하는 중요한 개념이다. 영어로는 'suffering'으로 번역되며 우리말로는 '고'라고 번역된다. 일반적으로 고는 사람이 태어나서, 늙고, 병들고, 죽는 생로병사의 고를 의미하지만, 사실은 그보다 더욱 포괄적인 뜻을 가지고 있다. 즉, 그것은 무언가 싫게 느껴질 때의

석가모니 부처는 당신이나 나처럼 한 평범한 인간으로 태어났다. 그는 신(神)이 아니었다. 그는 자신의 마음속에서 불꽃처럼 타오르는 의문을 발견하였고 그 의문에 대한 답을 원하였다. 그 답을 얻기 위하여 그는 자신이 가진 모든 것을 기꺼이 포기하였다. 그의 의문이란 바로 '고(苦)에서 벗어나는 길은 무엇인가?' 라는 것이었다.[1]

진주(pearls)가 자라기 위해서는 진주조개 속에 거친 모래알이 들어 있어야 한다.[2] 그와 마찬가지로 우리도 각자 스스로의 삶에 대한 아픈 문제를 조개 속의 거친 모래알처럼 간직한 채 살아가고 있다. 그러나 우리는 그런 문제를 해결하기보다 오히려 문제 자체를 무시하거나 알지 못하고 삶의 대부분을 보낸다. 선에 따르면 우리를 윤회(samsara)라는 고의 세계 속에서 허우적대게 하는 것은 바로 이와 같은 무지(無明, avidya) 때문이다.[3] 하지만 우리 자신의 정신을 해방시켜 대 자유인으로서 해탈할 수 있는 기회를 주는 것은 바로 그 거친 모래알(苦, dukkha)이다.

고뿐만 아니라 조건적이고, 일어났다 사라지며, 오온으로 이루어지고, 자유롭지 못한 상태에 있는 모든 물질적, 정신적인 것을 의미한다. 그러므로 일시적으로 좋은 것도 고라고 볼 수 있는데 왜냐하면 그것은 일어났다 사라지는 것이기 때문이다. 불교에서는 이러한 고는 인간의 욕망과 집착 때문에 발생된다고 본다. 따라서 고를 벗어나는 길은 그러한 욕망과 집착을 버리는 데 있다. 부처는 이러한 진리를 깨달아 고집멸도(苦集滅道)의 사성제로 설파하였다. 또한 고에서 벗어나는 길을 제시하였는데 그것이 바로 팔정도다. 나아가 선에서는 고라는 것은 본래 공하므로 없다고 보며 고에 얽매이지 말고 바로 뛰어넘을 것을 강조한다.

2) 역주: 다른 보석과 달리 진주는 세공인의 손을 필요로 하지 않고 자연의 손으로 완벽하고 아름다운 상태로 우리에게 주어지는 보석이라고 한다. 진주는 자기 자신을 보호하는 과정에서 생성되는 보석이다. 즉, 모래알과 같은 이물질이 조개 속으로 들어오면 조개는 자신을 보호하기 위하여 조개 껍질과 동일한 성분의 분비물을 내어 이물질을 둥글게 감싸게 되는데 이것이 바로 진주다.

3) 역주: 여기에 대한 자세한 것은 이 책의 제8장에서 다루고 있다.

거친 모래알로 비유된 'dukkha'는 '고', '비통' 혹은 '불편한 마음 상태'로 번역될 수 있을 것이다. 석가모니는 각계 각층의 모든 사람이 불편한 삶을 살아가고 있음을 보았다. 우리는 태어날 때 울고 죽을 때 항의한다. 살아가는 동안 우리는 늙는 것을 싫어하고, 병드는 것을 싫어하며, 내키지 않는 상황에 매이는 것을 싫어하고 좋아하는 것과 떨어지는 것을 싫어한다. 우리는 심지어 아침에 일어나는 것조차 싫어할지도 모른다. 우리는 한순간도 완전히 편안한 때가 없다. 우리의 몸은 순간순간 변하지만 결코 완전히 안락한 상태에 있지 않다. 마음은 더더욱 그러하다. 뿐만 아니라 그러한 불편한 마음 상태는 전쟁, 박해, 투쟁, 경쟁, 억압, 잔인함 등과 같은 끔찍한 결과를 초래할 수도 있는 것이다.

하지만 선에서는 '고'야말로 우리의 최상의 친구라고 여긴다. 고는 우리에게 우리 스스로를 위해 무언가를 해야 한다는 것을 말해 주고 있으며 언제, 어디서, 어떻게 그것을 해야 할지를 보여 주고 있기 때문이다. 우리는 각자 가지고 있는 고의 거친 모래알을 피하지 않고 오히려 진주로 만드는 재료로 활용함으로써 '진정한 존재', 즉 진정한 보석으로 거듭날 수 있기 때문이다. 이 과정에서 고는 더 이상 고가 아니며 우리를 이끄는 '도반(kalyanamitra)'으로서 큰 도움을 주는 것이다.

석가모니는 이 세상에 왜 그렇게 괴로움이 많은지 알고 싶었다. 그는 그것을 알아내기 위하여 왕국(王國)을 버렸다. 우리 역시 마음속으로는 그 답을 알고 싶어 한다. 하지만 우리는 대부분의 경우 자신이 가진 왕국을 버리려고 하지 않는다. 우리는 삶에 대한 아픈 문제를 묶어 놓고 틀어막는 많은 기술을 익혀 왔다. 우리는 자신이 가지고 있는 모래알을 플라스틱으로 둘러씌워 그 날카로움을 느끼지 않도록 한다. 그러나 플라스틱으로 문제가 해결되는 것은 아니다. 모래알은 진짜 진주를 요구하기 때문이다. 인생을 살아갈수록 우리는 내면의 괴로움을 적당히 덮어 버리려고 하는 일이 부질없다는 진리를 필연적으로 배우게 된다.

달리 비유하자면 요즈음 우리는 용(龍)을 동굴로 되돌려 보내는 것을 도와줄 심리치료사를 찾아다니는 경향이 있다.[4] 수많은 심리치료사가 이것을 기쁘게 받아들일 것이며 우리는 프로이트가 '정상적인 불행'이라고 일컬었던 상태로 되돌려질 것이다. 잠시 안도의 한숨을 내쉴 수는 있겠지만, 우리가 억압하고 있던 것들은 또다시 꿈틀거리며 나오게 될 것이다. 이와 대조적으로, 선은 무서움을 모르는 용감한 사람들에게 용을 타는 법을 가르치는 것이다.

그러므로 나는 항상 선이 범상치 않은 심리치료라는 사실에 주목해 왔고, 이 책은 바로 선을 그와 같은 측면에서 소개하는 것이다. 이 책은 일반적으로 불교, 특히 선이 인간 마음속의 슬픔을 초월할 수 있는 길을 열어 보여 주고 있다는 것을 말하고 있다. 석가모니는 인간의 고뇌가 어떻게 만들어지고 움직이는지를 발견하고 그러한 이해를 통하여 어떻게 해탈에 이를 수 있는가 하는 길을 밝혔다. 그 길이 바로 선이다. 선은 모든 불교 수행의 핵심이지 다른 것이 아니다. 나는 많은 불교 종파의 자료와 불교를 벗어난 자료도 인용할 것이다. 그 어느 누구도 진리에 대한 독점권을 가지고 있지 않다. 진리를 말할 수 있는 자는 누구인가? 당신은 지금 말할 수 있겠는가?

---

4) 역주: 용은 비늘과 네 개의 발을 가진 거대한 뱀의 모습을 한 상상의 동물 가운데 하나다. 동양에서는 주로 용을 상서로운 동물로 받아들이는 반면 서양에서는 사악하고 부정적인 의미가 강하다. 불교에서는 용을 지혜로운 마음 작용으로 보기도 한다.

왜 그걸 말하지 못하는가? 우리는 과거와 미래에 의해 조건 지어진 삶을 살아가고 있기 때문이다. 불교 심리학에서는 바로 이 점을 다루고 있으며, 나는 이 주제에 대하여 이 책의 상당 부분을 할애할 것이다. 나는 또한 보살도(path of bodhisattva)의 핵심적인 특징을 설명할 것인데, 보살이란 모든 중생을 위하는 마음으로 깨달음을 향한 구도적 삶을 살아가는 사람이다. 보살은 바로 이상적인 심리치료사의 불교적 모델인 것이다. 이 책의 끝 부분에서 나는 이러한 보살도의 길이 개인과 세계의 고통 해결에 적용되는 예를 조금 더 살펴볼 것이다. 지금 일어나고 있는 모든 일이 바로 해탈에 이르는 문(門)이라는 선의 핵심 메시지가 전달되기를 바란다. 마음의 깨달음이란 과거나 미래의 사연이 무엇인가에 상관없이 항상 가능한 것이다. 선은 그 모든 것에서 자유롭기 때문이다. 선을 통하여 우리는 평범한 일상생활 가운데서도 우리의 삶을 완전히 새로운 터전에서 꾸려 갈 수 있다.

격식을 갖춘 아침 공양

아미타(Amida) 센터에서 우리는 매주 화요일 아침마다 깨어 있는 마음으로 수행하는 특별한 시간을 갖는다.[5] 물론 누구든 참여할 수 있다. 이 시간은 좌선(坐禪)으로 시작한다. 좌선은 선의 초석이며, 그것

---

5) 역주: 여기서 '깨어 있는 마음' 이란 'mindfulness'를 번역한 것으로 보통 '마음챙김' 이라고 한다. 산스크리트어로는 'sati'며 보통 불교에서는 염(念) 또는 정념(正念)이라고 한다. 이것은 자신의 안팎의 경계와 존재 자체를 있는 그대로 자각하는 수행법을 말하는데 마음이 과거나 미래로 오가지 않고 지금 여기 이 순간에 집중하는 것이다. 자세한 것은 이 책의 제6장에서 다룬다.

은 종소리와 함께 시작한다. 청아한 종소리는 우리의 마음을 현재의 바로 이 순간으로 되돌아오게 한다. 틱낫한(Thich Nhat Hanh) 선사(禪師)가 전통적인 자료에 바탕을 두고 지은 다음과 같은 시가 있다.

들어 보라
귀 기울여 들어 보라
이 경이로운 소리를!
내 진정한 고향으로 돌아가게 하네.

우리는 종소리를 들으며 이 시를 마음으로 조용히 속삭이거나 혹은 종소리의 마술적인 힘이 우리에게 작용하도록 내버려 두고 지켜볼 수도 있다. 그러면서 우리는 마치 수십 세기 전에 인도에서 석가모니 부처가 보리수 아래에 앉아 그렇게 하였던 것처럼 마음을 고요히 한다. 고요한 마음이지만 모든 것이 집착에서 떨어져 나가는 것을 마치 고양이가 쥐를 노려보듯 예리하게 지켜본다. 이 단순한 수행에 의해 우리는 삼매(三昧, samadhi)라고 하는 마음의 심오한 평화를 맛볼 수도 있다. 때로는 마음을 차분히 가라앉히기 위해 숨쉬기에 주의를 기울이기도 하고, 때로는 마음의 깊은 통찰 상태를 일깨우기 위해 특정한 심상에 집중하기도 하고, 때로는 그냥 앉아 있기도 한다.

좌선은 다시 종소리와 함께 끝난다. 우리는 이와 같은 순수한 마음을 깊이 간직함으로써 형식을 갖춘 좌선에서부터 일상생활의 일에 이르기까지 깨어 있는 마음이 유지되도록 노력한다. 이와 같이 일상생활까지 확장시키는 것은 다음과 같이 어느 정도의 의식 절차를 거침으로써 좀 더 쉽게 성취될 수도 있다.

먼저 그룹의 리더는 참여하는 모든 사람과 함께 전통적으로 내려오는 노래를 부른다. 이러한 노래 중에 대표적인 것으로 사홍서원(四弘誓願)이 있는데 다음과 같다.[6]

가없는 중생을 다 건지오리다.
끝없는 번뇌를 다 녹이오리다.
한량없는 법문을 다 배우오리다.
위 없는 불도를 다 이루오리다.

그다음 아침 공양(供養)이 시작된다.[7] 공양의 모든 과정은 천천히 그리고 완전히 깨어 있는 마음으로 행해진다. 시리얼, 생과일과 건조 과일, 견과류, 우유, 뜨거운 음료 등과 같은 일상적인 음식이 정성껏 마련되어 차려진다. 공양을 위한 모든 준비가 끝나면, 우리는 이 음식과 따로 있는 것이 아니며 이 음식 또한 세상과 더불어 모든 다른 생명체와 다르지 않다는 것을 상기시키는 말씀을 가슴 깊이 새긴다. 이 음식은 단순히 물자나 상품이 아니다. 우리와 음식과 우주는 모두 원래 하나로 돌아가는 생명의 흐름 속에서 일시적으로 모습을 갖추어 나타난 것들이다. 이 순간의 소중함과 풍요로움이 자연스럽게 느껴진다.

음식을 차리는 데에도 선의 정신이 살아 움직인다. 음식을 나누어

---

6) 역주: 서원(誓願)이란 일반적으로 '맹세하고 기원한다.'는 뜻이며 부처나 보살이 모든 중생을 구제하려고 세운 서약이라는 의미도 있다. 서원에 의한 삶은 이 책의 제16장에서 깊이 다룬다.

7) 역주: 불교에서는 절에서 식사하는 것을 공양(供養)이라고 하는데 여기에는 단순히 물질적인 음식을 먹는다는 의미를 넘어 먹는 것도 수행이라는 뜻이 내포되어 있다. 왜냐하면 음식이 있게 한 모든 인연에 감사하고 음식을 먹는 것도 혼자 먹는 것이 아니라 몸속의 모든 생명과 더불어 먹는 것이기 때문에 모든 생명을 살리고 공생의 도리를 실천하는 것이다.

주는 사람은 수행에 참가한 한 사람 한 사람에게 차례로 다가가 그릇과 수저를 가지런히 놓은 다음 음식을 나누어 주기 시작한다. 음식을 받는 사람은 조용히 앉아서 서로 이해하는 몸동작으로 예, 아닙니다, 조금 더, 고맙습니다 등의 의사 표시를 한다. 음식을 차리고 나누어 주는 모든 과정은 묵언 속에서 이루어진다.[8] 음식을 나누어 주는 사람은 음식을 받는 사람들이 최대한의 보살핌을 받고 있다고 확신할 수 있을 정도로 아주 정중하고 세심하게 최선을 다한다. 이렇게 선은 친절한 마음을 담은 일상의 삶 속에서 피어나는 것이다.

모든 사람이 음식을 받고 나면 우리는 15분 동안 조용히 아침 공양을 한다. 천천히 먹으면서 맛을 음미하고 매일 일어나는 변화의 흐름, 즉 음식이 몸으로 흡수되는 과정을 알아차린다. 우리는 세계 안에서 살고, 세계는 우리 안에 있다.

15분 후, 또 종소리가 울린다. 지금부터는 말을 할 수 있다는 신호로 울리는 이 세 번의 종소리는 우리 마음을 다시 일깨워 준다. 가끔 이전에 공양을 전혀 경험해 보지 못한 사람들이 참석할 때도 있는데, 이들은 이때 보통 이런 공양을 해 본 느낌이 어떤지에 대하여 이야기를 한다. 어떤 사람은 다른 사람에게서 공양 시중을 받는 것이 얼마나 어려운지를 알게 되었고, 그 결과 다른 사람에게 의지하지 않고 자기 스스로를 돌볼 수 있는 여러 가지 프로그램을 어떻게 마련했는지에 대해서 말한다. 또한 그처럼 존경심으로 가득 찬 모든 공양 과정이 얼마나 신비롭게 느껴졌는지, 그리고 그것이 TV를 보며 무심결에 하는

---

8) 역주: 묵언(默言)은 불교 수행의 한 형태로 일체의 활동 중에 말을 하지 않는 수행을 말한다. 그러나 묵언의 참뜻은 겉으로 단순히 말을 하지 않는 것이 아니라 안으로 일체의 분별심을 버리고 근본 자리에 집중하는 것이다.

평소의 저녁 식사와 얼마나 대비되는지 등에 대해 이야기하는 사람도 있다. 사람들은 또 탐욕과 자아의식, 사랑과 보살핌에 대해 말하기도 한다.

현대 사회에서 거의 모든 사람은 이런저런 종류의 먹고사는 문제 때문에 힘겨워한다. 우리가 겪는 신경증은 가장 기본적인 일상의 필수품인 음식과 우리와의 관계에서 오는 것이다. 그 관계를 보면 인간의 죽음, 의존성, 집착심, 혐오감, 생명에 대한 양면성 등이 극명하게 드러난다. 선 공양 시간에 갖추는 격식으로 말미암아 이러한 모든 문제가 크게 부각된다. 이와 같은 격식은 의미 없이 행하는 의례가 아니라 자기 진단을 할 수 있는 강력한 방법으로 쓰이는 것이며 자기 치료를 위한 풍부한 방편을 제공하는 것이다. 이것도 선 수행인 것이다.

이러한 격식 있는 아침 공양을 통하여 모든 참가자에게 수행의 바탕이 마련된다. 그들은 이제 물질적 존재로서의 자기 자신에 대한 체험, 남을 돌보거나 자신이 보살핌을 받는 과정에서의 체험, 생명을 살리고 죽이는 우주와 관련되는 체험 등을 더욱 심층적으로 탐구할 수도 있을 것이다. 또한 이 모든 것을 통하여 삶의 매 순간을 더욱 생생하게 느끼고 꾸밈없이 있는 그대로 살 수 있는 마음자리를 감지하게 되는 체험도 깊이 연구할 수 있을 것이다. 나와 남과 우주와 마음자리라는 이 네 가지 요소는 심리치료에서 가장 근본적으로 고려해야 할 요소다.

창조적인 활동시간

아침 공양이 끝나고, 그 순간의 느낌과 인상을 서로 나눈 뒤 여느 때와 마찬가지로 항상 깨어 있는 마음으로 정리정돈을 하고 설거지를 한다. 아침 공양을 끝낸 선실(禪室)은 다시 조용한 공간으로 남는다. 복도를 따라가면 큰 탁자와 여러 예술품이 있는 또 다른 방이 있다. 공양 뒤 약 한 시간 반 동안은 각자 그림 그리기, 조각, 콜라주,[9] 뜨개질 등 자신이 선택한 활동을 하게 된다. 어떤 이는 글을 쓰기도 하고, 어떤 이는 다시 좌선을 하기도 한다. 대부분의 사람은 뭔가를 새롭게 만든다. 여기서 강조되는 것은 결과물이 아니라 과정이다. 이 시간은 자발성을 위한 시간이며 직관의 촉발에 귀 기울이는 시간이다. 때로는 엄청나게 아름다운 것이 창조되기도 하지만 그 자체가 결코 목적은 아니다.

11시경에 종이 다시 울리고 우리는 서로의 생각과 감정과 느낌을 나누기 위해 다시 모인다. 어떤 사람이 그림 세 장을 차례로 보여 주는데 모두 추상화다. 첫 번째 그림은 어디론가 떠나는 활동적인 느낌이 들고, 두 번째 것은 그보다는 덜하다. 세 번째 것은 앞의 두 그림에서 볼 수 없었던 평화와 조화를 갖추고 있다. 이 그림들을 보면 이 사람이 개인적인 수행 과정을 거쳐 새로운 균형 상태에 도달한 것이 분명하다는 느낌이 든다. 이때 구체적인 설명이 반드시 요구되지는 않는다. 뭔가 중요한 일이 일어났다는 것을 알도록 하기 위하여 그것을 꼭 말로 표현해야 하는 것은 아니기 때문이다.

또 한 사람은 기계를 쓰지 않고 손으로 천 짜기를 하였다. 약 일 년 전쯤 캐롤라인은 선실의 문에 긴 실을 날줄처럼 매달고 짧은 실을 씨

---

9) 역주: 콜라주(collage)는 그림 조각 혹은 천 조각 등을 풀로 붙여 가며 입체감 있는 그림을 완성하는 작업을 말한다.

줄처럼 수직으로 엮어 놓았다. 그때 이후 여러 사람이 양모, 종이, 헝 겊 조각 등을 제각기 씨줄과 날줄 사이로 짜 넣기 시작하였는데, 그 결 과 계획되지 않은 디자인이 서서히 나타나게 되었다. 한 시간 남짓한 활동으로는 전체 모양을 아주 조금밖에 진전시키지 못한다. 하지만 많 은 참가자는 서로 다른 부분을 짜 가는 일이 그들에게 어떤 의미를 던 져 주는지에 대하여 의견을 말하고, 천 짜기를 한 사람은 참여한 다른 사람들이 이처럼 느리고 조심스러운 활동에서 무엇을 느꼈는지를 공 감하게 된다.

이와 같이 서로 나누는 시간 속에서 대개 아주 좋은 분위기가 형성 된다. 우리 각자는 마치 누군가에게 무언가 특별한 것을 줄 수 있을 것 같고, 우리 자신은 모두 선물을 받고 있다는 느낌에 젖어든다. 이처럼 서로 보살피는 분위기, 소중한 현존의 분위기는 이 같은 나눔의 시간 을 통하여 자연스럽게 생겨나는 것이다. 이러한 경험을 흔히 할 수 있 는 것은 아니지만, 이것은 원기를 회복시키는 놀랄 만한 효과가 있으 며 이로 인하여 우리는 새롭게 자신감을 얻어 평온한 마음으로 일상생 활을 할 수 있게 된다.

이러한 자유로운 형태의 예술 활동은 아침 공양 때에 갖추게 되는 격식과 대비되면서도 조화를 이룬다. 아침 공양에서의 전통적인 형식 은 우리의 자발적이고 습관적인 반응을 확연히 드러나도록 하는 역할 을 한다. 예술 활동에서는 자발성으로부터 어떻게 조화로움이 나오는 지를 보게 된다. 이 두 가지 과정은 외부 세계와 관련되어 있는 우리의 마음을 음과 양, 남성과 여성처럼 서로 상반적이고 상보적인 방법으로 드러낸다. 선은 우리에게 균형을 회복하도록 한다. 형식에 치우쳤던 마음은 자발성 쪽으로, 그리고 자발성에 치우쳤던 마음은 형식 쪽으로

움직이면서 균형을 회복하는 것이다. 이와 같은 활동은 심리치료라는
이름으로 스스로 의식하지 않아도 사실상 치료 효과가 있는 심리치료
인 것이다.

심리치료로서의 불교

심리치료사나 마음을 닦는 수행자는 모두 인간의 정신뿐 아니라 정
신의 건강과 해방에 대하여 관심을 가지고 있다. 그리스어에서 비롯된
심리치료사(psychotherapist)라는 단어는 '영혼을 시중들거나 돌보는
사람'으로 번역하는 것이 만족스러울 것이다. 선에 입문한 뒤 25년 동
안 나는 많은 것을 경험하고 배웠으며, 그 과정에서 실수도 많이 했고
고통도 맛보았고 얻은 것도 많았다. 나는 사람의 마음에 닿는 법을 알
게 되었다. 내담자로서 나를 찾아오는 사람들의 고통과 삶에 대한 고
뇌가 근본적으로는 나의 고통과 고뇌와 결코 다르지 않다는 것을 알게
되었다.

그들은 내게 자신의 고통과 혼란스러움, 좌절감과 두려움을 호소한
다. 나 역시 마찬가지로 나 자신의 안전에 대한 욕구, 인정받고 편안해
지고 싶은 욕구, 질병에 걸리고 싶지 않는 욕구, 고통이나 손해를 피하
고 싶은 욕구로 인하여 괴로워한다. 간단하게 말하면, 내담자와 나는
존재하지도 않는 세계, 즉 '나 중심의 우주'를 갈망하고 있는 것이다.
우리 모두 이런 점에서 서로 다르지 않다. 우리는 제각기 유일한 존재
지만 또한 모두 같은 배를 타고 있다. 우리 모두는 결코 궁색하지도 않
고 방해받지도 않는 비현실적인 세계를 꿈꾸고 있는 것이다. 결국 우

리는 엄청난 좌절을 맛보고 괴로워한다. 우리가 그렇게 꿈꾸는 것을 멈추는 순간 우리는 자유로운 존재가 된다. 햄릿은 다음과 같이 말하고 있다. "내가 악몽에서 깨어난다면, 나는 호두 껍질 속에 갇혀 있어도 스스로를 무한한 우주의 주인이라고 생각할 텐데…."[10]

부처님은 삶이 고(苦)라는 것을 알고 나서 정신을 탐구하는 여행을 시작하기로 결심하였다. 그는 고의 뿌리가 인간의 마음에 있음을 발견하였으며 일상의 정신 상태를 초월하여 고를 극복할 수 있는 치료법을 제시하였다. 그 결과 부처님은 위대한 의사라 불렸고 그의 가르침, 즉 불법(佛法, Dharma)은 모든 정신적 고통에서 우리를 벗어나게 하는 최고의 명약이 된 것이다.[11] 불법이 인간의 보편적인 질병에 대한 약이라고 하는 것은 불법에 대한 가장 흔한 비유 중의 하나다. 그리고 부처 스스로도 그의 뜻을 이해하도록 하는 유용한 방편으로서 이와 같은 비유를 쓰는 것을 권장하였다.

서양인은 신(神)에 대하여 말하지 않는 종교인 불교를 처음 접하였을 때, 이것을 어떻게 분류해야 할지 잘 알지 못하였다. 불교를 신앙이라기보다 오히려 '하나의 삶의 방식'으로 받아들이는 편이었다. 실제로 불교는 다양한 모습을 가지고 있다. 그것은 종교적 제도를 갖춘 하나의 종교이고, 하나의 공동체며, 문명에 대한 청사진이다.[12] 그것은 개인적인 구원의 길이고, 문자와 입으로 전승되어 온 오랜 문화적 전통이며, 또한 이런 종류로는 아마도 세계 최초이자 가장 오랫동안 유지되고 있는 비구와 비구니 교단이기도 하다. 부처님 스스로도 그의

---

10) 햄릿, 제2막 제2장.
11) Gyatso, 1990, p. 19.
12) Ling, 1976.

표 1 사성제(四聖諦): 인간 질병에 대한 부처님의 진단

질 병	고(苦, Dukkha): 마음이 괴로운 상태
병의 원인	갈망, 탐욕, 집착, 이기심
예 후	치료 가능하지만 쉽지 않음
치 료	계율(戒律, Sila): 윤리 삼매(三昧, Samadhi): 순수한 마음 반야(般若, Prajna): 지혜

가르침이 무엇이냐는 질문을 받았을 때 진정으로 고를 없애는 길로 인도하는 것이면 무엇이든 그의 가르침이라고 대답하였다. 따라서 불교는 무엇보다 하나의 심리치료라고 말할 수 있을 것이다.

푸나지 스님[13]은 1978년에 발표한 논문에서 다음과 같이 말했다. "물론 많은 불교 국가의 불교 신자들은 불교를 심리치료라고 생각하지 않는다. 주로 종교의 한 형태로 이해하고 있다. 부처님의 가르침을 연구하는 불교학자들은 부처님의 가르침을 철학으로 간주하는 경향이 있다. 지금 내가 보기에는 이들 두 가지 생각은 양 극단으로 치닫고 있는 것 같다. 이 양 극단을 피하면서 나는 부처님의 가르침은 곧 심리치료의 한 형태라는 중도적 입장을 취하고자 한다. 만약 불교가 하나의 심리치료로서 현대 사회에 소개된다면 부처님의 가르침이 올바르게 이해될 것이라고 말하고 싶다."[14]

푸나지 스님은 불교를 종교로 보는 것은 점차 교조주의, 초자연주의

---

13) 역주: Bhante Punnaji. 스리랑카 출신의 스님이며 전통적인 팔리어 경전을 현대 과학, 특히 심리치료의 관점에서 새롭게 해석하여 서양인이 불교를 이해하기 쉽게 노력하고 있다.

14) Punnaji, 1978, p. 44.

그리고 비술(秘術)로 치우칠 위험이 있고, 반면에 불교를 철학으로 보는 것은 불교를 우리의 실제 삶에서 분리시키는 문제점이 있다고 생각하였다. 그래서 그는 불교를 심리치료의 한 형태라고 보는 편이었다. 왜냐하면 "부처님의 가르침은 정신적 질병에서 벗어나도록 하는 것"이기 때문이다.[15]

나는 현재 심리치료사면서 불자로서 활동하고 있다. 그래서 나는 오랫동안 이러한 주제에 대해 관심을 가져왔다. 나는 부처님의 영원한 가르침을 현대 서구 문화 속에서 내가 일하면서 직면하는 특정한 상황에 적용시키려고 노력하고 있다. 나를 찾는 내담자는 광범위한 형태의 정서적 고통을 겪고 있다. 이러한 방식으로 일하는 사람이 나 혼자만이 아니라는 것을 알고 있기 때문에 나는 내가 배운 것을 공유하고 또한 이 분야에 관심을 가진 다른 사람에게 용기를 주고자 이 책을 썼다. 이 책은 심리치료사를 위한 단순한 지침서 이상의 의미가 있다고 생각한다. 이 책은 마음의 평화에 이르는 길로서 불법에 관심을 가진 사람이라면 모두 알아야 할 불교와 불교 심리학에 대한 뜻풀이를 제공하고 있다.

지난 몇 년 동안 나는 불교와 심리치료 사이의 연결점을 찾기 위한 연구를 계속해 왔다. 이 책은 그런 연구 결과물 중 하나다. 이 책은 우리가 현재 영국 북동부와 프랑스 중부지역 그리고 그 외 지역에서 아미타 프로젝트라는 이름으로 실행한 여러 가지 연구 내용을 반영하고 있다. 이 분야에서 현재 활동하는 많은 사람에게서 받은 여러 사례는

---

15) 앞의 책, p. 45.

동양과 서양의 지혜를 통합하는 형태의 연구를 추진하는 데 많은 도움
이 되었다. 서양에도 보살 정신은 역력히 살아 있는 것 같다.

이 책은 심리치료로서의 선을 소개하고 있다. 이 책은 선 수행과 불
교 심리학에 뿌리를 둔 이론과 방법을 소개한다. 이 책의 대부분의 내
용은 구속된 마음에서 자유를 찾는 사람에게 도움을 준다는 생각이 주
를 이룬다. 그러나 선에서의 자유란 '소비자의 선택'과 같은 서양의
자유 개념과는 다른 문제다. 선에서 말하는 자유란 인간이 가장 깊은
내면의 요구에 따라 살아갈 때 또는 우리가 삶의 진정한 주인으로 살
아갈 때 체험하는 것이다. 호겐 스님은 이것을 다음과 같이 표현하였
다.[16] "우리 내면에 존재하는 자성(自性)의 심연에서부터 깊고 간절한
서원의 물결이 일깨워져 넘칠 때 우리의 삶에는 선택에 의해서 혼란스
러워질 그 어떤 여지도 없다."[17]

말과 논리를 줄줄이 꿰어 선을 설명하려는 어떠한 시도도 적절치 않
다는 것은 분명하다. 이는 마치 나뭇잎을 하나씩 묘사함으로써 나무
그루 전체에 대한 느낌을 전달하려는 것과 같다. 그렇다고 우리가 유
용한 그 어떤 것도 할 수 없다는 의미는 아니다. 단지 독자 여러분은
우리가 바로 여기서 '열린 길'을 걸어가고 있으며, 우리가 따라가고
있는 길의 특정한 부분이 무엇이든 그것이 마치 전부인 것처럼 받아들
여서는 안 된다는 것을 명심하였으면 한다.

---

16) 역주: 호겐(1935~)은 일본 출신의 스님으로 영국을 거쳐 현재 호주에서 불법을 펴는 활동을
   하고 있다.

17) Hogen, 1993, p. 32. 역주: 자성은 불성이라고도 하며 본래부터 스스로 갖추고 있는 부처
   의 성품을 의미한다. 대승불교에서는 모든 생명은 무엇이든 똑같은 불성을 가지고 있다고
   본다.

마지막으로 이 책을 더 진전시키기 전에 18세기 때의 선사 토레이 엔지의 다음과 같은 경고를 전한다.[18]

글로 쓰인 것은 해탈의 원천이 될 수 있을 뿐만 아니라 속박의 근원이 될 수도 있다. 만약 어떤 사람이 때가 되지 않았는데도 글로 쓰인 것만을 믿고 따른다면 영약(靈藥)도 독이 될 수 있다. 부디 조심하기를 바란다.[19]

---

18) 역주: 토레이 엔지(1720~1792)는 일본 임제선을 새롭게 중흥한 하쿠인 선사의 법통을 이어 받은 18세기 일본의 대표적 선사다.

19) Okuda, 1989, p. 28.

2

청정한 마음자리

종교적 의식

선(禪)은 종교적 의식(儀式)을 심리치료의 목적으로 활용한다. 통상적인 의식은 전통적인 형식을 갖추고 있지만 진정한 의식은 정형화되어 있지 않다. 그것은 엄청난 치유력을 가진 한 편의 생동감 있는 드라마다. 앞 장의 첫머리에서 언급한 바 있는 만남에는 그와 같은 진정한 의식이 있었다. 참여자 각자는 차례대로 선실에 들어갔다. 스승은 정성이 가득 찬 법복을 입고 있었다. 선실에서 2층 방까지 걸어가는 것은 특별한 곳으로 가는 듯한 느낌을 불러일으키는 경험이었다. 장소, 시간, 법구(法具)와 걸음걸이 등 모든 것이 조화를 이루어 이 자리를 소중한 대화의 장으로 만들었다.[20]

심리치료 또한 하나의 의식이다. 의식은 신성한 행위다. 현대생활은 그러한 신성함을 파괴하는 경향이 있다. 하지만 선은 그것을 향상시킨다. 선은 우리가 숨을 쉬든, 땅을 밟든, 잠시 조용히 서 있든, 앉아 있든, 누워 있든, 모든 활동의 신성함을 체험하도록 한다. 선에서는 잠자리에 들고 나고, 먹고, 마시고, 똥 누고, 오줌 누는 모든 것이 신성한 행동이다. 이와 같이 일상생활을 선 수행으로 실천하면 좀 더 철저하고 예민한 체험을 할 수 있다. 마치 원래부터 그렇게 되어 있었던 것처럼 우리의 삶은 완전히 되살아난다. 완전한 삶이란 바로 완전한 순간순간의 삶이다.

많은 의식은 특별한 공간이 만들어지도록 함으로써 시작된다. 신비로운 원(圓)은 오래되어 망각된 역사를 간직하고 있다. 우리는 어쩌면 꽃과 초와 향으로 장식하고 부처님이나 영감을 불러일으키는 다른 인물을 그린 그림이나 조각 등을 갖춘 멋진 선실(禪室)을 만듦으로써 특별한 공간을 창조해 낼 수 있을 것이다.[21] 또한 우리는 서로 손을 잡고 서서 큰 원을 만드는 것으로도 그런 공간을 창조할 수 있다. 또는 의자나 방석에 둥글게 앉는 것으로도 충분할 수 있고, 치료실에 가는 것도 그러한 공간을 창조할 수 있다. 중요한 것은 어떻게 하든지 도움이 되

---

20) 역주: 법구(法具)란 불교 의식에 쓰이는 기구를 말하며 범종, 북, 목탁, 요령, 죽비, 염주 등이 있다.

21) 역주: 선에서 하는 의식은 모두 마음공부를 하는 뜻이 서려 있다. 촛불을 켜는 것은 마음의 불을 켜서 내 몸과 같은 초가 녹고 결국은 불도 없고 초도 없는 그러한 도리를 뜻한다. 향을 피우는 것은 죽은 사람과 산 사람 모두 그 마음의 향이 있으면 배고프지 않게 된다는 의미로 곧 마음의 양식을 말한다. 그리고 꽃 공양은 우리 마음이 마음의 꽃이 되어야 그 꽃 이파리가 지면 열매가 열린다는 자기 자성을 뜻하는 것이다. 여기에 대한 자세한 내용은 대행스님 법어집 『허공을 걷는 길 (법형제법회 2)』, 2001, pp. 1228-1231 참조.

는 공간을 창조해 내는 것이다.

공간이란 비어 있는 것이다. 우리는 고요함 속에서 시작한다. 물론 우리는 실제로 공간을 만드는 것이 아니다. 공간은 이미 여기에 있다. 그러나 우리는 어떤 경계를 설정함으로써 빈 공간을 눈으로 보이게끔 하고 있는 것이다. 우리를 치유하는 것은 우리가 이 공간을 채우는 모든 것, 즉 행동, 말, 의미 해석, 공감, 상호관계, 드라마 또는 예술 활동 등일 것이라고 생각할지도 모른다. 현대인은 삶 자체보다 삶을 가득 채우는 것에 신뢰를 느낀다. 그러나 모든 것을 받쳐 줄 수 있는 원래의 공간이 없다면 그 공간을 채우는 것이 쓸모없을 수도 있고 심지어 가능하지 않을 수도 있다. 모든 사물과 현상은 비어 있음이 있기 때문에 나타날 수 있는 공(空)의 장식물이다. 우리는 끊임없이 모든 것을 갖추고 있는 공으로, 고요함의 세계로, 일체가 하나인 자리로 되돌아 갈 수밖에 없다. 그렇게 함으로써 그 공간이 풍요롭다는 것을 발견하는 것이 바로 이 책 전체를 꿰뚫고 있는 핵심이 될 것이다.

공간은 자궁, 곧 성장을 위한 장소다. 심리치료사가 되기 위하여 배워야 할 가장 중요한 기술은 내담자에게 성장할 수 있는 공간을 마련해 주는 것이다. 불교에 따르면 우리는 모두 '부처의 씨앗(embryo buddhas)'이다.[22] 각자 본래 갖추어진 불성이 뚜렷이 발현되기 위하여서는 그 부처의 씨앗이 자라날 수 있는 자궁이 스스로에게 필요한 것이다.

그러므로 심리치료란 내담자가 자연스럽게 성장할 수 있는 안전한

---

22) 역주: 여래장(如來藏, tathagata-garbha) 또는 불종자(佛種子)라고도 한다. 대승불교에서는 궁극적 실재와 동일한 법신이라는 모습으로 모든 생명에 부처가 될 수 있는 성품이 잠재하여 있다고 본다.

공간, 즉 내담자의 본래 밝은 자성이 자신의 독특한 모습으로 드러날 수 있도록 하는 그런 공간을 마련해 주는 것이다. 안전하다는 것은 온전한 것을 말한다. 그렇지 않은 것은 진짜 안전한 것이 아니다. 이게 무슨 의미일까? 진정한 안전성은 적대적인 마음을 바탕으로 하는 것이 아니다. 많은 사람이 전쟁 중에 유난히 다른 사람을 가깝게 느꼈던 것으로 기억하지만, 그것은 결코 안전한 때가 아니었다. 우리가 외부에 적을 만듦으로써 일종의 안전한 공간을 창조하는 것은 너무나 쉬운 일이며, 심리치료에서도 이러한 유혹이 항상 있기 마련이다. 일반적으로 내담자는 잘못 돌아가고 있는 일에 대해 이야기하기 때문에 그 모든 것이 다른 사람의 탓이라고 인정해 주기만 하면 쉽사리 일시적인 안전성을 확보할 수 있다. 그러나 만일 이것이 제삼자에 대한 적대감을 강화시킴으로써 얻어진 안전한 공간이라면, 그 치유 상태는 피상적일 것이다. 그러므로 심리치료사는 진정으로 깊고 끝없이 넓은 마음으로 내담자뿐 아니라 그의 삶 전체를 포용해야 한다. 단기적으로 내담자는 세계를 적대시하며 자신을 공고히 지키려고 한다. 그러나 좀 더 깊이 관찰해 보면 '나'라는 것은 세계가 반영된 것이다. 그러므로 한쪽을 거부하는 것은 곧 다른 쪽을 거부하는 것이 된다. 선은 이것을 가르쳐 주는 것이다.

심리치료사가 내담자를 더욱 깊이 포용하기 위해서는 먼저 치료사 자신의 마음속에 일체를 긍정적으로 수용할 수 있는 공간을 만들어야 한다. 어떤 학자가 자신의 이론을 시험해 보기 위하여 선사를 찾아갔을 때 있었던 유명한 일화가 있다. 선사는 그 학자에게 차를 따라 주었다. 다관(茶罐)을 들어 차가 잔에 가득 차도록 천천히 따랐다.[23] 잔이 가득 찼는데도 아랑곳하지 않고 계속 따라 차는 사방으로 흘러넘쳤다.

당황한 학자는 "그만 따르세요, 그만 따르세요."라고 소리쳤다. "잔이 가득 찼습니다. 더 이상 들어가지 않습니다." 선사는 차 따르기를 멈추고 말했다. "그렇습니다. 잔은 마음과 같습니다. 잔이 이미 가득 차 있을 때에는 어떤 것도 더 이상 들어가지 않습니다. 우리가 무엇을 배우고자 할 때에는 우선 우리의 마음을 비워야 하는 것입니다." 그 학자는 그제서야 자신이 어떤 새로운 것을 배우기에는 마음이 이미 너무 많은 것으로 가득 차 있다는 것을 깨달았다. 심리치료도 이와 똑같다. 내담자가 나를 찾아와서 자신의 세계관을 보여 주는 것은 바로 나를 깨우쳐 주기 위한 것이다.[24] 그러므로 심리치료사는 내담자가 무엇이든 채워 넣을 수 있는 공간이 있도록 먼저 스스로 자신의 마음을 비워야 한다. 우리 스스로의 마음을 비우는 것이 바로 심리치료의 출발점인 것이다.

따라서 내게는 내담자가 도착하기 전에 잠깐 동안 조용히 앉아 있는 것이 크게 도움이 된다. 단 몇 분에 불과한 좌선이지만 그것은 내 마음을 가라앉히고 자리 잡게 만든다. 이 잠깐 동안의 마음이 깨어 있는 시간은 내가 내담자를 맞아들여 해 나갈 작업을 위한 좋은 도구가 되게 한다. 그렇게 함으로써 내 마음은 우주와도 통하게 되어 나를 찾아오는 내담자에게 열려 있는 마음자리를 마련하게 된다. 일단 이렇게 고요한 마음이 되는 것은 내가 만나게 될 내담자에게 마음을 집중하는 데 많은 도움이 되며 내담자가 어떤 사람이든 상관없이 그에게 따뜻하고 감사한 마음을 불러일으키는 데 도움이 된다. 이와 같은 간단한 준

---

23) 역주: 다관(茶罐)이란 탕관에서 끓인 물과 잎차를 함께 넣고 우려내는 주전자를 말한다. 철제, 동제, 은제 등이 있으나 도자기로 된 것이 차의 격조에 가장 잘 어울린다.

24) Bettelheim, 1992, p. 34 참조.

비 의식은 치료를 빈틈없이 행할 수 있게 한다. 만약 어떤 방식으로라도 먼저 열려 있는 평온한 마음의 상태, 즉 선정에 든 다음 상대에게 친절한 자비심을 내는 과정을 거칠 수 있다면 치료를 위한 기본 바탕은 잘 준비된 것이다.

내담자와 대면하게 되는 처음 몇 분간은 짧은 시간인 것에 비하여 일반적으로 의미가 매우 깊다. 그것은 치료에서의 전체적인 분위기를 결정한다. 치료사의 태도는 내담자에게 자신이 얼마나 개방적인지, 신뢰할 만한지, 자비스러운지, 평정심을 유지할 수 있는지에 대한 중요한 메시지를 전달하는 것이다. 간절하게 도움을 구하고 있는 내담자의 입장에서 보면 그 첫 대면의 순간에 아주 중요한 사항을 말할 수도 있는데, 치료사가 한쪽으로 치우쳐 있을 경우 자칫 이를 놓치기 쉽다. 심리치료 지침서는 흔히 내담자의 마음을 편하게 하는 데 많은 시간을 할애하도록 권유하고 있다. 하지만 만약 심리치료사가 차를 대접하거나 내담자가 말하는 여행에 대해 대꾸해 주는 일에 빠져 있으면 정작 중요한 이야기는 놓쳐 버리게 되어 치료는 불필요하게 늦어질 수밖에 없을 것이다. 때문에 순간은 매우 중요하다. 첫 대면의 순간에 즉시 시작하라.

처음에는 공간이 필요함을 다시 강조한다. 치료사는 치료의 과정을 주도적으로 이끌어 가고 싶은 충동에 사로잡히기 쉽다. 하지만 그렇게 하면 많은 것을 잃기 십상이다. 만약 내담자가 먼저 시작하면 모든 것이 잘 풀린다. 내담자가 어떻게 시작해야 할지 모르는 경우는 말문을 열어 주기 위하여 뭔가를 말할 수 있지만 이 경우도 치료사가 주도하지 않도록 주의해야 한다. 내담자가 이미 너무 많은 것으로 가득 차 있어 자기를 비울 수 있는 기회가 필요할지도 모른다. 내담자가 지고 있는 짐 위에 무언가를 더 올려놓는 것은 일반적으로 아무 도움이 되지 않는다. 심리치료사는 마음을 비우고 기꺼이 그 공간이 내담자의 삶으로 채워질 수 있도록 해야 한다.

　심리치료사는 귀뿐만 아니라 눈으로도 매우 주의 깊게 듣고 내담자가 무엇을 말하고 무엇을 남겨 두고 있는지를 이해하려고 노력해야 한다. 그러나 나는 내 마음을 내담자에게서 이해한 것으로 가득 채우지 않고 순간순간 비우려고 노력한다. 마음의 빈자리가 지식보다 더욱 중요하며, 내담자와 하나 된 마음이 의미의 해석보다 더욱 중요하다. 나는 내담자의 이야기를 들으면서 둘 아닌 한마음이 되어 내담자의 삶 속으로 흘러들어 간다. 우리 심상 간의 상호작용에서 진리에 대한 창조적 표현이 나온다. 이렇게 해서 심리치료라는 신성한 의식이 펼쳐지기 시작하는 것이다.

브라이언의 진공

　선은 채우는 것보다 비우는 것에 더 관심이 있다. 얻는 것은 망상이며 놓는 것은 깨달음이다. 건강이란 마음의 공간을 마련할 수 있느냐에 달려 있는 문제다. 선 사상의 영향을 강하게 받고 있는 일본에 심리치료의 아이디어가 도입되는 과정에서 동서양의 이러한 차이점이 분명해졌다. 예를 들면 뛰어난 인본주의 심리학자 칼 로저스(Carl Rogers)의 연구 성과가 대부분 호평을 받은 반면,[25] 그의 자아 이론은 쉽게 받아들여지지 않았다. 내 친구 미에코 오사와(Mieko Osawa)는 나에게 후지오 토모다(Fujio Tomoda)의 저작을 주의 깊게 살펴보라고 했다. 토모다는 로저스 연구의 손꼽히는 번역가이자 해설자 중의 한 사람이다. 그는 로저스의 이론 가운데 자아에 대한 관점이 가장 취약한 부분이라고 생각하였다. 토모다는 단 하나뿐인 내적으로 일관성 있는 자아라는 개념은 비현실적인 것이라고 생각한다.

일본인은 그 전에 로저스의 치료법을 좋아했는데 왜냐하면 그의 치료법이 내담자를 간섭하지 않고 오히려 상당한 자유를 주는 것이기 때문이다. 하지만 토모다가 로저스의 초기 주요 저서인 『상담과 심리치료』를 분석하면서 중요한 전환이 일어나게 되었다.[26] 이 책은 심리치료에 관한 문헌 중에서 하나의 이정표라 할 만한 것이었다. 그것은 실제 치료 상담의 광범위한 녹취록을 담고 있는 최초의 책이었다. 이 책은 심리치료사가 무슨 이론을 표방하느냐 하는 것보다 실제로 무엇을 하는가에 초점을 맞춤으로써 심리치료 연구에서의 새 장을 열었다. 인용된 사례는 '허버트 브라이언(Herbert Bryan)' 사례라고 불린다. 심리치료사의 이름이 밝혀져 있지는 않지만 아마도 로저스 자신이었을 것이다.

그 사례에서 토모다는 브라이언이 '진공' 상태, 즉 고독한 상태가 필요하다는 것을 여러 차례 언급하고 있는 사실에 주목하였다. 그럴 때마다 심리치료사는 여기에 대하여 중립적이거나 부정적인 반응을 보이고 있다. 비록 이론상으로는 심리치료사가 지시를 내리는 것이 아

---

25) 역주: 칼 로저스(Carl Rogers)는 미국의 심리학자이며 사람 중심의 상담요법 또는 비지시적(非指示的) 카운슬링의 창시자다. 내담자 자신이 본래 성장욕구 또는 자기실현의 욕구를 가지고 있어서 적절한 치료적 상황이 주어진다면 스스로 증세나 부적응에서 해방되어 '온전히 작용하는 사람'에 가까워진다고 보았다. 그러므로 그와 같은 치료적 변화를 위하여 치료사가 환자에 대해 무조건적인 긍정적 관심을 보이는 것이 중요하다고 강조하였다.

26) Rogers, 1942.

니라고 하지만, 그 심리치료사는 고독한 상태 내지 진공 상태에 있음으로써 얻을 수 있는 치료의 장점에 대하여 그다지 열광적이지 않았을 것이다. 서양의 심리치료사가 가지고 있는 이러한 편견은 지금까지도 볼 수 있는 현실이다. 그러나 토모다에게 있어 브라이언의 그러한 진술은 극도로 중요한 것이었으며 "한 개인의 유일한 진실을 나타내는" 것이었다.[27] 바로 이 점에서 토모다는 그 심리치료사가 브라이언의 통찰력에 대한 중요성을 간파하지 못한 것을 비판한 것이다.

토모다의 견해로는 "한 인간의 진정한 도약과 성장은 완전히 홀로 있을 때 일어난다. 인간이 그 자신의 도약과 성장을 확신하는 것은 인간관계 속이나 세계 속에서다. 하지만 진정한 성장이 일어나는 것은 실제 인간관계 속이나 실제 세계 속에서가 아니다." 계속해서 토모다는 "이는 선에 있어서도 마찬가지다. 상담과 관련하여 로저스적 기법이 갖는 진정한 뜻은 그러한 기법이 내담자가 완전히 홀로 있는 상태에 있도록 도움을 준다는 것에 있다." 라고 말한다.[28]

로저스적 치료법을 이와 같이 재해석하는 것은 매우 중요할 뿐 아니라 논쟁의 여지를 갖고 있다. 로저스의 영향을 받은 대부분의 치료사는 로저스 치료법의 효율성이 관계의 친밀도 때문이라고 생각하고 있다. 그러나 토모다는 가장 중요한 요인은 이와는 매우 다른 것, 즉 홀로 있는 상태라고 말한다. 우리 책에서는 이 '홀로 있는 상태(ekagata)'를 중요하게 다룰 것이다.[29]

토모다가 말한 '완전히 홀로 있음' 이란 무슨 뜻인가? 어떤 사람이

---

27) Hayashi, Kuno, Morotomi, Osawa, Shimizu & Suetake 1994, p. 5.
28) 앞의 책, p. 6.

혼자 있다고 해서 반드시 실제로 홀로 있는 것은 아니다. 왜냐하면 마음속에 '내면의 타인', 즉 다른 대상의 이미지가 있을 것이기 때문이다. 그는 마음속에 떠오르는 대상을 보고 안달복달하게 되고 그래서 결코 홀로 있다고 느끼지 못한다. 그러나 만약 깊고 세심하게 그를 이해해 줄 수 있는 어떤 사람과 함께 있으면, 그는 마음속의 대상을 그 사람에게 통째로 떠맡기고 자기 자신은 일시적으로 해방되어 편안해질 수 있다. 이와 같이 자유롭게 된 상태에서 그는 방해받지 않고 내적 탐구를 해 나갈 수 있다. 이것이 곧 토모다의 이론인데, 곧 전통적인 불교의 관점을 반영하고 있다.

이와 같은 개념의 재정립 작업에서 우리는 진정한 홀로 됨은 둘 아닌 한마음으로 들어주는 사람이나 또는 마음공부를 하는 도반과 같은 존재를 필요로 한다는 것을 알게 된다. 따라서 심리치료사가 우선적으로 해야 할 일은 내담자가 자유로워질 수 있도록 최상의 마음자리를 만들어 주는 것이다.

불교에서는 특별한 형태의 '홀로 있기'를 높이 평가한다. '홀로 있기'의 한 형태인 이 상태에서는 유혹적이거나 괴로운 과거의 기억이 되살아나는 일로 힘들어하지 않고, 끝내지 못한 일에 연연해하지 않으며, 희망이나 갈망 속에서 살지도 않고, 진실한 삶이 새롭게 시작되기를 기다리지도 않는다. 이러한 특별한 '홀로 있기'는 내면화된 대상을 몰록 놓아 버리고, 삶을 지금 이 순간에 다가오는 그대로 받아들이는 것을 내포하고 있다. 토모다는 이것을 '브라이언의 진공(vacuum)'이

---

29) 역주: '홀로 있는 상태(ekagata)'는 영어로는 'one-pointedness of mind'로 번역하며 모든 정신력이 하나의 대상에 집중된 마음의 상태를 말한다. 불교에서는 이를 일심 또는 일념집중이라고 한다.

라고 불렀고 이 용어는 일본 심리학계에서 공인하는 용어가 되었다.

　토모다는 이런 종류의 '홀로 있기' 상태에 좀 더 쉽게 도달하게 하는 하나의 방법으로서 다른 사람과 함께 있는 방식을 제안하고 있다. 여기에는 감정이입, 절대적인 감사함, 순수함과 같은 로저스가 언급한 특정 조건이 매우 중요한 역할을 하게 되는데 왜 그러한지 이 책에서 앞으로 살펴보게 될 것이다. 과거와 미래에서 찾아오는 마음속의 끈질긴 방문자가 깨끗이 사라진 마음의 공간을 만드는 것은 심료치료에서 가장 핵심적이고 효과적인 요소임에 틀림없다. 그러한 마음의 공간은 심리치료사의 내면에서부터 시작된다.

마음자리를 청정하게 하라

　마음자리를 청정하게 하는 접근 방법이란 불교 교리든 심리치료의 이념이든 어떤 원리에 인간을 산 제물로 바치지 않는 것을 말한다. 심리치료사가 가진 이상적인 원리조차도 심리치료의 공간에서는 위험한 오염 요소가 될 수 있다. 일반적으로 사람들은 무엇보다 이상을 추구하는 일이라면 다른 모든 것을 쉽게 희생하려 든다. 그런데 대부분의 심리치료사가 이상주의자다.

　예를 들어 심리치료사는 자유, 평등, 정의, 비폭력 등을 신봉하고 있을지 모른다. 하지만 내담자는 이런 이념 중 어느 것도 믿지 않을 수 있다. 내담자는 충성과 복종을 신봉하고 삶에 있어 자기 분수를 아는 것이 중요하다고 생각하는 군인일 수도 있고, 극우 당원일 수도 있고, 살인자거나 아동 학대자일 수도 있다. 이러한 상황이라 하더라도 심리

치료사가 내담자의 관점, 내담자의 세계에 대한 태도 그리고 그것이
내담자에게 얼마나 의미 있는 것인지를 깊이 이해할 수 있을 때, 비로
소 심리치료사는 내담자를 위한 안전한 마음의 공간을 제공할 수 있게
될 것이다. 심리치료자가 자기의 내면에 그런 공간을 마련해 놓고 있
을 때 그는 누구와도 하나가 될 수 있다. 이것이 바로 사람들이나 사회
가 인정하는 것만이 아닌 모든 생명을 보살피는 보살의 길이다. 우리
가 다른 사람을 받아들일 수 없는 것은 우리의 마음자리가 오염되어
있기 때문이다.

심리치료사의 마음자리는 내담자에게 수치, 죄책감, 두려움, 분노,
슬픔과 다른 괴로움을 털어놓을 수 있는 여지를 주는 것이다. 내담자
의 마음자리는 그런 괴로움을 털어놓기에는 불안하다. 왜냐하면 그것
이 오염되어 있기 때문이다. 오염 요소는 번뇌(煩惱, kleshas)라고 부르
는데, 이것에 대해서는 나중에 좀 더 자세히 말하게 될 것이다. 번뇌는
끈적끈적하게 들러붙는다. 일단 마음속에 번뇌가 자리 잡으면 이것에
서 다시 자유로워지기가 아주 어려울 수도 있다.

내가 심리치료를 위한 마음자리를 만들게 되면, 자신은 내담자의 번
뇌에 완전히 열려 있다는 것을 알고 있다. 나 스스로 물들지 않으면서
내담자의 번뇌를 어떻게 감싸 안는지를 안다는 것은 매우 중요한 일이
다. 일단 내담자가 마음을 열면 내담자에게 새로운 독소가 유입되지
않도록 주의해야 한다. 심리치료는 마치 외과 수술과 같다. 수술실에
서는 상처가 절개된 상태로 있다. 여기에 어떤 새로운 병균도 유입되
지 않도록 하는 것은 당연히 매우 중요하다. 그렇기 때문에 마음자리
는 항상 청정한 상태로 있어야 한다.

우리에게 그렇게 많은 괴로움을 야기시키는 독소는 무엇이며, 심리

치료의 공간을 안전하게 하기 위하여 우리가 경계해야 할 독소는 무엇인가? 그것은 셀 수 없을 정도로 많으며 나중에 다른 방법으로 연구할 것이다. 그러나 여기서는 한 가지 간단한 분류가 도움이 될지 모르겠다. 기본적으로 심리치료사는 내담자에 대한 태도, 자기 자신에 대한 태도 그리고 삶에 대한 태도에 문제가 있을 수 있다. 또한 그러한 태도는 각각 서로 상반되는 두 종류의 현상으로 나타나는 경향이 있다고 할 수 있을 것이다. 그래서 우리는 일반적으로 다음과 같이 세 쌍으로 분류된 여섯 가지 종류의 오염 요소가 있다고 할 수 있다.

표 2 심리치료 공간의 오염 요소

내담자에 대한 태도	집착	거부
자기 자신에 대한 태도	자만심	의기소침
삶에 대한 태도	부러움	두려움

첫째 쌍인 집착과 거부는 심리치료에서 내담자를 평가하는 태도로 나타날 것이다. 우리 스스로 어떤 내담자는 인정하고 또 다른 내담자는 인정하지 않을지도 모른다. 우리는 이러한 내담자가 왔으면 하고 저러한 내담자는 오지 않았으면 한다. 우리는 특정한 유형의 내담자, 예를 들어 열심히 치료에 임하는 내담자는 치료하고 싶어 하지만, 고집이 세고 우리를 불편하게 하거나 삶을 대하는 태도가 우리와는 다르거나 다루기 힘들 성도의 감정을 불러일으키는 내담자를 치료하는 것은 싫어한다.

둘째 쌍은 우리 스스로에 대한 태도를 오염시키는 요소며 자아의식의 두 측면을 말하는 것이다. 자아의식에 사로잡혀 있을 때 우리는 실제 치료 과정이나 내담자의 요구보다는 우리 자신이 훌륭한 치료사처럼 보이는지의 여부에 더 신경을 곤두세운다. 우리는 자신의 능력과 자신이 얼마나 영리한가에 대한 생각에 빠지거나, 아니면 정반대로 절망감과 무력감에 사로잡혀 어느 누구도 도와줄 능력이 없다는 생각에 빠질 수도 있다. 하지만 그 어느 쪽이든 내담자보다는 우리 자신의 이미지에 더욱 신경을 쓰게 된다. 당면하고 있는 일 자체에 열중하기보다 마음속으로는 내담자나 자신의 상관 또는 내면의 비평가 등 누군가의 인정을 받고 싶어 하는 것이다.

셋째 쌍은 부러워하는 마음과 두려워하는 마음이다. 앞에 것은 만일 이러저러한 일이 나에게도 일어난다면 모든 일이 다 참 좋지 않을까 하고 생각하는 것이고, 뒤에 것은 만약 이러저러한 일이 일어나면 얼마나 끔찍할까 하는 생각에 사로잡혀 있는 것이다. 이 두 가지 모두는 프로이트가 '방어적 삶(warding life off)'이라고 불렀던 자기방어와 관련이 있다.

이러한 자기방어는 심리치료 과정에서 내담자의 관심사보다 우리 자신의 관심사로 나타나기 쉽다. 내담자가 말하는 내용이 우리 자신의 열망이나 두려움을 촉발시킬 수 있다. 그렇게 되면 우리 마음은 내담자에게서 조용히 빠져나가 우리 자신의 어려움과 그것을 위하여 무엇을 할지 말지 하는 생각에 사로잡혀 버리게 된다. 우리의 마음은 이미 다른 데 머물고 있는 것이다. 그러나 이보다 더욱 복잡한 경우도 있다. 내담자를 상담하는 일은 피상적으로 하면서 사실상 내담자의 문제를 통하여 우리 자신의 문제를 대신 해결하려고 하는 경우다. 이 경우 우리는 내담자를 조종하여 내담자가 원하는 것보다 우리 자신의 문제와 관심사에 관련되는 주제를 다루도록 할 것이다. 또한 내담자로 하여금 우리가 선호하는 해결책을 채택하도록 하여 이를 통하여 그 해결책이 효과적인지 아닌지를 확인하려고 할 것이다.

청정한 마음은 우리가 자아의 미리 프로그램된 여섯 가지 오염 요소를 접어 두고 내담자의 삶에 우리의 주의력을 온전하게 집중했을 때 일어난다. 우리가 자신의 문제에 압박을 받을수록 이것은 분명히 점점 더 어려워진다. 따라서 마음의 공간을 안전하게 유지하는 데 기울여야 하는 노력의 정도는 심리치료사의 성격과 밀접한 관련이 있는 것이다. 어느 정도까지는 기법을 사용함으로써 개인적인 선입견을 보완할 수 있지만 이것은 한정적일 수밖에 없다. 만일 심리치료사가 자신의 고민거리로 인한 압박에서 자유롭다면 훨씬 더 쉽게 할 수 있을 것이다. 극단적인 경우, 내적으로 완전히 자유로워진 사람은 특별한 노력 없이도 자연스럽게 심리치료사가 된다고 말할 수 있다.

심리치료사는 스스로 흡족하고 평화로운 상태에 있으면 시비 분별하는 마음을 버리는 것이 훨씬 쉽다는 것을 알게 된다. 또한 치료사가 자기 중심적인 관심사를 놓으면 내담자의 문제에 집중하는 것이 더 쉬워지고, 심리치료사가 현재에 살며 자신의 과거와 미래에 대해 진정으로 집착하지 않으면, 내담자와 함께 공감하는 것이 훨씬 더 쉽다는 것을 알게 될 것이다. 우리가 이 같은 오염 요소의 영향을 받지 않으면, 우리에게도 안전하고 내담자에게도 안전한 마음의 공간을 마련할 수 있을 것이다. 심리치료사는 내담자가 발견하려고 애쓰는 것과 같은 종류의 마음의 공간을 만들 필요가 있는데, 이는 심리치료사와 내담자가 같은 길을 가고 있기 때문이다.

깨달음, 절대와 상대

부처님은 완전한 깨달음, 즉 완벽한 마음자리를 만들 수 있는 가능성을 천명했다. 그러므로 선은 때때로 전부가 아니면 아무것도 아니라는 식으로 이해되고 있는 것 같다. 즉, 현세적 삶의 불편함이나 괴로움을 경감시키거나 제거하는 것에 관한 것이 아니라 오로지 모든 괴로움과 슬픔을 초월하는 궁극적인 구제에 관한 것으로 여겨지고 있다. 어떤 사람은 이 점을 불교와 심리치료의 본질적인 차이로 보고 있다. 불교는 해탈에 관심이 있고 심리치료는 심리적 조절에 관심이 있어서 이둘은 같지 않다고 하는 것이다.[30]

깨달음 직후 부처님은 자신이 발견한 진리를 진정으로 알 수 있는 경지에 있는 사람이 아무도 없을 것이라고 생각하였다. 그러나 초기의 외로운 보임 기간이 지난 뒤에 그는 범천(梵天, Brahma)을 보게 되고 깨달은 바를 세상 사람과 공유하라는 권유를 받게 되었다.[31] 그래서 그는 가장 깨달을 가능성이 높다고 판단되는 사람들에게로 다가갔다.

그러므로 처음에 불교의 가르침은 깊은 무명 속에서 살고 있는 사람들에게는 전해지지 않았다. 정신적으로 이미 앞서 나간 사람들에게 전해진 것이다. 그러나 이후에 부처님은 온갖 종류의 사람을 만났고, 약 45년여 동안 그들을 가르치면서 각기 다른 차원의 삶을 살고 있는 다양한 사람을 돕는 여러 가지 방편을 발견했다.

---

30) Kornfield et al., 1983.
31) 역주: 보임(保任)이란 깨달음 이후 깨달음을 보호하여 온전히 간직함을 의미한다. 범천(梵天)이란 색계 초선천의 왕인 대범천을 일컬으며, 이름은 시기(尸棄, sikhin)라 하고, 도리천의 왕인 제석(帝釋)과 함께 불법(佛法)을 수호한다고 한다.

그렇다면 부처님은 두 가지 서로 다른 일을 하였던 것일까? 나는 그렇지 않다고 생각하는 쪽이다. 우리는 모두 같은 괴로움, 즉 조건에 얽매인 마음 때문에 고통스러워하고 있다. 선에서는 원칙적으로 큰 깨달음과 작은 깨달음을 구별하지 않는다. 괴로움에 대한 우리의 집착이 크든 작든 우리는 여전히 그것을 뛰어넘기 위하여 노력해야 한다. 위대한 문(門)으로 어떤 사람이 먼저 들어갈지 누가 말할 수 있겠는가? 부처님은 사람들이 진리의 길로 나아가는 것을 돕기 위해 그가 할 수 있는 일이면 무엇이든 다 하려고 했을 것이다.

심리치료도 사람들을 진리의 방향으로 나아가도록 하는가? 나는 그 대답이 확실하지 않다고 생각한다. 불교와 서양의 다양한 심리치료는 모두 인간의 괴로움을 극복하기 위한 것이긴 하지만, 괴로움의 원인과 처방에 관해서 항상 일치하는 것은 아니다. 심리치료와 불교를 구별하려는 사람들은 근본적으로 불교에는 다른 종류의 진단법이 있다고 말한다. 즉, 불교는 심리치료가 아니라고 하는 것이 아니라 불교는 다른 치료법이라고 말하는 것이다.

만약 부처님이 옳다면 몇몇 서양의 심리치료법은 그릇된 길로 가고 있다. 예를 들어 만약 그것이 개인의 권리의식을 강화하고, 즉각적인 만족을 제공하지 못하는 세계에 대한 자아의 분노를 북돋우는 치료법이라면, 그러한 치료법은 그 목표를 달성할 수 없을 것이다. 심리치료사는 자기 자신을 내려놓고 무조건 내담자에게 모든 주의를 기울여야 하는 반면, 내담자에게는 좀 더 자기 자신에게 관대하라고 하는 것은 서양의 심리치료에 있어 흥미로운 역설이다.[32] 불교의 관점에서 보면 그러한 종류의 심리치료법은 내담자보다는 치료사가 더 많이 배울 수 있는 치료법이다. 치료가 어떻게 진행되는가에 따라서 내담자는 심리

치료사의 태도를 본받아 자아도취에서 벗어날 수도 있겠지만 그렇지 못하게 될 수도 있다.[33]

　오늘날 심리치료가 많은 직업 중의 하나로 취급되고 있는 것은 중대한 위험이다. 사람들은 약간의 기술을 배운 뒤 그 기술을 서비스하는 대가로 돈을 받는다. 그러나 만약 그들이 스스로의 내면에 반드시 갖추어야 할 마음의 공간이 없다면 내담자에게 별 도움이 되지 않을 것이다. 그 같은 상황에서 심리치료는 파괴적일 수 있는 죽음의 의식이 될 뿐이다. 심리치료는 유용할 수도 있을 뿐 아니라 해악(害惡)을 끼칠 수도 있다. 심리치료법이라고 해서 모두 다 같은 치료법이 아니며, 더욱 중요한 것은 심리치료사라고 해서 모두 다 똑같은 치료사가 아니라는 점이다. 심리치료사가 되려면 몇 가지 삶의 시련을 통과해야 하며, 그 과정에서 스스로 자만심을 놓는 법을 배워야 한다. 심리치료는 우리 내면에 있는 마음자리를 티없이 청정하게 하는 것에서부터 출발해야 한다.

32) Rogers, 1951, p. 35.
33) Brazier, 1993.

불 성

우리의 가장 간절한 소망은 무엇인가?

초기 선(禪)에서의 공안(公案) 중에는 다음과 같은 것이 있다. "돌 상자를 깨뜨리니 완벽한 거울은 어떠한가?" 이 공안은 우리의 삶을 돌로 만든 상자나 관으로 비유하고 그 속에서 우리는 일체를 완벽하게 비추어 주는 거울 같은 마음을 찾을 수 있다는 이미지를 불러일으킨다. 이러한 이미지는 매우 강력한 힘을 발휘한다. 우리는 인간 본래 성품의 핵심에서 근본적으로 울리는 그 무엇을 느낄 수 있을지도 모른다. 하지만 바로 지금 여기 우리의 실제 삶 속에서 그것을 표현할 수 있겠는가?

따라서 심리치료로서 선은 우리가 열린 마음, 깨어 있는 마음이 되도록, 즉 미리 조건 지어진 생각으로 가득 찬 생각의 감옥에서 빠져 나오도록 물러서지 말고 끈기 있게 노력할 것을 요구하고 있다. 심리치료사로서 우리는 내담자나 우리 스스로의 마음이 닫혀 있는 것처럼 보일 때조차도 우리의 마음속에는 언제나 완벽한 거울이 있다는 확신이 필요하다.[34] 우리는 이것을 불성(佛性, buddhata)을 믿는 것이라고 한다. 불성을 믿는다는 것은 인간에게 '자아실현 성향'이라고 하는 확실한 구성적(constructive) 성장 과정이 있다는 인본주의 사상과 유사하다.[35] 이 사상은 서양 심리학에서도 매우 강력한 힘이 되어 왔다. 자아실현의 사상은 '과학적' 심리학이라는 편협한 기계주의 사고에서 치료사를 해방시키고 인간의 잠재력이 들어설 수 있는 여지를 만들었다.

그러나 이러한 인본주의 사상에는 장점도 있지만 맹점도 있다. 인간 중심적 접근을 강조하는 문헌에서는 실제로 사람들이 시달리고 있는 것, 즉 죽음, 질병, 상실감, 죄의식, 비극 그리고 기본적인 실존에 관한 딜레마 등을 찾아 보기 어렵다. 전체적으로 낙관적인 정신이 지배적이다. 그러나 인간이란 전지전능한 존재가 아니다. 자기 자신보다 더 큰 힘과 마주치게 되거나 단순히 나와 다른 존재라는 사실을 직면하는 것을 통하여 인간은 성장할 수도 있고 파멸할 수도 있다. 어떤 의

---

34) 역주: 마음을 맑은 거울에 비유한 대표적인 것으로 대승기신론이 있는데 여기서는 각체상(覺體相)을 여실공경(如實空鏡), 인훈습경(因薫習鏡), 법출리경(法出離鏡), 연훈습경(緣薫習鏡)의 네 가지로 비유하고 있다.

35) 역주: 자아실현 성향(actualizing tendency)은 로저스가 그의 이론 체계에서 내세운 유일한 동기 개념으로, 인간 유기체를 동기화시키는 가장 주된 힘이다. 자아실현은 인간 유기체를 유지하거나 향상시켜 자율성으로 나아가도록 모든 역량과 잠재력을 발달시켜 가는 과정이다. 이것은 일반적인 욕구와 동기뿐만 아니라 신체적 성장과 성숙, 친밀한 대인관계에 대한 욕구, 자율성에 대한 욕구를 포함한 광범위한 개념이다.

미에서 우주가 하나의 전체라면 우리는 자신보다 더 큰 그 무엇의 일부인 셈이다.

그러므로 불성은 실제로 어떤 개인의 전유물이 아니다. 오히려 그것은 우리 모두가 서로서로의 일부분이라는 사상을 표현하는 한 방법이다. 우리의 불성은 우주 속에 참여하고 있는 우리 자신이며 동시에 우리의 존재 속에 들어 있는 우주다. 이것이 바로 실존의 정신적 차원, 즉 불가사의한 힘인 것이다. 이 불성은 우리 자신을 현상계의 중심에 세우는 것이 아니라 오히려 자연과 한마음으로 조화롭게 살아야 함을 강조한다. 불성은 자아를 실현하는 것이라기보다 자아를 벗어나는 것이다. 즉, 우리가 자아의 중요성에 도취되기 이전의 본래 모습, 우주에서 분리되기 이전의 모습으로 되돌아가고자 하는 것이다. 불교에 따르면 신경증은 자기 이익만을 추구하기 때문에 발병한다고 한다. 따라서 치료법은 본래의 단순함을 추구하는 것이다. 이 책의 중심 주제 가운데 하나는 선이 우리 스스로가 조건 짓고 고정시켜 놓은 것을 해체하는 시도라는 것이다.

우리는 성장하면서 경험하고, 경험하면서 배운다. 배우면서 우리는 과거 경험의 죽은 뼈다귀, 즉 고정관념의 껍질 속에 스스로를 묶어 두는 위험을 감수한다. 우리는 그러한 고정관념의 갑옷 안에서 우리의 신념을 보호하기 시작한다. 그다음 우리는 우리가 가진 환상을 뒤흔드는 삶의 무상함을 보게 된다. 심리치료로서 선은 우리가 고정관념의 껍질을 깨뜨리고 나와 이 세상을 다시 한 번 신선하고 새롭게 경험하도록 도와주는 것을 목적으로 한다.

불 성

만약 우리 모두가 서로서로의 일부라면, 우리의 참 성품을 실현한다는 것은 본질적으로 조화를 창조하는 것일 것이다. 만약 우리 모두가 개별적으로 분리된 존재라면, 각자의 자아실현은 서로 간에 충돌을 불러일으키기 쉬울 것이다. 불교 심리학은 앞의 입장을 천명하며 참 인간의 근본에 윤리적인 과정이 있음을 강력히 주장하고 있다.

불성(佛性)이란 '자아(自我)를 초월한 실재(a reality beyond self)'다.[36] 인본주의와 선은 둘 다 인간의 마음속에 근본적으로 신뢰할 만한 무엇이 있다고 믿는다는 접근 방법상의 공통점이 있다. 그러나 차이점을 보면, 선에서는 첫째 '무엇'이라고 하는 것이 개인을 초월하는 성품임을 강조하고, 둘째 '무엇'이라고 하는 것이 고정된 실체라고 생각하는 것을 강력하게 경계한다는 것이다.

나는 여기서 불성은 고정된 실체가 아니라고 하는 의미를 설명하려한다. 우리는 의사소통을 위해 말이 필요하며, 그래서 임시방편으로 인간의 핵심 요소를 '각자의 불성'이라고 부른다. 하지만 불성을 영혼과 같은 것으로 보아서는 안 되며, 또한 '그들의 것'이나 '우리의 것'으로 생각될 수 있는 무엇으로 여겨서도 안 된다. 불성은 인간이 모든 차원과 요소로 보아 우주의 핵심이라는 단순한 사실인 것이다. 그러므로 선의 관점에서 각 개체는 본래 하나며 결코 분리된 존재가 아니다.

그래서 불성은 개체가 지닌 고유의 특성이 아니라 오히려 그 어떤 궁극적인 개성도 결코 있을 수 없다는 사실이다. 우리는 불성이라 불

---

36) Suzuki, 1950.

리는 무언가가 있어서 마치 그것이 개인의 삶을 위한 확실한 기반으로
서 작용하는 것처럼 행동할 수 있다. 그리고 그렇게 함으로써 우리는
서양과 동양의 심리학 사이에 더 많은 공통 근거를 찾을 수 있을 것이
다. 이렇게 일치하는 듯이 보이는 것 때문에 우리는 오히려 현혹될 수
있다. 서양의 자아실현 성향이라는 사상과 인본주의적이고 초자아적
인 형태의 심리치료의 출현은 불성이라고 하는 선의 개념에 의해 영향
을 받았던 것이 확실하다.[37] 그러나 서양의 심리학은 일반적으로 그
자체가 스스로 독립된 실체로 존재하며 요구하고 주장할 수 있는 자
아, 영혼 또는 정신이라는 관념에 기대고 있다. 이는 모두 오랜 서양의
전통과 일치하며, 특히 미국과 같이 개인의 권리와 요구에 대한 사상
을 중심으로 형성된 문화와 잘 부합된다. 그러나 불교 심리학에서는
그 어떤 독립된 실체도 인정하지 않는다. 불성은 다른 영혼에게 무언
가를 요구하는 또 다른 영혼이 아니다. 불성은 단지 우주가 우리의 내
면에서 숨 쉬고 있고 우리는 우주 안에서 살고 있다고 하는 사실 자체
다. 이와 같이 자아와 우주가 둘이 아니라는 것이 바로 선 윤리학의 궁
극적인 기초다.

불교 심리학은 따라서 전통 심리학의 개인주의적 기반에 대해 근본
적인 의문을 제기하고 있는데, 이것은 2,500여 년 전 부처님이 인도에
서 기존의 여러 가르침의 근본에 대해 의문을 제기했던 것과 아주 흡
사하다. 여러 면에서 부처님은 우리가 살고 있는 시대와 다르지 않은
시대를 살았다. 그 당시에도 아트만(自我, atman)[38] 또는 영혼에 관한
브라만 계층의 사상에 의하여 궁극적으로 뒷받침되는 개인주의가 사

---

37) Fox, 1990, pp. 289 이하 참조.

회 조직의 기본 원리로 정착되고 있었다.[39] 부처님은 인류 환경에서의 소외, 더 결정적으로는 인간 상호 간의 소외를 가져오지 않는 대안의 길을 제시하였다. 부처님은 보잘것없는 우리의 자아에서 안식을 찾으려 하지 말고 우리 존재의 본질로서의 불(佛, buddha), 진리로서의 법(法, dharma), 화합 공동체로서의 승(僧, sangha)이라는 삼보(三寶)에 귀의할 것을 권고하고 있다. 부처님의 사유 방식에서는 불성, 진리, 공동체가 실제로 서로 다른 세 가지가 아니라 한 원리의 세 가지 다른 측면이다. 우리의 불성은 곧 진리이고 그것이 진리로서 우리의 삶 속에서 드러나는 것이 곧 공동체다.[40]

인간이란 무엇인가에 대한 이 같은 두 가지 다른 입장 때문에 윤리의 역할에 대한 관점 또한 다르게 받아들이게 된다. 서양의 관점에서 윤리와 도덕은 일반적으로 개인의 과도함을 억누르는 제한 요소로 인

---

38) 역주: 아트만은 변하지 않고 영원 불멸한 자아를 말하며 호흡 또는 생명이라는 뜻도 있다. 힌두교의 중요한 개념이며 서양에서는 영혼으로 알려져 있다.

39) Ling, 1976.

40) 역주: 삼보란 세 가지 보배라는 뜻이며, 소승불교에서는 깨달음을 연 사람으로서의 부처(佛, Buddha), 그 가르침의 내용으로서의 법(法, dharma), 그 가르침을 받들어 수행하는 교단으로서의 승(僧, sangha)을 말한다. 삼보에 귀의하는 것은 불교도로서 수행하는 가장 기본적인 조건이라 할 수 있는데, 이 세 가지를 본질적으로 하나라고 보는 것이 중요하다. 대승불교에서는 삼보에 대한 문자 그대로의 해석을 넘어 좀 더 근원적인 관점에서 해석하고 있다. 전통적으로 이 세 가지를 하나로 보는 일체삼보(一切三寶), 세 가지를 나눔으로 보는 현전삼보(現前三寶)와 세 가지를 입증으로 보는 주지삼보(住地三寶) 등 세 가지 종류의 해석이 있다. 중국의 선불교를 중흥한 육조 혜능선사는 자성삼보에 귀의하는 것을 강조하였다. 자성삼보의 관점에서 불은 스스로의 마음이 본래 지혜와 복덕을 갖춘 깨달음이며, 법은 스스로의 마음이 한 생각 한 생각 삿됨이 없는 올바름이며, 승은 스스로의 마음이 물들지 않은 청정함을 말한다. 이러한 관점에서 대행선사는 마음내기 이전의 공한 자리가 불이며, 마음내는 것이 법이고, 마음내는 대로 움직이고 돌아가는 것이 승이라고 하여 우리 삶의 본질적 구조가 이미 자성삼보로 갖추어져 있음을 설파한다.

식된다. 마치 황소가 들판에서 이리저리 돌아다니며 피해를 일으키지 못하도록 둘러 세운 울타리처럼 윤리와 도덕은 사람들이 길을 잃고 헤매지 않도록 하는 경계다. 윤리를 경계로 여기는 이러한 모델로 보면, 도덕이란 좌절의 원천이며 필요하기는 하지만 진저리 나는 것이다. 우리 인간은 '해야 한다'와 '하지 않으면 안 된다'에 맞춰 사는 것을 극단적으로 싫어한다. 인본주의 심리학에 대한 대중적 인기가 높은 것은 아마도 엄격한 도덕성에 반항하고자 하는 욕구에 어느 정도 그 원인이 있을 것이다. 그러나 실제로 인본주의가 문제를 해결했다고는 할 수 없다. 마찬가지로 정신분석학적 접근 방법에서 억압과 방어라는 개념은 핵심적인 부분이다. 즉, 인간은 궁극적으로 '현실원리(reality principle)'에 직면할 수밖에 없고, 따라서 문명 사회는 불만으로 가득 차 있을 수밖에 없다.[41]

선은 이와는 매우 다른 그림을 그린다. 불성은 모든 존재와 따로 떨어질 수 없는 하나이기 때문에 윤리는 속박이 아니라 해방으로 간주된다. 윤리는 우리의 핵심 성품을 깨닫도록 이끄는 길이며 따라서 진리와 행복의 길이다. 도덕률은 완전히 깨달은 사람의 삶을 대략적으로 묘사하는 것일 뿐이다. 불교를 믿는다면 다음과 같이 말할 수 있을 것

---

41) 역주: 프로이트 이론에 기초한 정신분석학에 따르면 인간은 고통을 싫어하고 쾌락을 추구한다고 본다. 원초적 본능(id)은 이러한 쾌락원리(pleasure principle)에 지배되며 결과에 상관없이 즉각적인 만족을 얻으려고 한다. 그러나 인간은 성장해 가면서 현실을 존중하며 고통을 인내하며 당장의 쾌락을 추구하지 않는 것을 배우게 된다. 이렇게 현실을 고려하여 현재의 만족을 미루는 것을 현실원리(reality principle)라고 하며, 인간의 에고(ego)는 쾌락원리가 아닌 현실원리를 따른다. 프로이트는 1930년에 출판된 자신의 저서 『문명 속의 불만』에서 인간의 원초적 본능을 억압하는 문명 사회는 인간의 죄의식과 불만을 초래할 수밖에 없다고 분석하였다.

표 3 인본주의와 불교 심리학의 비교

자아(自我) 심리학 (인본주의)	윤리는 인간 행동의 한계를 정의한다	갈등 모델
무아(無我) 심리학 (불교)	윤리는 인간 성품의 핵심을 가리킨다	조화 모델

이다. '우리가 자신과 전쟁을 치르고 있다면 어떻게 행복할 수가 있으며, 다른 모든 것과 조화를 이루어 청정한 삶을 살지 못한다면 어떻게 자기 안에서 마음의 평화를 찾을 수 있을 것인가?' 이런 식의 사유방식을 따라가 보면, 마음의 평화를 추구하는 첫출발은 바로 우리를 둘러싼 세상과의 관계를 재검토하는 것이라는 결론에 이르게 된다. 부처님은 자신이 가르친 도에 대해 알려 달라는 요청이 있을 때마다 계율(戒律, sila) 문제를 가장 먼저 설파하였다. 계율은 우리의 근본적인 윤리적 성품을 계발하는 것을 의미한다. 이것은 마음을 수련하는 첫걸음일 뿐 아니라 미래의 행복을 위한 초석이기도 하다.

그러므로 서양 심리학과 불교 심리학 사이에 중요한 공통점이 있다고 할지라도 그것이 본질의 유사성을 의미하는 것은 아닌 만큼 단순히 언어의 유사성에 속지 않도록 조심해야 한다는 것을 알 수 있다. 또한 우리가 하는 일이 마음에 드는 개념을 동양적인 재료에 단순히 투영하고 있는 것이 아니라는 것을 알 수 있다. 동양과 서양의 융합은 그 둘 사이의 실질적인 차이점이 무엇인가를 명확히 밝힘으로써 가장 원활히 이루어질 수 있을 것이다.

이러한 불성의 개념을 이해하는 것은 중요한 첫출발이다. 불성을 뜻하는 산스크리트어 'buddhata'의 첫 음절 'buddh'는 순수한 인식과정을 의미한다. 부처란 세계를 그냥 있는 그대로 인식하는 존재다. 따라서 부처는 또한 청정하고 순수한 자세로 행동하는 사람, 즉 안달복달하지 않고 있는 그대로 모든 것을 하는 사람이다. 이러한 특성을 일컬어 '여여(如如, tathata)'라고 하는데 정확하게 번역하기가 어려운 단어며, '이러함(thusness)' 또는 '그냥 그대로임(just-so-ness)' 등과 같이 여러 가지로 해석된다. 이것은 정신분열적 왜곡이 전혀 없는 완전히 곧은 마음으로 살아가는 것을 제시한다.

이와 같이 모든 조건 지어진 마음에서 해방된 마음은 완전히 건강한 정신과 동등하다고 할 수 있을 것이다. 여기서 우리는 인본주의 심리학과의 다소 다른 비교를 기대할 수 있다. 로저스로 다시 돌아가 보자. 그의 인간 중심적 접근 방법에서는 '비지시성(nondirectiveness)'을 상당히 강조하며, 이것은 규칙 체계와 지침을 회피한다는 이념을 단적으로 말해 준다. 그러나 그의 거의 모든 주요 저서에는 이른바 '온전히 작용하는 사람(the fully functioning person)'에 대한 내용이 비중 있게 기술되어 있다. 따라서 그의 방법론은 비록 비지시적이라 불리지만 우리는 그것이 어디로 향하고 있는지 알 수 있다. 이러한 맥락에서 불교 계율은 바로 '온전히 작용하는 부처'에 대한 기술이라고 할 수 있다. 불교 계율에 대한 설명은 다음 장에서 조금 더 다루게 될 것이다.

계율이란 사실 정상적인 의미의 규칙이 아니다. 오히려 그것은 지속적으로 우리의 불성을 가리키고 있는 손가락이다. 이것은 마치 북쪽이 어디인지를 우리에게 항상 가르쳐 주는 나침반의 바늘과 같은 것이다. 우리가 잘못된 방향으로 가고 있을 때 이러한 나침반이 있다면 우리의 현재 위치를 알 수 있게 될 것이다.

많은 서양인이 규칙에 대하여 극심한 거부 반응을 보이는 것은 규칙

을 어긴 것을 응징하는 신(神)이 있다는 사상에 뿌리내린 문화의 역사
때문이다. 우리가 그러한 신을 믿는다면 우리는 어린아이 수준에 머물
러 있기 십상이다. 그러나 불교에서는 어떤 그러한 신(神)도 인정되지
않는다. 따라서 우리는 우리 스스로에 대하여 책임을 져야 하는 것이다.

불교 계율은 실로 다른 사람을 판단하기 위한 근거가 아니다. 대체
로 도덕률이란 불평의 정당한 이유가 되도록 존재하는 어떤 절차의 일
부며, 이것이 바로 사람들이 도덕률을 마음으로 받아들이지 않는 까닭
이기도 하다. 불교에서는 다른 사람에 대하여 판단하거나 불평하는 것
은 스스로 계율을 어기는 것이 된다. 계율은 그러한 목적을 위하여 존
재하는 것이 아니다. 계율은 순전히 우리 각자가 스스로의 마음자리로
되돌아가는 길을 발견하도록 도와주기 위하여 존재하는 것이다. 우리
의 마음자리에서는 우리 모두 계율이 가리키는 대로 행동하고 싶어 한
다. 왜냐하면 우리 각자의 마음자리에는 온전히 작용하는 부처가 있기
때문이다.

그렇지만 불성은 대부분 조건 짓는 마음에 의해 가려져 있다. 이 책
은 선 치료에 대한 것이기 때문에 이 책의 제2부에서 상당 부분을 할
애하여 불교 심리학에서 기술된 마음의 조건화 과정을 살펴볼 것이다.
깨닫지 못한 사람들은 모두 바로 이 혼미한 안개 속에서 길을 잃고 헤
매는 것이다.

불교에 따르면 심리학적 측면에서 진실로 건강한 사람은 그리 많지
않다. 상대적으로 안정된 삶을 사는 사람들은 대부분 진정한 마음의
안정이라기보다 운 좋은 환경 때문에 그렇게 살고 있는 것이다. 또한
거의 대부분은 우리가 살고 있는 세계를 인식함에 있어 신경과민적이
고 정신병적이고 비이성적인 왜곡을 하기 쉽다. 하지만 그렇더라도 우

리 모두는 원래의 순수하고 청정한 성품, 즉 진정한 인식과 감촉을 위한 오염되지 않은 바탕 또한 지니고 있다. 불성은 마치 구름 너머에 있는 태양과도 같은 것이다.

전통적인 불교 경전에서는 불성의 전형으로서의 부처를 다음과 같이 묘사하고 있다. 부처는 여래(如來, tathagata), 즉 완벽하게 여여한(tathata) 삶, 청정한 삶을 살아가는(gata) 자라고 불린다. 그는 정등각자(正等覺者, samyak sambuddha), 즉 완전히 깨달은 자라고 불리기도 한다. 그는 명행족(明行足, vidya-carana samapana)이라고도 하며, 이는 지(知)와 행(行)을 완성했다는 것을 의미한다. 그의 삶의 방식은 깊은 지성에 뿌리를 두고 있다. 여기서 말하는 지성은 축적된 많은 지식이 아니라 삶의 순간순간마다 사물이나 현상이 존재하고 있는 그대로를 직관할 수 있는 능력이다. 그는 세간해(世間解, lokavid), 즉 이 세상과 저 세상을 모두 꿰뚫어 완전히 아는 자라고 불린다. 그는 또한 적을 물리친 자라는 의미의 아라한(阿羅漢, arhat)이라고도 불리는데, 이때의 적은 세상과의 현명하고 자비로운 접촉을 가리는 모든 것을 말한다. 그리고 그를 선서(善逝, sugata)라고도 하는데, 더없이 행복한 사람이라는 의미다. 불교에서는 선(善)과 행복이 일치한다. 이것은 우리 모두가 공유하는 잠재력의 이상적인 모습이다.

핵심 자아에 대한 불교와 서양의 개념적 차이를 다시 간단하게 생각해 본다면, 서양인에게 자유는 그들 자신이 행복해지는 데 필요한 것을 얻는 것에 방해가 되는 장애물을 제거한다는 관점에서 이해되기 쉽다. 이것은 개인이 최소한 몇 가지 측면에서 자연적 또는 사회적 환경과 대립하지 않을 수 없게 한다. 윤리는 자아의 외부에 존재하는 것이거나, 마치 원하는 대로 우주의 법칙을 바꿀 수 있는 것처럼 개인적인 선택의 문제라고 인식된다. 그러나 불교적 관점에서의 윤리는 외부적인 제한 요소가 아니며, 쇼핑하듯이 선택할 수 있는 어떤 것도 결코 아니다. 오히려 그것은 내면에서부터 터져 나오는 우리 불성의 목소리다. 우리의 가장 깊은 본성은 우리가 우주와 조화롭게 살아갈 것을 원하고 있는데 이것은 우리가 곧 우주이고 우주가 곧 우리이기 때문이다. 비윤리적인 방식으로 행동하는 것은 우리 자신을 거슬러 행동하는 것이다. 마음의 자유는 속박을 걷어차서 얻을 수 있는 것이 결코 아니다. 실로 자유로운 마음은 어떤 속박도 인식하지 않는다.

물론 불교도든 아니든 오랜 세월 동안 마음이 왜곡된 상태로 조건 지어져 있는 평범한 사람에게는, 계율이 가리키는 대로 산다는 것이 하나의 투쟁일 수 있다. 그러나 선에 숙련된 사람은 자기 제한이 아니라 자기발견의 마음으로 이러한 투쟁을 수용한다. 이것은 심리치료가 의미하는 것을 이해하는 데 핵심이 되는 매우 중요한 차이점이다. 모든 불교 심리치료가 근거하고 있는 원리는 우리 내면에 근본적인 조화 상태로 돌아가기를 갈망하는 것이 있고 도덕적 지침을 따르는 것은 우리가 그것을 발견하는 데 도움이 된다는 것이다. 이러한 갈망은 우리의 가장 깊은 본능이며 우리가 진정으로 의지할 수 있는 무엇, 불교 용어로 말하자면 진정한 안식처라고 부를 수 있는 무엇이다. 그 속에서 몸과 마음 또는 나와 세계의 구분은 사라져 버린다.

진리에 의지함

불성은 내담자 속에 내재하는 것으로서 초월과 해결의 길로 항상 나아가기 위해 우리가 의지할 수 있는 것이다. 불성은 또한 우리에게도 내재하는 것으로서 우리 스스로의 애착심을 내려놓고 모든 것을 수용하고 긍정하는 마음이 되도록 한다. 이 점에서 서구 사상에서의 다른 발전, 특히 후설(Edmund Husserl) 이후의 현상학의 성장과 유사하다.[42] 후설의 저작은 유럽인의 사고에 스며들어 프로이트 이후 심리치료의 전반적인 발전에 영향을 미쳤다.[43] 후설의 '현상학적 방법'은 심리치료에 광범위한 영향을 미쳤고,[44] 이 영향력은 더욱 확대되고 있는 듯하다.[45] 후설이 시도한 것은 개인적 선입견에 의한 왜곡을 뛰어넘는 철학의 확고한 기초를 확립하는 것이었다. 철학자로서 후설은 '현상학적 환원(reduction)' 또는 '에포케(epoch)', 즉 기존의 모든 관념을 '괄호 속에 넣음(bracketing)'으로써 편견이 전혀 없는 철학적 방법론을 창조하고자 하였다. 이것은 본래의 마음자리 또는 실로 무심(無心)이라고 일컬어지는 마음자리를 증득하는 선의 개념과 아주 유사하다.[46] 그러나 선에서 이것은 사유의 방법이 아니라 존재의 방식이다.[47]

철학 분야에서 후설의 방법론은 실존주의자에 의하여 더욱 진전되었다. 그래서 모리스 메를로-퐁티(Maurice Merleau-Ponty)는 현상학이란 "주로 세계 속에 내가 있고 타자 속에 내가 있다는, 본래 갖추어진 모습에 대한 경이로움을 표현하는 것이고, 이와 같은 역설과 스며

---

42) Solomon, 1983.

43) Husserl, 1925, 1931a, 1931b, 1983.

44) 예를 들면 Binswanger, 1975; Boss, 1982; Cox & Theilgaard, 1987; Frankl, 1967; Gendlin, 1962; Laing, 1961; May, 1983; Perls, 1969; Rogers, 1951.

45) Spinelli, 1989.

46) Suzuki, 1969.

47) Sekida, 1975.

닮을 기술하는 것이며, 주체와 세계, 주체와 타자 사이의 결합을 설명하는 것이 아니라 직시하도록 하는 것이다."라고 썼다.[48] 이 얼마나 선적인 표현인가! '나'라는 것은 실제로 나를 둘러싼 세계로 이루어져 있으며, 그 둘은 근본적으로 분리되어 있는 것이 아니다. 하이데거(Martin Heidegger)는 다음과 같이 지적하고 있다. 즉, "인간은 결코 자기와 동떨어져 있는 창문을 통해서 외부 세계를 내다보는 것이 아니다. 그는 이미 바깥에 있다. 그는 세계 안의 존재인 것이다. 왜냐하면 실로 존재한다는 것은 그가 완전히 세계에 관여되는 것이기 때문이다." 하이데거에 따르면 실존하는 그 자체는 자기 자신의 밖에 서는 것을 의미하며, 자기 자신을 초월한다는 것을 의미한다.[49] 그래서 우리는 서양에도 불교 사상과 상응하는 사상이 많이 있다는 것을 알 수 있다. 그러나 이들이 일반적으로 선에서처럼 자기 수행의 정밀한 체계로까지 발전하지는 못한 것이다.

만약 진리가 우리 안에도 있고 우리 주변에도 두루 있다면, 부분적 견해에 머물러서는 그것을 찾기 어려울 것이다. 부처님과 마찬가지로 후설은 더욱 폭넓은 관점과 열린 마음을 성취하기 위해서 우리의 선입견을 놓아 버려야 한다고 역설하였다. 선은 우리의 눈가리개를 붙잡고 있는 사람이 다름 아닌 바로 우리 자신이라는 점을 강조한다. 마음은 우리가 믿기만 한다면 그대로 작용할 것이다. 닫힌 마음은 믿지 못하기 때문에 생기는 결과인 것이다.

현대 심리치료는 후설의 영향력이 절정기였던 20세기 전반에 중부

---

48) Merleau-Ponty, 1964, p. 58.
49) Barrett, 1961.

유럽에서 수많은 단계를 거쳐 형성되고 발전되었다. 비엔나에서 프로이트는 의식과 무의식 세계에 대한 의문을 깊이 통찰하려는 고도의 창조적인 그룹의 중심에 있었다. 프로이트의 무의식에 대한 개념은 과거 업(業, karma)의 영향력이 현재에 미친다고 보는 초기 불교 개념인 아라야식(阿賴耶識, alaya consciousness) 또는 장식(藏識, store-house con-sciousness)과 유사하다. 프로이트의 동료인 융(Jung) 또한 현상학적 접근방법에 동조적이었으며,[50] 동양 사상에 관심을 가지고 있다.[51] 융의 저작은 선을 좀 더 잘 이해하도록 길을 여는 데 도움을 주었다.

현상학과 인본주의는 우리가 자주 언급하는 칼 로저스의 저작에서 서양 심리학을 위한 개념으로 함께 등장하였다. 로저스의 많은 개념은 동서양의 사상을 잇는 다리 역할을 하는 데 도움이 된다. 선에서는 정통적 가르침으로 고착화되는 데에서 오는 문제점을 항상 경계한다. 흥미롭게도 로저스에게는 선과 아주 유사한 인습타파적 요소가 있다.

선에서는 틀에 박힌 일상에서 벗어나도록 마음을 뒤흔드는 이른바 충격요법을 사용하는 것이 흔하다. 이와 같은 자발성에 대한 요구는 비엔나에서 프로이트와 동시대를 살았던 제이콥 모레노(Jacob Moreno)의 마음속에도 분명하게 자리하고 있었다.[52] 프로이트가 개인

---

50) Brooke, 1991.

51) Jung, 1978; Spiegelman & Miyuki, 1987; Moacanin, 1986.

52) 역주: Jacob Levy Moreno(1889~1974). 루마니아 출신의 미국의 정신과 의사로서 신경증 치유를 위한 사이코드라마를 창시하고 다양한 집단요법을 개발하였다. 칼 융의 제자며 의대 학생 시절부터 프로이트의 이론을 거부하고 심리치료를 위한 그룹 활동의 잠재적 가능성에 착안하여 많은 연구를 수행하였다.

심리분석에 초점을 맞췄다면, 모레노는 집단 심리치료를 중점적으로
다루었다.[53] 모레노는 정신이 건강하지 못한 것을 자발성의 부적절함
으로 파악했다. 자발성과 반대되는 개념으로 모레노는 '문화보존성
(cultural conserve)'이라는 것을 제시하였다. 어떤 것이 처음으로 행해
질 때 그것은 자발적인 것이다. 그러나 같은 일이 반복되면 그것은 문
화보존성의 일부가 된다. 문화보존성은 자발성을 촉발시키는 도약대
로서의 역할을 해야 한다. 하지만 그것이 오히려 자발성을 질식시키는
속박이 되어 버리는 경우가 너무나 흔하다. 모레노에게 있어서 자발성
은 우리 내면의 신성함이 섬광처럼 빛나는 것, 초월적인 것이 우리의
삶 속으로 분출하는 것이다. 이것 또한 분명히 선과 유사한 점이며, 또
한 선 수행의 상당 부분이 자발성을 위한 도약대로서 의례(문화보존성)
를 활용하는 것과 관련이 있다고 말할 수도 있다. 모레노가 자발성과
실천적 행동을 강조하는 것은 참으로 선의 정신과 공명하는 것이다.[54]
그는 우리의 삶을 조명하는 데 실제로 수없이 적용될 수 있는 실천 방
법 목록을 우리에게 제공한다.

자아초월적 경향

동서양 심리학의 유사점을 간략하게 고찰하는 데 있어서 마지막으
로 자아초월 심리학의 최근 발전에 대하여 언급해야 한다.[55] 여기에

---

53) Marineau, 1989.
54) Watts, 1957.

동양의 영향은 직접적이며 충분히 인정되고 있다. 어떤 면에서 자아초
월적인 접근 방법은 인본주의에 대한 반작용이라 할 수 있다. '자아실
현'의 이상과 연결되어 있는 인본주의는 개인적으로는 자유롭게 되지
만, 문화적으로는 분열되는 것이 입증되었다. 다른 말로 표현하면 그
것은 자아도취적이었다. "우리는 자율적 삶에 대한 환상의 대가로 너
무 비싼 값을 치르고 있다. 즉, 외로움, 동료와 가족과의 불만스러운
관계, 공동체 의식에 대한 갈망, 무관심한 우주 가운데 스며드는 고립
감, 현대적인 불안감 등의 형태가 그것이다. 인본주의 심리학 이론이
과학적 또는 종교적으로 보이는 신뢰를 부여하고 또한 자율적 삶에 대
한 환상을 지탱해 주고 있는 한, 인본주의 심리학 이론 자체가 소외와
고의 원인이 될지도 모른다."[56]

　　자아초월 심리학은 "경계란 환상이다."라는 입장에서 전체성 탐구
의 본질적 부분인 현상을 연구해 왔다.[57] 그렇다면 자아초월 심리학은
우주의 착취자나 지배자가 아니라 우주의 일부로서 우리 스스로를 위
한 자리를 다시 한 번 찾으려고 하는 것이다.[58] 그리고 그것은 과학적
인 것보다는 오히려 '정신적인' 것으로 여겨지는 경험과 개념을 다시
고찰하려는 시도인 것이다.

---

55) 역주: 자아초월 심리학(transpersonal psychology)은 의식의 통일적, 영적, 초월적 상태를
　　인식하고 이해하며 실현함으로써 고도의 인간 잠재력을 연구하는 심리학의 새로운 분야다.
　　자아(自我) 또는 의식(意識)을 초월한 심리학 또는 초상체험(超常體驗)의 심리학으로 해석되
　　기도 하며, 현대 심리학적 통찰과 동서양의 명상적 전통에서의 통찰을 결합하기 위한 시도
　　로 주목받고 있다.

56) O'Hara, 1989, p. 272.

57) Wilber, 1985, p. 31.

58) Fox, 1990.

생태학적 문제에 대한 관심이 고조되면서 자아초월 심리학은 심리치료와 일반 사회 속에서 자연스럽게 출현하였다. 사람들이 스스로 가이아(Gaia), 즉 거대한 한 생명인 지구의 일부임을 느끼지 못한다면, 그들은 자신을 둘러싼 이 세계를 왜 착취하지 말아야 하는지 결코 알수 없을 것이다. 그러므로 자연보호 운동의 출현은 심리학에 많은 시사점을 던져 주었다. 조안나 메이시(Joanna Macy)는 다음과 같이 서술하고 있다.

> 우리가 교육 받고 주류(主流) 문화에 의해 조건화된 전통적인 자아 개념은 붕괴되어 가고 있다. 앨런 왓츠(Alan Watts)가 '피부로 둘러싸인 에고(the skin-encapsulated ego)'라고 지칭한 것과 그레고리 베이트슨(Gregory Bateson)이 '서양 문명의 인식론적 오류'라고 지적한 것은 존립 근거가 흔들리고 있으며 그 껍질이 벗겨지고 있다. 그것은 정체성과 자기 이익을 좀 더 넓게 포괄하는 복합 개념으로 대체되고 있다. 이것을 다른 존재뿐 아니라 지구라는 생명체와 공존하는 생태적 자아 또는 에코-자아라고 부를 수도 있을 것이다. 이것이 바로 내가 말하는 '자아의 녹화(綠化)'인 것이다.[59]

선에서는 자아가 항상 푸르다고 말할 수 있다. 선 문화는 자연과 가깝다. 산책을 해 보라. 폭포 옆에 앉아 보라. 나무를 껴안아 보라. 살갗에 떨어지는 비를 느껴 보라. 이와 같이 자연을 직접적으로 인식하는 것은 우리를 본래의 온전함으로 돌아가게 한다. 부처님 자신도 나

---

59) Macy, 1991. p. 183.

무 아래에 앉아서 깨달음을 얻었다. 그는 사람들에게 도시나 마을에서 벗어나 인공적인 것을 떨쳐 버린 아주 조용하고 아름다운 장소에서 장시간을 보내 보라고 여러 차례 적극 권장하였다.

생태학적·자아초월적 관점은 서양와 선 심리학 사이에 다리를 놓는 것이다. 그것은 우리가 신뢰할 수 있는 훌륭한 다리다. 비록 그러한 다리가 있다고 할지라도, 이 책에서도 기여하고자 하는 불교와 서양 사상의 통합은 아직 한쪽 세계에서 다른 쪽 세계로 넘어간다는 인식 없이 서로 상대방의 문화적 전통을 끌어 쓸 수 있는 지점까지는 도달했다고 말할 수 없다. 그러나 스즈키(D. T. Suzuki)와 왓츠(Alan Watts)를 위시하여 그 이후의 많은 인기 작가에 의해 소개되고 있는 불교의 이념이 서양 철학과 심리학에 중요한 영향을 끼쳐 왔으며, 그리하여 진정한 통합이 그 어느 때보다 지금 훨씬 더 가깝다는 것은 의심할 여지가 없다.[60]

---

60) D. T. Suzuki, 1949; Alan Watts, 1957.

근본 윤리

공안: 심리치료와 윤리의 재결합

선(禪)에서 윤리는 생활이나 심리치료 과정에 단순히 경계를 설정하는 것이 아니다. 그것은 오히려 심리치료 문제의 핵심적인 부분이다. 심리학적으로 건강하다는 것은 내면의 근본 윤리로 되돌아가는 것이며 근본 윤리에 근거한 삶을 살아가는 것이다. 정해진 계율과 같이 현실의 틀을 갖춘 윤리는 행복의 방향을 가리키는 이정표다.

불성에 대한 믿음과 일관되게 윤리에 대한 선의 관점은 서양의 일반적인 관점과는 사뭇 다르다. 일반적으로 서양의 윤리관에서는 사람을 본래 이기적이며 따라서 잠재적으로 위험하고 파괴적인 존재로 본다. 윤리란 이러한 위험을 방지하기 위해서 일정한 경계를 정해 쌓아 놓은 담장과 같은 것이다. 기본적인 개념 자체가 자연 그대로의 인간은 죄가 많으며 윤리는 사회를 보호하기 위하여 존재한다는 것이다. 이것은 윤리 법률적 접근 방법으로 이끌게 되는데, 여기서 윤리는 그것을 어겼을 경우 징벌할 수 있는 공식화된 규범인 것이다. 그렇기 때문에 어느 정도까지 윤리적 규범을 피할 수 있는지를 알기 위하여 그 규범의 글귀를 해석하는 데 많은 노력을 기울이게 된다. 윤리는 마치 나쁜 사람을 찾아내 제거하기 위해 설치한 고기잡이 그물과 같은 것으로 생각되는 것이다.

도교(道敎)와 상통하는 부분으로도 생각되지만, 선에서는 자연 그대로의 인간이 윤리적이라고 보며, 인간이 가끔 비윤리적 행동을 하는 것은 인간의 그러한 성품(불성)이 조건 지어진 마음에 의하여 왜곡되거나 은폐되기 때문이라고 파악한다. 마음의 조건화 작용은 무명(無明, ignorance) 때문에 생기며 오염된 사회는 무명을 더욱 조장한다. 그러므로 무엇보다 필요한 것은 우리가 나기 이전의 본래면목(本來面目)으로 되돌아가는 것이다.[61] 윤리는 자연 그대로의 인간에게서 사회를 보호하는 것이라기보다 오히려 사람들에게 오염되기 이전의 순수하고 더없이 행복한 본래의 성품으로 되돌아가는 길을 알려 주는 안내판으로 여겨진다. 이렇게 보면 윤리는 구속적인 벽이 아니라 벗어나도록 도와줄 수 있는 사다리인 것이다. 윤리에 대한 이러한 관점은 윤리에 대한 직관적 접근을 가능하게 한다. 중요한 것은 안내판에 적혀 있는 글귀가 아니라 안내판이 가리키고 있는 방향이다. 진정으로 요구되는

---

61) 역주: 우리에게 갖추어져 있는 마음의 본래 성품을 말하여, 선에서는 이것을 '부모미생전 본래면목(父母未生前 本來面目)'이라고 하며 화두 참구에 널리 활용되어 왔다.

것은 고향으로 되돌아가는 길을 떠나는 것인데, 많은 학식과 율법에 매이는 것은 단지 우리를 갈림길에서 붙들어 놓는 걸림돌이 될 뿐이다. 고기잡이 그물은 우리의 온갖 관점과 의견으로 엮여 있다. 만약 우리가 그것들을 몰록 놓을 수 있다면, 그때 우리는 불성의 바다에서 걸림 없이 헤엄칠 수 있을 것이다.

여기서 또 다른 하나의 서양 이론과 선의 접근 방법을 구별해 보는 것 또한 가치 있는 일일 것이다. 선의 관점은 루소(Jean-Jacques Rousseau)에게서 유래한 '고상한 야만인' 이란 개념과 일치하지 않는다.[62] 왜냐하면 실제로 '야만인'은 사회 속에서 살면서 다른 누구와 다름 없이 십중팔구 그들 자신에 의하여 오염될 것이기 때문이다. 선에서 말하는 '본래 성품'은 야생 상태가 아니라 오히려 객진번뇌에서 벗어난 마음내기 이전의 마음 자체를 말한다.[63]

그러므로 생명을 존중하라, 어떤 형태의 해를 끼치지 말라, 남의 것이면 어떤 것도 취하지 말라, 음행하지 말라, 말을 부드럽게 하라, 절대 정직하라, 과음하지 말라, 단순한 생활방식으로 살라 등과 같은 불교의 계율은 행복과 조화를 위한 비결, 즉 사회의 온갖 유혹에 대한 해결 방법인 것이다.

물론 이러한 주장은 심리치료의 과제에 대한 흥미로운 많은 의문을 불러일으킨다. 만약 사람이 도덕적으로 건전한 삶을 살아야 행복해진

---

62) 역주: 고상한 야만인(the noble savage)은 1672년에 출간된 드라이든(John Dryden)의 『그라나다 정복』에서 유래된 말로서, 억압받지 않은 인간의 자연적 본질을 표현한 것이다. 18세기 유럽의 낭만주의 철학적 전통, 특히 루소의 사상과 깊은 연관이 있는 개념이다.

63) 역주: 객진(客塵)이란 나그네처럼 바깥에서 와서 한곳에 머무르지 않고 티끌처럼 미세하고 헤아릴 수 없이 많은 번뇌를 지칭한다.

다면, 내담자에게 도덕적 원칙을 알려 주는 일이 심리치료사의 역할인가? 만약 그렇다면 어떻게 할 수 있는가? 만약 내담자가 삶을 어떻게 살아야 하는지를 심리치료사가 안다면, 내담자 자신이 결정할 수 있는 것은 무엇인가? 이러한 종류의 의문이 서양 비평가의 마음속에 떠오를 것 같다. 그렇지만 이 측면에서 불교와 적어도 일부 서양의 전문가들은 얼핏 보이는 것보다 훨씬 많은 점에서 일치된 견해를 보이고 있다.

예컨대 칼 로저스는 명백히 다음과 같은 입장을 취하였다. 만약 심리치료사가 스스로 자기를 내세우지 않는 무아(無我)의 마음가짐을 유지한다면, 내담자도 자신을 더욱 '온전히 작용하는' 상태로 이끌어 가는 데 필요한 것을 내면에서 스스로 발견할 수 있을 것이다. 사회적으로 그러한 상태는 건설적인, 즉 윤리적인 것이다. 그러므로 사람들은 대개 설득보다 영감(靈感)에 의하여 오히려 더욱 도덕적 인간이 되는 것 같다. 로저스는 그의 이론 중에서 이런 부분을 통상적인 서양의 개념과 부합시키는 데 약간의 어려움을 겪었다.[64] 그러나 그는 어떤 훌륭한 인격적 자질을 바탕으로 특정한 존재 양식의 삶을 사는 것이 심리치료사의 역할이며, 또한 그런 인격을 갖춘 치료사가 깨어 있지 않은 내담자, 즉 '일체감이 없는(incongruent)' 내담자를 마음으로 깊이 받아들여 참된 만남을 이룬다면 내담자가 더욱 건설적인 길을 발견하게 되리라는 것을 분명하게 믿었다.[65]

치료사와 내담자는 똑같이 내면의 평화와 외부의 조화를 찾는다. 그

---

64) Brazier, 1993.

65) 역주: 일체감(congruence)은 대개 일치성이라고 번역된다. 이 개념은 로저스 이론의 핵심 용어 중의 하나이며, 진실성(genuineness)과도 상통하는 것이다. 로저스는 인간에게 관념적 자아(the self-concept), 실제적 자아(the real self), 이상적 자아(the ideal self)의 세 가지

들은 더불어 현실 속에서 이를 성취하기 위한 지혜를 구한다. 내담자가 치료사에게 제시하는 '문제'의 대다수는 결국 윤리적 딜레마다. 즉, '배우자가 나에게 못되게 굴어도 내가 함께 살아야 하는가?' '내 친척이 알코올 중독자가 되었다. 나는 그를 보살펴야 하는가 아니면 내 이익을 먼저 챙겨야 하는가?' '내 부모님은 무정하시다. 나는 부모님을 미워해야 하는가, 용서해야 하는가?' 등이다. 이러한 문제는 단순한 교훈적 답변으로 간단하게 해결될 수 있는 종류의 것이 아니다. 이들이 바로 공안(公案)이다.

공안은 삶이 우리에게 제시하는 시험, 즉 단순한 논리로 해답을 제시할 수 없는 문제를 일컫는 말이다.[66] 공안 수행은 마음속에 그러한 종류의 딜레마를 간직하여 마음을 오직 그것에 집중하여 투철한 의심으로 응집시키고 그 의심을 타파함으로써 새롭고 명석한 인식 차원에 이르게 하는 일종의 명상법이다. 그러나 이러한 인식 차원이 반드시 어떤 해결책을 의미하는 것은 아니다. 그것은 우리 내면에서 막혔던 에너지가 자유롭게 흐를 수 있는 길을 찾았을 때 얻어지는 삶에 대한 새로운 시각이다. 그리하여 어떤 내담자는 담당 심리치료사가 외국에

자아가 있다고 보았다. 일체감이란 이러한 세 가지 자아가 얼마나 일치하는가를 나타내는 것이며, 그의 이론에 따르면 일체감이 높을수록 인간은 정신적으로 더욱 건강하다고 본다. 여기에 대한 상세한 논의는 이 책의 제8장에서 다루고 있다.

66) 역주: 공안(公安)은 원래 관공서의 문서라는 뜻인 '공부(公府)'의 안독(案牘)'의 준말이며 정부가 확정한 법률안을 말한다. 사적인 감정이 개입될 수 없으며, 반드시 준수해야 할 절대성을 지닌다는 뜻이 들어 있다. 선에서는 불조(佛祖)가 열어 보인 불법의 도리(道理)를 의미하는데, 구체적으로는 조사(祖師)의 말, 어구, 문답 등을 가리킨다. 이러한 조사의 공안을 참구하여 일체의 분별의식을 버리고 무분별적이고 근원적인 자기의 본래심을 깨닫도록 하는 데 그 목적이 있다. 한편 공안 수행에 사용되는 공안의 핵심 구절이나 단어 등을 화두(話頭)라고 한다.

나가 있는 동안, 자신의 결혼생활과 배우자를 떠나야 하는지 아니면 머물러야 하는지 등에 대한 오랜 고뇌를 뒤로 하고 휴식 기간을 가졌다. 그 휴식 기간 이후 치료사와 내담자가 다시 만났을 때 내담자는 분명히 이전보다 덜 힘들어한다. 치료사가 내담자에게 어떻게 지냈는지를 묻자 내담자는 다음과 같이 대답한다. '글쎄요, 당신이 멀리 가 버린 동안 나는 완전히 버려졌다고 잠깐 느꼈지만, 혼자 힘으로 내 문제에 전념할 수 있는 시간을 가지는 것도 아주 좋겠다는 생각이 들었어요. 그런데 어느 날 갑자기 행복이란 곧 마음의 상태구나 하는 생각이 났거든요. 그냥 그거예요. 행복은 마음의 상태일 뿐 다른 모든 것과는 아무런 상관이 없는 거죠, 그렇지 않나요?'

이 사례는 심리치료에서의 공통적인 치료 과정을 보여 주고 있다. 내담자는 풀 수 없는 문제를 가지고 온다. 그는 치료사와 함께 그 문제의 본질을 파악하기 위하여 노력을 기울이는데, 다른 한편으로 치료사가 자신의 문제를 제거해 주기를 바라는 마음이 있다. 그러나 선에서 공안이란 어떤 개인이 새로운 단계의 삶에 도달할 수 있는 실질적인 수단이기 때문에 그러한 문제를 제거해 주는 것은 자비가 아니라고 본다. 심리치료사 역시 사실은 딜레마의 칼날을 부드럽게 하기보다 오히려 날카롭게 한다. 예를 들어 어떤 내담자가 '사람들이 내가 무책임하다고 해요.' 라고 말하면, 치료사는 '그건 그 사람들이 그렇게 말하는 겁니다. 그런데 무엇이 진실인가요? 당신은 진짜로 무책임한가요?' 라고 묻는다. 치료사는 내담자가 스스로를 이해하고 더 솔직하고 직접적으로 자기 자신과 직면하도록 이끈다.

이러한 사례에서와 같이 치료사와 내담자는 문제의 칼날을 날카롭게 하는 데 어느 정도의 시간을 보낸다. 그리고 치료사는 가 버린다.

내담자는 이제 홀로 면도날 위에 남겨진 것이다. 일단 이것이 서서히 이해되면 진정한 변화가 가능해진다. 비로소 내담자는 스스로 자신의 문제를 움켜쥘 수 있는 것이다. 치료사를 다시 만날 때 내담자는 자신이 통찰한 점을 치료사를 통해 확인할 수 있다. 하지만 이제는 내담자가 자신감을 갖고 다가가서 자신이 통찰한 것을 치료사와 대등한 위치에서 공유하는 것이다. 이 순간은 치료사도 없으며 내담자도 없다. 거기에는 단지 모든 인간의 마음속 깊은 곳에서 이미 알고 있는 진실을 서로 나누는 한 인간과 다른 인간이 있을 뿐이다. 그렇게 마음으로 주고받는 것이야말로 '진실한 말'을 경이롭게 확언하는 것이며, 그 자체로서 '진실한 말'이 되는 것이다. 그러나 진실이 특정한 어느 누구에게만 속하는 것은 결코 아니다. 그것은 이미 누구에게나 있는 것이다.

아마 지금쯤은 선이란 반드시 특별하게 편안한 치료법이 아니라는 사실이 분명해졌을 것이다. 선은 '수박 겉 핥기'식의 얄팍함을 깨뜨려 버린다. 다이세츠 스즈키(Daisetz Suzuki)는 공안선(公案禪)의 역사를 일부 회고하면서, "임제(臨濟, ~867), 계침(桂琛, 867~928) 등 위대한 선사들은 불교의 계율을 철저하게 지키면서 수행했지만, 아무리 고귀한 분일지라도 다른 사람이 정한 행동 규칙을 맹목적으로 따름으로써 단지 도덕적이 되는 것만으로는 결코 만족하지 않았다."[67] "선사들은 이른바 도덕적 삶의 근본을 깊게 파헤쳐 보기를 원하였다. 그리고 이러한 발원이 그들을 진정한 선의 경지에 이르게 하였다."[68] 심리치료

---

67) 역주: 계율(戒律)이란 인간 완성을 위한 수행 생활의 규칙, 일반적으로는 도덕적인 덕을 실현하기 위한 수행상의 규범을 말한다. 계(戒, śīla)라는 것은 깨달음에 이르기 위한 선행조건을 이루는 수행자의 마음가짐을 의미하며, 율(律, vinaya)이란 것은 교단의 질서를 유지하기 위한 승단의 규율을 의미한다.

란 내담자가 자신의 핵심적인 도덕적 성품의 근본을 깊이 살펴보도록
도와주는 것이다.

심리치료사 과정을 밟고 있는 거의 모든 학생은 로저스가 저술한
『사람이 되는 것에 대하여(On Becoming a Person)』란 책을 접하게 된
다. 누군가는 '내가 사람이 아니라면 도대체 무엇이란 말인가?' 라고
물을지 모르지만, 로저스의 책 제목은 우리의 주목을 끈다. 우리는 완
전히 사람이 될 수 있는가? 이 물음은 하나의 공안이다. 이것은 다음
과 같은 물음과 결코 다르지 않다. 즉, 우리는 무조건 들을 수 있는가?
또는 나는 부처가 될 수 있는가? 우리 각자의 마음속에서 완전히 작용
하고 있는 부처를 어떻게 이끌어 낼 수 있는가?

『사람이 되는 것에 대하여』는 현대판 공안이다. 사람이 되는 방법은
무엇인가? 만약 이 물음이 우리에게 새롭게 느껴지지 않는 한, 그것은
우리에게 어떤 것도 요구하지 않으며 우리도 그것을 심각하게 받아들
이지 않는다. 그래서 우리는 이 물음이 우리 경험 속에서 새롭게 피어
나도록 해야 한다. 로저스는 우리가 하나의 방편으로 이 물음을 받아
들이기를 원했으며, 우리가 가능한 한 최고의 존재가 되도록 도와주려
고 했던 것이다. 이 물음에 대한 대답은 말이 아니라 우리의 존재 방식
에 있을 것이다. 물음에 제시된 의미 그대로 만약 우리가 진정으로 사
람이라면 그 대답이 스스로 나타날 것이다. 그렇기 때문에 공안을 푼
다는 것은 우리의 존재 방식을 바꾸는 것을 의미하며, 이것은 일반적
으로 새로운 관념을 만들어 내는 것이 아니라 오히려 기존의 고정관념
을 버리는 것을 뜻한다.

---

68) Suzuki 1972, p. 152.

공안을 마주치는 것은 우리의 삶에 새로운 공간을 여는 것이다. 하나의 공안을 타파했다고 해서 모든 것이 끝나는 것은 아니다. 어떤 변화는 오랫동안 회피한 사실을 저항 없이 받아들이는 수준의 하찮은 것이다. 어떤 변화는 엄청나게 중대한 것이기도 하다. 이 모든 변화는 우리의 마음자리가 새롭게 된 느낌을 갖게 한다. 이 마음자리는 도(道)의 길에서 개인적인 것이 아니다. 우리 존재를 있게 한 바로 그 마음자리에서 우리의 삶을 살 때, 우리는 개체로 사는 것이 아니다. 우리는 다만 기쁜 마음으로 우리에게 주어지는 것을 해 나가면서 우주 속에서 우리의 역할을 다할 뿐인 것이다.

그러므로 선의 접근 방법은 더할 나위 없이 실천적이다. 비록 우리 모두는 우리 자신의 관념과 감정에 묶여 힘들어하지만, 이를 뚫고 나갈 수 있는 길은 일반적으로 순간순간 투철한 마음으로 행동하는 것에서부터 시작된다. 지금 바로 이 순간에 당신의 목적을 알아차려라. 그러면 무엇을 해야 할지를 아는 것은 조금도 어렵지 않다. 역설적으로 이러한 방식으로 행동할 수 있다는 것은 미래나 과거를 지배하려는 노력을 몰록 놓아 버리는 것을 의미한다. 복잡하게 생각하지 말고 그냥 지금 이 순간에 필요한 일을 하라.

경이로운 계율

불교의 계율은 깨달은 사람이 살아가는 모습을 그린 것이다. 그러나 계율은 단순히 그러한 목표를 그리는 것만이 아니라 그 목표를 달성하기 위한 본질적인 수단이기도 하다.

계율은 여러 다른 수준에서 사용될 수 있다. 외부적 수준의 계율은 행동의 지표가 되며, 내면의 계율은 순수한 마음을 드러낸다. 계율을 진실로 이해하는 사람에게는 그것이 피가 되고 뼈가 된다. 이와 같은 세 가지 수준 모두에서 계율을 지켜 나가면 우리는 최첨단의 선 수행을 하게 되는 것이다.

일반적으로 비록 그렇게 하는 것이 경우에 따라서 가치 있는 일이라고 할지라도, 현대 문화의 환경에서 내담자를 계율에 밝도록 교육하는 것은 적절하지 않다. 그래도 우리는 역시 내담자의 불성을 신뢰할 수 있다. 계율은 단지 모든 사람이 이미 지니고 있는 윤리적 감각을 기술하는 것이다. 내담자가 이러한 실상을 회피하도록 도와주는 것은 치료사의 역할이 아니다. 반면에 어떤 계율 모델을 강요하는 것도 역효과를 낼 것이다.

진리에 이미 면역이 된 결과 내담자가 도덕적 혼란 상태에 빠지게 되는 것은 아주 흔한 일이다. 계율이 안내하는 길은 그 본질에 있어서 단지 생명력 자체다. 그러나 대부분의 사람은 진정한 삶을 발견하는 것에 면역이 되어 있다. 사람들은 마치 이것이 무서운 질병이라도 되는 것처럼 스스로를 그것에서 보호하려 한다. 이러한 면역주사의 접종은 아주 어렸을 때 받았을 수 있다. 면역주사를 맞을 때에는 반쯤 죽은 상태의 어떤 병균이 우리 몸속으로 들어오게 되는데, 이것이 나중에 우리가 실제 병원균에 노출될지라도 감염되는 것을 막아 준다. 우리의 몸이 반쯤 죽은 세균의 침범을 감지하는 순간, 백신을 몰아넣기 위하여 항체를 대량으로 생산하게 하는 것이다.

대부분의 사람이 처음으로 도덕성을 접하는 과정은 이와 같다. 반쯤 죽은 병균과 같이 도덕성은 사회가 선호하는 구속성을 지닌 형태로 사람들에게 주입되며, 그 결과 사람들은 면역력을 갖게 된다. 이러한 사람들이 나중에 심리치료를 받게 된다면 이들에게 도덕적 행위에 대해 말해 봐야 아무 소용이 없다. 왜냐하면 그들은 이미 어떤 도덕적 조언이나 생각에도 방어할 준비가 매우 잘되어 있기 때문이다. 이러한 방어적인 구조는 잘못된 도덕성과 아집을 내포하고 있다. 이러한 상황에서 도덕성에 대한 생각을 거론하는 것은 백해무익하다. 무엇보다 필요한 것은 우리가 하는 치료가 실질적인 체험에 뿌리를 두어야 한다는 것이다. 이것은 어떤 경우에서도 항상 선의 접근 방법에서 중심적인 것이다. 우리는 내담자에게 본래 갖추어져 있는 윤리적 감각이 발현될수 있는 상황을 기다린다. 그러므로 속도를 조절하여 시기를 맞추는 것은 대단히 중요한 문제다. 내담자가 반드시 준비되어 있는 건 아니기 때문이다.

그러나 치료사라면 적어도 기본적인 계율에 근거한 삶을 사는 것은 필수적이다. 기본적인 계율은 우리가 직장 생활뿐 아니라 개인 생활도 솟아나는 샘물로 말끔하게 청소할 수 있게 하며, 그것을 통하여 계율이 가진 원래의 아름다움을 재발견할 수 있게도 한다. 불교의 모든 종파에 공통되는 다섯 가지 기본적인 계율이 있다. 종파마다 표현은 다르지만, 그것은 이미 살펴보았듯이 중요하지 않다.

첫 번째 계율은 모든 생명체에게 물리적으로 해를 끼치지 않도록 하라는 것이다. 언뜻 생각해 봐도 이 계율을 완전히 지키는 것은 법적으로 불가능하다는 것을 곧 알 수 있으며, 이 점은 다른 모든 계율에 대해서도 마찬가지다. 우리는 계율을 완전히 지키려고 노력한다. 예컨대 우리는 채식주의적 식단을 엄격하게 지키며 살려고 한다. 그런데도 야채를 수확할 때 많은 곤충이 죽는다. 우리는 군대 조직에 직접적으로 종사하는 것을 피한다. 그런데도 우리는 여전히 생명을 파괴하는 사회 구조 속에 살고 있다. 계율은 방향을 가리킨다. 만일 우리가 삶의 매 순간마다 계율이 가리키는 방향으로 행동할 수 있다면 우리의 삶은 완벽해질 것이다. 비록 그것이 때로는 모래 강풍이 부는 와중에 마루를 청소하는 것 같을 수도 있지만 여전히 우리는 그냥 묵묵히 청소를 해나가는 것이다.

선에서는 신도 없으며, 어떤 외부적 판단도 들어설 자리가 없다. 우리가 종종 지키지 못하는 경우도 있을 것이라는 걸 충분히 알면서도 계율을 따르는 것은 우리의 진심이 그렇게 하기를 원하기 때문이다. 비록 우리가 계율을 지키는 과정 중에 죽는다 해도, 선의 정신은 완전하게 살아가는 것이다. 스즈키(Shunryu Suzuki) 선사는 다음과 같이 설파한다.

> 비록 그것이 불가능하다고 해도 우리는 그 일을 해야 한다. 왜냐하면 우리의 참 성품이 그렇게 하기를 원하기 때문이다. 여기서 실제로 그것이 가능한지 아닌지는 중요하지 않다. 만일 우리가 진정으로 마음 깊은 곳에서 자기 중심적인 고정관념을 뿌리뽑고자 한다면, 우리는 그것을 해야 한다는 것이다. 우리가 이러한 노력을 할 때, 우리의 마음 깊숙한 곳에서 평화가 찾아든다. 열반은 바로 거기에 있는 것이다.[69]

전통적인 심리학에서는 자아를 항상 채우고 길러야 한다고 가정한다. 우리는 계율을 지키는 과정에서 모든 계율을 지키지 못할 수도 있

---

69) Suzuki, 1970, pp. 45-46.

다. 그러나 지키지 못한 것을 알아차리는 것이 자아를 비우고 놓아 버리게 하는 데 도움을 준다. 그것은 또한 우리가 불성을 체험할 수도 있게 한다.

완전한 형태로 표현하자면, 두 번째 계율은 아무 조건 없이 주어지지 않은 것은 어떤 것도 받아들이지 말라는 것이다. 또는 극단적으로 줄여서 표현하면, 다른 사람의 재산은 존중하고 자기의 재산은 아낌없이 주라는 것이다. 여기서 가리키는 방향은 우리의 물질적인 것과의 관계를 바꾸라는 것이다. 즉, 바로 이 순간 우리가 소유하게 된 재산은 그것이 무엇이든 진정으로 우리 것이 아니라 단지 우리에게 맡겨져 있을 뿐이라는 것을 깨닫고, 소유라는 망상을 없애라는 것이다. 최선의 목적은 모든 생명의 이익을 위해 우리가 가진 재산을 훌륭하게 쓰는 것이고, 그래서 우리 스스로는 물론 다른 사람의 가슴이 더불어 함께 활짝 열리게 하는 것이다. 아낌없이 줄 수 있는 마음이 없다면 치료사가 될 수 없다. 돈을 버는 것이 주된 목적인 사람이라면 치료사나 의사가 되어서는 안 된다.

세 번째 계율은 성욕과 관련하여 잘못된 짓을 하지 말라는 것이다. 우리의 고통스러운 개인적 경험을 통해서 잘 알고 있듯이, 이것은 치료사들에게 일종의 지뢰밭이다. 심리치료 과정에서 우리는 내담자와 밀접한 관계를 형성한다. 이때 절대적으로 필요한 것은 치료사가 자기의 성적 충동을 자제하고 내담자와의 관계가 관능적 욕망으로 오염되지 않도록 해야 한다는 것이다.

네 번째 계율은 올바르게 말하는 것이다. 사람들은 끊임없이 의사소통을 한다. 비록 짧은 시간일지라도 남을 비난하지 않도록 노력해 보면 우리가 얼마나 좋지 않은 습성에 물들어 있는지, 그리고 그러한 습성이 우리의 행복을 얼마나 갉아먹는지 금방 알 수 있다. 예를 들어 이 책은 이런저런 행동 방향이 다른 것보다 더 좋다는 주장으로 가득 차 있고, 따라서 매우 비판적이라는 것이 직접적으로 암시되고 있다. 이 책에 쓰인 많은 내용 또한 아마 사실이 아닐 수 있다. 왜냐하면 나는 모든 것을 안다고 주장하지 않기 때문이다. 이 책의 어떤 부분은 논쟁의 소지가 있을 수 있고 또 갈등을 유발할 수도 있다. 이 모든 것이 바로 잘못 말하는 예며 네 번째 계율이 우리에게 열심히 노력해서 없애라고 촉구하고 있는 것이다. 그래서 나는 적어도 올바르게 말하는 좋은 실례가 아니다. 만약 우리가 이 계율을 우리 스스로에게 적용한다면, 우리는 사랑스러운 말을 하고, 사람들의 상처를 치료하고 화합하게 하는 말을 하고, 사람들에게 착한 행동과 좋은 마음을 불러일으키는 말을 하고, 마음속에 남아 있을 가치가 있는 말을 하고, 사람들이 남을 좋게 생각하도록 도와주는 말을 하는 것부터 실천해야 한다. 이것이 바로 심리치료 기술의 진수다. 심리치료사로서 이것이 우리의 강점이 되도록 해야 한다. 이것은 또한 우리의 가장 큰, 가장 두드러진 고민거리 중의 하나이기도 하다.

많은 내담자가 화가 난 상태에서 우리를 찾는다. 그들은 우리가 자신들의 분노를 이해해 주기를 바란다. 그들 중 일부는 자신들이 가해자라고 여기는 사람들을 비난하는 데 우리가 동조해 주기를 바란다. 우리는 아마 끊임없는 곤경에 빠질지도 모른다. 우리는 단지 부분적인 정보만을 가지고 있으며, 전체 이야기의 반쪽만 들었을 뿐이다. 그런데 우리 앞에는 상처받고 아마도 비통함으로 가득 차 있으며 자기편이 되어 주기를 원할 뿐 아니라 실제로 요구하는 사람이 있는 것이다. 이 때 네 번째 계율을 온전히 지키는 자체만으로 우리는 큰 지혜를 계발할 수 있을 것이다. 또한 우리가 계율을 지키지 못할 때마다 그것을 통하여 더 많은 것을 배우게 될 것이다. 이 계율을 실천하는 데 심리치료사라는 직업보다 더 나은 수행의 기회를 제공하는 직업은 거의 없다고 본다.

마지막으로 다섯 번째 계율은 우리의 소비생활과 관련이 있다. 특히 이 계율은 중독성이 있거나 유독한 것, 그중에서도 알코올과 이와 유사한 물질을 소비하지 말 것을 요구하고 있다. 사람들은 아마 '내가 내 시간에 무엇을 소비하든 그것이 다른 사람과 무슨 상관인가?' 라고 생각할지 모른다. 그러나 그것은 이기적이고 자기중심적인 말이다. 누구도 그와 같이 독립적이고 분리되어 존재하지 않는다. 알코올, 담배, 마리화나 등은 훨씬 더 자비롭게 사용할 수 있는 엄청난 양의 돈을 낭비하며, 단지 우리 삶의 현실을 스스로 체험할 수 있는 기회를 멀리하는 데 기여할 뿐이다. 이러한 것은 우리를 게으르고 어리석게 만들며, 건강을 파괴하고, 자신과 남을 속이게 하며, 의료 서비스의 부담을 가중시킬 뿐 그 어느 누구에게도 도움이 되지 않는다. 그러나 이보다 더 중요한 것은 맑고 깨끗한 마음인 선의 접근 방법과는 정반대라는 점이다.

더 나아가 이 계율은 단지 물질만이 아니라 우리가 읽고 보고 대화하는 모든 형태의 소비 행위를 다 포괄하고 있다.[70] 치료사로서 우리는 사람들이 자기 파괴적인 형태의 습성을 극복하도록 돕는 데 관심이 있다. 그래서 우리는 먼저 자신의 그러한 습성을 극복하기 위하여 노력해야 한다. 충동적인 행동은 육체를 해치고 정신을 오염시킨다. 그

---

70) Hahn, 1993a.

러한 것은 행복에 전혀 도움이 되지 않는다.

이 계율의 진수는 우리 스스로의 삶을 찾도록 하고, 충동을 알아차리게 하며, 그것을 아는 순간 그 지배력을 차단하도록 하는 것이다. 남을 돕는 것은 우리 스스로를 위하여 무엇인가를 하는 것과 다르지 않다. 그것 없이는 살 수 없다고 생각되는 것을 버리는 것은 언제나 자유를 향한 한 걸음이다. 선에는 "얻는 것은 망상이요, 잃는 것은 깨달음이다."라는 격언이 있다. 또 우치야마 선사는 "자아의 집착을 깨뜨리는 데 무언가를 버리는 것보다 더 효과적인 것은 없다."라고 말한다.[71]

치료사로서의 보살

불교 용어 중에서 '보살(菩薩, bodhisattva)'은 오로지 남을 돕는 것을 수행 방편으로 삼아 깨달음을 향하여 나아가고 있는 사람을 말한다. 이 용어가 정의하고 있는 바는 치료사에 대한 아주 좋은 표현이라할 수 있다. 즉, 치료사란 진리를 추구하면서 사람들의 괴로움을 돌보는 사람이다. 보살의 수행은 남을 돕는 것이다. 그러므로 "심리치료사에게 자기 자신의 인격 성숙을 위해 끊임없이 노력하는 것은 필수 불가결한 것이다."[72]

보살이 아직까지 완전하게 깨닫지 못한 상태에 있듯이 매우 노련한 치료사도 개인적인 문제를 완전히 극복하지 못하고 있다. "성숙한 심

---

71) Uchiyama, 1993, p. 167.
72) Chung, 1990, p. 28.

리분석가와 보살은 미세하게나마 신경과민적 동기부여의 흔적이 남아 있긴 하지만 이를 즉시 알아차리며 이 때문에 남을 돕는 데 방해받지 않는다."라고 이동식 박사는 언급하고 있다.[73] 나 자신을 살펴보면서, 나는 경험 많은 치료사에게도 여전히 '흔적' 이상으로 내면의 혼란이 많이 남아 있다는 사실을 자신 있게 말할 수 있다. 그러나 우리에게는 분명히 치료사로서의 길을 가야 하는 책무, 즉 우리가 우리 자신을 위해 뭔가를 적극적으로 해야 하는 책무가 주어져 있다. 만약 다른 사람은 또한 스스로 할 수 있도록 도와줄 수 있길 원한다면 이것이 바로 그 길인 것이다.

　앞에서 인용한 나의 한국인 친구 정창용 박사는 다음과 같이 쓰고 있다. "정신의학과 심리치료 교과서는 일반적으로 치료사의 인격보다 개념이나 기법을 더욱 강조한다…. 그러므로 학생들은 자기 스스로를 면밀히 살펴보지도 않고 지식만 가지고 만족하기 쉽다."[74] 또한 그는 "유감스럽게도 내가 보기에는 서양 사람뿐만 아니라 현대에 살고 있는 모든 사람이 자기 고행적 수행보다는 이성적이고 지적인 사유를 더 좋아하는 것처럼 보인다. 그래서 그들은 깨달음에 도달할 수 있는 자신들의 능력을 극소화시키고 있다. 따라서 그들은 본능이 이끄는 대로 끌려 다니면서 그들의 책무는 방치하고 있는 것이다."[75]라고 덧붙이고 있다. 다른 사람을 돕는 가장 효과적인 방법은 스스로 정신적인 발전을 이루는 것이며, 스스로 정신적 발전을 이룰 수 있는 최선의 방법은

---

73) Rhee, 1990, p. 24.

74) Chung, 1990, p. 29.

75) Chung, 1968, p. 19.

바로 다른 사람을 돕는 것이다.

요 약

선은 실천과 체험을 강조하며 말과 글을 벗어난 진리를 직접적으로 전하는 것이다.[76] 사람들이 심리치료를 받기 위하여 가져오는 문제란 삶의 길에서 그들을 가로막는 것이지만, 그것을 타개함으로써 진정한 삶의 마당에 좀 더 직접적으로 맞닿을 수 있는 계기를 제공하는 딜레마이기도 하다. 그러한 문제는 우리 모두가 살아가면서 마주하는 것과 근본적으로 같은 도덕적 딜레마다. 내담자는 단지 그러한 딜레마에 대하여 무엇인가 실천에 착수한 용기를 가진 사람일 뿐이다. 치료사와 내담자는 똑같은 길을 가고 있다. 선은 치료사와 내담자 모두를 위하여 그러한 딜레마의 핵심을 더욱 예리하게 가다듬는다. 나는 이 책이 선 방식으로 치료하는 맛을 전달하고, 불교 심리학적 방법의 배후에 깔린 사상의 일부를 드러내게 되기를 바란다. 그러나 글로 기술하는 것만이 능사는 아니다. 우리 각자는 우리의 진정한 고향으로 되돌아갈 수 있는 스스로의 길을 찾아야 한다. 실천이 없는 배움은 전혀 쓸모가 없다.

---

76) 역주: 이것을 교외별전(教外別傳)이라고 한다.

5

고요하고 평안한 마음

심력의 토대

심리치료의 안전한 공간은 치료사의 마음이 고요하고 평안한가에 달려 있다. 심리치료가 진행됨에 따라 내담자 역시 좀 더 차분한 마음 상태가 된다. 고요하고 평안한 마음은 마음의 조건화 작용을 쉽게 한다. 마음의 조건화 작용은 우리를 강박관념에 사로잡히게 하지만, 선(禪)은 강박관념에 사로잡힌 습관에서 우리를 자유롭게 한다. 우리가 사물에 휘둘리는 것을 멈출 때, 우리는 선에 있어서 어느 정도 진일보하게 되는 것이다. 그리하여 선 치료사는 자신의 삶을 조심스럽게 점검해 보고 강박관념에 사로잡혀 있는 부분을 찾아내어 제거할 것이다. '나는 아마 할 수 없을 거야.' '나는 결코 하면 안 돼.' '나는 항상 해야만 해.'라는 등의 의식이 자신의 생활을 지배하고 있는 사람은 결코 자유롭지 못하며 안으로 압박감을 느낀다.

달처럼 고요하고 평안한 마음을 이루는 데에는 기쁨의 몰입(喜, piti), 마음의 안정(定, samadhi), 깨어 있는 마음(念, sati), 평정한 마음(捨, upeksha)이라고 하는 네 가지 단계가 있다. 모든 사람에게는 이러한 네 가지 마음 상태가 어느 정도 다 갖추어져 있다. 수행이란 우리가 이미 가지고 있는 그런 마음을 더욱 정교하게 가다듬는 것이다. 이들을 종합해서 디야나(禪那, dhyana) 또는 선이라는 이름으로 부른다. 선을 닦는 것은 우리 존재를 일대 변혁시키는 것이다. 이것은 오래된 습성을 몰록 놓아 버리게 하고, 뚜렷한 뜻을 가지고 행동하도록 하며, 자신감에 찬 삶을 살게 하고, 다른 사람에게도 마음의 평화를 줄 수 있게 한다.

선은 일상생활을 하는 중에도 도달할 수 있는 마음의 고요함이다. 이 장에서 우리는 마음을 고요하게 하는 방법을 살펴보게 될 것이다. 그리고 다음 장에서는 그렇게 하여 얻어진 마음의 평온이 어떻게 일상의 삶 속에까지 영향을 미치게 되는가를 살펴볼 것이다. 마음의 고요함은 우리의 고(苦)를 치료하는 열쇠, 즉 사랑하는 마음, 자비로운 마음, 이해하는 마음이라는 심력(心力)을 길러 내는 토대다.

좌 선

우리의 인식은 마음의 조건화 작용에 의해 흐려진다. 조용한 방에 들어가 아무 말없이 앉아서 30분 정도 무슨 소리든 들어 보라. 차 소리, 새가 지저귀는 소리, 건물 다른 쪽에서 움직이는 사람들 소리, 또 는 몸에서 나는 꼬르륵 소리 등 무엇이든 들리는 소리에 귀를 기울여 보라. 정신을 바짝 차리고 주의를 집중하라. 아무 소리도 들려오지 않 을 때에는 그 침묵에 귀를 기울여라. 당신이 이와 같이 무조건 경청하 기를 진지하게 시도해 보면 당신은 자각과 주의집중에 관한 많은 것을 발견하게 될 것이다. 특히 아무리 열심히 노력한다 할지라도 당신이 평소에 마음을 훈련시켜 놓지 않았다면 여러 차례 집중을 흩뜨리지 않 고 30분 정도 앉아 있는 것도 그리 쉽지 않을 것이다. 처음에는 정말 로 단 몇 분도 앉아 있기 어려울 것이다. 그러나 치료사의 기본 임무는 아무 조건 없이 한 시간 동안 내담자의 말을 경청하는 것이다. 우리가 아무리 열심히 제어하려고 해도 마음은 옆길로 새기 마련이다. 우리 마음이 선입견으로 가득 차 있으면 우리는 제대로 정신집중을 할 수가 없다. 지금 있는 그대로 사물을 인식하지 못하고 오히려 분별심이 일 어나는 대로 끌려 다니기 일쑤다. 마찬가지로 치료사가 내담자와 함께 할 때 개인적인 선입견이 개입하게 되면 고요한 마음으로 조건 없이 들어주는 것이 불가능하다.

선의 기본적인 수행은 앉아서 명상하며 마음을 고요하게 하는 것이 다. 이것을 좌선(坐禪)이라고 한다. 선 치료사는 정기적으로 이 수행법 으로 수행할 필요가 있으며, 상황이 허락하면 내담자에게 가르쳐 줄 수도 있다. 좌선은 스트레스로 인한 문제를 치료할 수 있는 가장 직접 적인 해독제며 오랜 습성을 깨뜨리게 하는 강력한 촉진제다. 좌선은 유리잔 속의 흙탕물을 깨끗하게 하는 것과 같다. 우리가 흙탕물을 휘 젓는 행위를 잠시 멈추기만 해도 물은 저절로 깨끗해진다. 마음의 평 정(平靜)은 마음이 이리저리 떠돌지 않아야 얻을 수 있다. 특히 선 수행자는 마음을 다스리는 가장 좋은 방법이 곧 몸속의 의식을 다스리는 것이라는 것을 알게 되었다. 몸속의 의식이 한마음으로 따라 줄 때 마음이 고요히 가라앉는 것이다.[77]

정식으로 하는 좌선은 앉아서 하는 것이다. 부처님은 앉아 있는 동안 깨달음을 성취하였다. 움직이고(行), 서고(住), 앉고(坐), 눕는(臥) 네 가지 자세 가운데 앉는 것이 가장 적절하다. 왜냐하면 이것이 오랜 시간 동안 과도한 피로감을 느끼지 않고 고요하면서도 완전히 깨어 있는 마음을 유지할 수 있는 자세이기 때문이다. 깨어 있는 마음을 유지하기 위하여 척추를 곧추세우고 몸 전체로 에너지가 흐르게 하라. 양발을 서로 반대쪽 넓적다리에 올려놓아 만개한 연꽃 모양을 취하는 전통적인 결가부좌의 자세는 매우 안정적이고 균형 잡힌 자세다. 이러한 자세가 어려운 사람의 경우 의자든 마루 바닥이든 등을 곧게 세우고 안정적이면서 좌우 대칭적인 자세를 취할 수 있으면 그것으로 충분하다. 중요한 것은 미동도 없이 앉아 있을 수 있어야 하는 것이다. 앉을 때 쿠션이나 방석 등으로 뒷자리를 약간 높인 상태로 만들면 앉을 때 골반이 앞쪽으로 약간 기울도록 해 준다. 이러한 자세를 취하면 몸을 움직이는 힘이 단전(丹田, tanden)이라고 불리는 하복부로 집중된다. 몸에 남아 있는 긴장이 모두 단전으로 옮아가면 가장 고요한 마음 상태가 이루어질 것이다.

이러한 고요한 마음 상태를 '몸과 마음이 없어져 버리는 상태'라고

---

77) 역주: 우리는 수십억 겁을 거쳐 오면서 선하게 행을 하였으면 선행의 업, 악하게 행을 하였으면 악행의 업이라는 것이 하나도 빠짐없이 의식으로 우리 몸속에 들어 있다. 이러한 수많은 업식이 인연 따라 우리 마음속에서 물결치며 나오는 것이 바로 삶의 고(苦)인 것이다. 그러므로 이러한 몸속의 의식을 다스리는 것이 마음공부의 중요한 핵심이다.

한다. 규칙적으로 좌선 수행을 하는 대부분의 진지한 수행자는 이러한 상태에 근접할 수 있다. 일반적으로 우리는 한 번에 30분 또는 40분 정도 앉아 있는다. 초보자에게는 이보다 짧은 시간이 좋을지 모른다. 육체적으로 견딜 만하면 중간에 쉬지 말고 계속 앉아 좌선하는 것도 그 나름대로 이점이 있을 것이다. 많은 훌륭한 스승이 장시간 좌선함으로써 얻을 수 있는 이로움을 증명하였고 부처님도 깨달음을 얻은 직후 7일 동안 앉아 계셨다고 한다. 장시간 좌선할 경우, 좌선하는 시간 중간 중간에 천천히 걸으면서 명상하는 행선(行禪)을 하는 것도 좋다.

초보자라도 약 15분 혹은 20분 정도 좌선해 보면 정신을 산란하게 하는 온갖 종류의 불편함이 있다는 것을 쉽사리 알아차리게 될 것이다. 게다가 마음이 한곳에 집중한 채로 머무는 것은 불가능할 것 같은 생각이 들 것이다. 우리의 마음이 고요하고 깨어 있는 상태가 되면 여러 가지 강박관념을 쫓아 움직이는 조건 지어진 마음이 활동하는 것을 알아차릴 수 있다. 그러한 마음은 주도권을 되찾기 위하여 온갖 노력을 다하지만 좌선하는 사람은 그냥 조용하게 앉아서 그것이 들고 나는 것을 지켜볼 뿐이다. 우리의 삶이 강박관념에 휘둘릴수록 이러한 좌선 수행을 하는 것이 더욱 어렵다는 것을 알게 될 것이다.

강박관념에 사로잡힌 마음은 바깥으로 또는 안으로 드러날 수도 있다. 만약 그것이 외부적인 활동 또는 중독의 형태를 취한다면, 좌선하는 동안 겪게 되는 갈등은 육체적인 것이기 쉽다. 즉, 고요한 마음에 머물러 있기 위한 순수한 노력이 몸의 오랜 습관과 전쟁을 치루는 것이다. 한편 좌선 중에 마음속에서 몽상에 잠기는 경우라면, 우리에게 가장 요구되는 것은 마음을 다스리는 일이다. 뒤에 것의 경우 좌선 자세를 세밀하게 살펴보는 것으로도 상당히 편안한 마음상태가 되게 할 수 있다. 몸과 마음은 하나이므로 마음이 방황하면 몸도 정상적인 상태를 유지할 수 없다.

우리가 호흡하는 것을 숫자로 헤아리는 방법도 정신 집중을 하는 데도움이 된다. 이와 달리 '지금 나는 숨을 들이쉬고 있다, 지금 나는 숨을 내쉬고 있다.' 또는 그냥 '들이고… 내고….' 라고 하며 자기에게 마음으로 말하는 방법도 있다. 이렇게 하는 것은 정신 집중을 잘되게 하며 몸과 마음 사이의 상호작용에 우리가 익숙해지도록 한다. 이렇게 하면 얼마 되지 않아서 실제로 호흡을 헤아릴 필요가 없게 된다. 단지 숨 쉬는 것을 염두에 두면서 길고, 짧고, 거칠고, 부드럽고, 빠르고, 느리고, 따뜻하고, 차갑고 하는 것과 같은 각각의 호흡이 가지는 특질을 관찰하면 된다. 이렇게 하는 목적은 한편으로는 헤아리고 분별하는 것을 피하고자 하는 것이고 다른 한편으로는 마음이 방황하는 것을 막기 위함이다. 관찰하면서 그냥 그대로 존재하는 것이다. 바로 여기, 바로 지금 이 순간에 머물러 있으라. 오로지 호흡만을 지켜보라. 몸과 마음이 극도의 고요함을 유지하고 있는 동안에도 차 지나가는 소리, 새소리뿐 아니라 그 밖에 어떤 것이든 저절로 다 알아차리고 있다.

돌 명상

내가 다섯 살이었을 때 우리 가족은 해외에서 살았다. 우리는 큰 정원이 있는 집에서 살았는데 주위에 영어를 하는 아이가 거의 없었으므로 나는 많은 시간을 혼자서 보냈다. 무더운 기후였기 때문에 나는 바깥에 자주 나가 있었다. 나는 다소 내성적인 아이였지만 어린아이가 대개 그렇듯이 호기심 또한 많은 편이었다. 나는 나를 둘러싸고 있는 세계에 대하여 알고 싶었다. 특히 나는 그 당시 나에게 아주 중요하였던 숱한 의문을 집중적으로 생각하면서 많은 시간을 보냈다. 그중에 기억나는 몇 가지를 보면 '나는 누구인가?' '나는 태어나기 전에 어디에 있었는가?' '나는 어디서 끝나며 다른 존재는 어디서 시작되는가?' '저 돌멩이의 삶이란 어떤 것일까?' 와 같은 것이었다.

그때는 이런 의문이 공안이라 불리는 것인지 몰랐다. 나는 단지 그러한 의문을 가지는 것이 매우 중요하다고 생각하였을 뿐이다. 나는 하늘을 쳐다보며 저곳이 과연 우리가 온 곳일까? 저 하늘 너머엔 무엇이 있을까? 하느님은 누구일까? 등과 같은 의문을 품고 오랫동안 정원에 서 있었던 것을 기억한다. 나는 여러 가지 의문을 가지고 있었으나 앞의 네 가지를 가장 즐겨 생각하는 편이었다. 특히 나는 돌멩이를 응시한 채 많은 시간을 보냈다. 나는 한결같은 마음으로 한 돌멩이에 주의력을 집중하여 돌멩이의 삶이 어떤 것인지에 대한 비밀이 드러나길 간절히 바랐다. 어쨌든 이것이 다른 모든 의문을 해결할 수 있는 만능 열쇠 같았다. 왜냐하면 만일 돌멩이의 존재를 이해할 수 있다면 나 자신을 이해하는 것은 그리 어렵지 않을 것 같았기 때문이다.

그래서 나는 아주 자발적으로 자신에게 명상하는 법을 가르친 셈이었다. 이러한 방법으로 배운 사람이 오직 나밖에 없다고 생각하지는 않지만, 상대적으로 흔치 않은 좋은 조건 덕분인 것은 분명하다. 나는 고요히 앉아 있거나 서 있는 것을 어떤 기술로서 배운 것이 아니다. 단지 내가 열정을 가지고 알고 싶었던 것에 대한 깊은 관심의 직접적인 결과로서 배우게 된 것일 뿐이다.

뒤쪽 정원에는 과수원이 있었다. 이곳은 활동적인 게임, 굴 만들기,

나무 오르기, 상상 속의 친구나 적과 모험하기 등과 같은 놀이를 즐기기에 안성맞춤인 장소였다. 그런데 앞쪽 정원은 그와는 정반대였다. 그것은 전통적인 대칭구조의 화단 주위를 낮은 쥐똥나무 울타리가 둘러싸고 있는 전형적인 정원이었다. 중간에는 원형의 연못이 있었고 정면에는 하얀 담이 길과 정원을 구분하고 있었다. 앞쪽 정원의 옆으로는 내리막길의 차 진입로가 있었고 그 진입로 끝에는 앞쪽 정원과 뒤쪽 정원을 구분하는 격자형 울타리가 있었다. 그리고 그 울타리 끝에 소나무 한 그루가 있었다.

일반적으로 나는 대부분의 강도 높은 명상을 차 진입로에서 했는데 거기서는 돌멩이를 쉽게 찾을 수 있었기 때문이다. 하루는 나의 의문을 깊이 참구하고 있는 동안 일어서서 정원 너머에 있는 담 쪽을 바라보았다. 그 순간 나는 풍경 전체가 찬란하게 빛나는 느낌에 빠져 들었다. 모든 것이 선명하게 보이면서도 이전보다 두 배나 더 생동감 있게 느껴졌다. 정원만이 아니었다. 내가 경험하였던 이러한 완벽한 상태가 무한대로 확장되면서 사실상 세상의 모든 것을 다 받아들이는 느낌이 강하게 온몸을 스쳐갔다. 나는 못에 박힌 듯이 꼼짝 못하고 그 자리에 서 있었다. 바로 그 순간 나는 어쩐지 뭔가를 깨뜨려 버렸다는 것을 직감하였다. 마치 그때까지 세상 전체를 감싸고 있던 막이 이제는 완전히 사라져 버린 것과 같았다.

이와 같은 어린 시절의 경험은 그 이후 나의 삶에 지대한 영향을 미쳤다. 나는 그 경험을 결코 잊은 적이 없었고 수년 동안 그 상태로 돌아갈 수 있는 여러 가지 방법을 찾았다. 나는 마음속으로 그 경험의 확실성을 내내 간직하고 있었다. 이것이 내가 평생을 통해서 정신세계에 관심을 두게 된 계기다. 어렸을 때 나는 독실한 기독교인이었는데 나에게 기독교는 정신세계에 접근할 수 있는 유일한 통로였다. 나의 신앙심은 부모님을 놀라게 할 정도였다. 하지만 사춘기 무렵이 되어서 모든 것이 바뀌었다. 그 무렵에 할아버지와 할머니께서 돌아가셨는데 이것이 우리 집안 분위기에 영향을 미쳐서 다시는 태평한 때가 결코 없었던 것 같다. 하지만 나를 더욱더 충격에 휩싸이게 하였던 것은 기독교라는 이름으로 수 세기 동안 뿌려 온 피의 역사를 책을 통하여 발견한 것이었다. 마치 진정으로 사랑하는 사람에게서 배신을 당한 것처럼 나는 깊은 상처를 받았다.

비록 이것은 의문의 여지 없이 중대한 위기였지만 나 스스로 체험한 것을 의심할 수는 없었다. 그 결과 마음의 진리에 대한 나의 탐구는 곧 몇 배로 늘어났다. 나는 정신세계를 다룬 책이라면 모조리 읽으며 모든 내용을 이해하기 위해 무진 애를 썼다. 그러다가 마침내 불교를 통하여 내가 찾고 있던 것을 제대로 알기 시작하였다. 여기에는 내가 느꼈던 것과 같은 종류의 체험을 이해하고 그것을 소중하게 여기는 사람들이 있는 것 같았다. 마치 고향으로 돌아온 듯한 느낌이 들었다.

스무 살 초반 무렵에 나는 드디어 나에게 명상법을 가르쳐 줄 수 있는 사람들을 찾기 시작하였다. 진리에 대한 탐구를 더 이상 전적으로 책에만 의존하고 있을 수는 없었다. 결국 나는 첫 장의 첫머리에서 언급한 선 수련회에 과감히 참가하게 된 것이다. 그 2주의 기간 동안 나는 어렸을 때 언뜻 느꼈던 실상을 다시 한 번 체험하기 위하여 스스로 수행을 더욱 강화할 필요가 있음을 생생하게 느꼈다. 그곳에서 나는 오랜 시간의 명상에서 얻어지는 힘을 맛보았으며, 또한 차원 높은 수행자를 만나는 것과 혼자 고요히 수행하는 것을 번갈아 가며 수행할 때 나타날 수 있는 심오한 효과를 감지할 수 있었다. 또한 그동안 찾고 있던 것에 대한 단서를 그대로 포착할 수 있었다. 그러나 내가 진정으로 장막 뒤를 다시 볼 수 있게 된 것은 수년이 지난 뒤였다.

달과 같이 고요한 마음의 네 가지 단계

이러한 체험을 바탕으로, 부처님과 중국의 임제 선사도 언급한 바 있는 사선(四禪)이라고 하는 명상의 네 가지 단계의 중요한 특징을 살펴보겠다.[78] 부처님은 우선 속세와 떨어진 장소를 찾으라고 하였다. 조용하고, 여유 있고, 깨끗하고 아름다운 곳이 이상적이다. 조건이 좋은 장소는 치료 효과를 증진시키며, 좌선은 우리 자신을 위한 우리 자신의 치료법이기 때문에 좋은 장소를 마련하여야 한다.

장소가 마련되면 안정된 자세로 앉는다. 처음에는 내가 어렸을 때 돌을 뚫어지게 바라보았듯이 어린아이처럼 몰입하여 어떤 대상에 주의를 집중한다. 호흡을 관찰함으로써 주의를 집중하는 법을 배운 사람이라면 '누가 숨 쉬는가?' 라는 질문을 스스로 던져 볼 수 있을 것이다. 공기가 들어오는 것, 복부가 부풀어 오르는 것, 공기가 나가는 것, 복부가 내려가는 것을 찬찬히 관찰한다. '숨 쉬고 있는 자는 누구인가?' 이제 호흡과 호흡 사이의 공간을 알아차리기 시작하고, 또한 호

---

78) 역주: 여기서 저자가 말하는 임제 선사에 대한 내용은 저자가 설명하는 사선(四禪)과 같지 않다는 사실에 유의해야 한다. 임제 선사의 선어록인 『임제록』에 따르면 '임제의 사요간(四料簡)'으로 잘 알려진 법문이 있는데 그것은 다음과 같다. 임제 스님이 저녁 설법 시간에 대중에게 법문하였다. "나는 어떤 때에는 사람을 빼앗지만 경계는 빼앗지 않고, 어떤 때에는 경계를 빼앗지만 사람은 빼앗지 않으며, 어떤 때에는 사람과 경계를 모두 다 빼앗고, 어떤 때에는 사람과 경계를 모두 다 빼앗지 않는다."

흡 자체 속에 있는 공간을 알아차리기 시작한다. '누가 숨 쉬는가?' 우리는 여기서 기쁜 마음으로 몰입하게 된다. 이것이 초선(初禪)이며 마음이 재미있는 것에 몰입하여 기쁘기 그지없는 단계다. 임제 선사는 이것을 "자아는 사라지고 주변 세계는 있는" 상태라고 하였다. 우리는 어떤 일에 대해 깊이 생각하거나 혹은 어떤 대상을 일심으로 관찰할 때 우리 스스로를 망각한다. 이 단계는 안락감이 있으면서도 무언가 조금 모자라서 애타게 하는 그러한 상태이기도 하다.

마치 재미있게 게임을 하던 아이가 이내 거기서 마음이 멀어지듯이 초선은 쉽게 희미해진다. 삼매는 더욱 완전한 고요함을 요구한다. 이 상태에서도 '누가 숨 쉬는가?' 라는 물음 그 자체 또는 최소한 그 본질적 의미는 여전히 명백하며 지극히 중요하다. 그 물음을 계속 온몸으로 느끼지만 더 이상 그것에 대하여 생각하지는 않는다. 오히려 그 안에 있게 되었다고 할 것이다. 그 물음은 여전히 어떤 긴장감이나 환희심을 유지하기를 요구한다. 기쁨의 감정은 점점 늘어나면서 조용히 절정에 이르게 된다. 마음은 아주 고요한 상태에 들어가 있으며 아무리 미세한 몸의 움직임도 점점 고요함이 깊어지는 것을 방해할 것처럼 감각이 예리해져 있다. 이것이 제2선(第二禪)이다. 임제 선사는 이것을 '주변 세계는 사라지고 자아는 있는' 상태라고 하였다. 나만이 오롯이 존재하고 대상을 주목했던 마음은 자연히 사라졌다.

점차 그 물음의 긴장감마저 놓아 버린다. 고요함이 완전히 환희심을 대신한다. 우리가 그 물음 안에 있다고 하기보다 오히려 물음 그 자체인 상태다. 우리는 '누가 숨 쉬는가?' 라는 수수께끼 자체가 되었지만 호흡은 계속되고 있다. 우리는 호흡과 조화를 이루고 있으며, 모든 것은 아름답게 순수하고 그냥 있는 그대로 완전해 보인다. 호흡 자체가 수수께끼라는 것이 멋진 일이다. 우리의 존재 전부가 편안함 속으로 녹아든다. 자아의식은 이미 사라졌고 우리는 아무것도 알 필요가 없다. 마치 시야가 미치는 곳 너머 무한히 펼쳐져 있는, 죽은 듯이 고요한 호수의 끝에 앉아 있는 것과 같다. 우리는 세상에 있는 일체와 평화롭게 공존하고 있다. 몸과 마음은 사라진다. 우리는 단순히 깨어 있는 마음으로 알아차릴 뿐이다. 이것이 바로 제3선(第三禪)의 삼매(三昧, samadhi)며 임제 선사가 "주변 세계도 자아도 모두 사라진" 상태라고 말한 부분이다.

마지막으로 물음 그 자체도 더 이상 거기에 없다. 나는 바로 여기에 있다. 따라서 호흡도 바로 여기에 있다. 그리고 돌멩이도 있다. 모든 것이 그냥 여기에 존재하고 있다. 존재하고 있는 것은 그냥 그 자체로 완벽하다. 고요함은 이제 몸과 마음 상태와는 무관하다. 임제 선사는 이것을 "주변 세계나 자아 어느 하나 빠짐없는" 상태라고 하였다. 이것이 바로 '축복을 주는 손'을 가지고 이 세상으로 돌아온 사람이 가지는 평정심(平靜心)의 상태다. 이것은 어떤 면에서 어린아이의 천진한 마음을 가지는 것과 같다. 이것이 아마도 예수님이 전하려 하였던 부활의 진정한 의미일 것이다.

이러한 상태에 있는 사람은 인생을 있는 그대로 즐기면서 타인을 돕는 일에 행복하게 몰두할 수 있을 것이다. 혹은 바람에 흔들리는 나뭇잎을 보고, 손 위에 떨어지는 차가운 물을 느끼며, 오렌지의 맛을 보는 것과 같이 무엇이든 생명 자체의 기적에 대한 경이로움과 하나 된 삶을 살 수 있을 것이다.

고요한 마음이 치료한다

우리는 조건 지어진 마음이 강박관념에 사로잡혀 날뛰는 것을 다스리고자 한다. 비록 내담자가 가지고 오는 근심거리의 종류는 무수히 많지만, 그들은 공통적으로 자기 통제력을 회복하고 자신감과 마음의 평화, 즉 내면의 고요함을 다시 발견하고 싶어 한다. 그런데 이 고요함은 인간이면 누구나 이미 가지고 있는 천부적인 주의집중력에서 자라나는 것이다. 사실 우리는 지금 악순환에 대해 이야기하고 있는 중이다. 사람이 행복할 때는 좋은 일에 주의를 기울이는 것이 얼마나 어려운 일인지를 알지 못한다. 근심 걱정이 마음속에 자리를 잡게 되면서 우리는 더욱더 그 마음의 지배를 받게 되고 어린아이 같은 원래의 순수함을 잃어버린다. 많은 사람이 어린 시절 한때는 경험하였지만 지금은 잃어버린 행복한 몰입감, 즉 자기 자신도 잊어버리고 흠뻑 빠져 들었던 행복한 마음을 찾아 헤맨다. 이제는 근심 걱정이 사람들의 마음을 빼앗고 있다. 스트레스는 마음속에 고(苦)를 만들어 내고 육체적 건강을 파괴하고 있다.

치료사는 본래 있는 고요한 마음자리에 뿌리를 내리고 있기 때문에 어떤 내담자든 어떤 걱정거리를 가져오든 결코 놀라지 않는다. 내담자는 쫓겨서 초조해하겠지만 치료사는 내담자의 근심거리가 피할 수 없는 것이 아니라는 것을 설명해 준다. 치료사는 태연하게 내담자가 말하는 것을 들을 수 있을 뿐 아니라 그 때문에 당황하지 않는다는 것을 보여 준다. 안으로 마음이 고요하므로 치료사는 섣불리 반응을 보이거나 성급하게 결론을 내리는 일 없이 들을 수 있는 것이다.

자신의 인생에서 중요한 사람들이 언제나 그랬듯이 치료사도 흥분해서 펄쩍펄쩍 뛸 것이라고 예상하면서, 무의식적으로 내담자는 치료사가 화낼 만한 거리를 던지고는 지켜볼 것이다. 내면의 고요한 마음자리가 잘 잡혀 있는 치료사는 면밀하게 주의를 기울여 경청하지만 예측 가능한 방식으로 반응하지는 않는다. 이렇게 된다면 이것은 치료라기보다는 그냥 내담자와 치료사 두 사람을 위한 명상이라 할 수 있다.

처음 좌선을 할 때 우리는 몸을 움직이지 않고 조용히 앉아 있긴 하지만 온갖 강박 상태의 마음이 일어나 최선을 다해 우리를 어지럽힌다. 즉, '나는 정말로 여기 앉아 있어서는 안 돼. 난 다른 데 있어야 해.' '가려운 데를 그냥 긁기만 해도 고요한 마음으로 앉아 있을 수 있을 거야.' '오늘 저녁 TV프로그램이 뭐더라.' '난 지금 좌선을 너무 잘하고 있어. 난 여기에 있는 다른 어떤 누구보다도 더 좌선을 잘해.' 등과 같은 마음이 바로 그것이다. 치료에서 내담자의 조건 지어진 마음은 그 궤도 안으로 치료사를 같이 불러들이기 위하여 가능한 한 모든 것을 다 동원한다. 유혹하거나 도발하거나 동정심을 유발하거나 또는 그 밖의 무슨 방법이든 가리지 않는다. 예를 들면 '나는 당신이 이해할 수 있는 유일한 사람이라고 확신합니다.' '당신도 자녀가 있는지는 잘 모르겠지만요.' '지난번 치료사는 이렇게 생각하더라고요.' '나는 절망적이에요, 아무것도 하지 못해요.' '당신은 나를 도와줄 수 있다고 생각하세요?' 등이다. 좌선에서 몸은 평온을 유지하지만 마음은 몸부림친다. 하지만 결국에는 마음도 평온해진다. 심리치료에도 치료사는 고요한 마음을 유지하지만 내담자의 조건 지어진 자아는 몸부림친다. 그래도 결국에는 내담자도 고요함을 되찾기 시작할 것이다.

나는 여기서 오해가 없길 바란다. 우리가 언급하고 있는 고요한 마음이란 내면의 깊은 고요함이며, 안으로 마음을 닦는 수행의 결과로 얻어지는 열매다. 그것은 몸이 움직이지 않는 형태로 나타날 수도 있으나, 다른 사람과 교류하는 때에는 생동감 넘치게 반응하거나 단호하게 행동하는 것과 같은 형태로도 드러날 수 있다. '나는 고요한 마음을 가져야 해.'라고 단순히 생각하면서 이것에 집착하는 치료사는 단지 자기 스스로 내담자를 거부하고 있을 뿐이다. 또한 그렇게 해서는 거의 아무것도 성취하지 못할 것이다. 그러므로 치료사는 가능한 한 꾸준히 명상 수행을 하여 이러한 마음의 역량을 더욱 심화하여야 할 책임이 있다.

치료사의 고요한 마음은 주위를 안정시키는 효과가 있다. 그다음 삼매에 대한 내담자의 능력이 나온다. 사실 우리는 행복한 몰입 상태의 마음을 즐길 수 있는 어린 시절의 능력을 결코 잃어버린 것이 아니다. 우리가 그 능력을 잃어버렸다고 여기고 있을 때에는 일반적으로 어떤 집착이나 혐오감이 우리 마음을 지배하고 있기 때문이다. 선 치료는 자신의 행복을 재발견하도록 하는 수단이다. 이것은 진정 무엇이 자신의 주의를 끌고 있는지를 찾아내는 것을 의미한다.

한 내담자가 나에게 와서 자신은 일에 집중할 수 없다고 한다. 그는 또한 가정에서도 집중할 수 없다는 것이 드러난다. 그러나 그는 어렸을 때 학교 성적이 상당히 좋았다. 이런 내담자의 경우, 마치 모르는 기술을 처음 배우는 것처럼 '집중하는 방법을 배워야 하는' 것은 아니다. 그는 집중할 수 없는 것이 아니라 자신의 마음이 무엇인가에 쏠려 있는 것이다. 그렇다면 무엇에 쏠려 있는 것인가? 한동안 그를 주의 깊게 관찰하며 지나가듯 말하는 것조차도 모두 수집해 본 결과, 이 내담자의 주의력이 잠재의식적으로 맴돌고 있는 궤도의 중심에는 죽음이라는 생각이 자리 잡고 있음이 명백해졌다. 그는 집중할 수 없는 것이 아니다. 그의 주의력이 고용주가 정한 일상의 업무보다 더욱 중요한 그 무엇에 몽땅 빼앗기고 있을 뿐이다. 그래서 처음에는 매사에 건성이고 무능력한 사람이라고 낙인찍힐 뻔하였던 이 내담자가 실제로는 가장 중요한 공안을 해결하기 위하여 전력을 다하고 있다는 것이 한순간에 분명해진 것이다.

이런 일은 드문 일이 아니다. 사람들은 삶에서 어떤 현실적인 문제를 해결하지 못하기 때문에 치료사를 찾는다. 그러나 표면적인 문제의 조금 아래를 살펴보면 그들이 실제로는 좀 더 근본적인 문제, 즉 정신적이거나 실존적인 의문에 빠져 있다는 것을 알게 된다. 치료사는 삶의 정신적 차원을 올바로 인식할 필요가 있다. 그러므로 마음을 닦는 첫 번째 단계는 몰입하는 방법을 배우는 것이며 그것을 위한 가장 좋은 방법은 우리가 사실상 이미 몰입하고 있는 것이 무엇인지를 발견하는 것이다. 다시 말해 우리 마음속에서 불타고 있는 의문이 무엇인가를 발견하는 것이다.

결코 풀 수 없는 문제가 도리어 실존의 핵심으로 파고들 수 있는 방법이 되는 것이 선이다. 우리가 찾고 있는 것은 지적인 해결책이 아니라 체험의 전환인 것이다. 어느 정도 수준에서는 우리가 이러한 작업을 해야 한다는 것을 모두 알고 있다. 그러나 우리의 문화는 사물을 다루는 방식에 두 가지의 중요한 방법이 있다고 가르치고 있다. 그중 하나는 지식이다. 단지 주제를 충분히 알 수만 있으면 그것으로 우리는 안전하다고 생각한다. 다른 하나는 거부다. 우리가 만일 지식을 통하여 그 문제를 해결할 수 없다면 우리는 그것을 외면하고 마음을 오락이나 일 또는 마약 등에 빼앗기는 것이다. 선은 다른 전략을 제시한다.

문제 자체를 더 강화하고 그 속으로 꿰뚫고 들어감으로써 한층 더 영속적인 평화를 찾도록 하는 것이다.

심리치료의 관점에서 보면 사람들은 어떤 대상이든 열심히 마음을 쏟고 있다. 이것이 바로 공안이자 시험이며, 그들을 치료로 이끈 것이다. 처음에는 아마 얼마나 자신의 마음이 조절할 수 없을 정도로 소용돌이치고 있는가 하는 것을 자각할 뿐이다. 그다음 그들은 자신의 마음이 그 나름의 명상, 즉 행복한 몰입에 이미 푹 빠져 있는 것임을 깨닫기 시작한다. 이제 행복한 몰입 상태에서 삼매의 상태로 전환되는 것은 마음이 소용돌이치는 물결이 아니라 그 중심에 집중할 때 일어나는 것이다. 일단 그와 같은 집중이 이루어지면 마음은 더 많이 감사하게 되며 말은 더 적게 하게 된다. 이것은 마치 태풍의 눈에 들어간 것과 같다. 그 중심부는 고요할 뿐이다.

다음 장에서는 우리 자신은 물론 우리가 돕는 사람들의 건강과 마음의 평화를 위해 이러한 고요함이 어떻게 일상생활에 적용될 수 있는지 살펴볼 것이다.

6

깨어 있는 마음

선이 꽃피는 정원

이른 아침 나는 정원에 서 있다. 모든 것이 신선하고 청명하다. 나는 손을 뻗어 잎을 만진다. 정원에서 우리는 그야말로 자연에 둘러싸여 있다. 정원사는 식물을 만들어 내는 것이 아니다. 그렇지만 정원에서 정원사의 세심한 보살핌을 벗어나는 것은 아무것도 없다. 정원사는 뚜렷한 목표를 가지고 자연과 상호 협력하며, 그저 잡초가 무성해지도록 방치하지도 않고 적절한 때에 파종해서 수확하는 것을 놓치지도 않는다. 정원은 이와 같이 협력하는 결정적인 마음에 의해 끊임없이 좋아지는 것이다.

선(禪)은 이와 유사한 방법으로 우리의 마음을 향상시키는 내면의 천부적인 능력이다. 부처님은 삶에서 부닥치는 모든 것은 마음에서 온다고 가르쳤다. 착한 마음으로 행동하라. 그러면 행복이 따를 것이다. 욕심 많거나 미워하는 마음, 편협하거나 완고한 마음으로 행동하라. 그러면 비참한 현실에 직면하게 될 것이다. 그러므로 평화로운 마음은 훌륭한 보배다. 그것은 세상을 평화롭게 만들기 때문이다.

잘 가꾸어진 마음은 잘 가꾸어진 정원과 같다. 그것은 방치된 채로는 씨앗을 뿌릴 수 없다. 정원사는 잡초를 뽑아 퇴비를 만들고, 돌덩이를 파내서 길을 만들어 조경을 한다. 심리치료에서 우리는 번뇌를 파내어 변화시킴으로써 우리의 삶이 사랑과 자비와 이해로 빛나게 한다. 정원사는 식물에게 영양을 공급해 아름답고 풍성한 열매를 맺게 한다. 또한 정원사는 될 수 있는 대로 여러 가지 종류의 식물을 좋게 활용할 방도를 찾는다. 그는 정원에서 일어나는 모든 일에 항상 주의를 기울이며 열심히 일한다. 종종 자신의 허리가 아플 정도로 말이다. 참선하며 앉아 있는 마음의 정원사도 이와 마찬가지다.

특히 훌륭한 정원사는 좋은 토양을 만들어 간다. 풍성하고 아름다운 정원을 보면 우리는 '저렇게 좋은 땅을 가지고 있으니 얼마나 운이 좋을까.'라고 말하고 싶을지 모른다. 그러나 그러한 정원에 행운이란 실제로 티끌만큼도 없다. 왜냐하면 그 땅은 정원사의 쉼 없는 노력에 의하여 가꾸어진 것이기 때문이다. '정원사가 그러한 것과 같이 땅도 그러한 것이다.' 선은 마음의 땅을 일구는 것이다. 마음은 우리 존재의 터전이며, 우리는 그 터전을 일구는 것이다. 이것이 바로 선이 하는 작업이다. 이것이 바로 궁극적인 치료, 즉 마음자리를 향상시키는 것이다.

좋은 땅을 만드는 데 가장 값진 물건은 퇴비다. 퇴비를 만드는 데는 잡초가 필요하다. 잡초가 많이 자라고 있는 정원을 가진 사람들은 열심히 노력함으로써 아주 훌륭한 결과를 얻을 수 있다. 마찬가지로 우리는 우리 삶의 공안을 풀기 위한 집중적인 노력을 통해서 삼매의 평화로운 마음을 얻을 수 있다.

근래에 이산 도르시(Issan Dorsey)가 삶을 잘 기술하는 책을 출판하였다.[79] 도르시는 어린 시절 약물 복용, 술집 드나들기, '여장남자'로 공연하기, 경범죄 저지르기, 사치스러운 생활 등을 하면서 다람쥐 쳇바퀴 도는 듯한 삶을 살았다. 그러다가 스즈키(Shunryu Suzuki) 선사와의 만남을 계기로 명상 수행을 하면서 스스로를 단련하기 시작하였다. 마침내 그는 자신이 선사가 되었으며 에이즈(AIDS) 희생자를 위한 자애로운 호스피스(Maitri Hospice)를 설립하였다. 그는 '헛되이 소비한' 젊은 시절이 있었는데도 오히려 그것 때문에 진실로 자비로운 스승이 될 수 있었던 것이다. 어려움에 처한 사람들에 대한 그의 마음은 참으로 진실하였다. 왜냐하면 그 자신이 직접 그 자리에 가 보았기 때문이다. 다른 사람이 공격해도 그는 어떤 판단도 하지 않고 평정한 마음을 유지하였다. 왜냐하면 그는 그들의 마음을 이해하였기 때문이다.

역사를 좀 더 거슬러 올라가 불교 중흥의 핵심 인물인 아소카(Ashoka) 황제의 경우도 비슷하다. 젊은 전사(戰士) 시절의 아소카는 냉혹하고 다혈질의 성격을 가지고 있었다. 그는 많은 전쟁을 치르면서 수많은 사람을 죽였다. 그러다가 그는 불교를 만나게 되었고 자기가 무슨 일을 하고 있는지를 좀 더 깊이 생각하기 시작하였다. 특히 그는 칼링가(Kalinga)와의 전투에서 사람들을 대량 학살한 것에 두려움을

---

79) Schneider, 1993.

느꼈다. 아소카는 변해야 한다고 결심하고 자기 변혁의 과정을 가진 결과, 마침내 인도 역사에서 가장 관대하고 자비로운 군주의 한 사람이 되었다.

아무리 많은 상처를 입었다고 할지라도 마음 가꾸는 일을 시작하지 못할 사람은 없으며, 아무리 파괴적인 습관에 젖어 있다고 할지라도 이미 삶에서 배운 것을 좋게 활용하지 못할 사람은 없다. 그러나 선 수행이 힘든 일이라는 것을 부인할 수는 없다. 정원 가꾸는 일과 마찬가지로 그것은 끝이 없는 작업이다. 고된 작업을 통해서 정원 하나를 만들었다고 해도 계속 가꾸지 않고 방치해 두면 곧 혼란스러운 상태로 다시 되돌아갈 것이기 때문이다.

선은 부처님 가르침의 골수다. 부처님은 제자들에게 마음을 계발하는 수행을 게을리 하지 말라고 끊임없이 독려하였다. "너희가 가지고 있는 모든 에너지를 다 쏟아 부어 수행하라. 그리고 이것을 무엇보다 우선으로 삼아라."라고 제자들에게 설하였던 것이다.

정원 가꾸는 법 배우기

치료사를 찾아오는 대부분의 내담자는 자신들의 마음 정원이 너무 무성해졌기 때문에 온다. 그들은 어디서부터 손질을 시작해야 할지를 모른다. 가끔 그들은 마음 정원이 자체적으로 가꾸어진다고 생각한다. 마음 정원을 스스로 가꾸어야 한다거나 그러기 위하여 노력을 해야만 한다는 생각 모두가 그들에게는 충격일 것이다.

그렇지만 내담자는 또한 직관적인 이해력이 있다. 어떤 의미에서 우리는 우리 자신 속에 받아들이는 그 자체라는 것을 알고 있다. 그렇지 않다면 다섯 번째 계율이 그것을 일깨워 줄 것이다. 만약 우리 환경이 온갖 독소로—예컨대 알코올, 마약, 포르노, 폭력, 분노, 비난, 부정, 이기심, 불륜, 수면과 식사 이상, 불화와 원한 등—가득 차 있어서 우리가 이러한 것을 마구 소비한다면, 우리 마음은 수많은 걱정거리를 야기할 수 있는 무성한 잡초로 가득 차게 될 것이다. 일반적으로 정원 가꾸기의 첫 번째 단계는 잡초 덤불을 어느 정도 청소하는 것에서부터 시작해야 한다.

그러나 결코 일을 최소화하여서는 안 된다. 모든 것을 편안하게만 하려는 치료는 많은 것을 성취하기 어렵다.

> 잠시도 쉬지 않고 변덕스러운 마음,
> 지키기도 어렵고 다스리기도 어려워라.
> 궁수(弓手)가 화살을 똑바로 쏘듯이
> 현명한 사람은 그 마음을 바르게 하느니라.[80]

숨쉬기

깨어 있는 마음으로 숨쉬기를 지켜보는 것은 마음을 닦는 가장 좋은 출발점 가운데 하나다. 호흡은 우리의 내적 삶을 드러내 보이는 분명

---

80) 법구경(法句經, Dhammapada) 제3품 마음 제1장(역주: 여기에 인용된 게송은 팔리어 법구경에서 나온 것임).

한 지표며, 이것은 호흡이 몸과 마음을 연결하는 역할을 하는 것을 의미한다. 치료사는 내담자의 호흡을 찬찬히 살펴본다. 그의 호흡이 얕은지 깊은지, 긴지 짧은지, 거친지 부드러운지 그리고 내담자가 자기 이야기를 할 때 그 호흡이 어떻게 변하는지도 살펴본다. 치료사는 자신의 호흡을 내담자의 호흡과 일치시킴으로써 종종 내담자의 괴로움을 좀 더 심층적으로 이해할 수 있다. 호흡에 주의를 집중하는 것이 때로는 도움이 될 수 있다. 내담자의 호흡이 고통에 집중되면 그 고통이 일부 사라질 수도 있고 통찰력이 촉발될 수도 있을 것이다.

따라서 호흡에 주의를 집중하는 법을 배우는 것이 명상의 시작이다. 호흡은 바깥으로 향해 있는 분주한 마음을 고요하게 하고 지금 여기 이 순간으로 되돌아오게 함으로써 살아 있음을 일깨우는 방법이다. 우리는 호흡에 대한 연구를 통하여 우리 몸을 자각할 뿐 아니라 몸과 주변 세계와의 상호 연관성을 자각하게 된다. 허리를 똑바로 펴고 마음을 모은 자세로 앉아서 하든, 천천히 걸으면서 하든 혹은 다른 행동을 하는 중에 잠깐 쉴 때 하든, 아주 잠깐이라도 매일 호흡을 지켜보는 일에 시간을 투자하는 것은 건강을 증진시킬 뿐 아니라 삶 자체를 번잡하지 않게 할 것이다. 복식 호흡을 하라. 자연스러운 호흡의 흐름을 인위적으로 바꾸려고 애쓰지 말고 그냥 지켜보라. 그러면 호흡은 자연스럽게 깊어질 것이다. 많은 사람이 가슴 윗부분으로만 호흡하는데 이것이 사람들을 쉽게 불안하게 하고 허둥대게 한다.

만일 사람들이 시계 소리나 전화벨이 울리는 때와 같이 하루 일과 중에 가끔 하던 일을 멈출 수 있다면, 그리고 하던 일로 되돌아가기 전에 단 일 분이라도 호흡을 즐긴다면, 스트레스가 덜 쌓이고 좀 더 균형 있고 세심하게 일을 처리할 수 있을 것이다.

명상이란 건전한 어떤 대상에 대한 주의집중을 지속하는 과정이다. 호흡은 바로 그러한 대상인 것이다. 호흡을 지켜보는 것은 가장 간단하면서 가장 심오한 형태의 명상법 중 하나며 모든 사람이 이것을 통하여 많은 이익을 얻을 수 있다.[81] 부처님은 수많은 설법에서 이 방법을 가르쳤다.

깨어 있는 마음

깨어 있는 마음(念, sati)은 삼매를 바탕으로 한다. 단순한 삼매 상태에서 마음은 오직 한곳에 집중함으로써 모든 사물을 다 받아들이게 된다. 깨어 있는 마음에서 우리는 그냥 있는 그대로 모든 것을 받아들이기 시작한다. 어떤 특정한 초점만을 고집할 필요는 없다. 깨어 있는 마음은 삶의 모든 면을 변화시키는 기적이다.

많은 사람이 인생의 대부분을 놓치고 산다. 다른 무엇인가에 정신이 팔려 있는 동안 인생은 그냥 스쳐 지나가고 만다. 우리는 일상생활의 어떤 부분에서도 거의 현존하지 않은 채 살아간다. 마치 교통 지옥을 뚫고 운전하는 것처럼 짜릿하고 심지어 위험한 수많은 일을 가로지르며 아침에는 일터로 나간다. 그런데 거기에 마음은 없는 것이다. 그것은 계획하고, 공상하고, 추억에 잠기고, 스스로 위로하는 등 다른 일을 하느라 분주하여 그 자리에는 없는 것이다.

---

81) 역주: 여기에는 호흡을 세는 것에 집중하여 마음을 산란하지 않게 하는 수식관(數息觀)과 숨 헤아리기를 그치고 미세한 마음으로 들이쉴 때에 들어감을 알고 내쉴 때에 나가는 것을 알아서 마음이 안정되게 하는 수식관(隨息觀)이 있다.

깨어 있는 마음이란 마음을 몸과 조화롭게 하는 것이지, 결코 몸을 마음에 조화롭게 맞추는 것이 아니다. 일반적으로 우리가 어딘가에 갈 때 마음은 몸이 도착하기도 전에 이미 그곳에 가 있다. 깨어 있는 마음을 닦는 수행에서 마음은 항상 몸이 있는 바로 그곳에 머무른다. 몸은 마음으로 가득 채워져 있다. 처음에 이것은 무엇이든 서두르지 않고 천천히 하는 것을 의미한다. 그래서 깨어 있는 마음은 어떤 특정한 대상이 없이 바로 여기에 있는 것이다. 깨어 있는 마음은 특정한 사물을 붙잡는 것이 아니다. 그러나 깨어 있는 마음은 여전히 하나의 삼매 상태, 곧 바로 지금 이 순간의 삼매인 것이다.

당신의 인생에서 반드시 해야 할 가장 중요한 일은 무엇인가? 그것은 바로 지금 이 순간에 당신이 하고 있는 일이다. 그것이 무엇이든 당신이 바로 지금 이 순간을 충분히 살지 못한다면 기회는 사라지고 다시는 돌아오지 않을 것이다. 지금 이 순간을 충분히 산다면 그것이 바로 완전한 깨달음의 한순간이다. 만약 그 순간이 흐릿한 상태로 그냥 지나친다면 그 또한 그냥 한순간의 안개일 뿐이다.

누가 당신의 인생에서 가장 중요한 사람인가? 그 사람은 바로 지금 이 순간 당신 곁에 있는 사람이다. 이 사람은 당신을 필요로 하고 있다. 아마 사람들은 당신의 도움, 즉 당신의 고요한 마음을 필요로 할 것이다. 그들은 아마 당신에게서 뭔가 한마디라도 듣거나 당신이 그들의 말을 들어주기를 원하고 있을 것이다. 그들이 말하는 중에 당신이 그들의 말을 끊지 않기를 원할 수도 있다. 무슨 일이든 지금 여기 당신 앞에 있는 이 사람이야말로 가장 중요한 사람이다. 이것이 바로 깨어 있는 마음이다.

지금 여기 이 사람이 이 세상에서 가장 중요한 사람이라는 것을 아는 것이 심리치료의 핵심이다. 비록 이 책에서 삶과 마음과 깨달음에 관한 많은 이론을 제시하고 있지만, 다른 사람과의 실질적인 만남이 이루어지는 바로 그 순간, 이론이란 그야말로 무용지물이 된다. 이 사람에 대한 이론은 아무 쓸모가 없다. 왜냐하면 그것은 곧 그 사람을 사람이 아니라 이론의 대상으로 만드는 일이기 때문이다. 이 사람은 특별한 사람이다. 사람은 어떤 이론보다도 더 중요하다. 이론은 사람을 일반적으로 이해하는 데 도움을 주지만, 이 사람은 그냥 일반적인 사람이 아니다. 이 사람은 그냥 있는 그대로며 그 자체로 좋을 뿐이다.

이 세상에서 가장 아름다운 광경은 무엇인가? 눈을 크게 뜨고 살펴보라. 지금 마주한 이 책의 지면이든, 씻고 있는 밥그릇 속의 거품이든, 방금 뒤를 닦아 낸 휴지 위에 묻은 배설물이든, 두 손으로 마주잡은 찻잔이든, 그것이 무엇이든 만약 우리가 대상을 볼 수 있거나, 우리가 정말로 그것을 있는 그대로 볼 수 있다면, 우리는 그것이 바로 이 세상에서 가장 경이로운 것임을 알게 될 것이다.

바로 지금 이 순간에 깨어 있는 이것만을 추구할 목적으로 한때는 많은 사람이 환각제(LSD)와 흥분제(mescaline) 같은 약물을 이용한 정신 수행으로 잘못 빠져 들기도 했다. 이러한 약물은 온갖 유해한 효과에도 불구하고 사람들에게 그들이 인지하는 매 순간 속에 경이로운 우주가 숨겨져 있다는 것을 알게 해 준다. 그것은 또한 어떤 사람에게는 우리가 언제나 살고 있는 보물섬을 언뜻 보여 주기도 한다. 그러나 약물에 의존하여 그런 새로운 시각이 열렸다고 해도 그것은 사람에게 깨어 있는 마음을 수행함으로써 얻을 수 있는 자기 마음의 통제권을 주지는 못한다.

세상에서 가장 멋진 음악은 무엇인가? 가장 좋은 향기는 무엇인가?

당신이 갖추어야 할 가장 중요한 감각은 무엇인가? 당신은 그 답을 이미 알고 있다. 당신이 갖추어야 할 가장 중요한 감각은 당신이 지금 이 순간에 경험하고 있는 것이다. 그 소중한 경험을 놓친다면 정말 부끄러운 일이다.

둘 아니게 보는 한마음

모든 사물을 좋아하고 싫어함 없이 둘 아니게 보는 평정한 마음(捨, upeksha)은 깨어 있는 마음에서 오는 것이다. 평정한 마음을 가진 사람은 어떤 상황에 처해 있더라도 그 상황의 주인이 된다.[82] 이것이 바로 수행자를 점검하는 많은 선의 관문이 있는 이유다. 선어록(禪語錄)을 읽어 보면, 대개는 서로 간에 시험하거나 또는 자연스럽게 일어나는 상황에서 상대를 시험하는 내용이 포함되어 있다. 살아가면서 맞닥뜨리는 모든 것을 무조건 받아들일 수 없는 사람은 평정한 마음에 도달한 것이 아니다.

모든 것을 무조건 받아들인다는 것은 어떤 것도 자기에게 개인적으로 문제되는 것이 없다는 뜻이다. 죽는다 산다 하는 것도 중요하지 않

---

82) 역주: 임제 선사는 이를 다음과 같이 말한다. "그대가 어느 곳에서라도 주인이 된다면 자기가 있는 그곳은 모두 진실한 깨달음의 경지가 된다. 어떤 외부적인 조건도 그 진실된 장소를 바꿀 수 없는 것이다. 가령 지금까지 지어 온 과거의 나쁜 습기와 무간지옥에 떨어지는 큰 죄업이 있을지라도 자연히 그곳이 해탈의 큰 바다가 된다." (『임제어록』, 정성본 역주, 2003, pp. 117-120) 이것이 임제 선사의 유명한 수처작주(隨處作主) 입처개진(立處皆眞)의 법문이다.

다는 것이다. 만약 죽고자 한다면 잘 죽도록 하자. 삶은 항상 죽음과 함께 있다. 잘 살아간다는 것은 곧 잘 죽어 가고 있다는 것을 의미하는 것이다. 우리가 여기서 말하고 있는 것은 '에고(ego)'라고 하는 생존에 대한 집착이 사라져 버린 상태다. 이것은 우리를 둘러싼 천지만물과 우리와의 관계가 마치 왼손과 오른손의 관계와 같은 상태다. 왼손은 오른손을 희생하여 자기만의 이익을 추구하지 않는다. 우리는 한 생명의 온전한 손과 발인 것이다.

평정심(平靜心, upeksha)은 일반적으로 평온하고 고요한 마음으로 이해되지만, 그것의 중요한 의미는 진정으로 조건 없이 살아간다는 것이다. 우리는 마음의 조건화 작용을 앞으로 자세하게 살펴볼 것이다. 평정심은 바로 조건화 작용을 쉽게 하는 것이다. 마음의 조건화 작용은 마치 참마음을 질식시키기 위해 마음으로 만드는 매듭과 같은 것이다. 평정심은 이러한 마음의 매듭을 단절하고 참마음을 풀어 주는 칼이다. 따라서 평정심은 이후에 논의하게 될 자비와 사랑의 진정한 근거가 되는 것이다. 불교의 가르침에는 여전히 많은 혼란이 있다. 부처님은 종종 집착을 놓는 것과 둘 아니게 보는 마음인 평정심의 중요성에 대하여 설하였다. 이는 결코 냉정하고 무관심하며 친근감이 없는 사람이 되라는 뜻이 아니다. 그것은 진실된 사랑에 다가서지 못하게 우리를 가로막고 있는 것, 즉 자기애착에서 벗어나는 것을 뜻한다.

앞 장에서 보았듯이 치료를 받으러 오는 내담자는 아마도 기쁨으로 몰입하는 선(piti-zen)을 이미 어느 정도 하고 있는 것으로 볼 수 있다. 그들은 마치 낡고 녹슨 금속조각을 닦고 있는 사람처럼 몇 가지 중요한 걱정거리를 떨쳐 버리려고 애를 쓰고 있는 것이다. 이것은 힘든 작업이며 느리게 진행되는 과정이다. 치료사와의 만남을 통하여 내담자는 자신이 무엇을 걱정하고 있는지 좀 더 분명하게 파악할 수 있으며 마음 안정의 선(samadhi-zen)으로 발전할 가능성이 생긴다. 우리가 살펴본 것처럼 선은 그들의 근심사를 떨쳐 버리도록 하는 것이 아니라 오히려 그 칼날을 더욱 날카롭게 하여 근심사의 실체가 무엇이며 내담자에게 무엇이 요구되는지를 분명하게 인식하게 한다. 내담자의 마음은 이미 한 가지 일에 집중되어 있다.

깨어 있는 마음이 곧 치료다

어느 날 부처님은 사념처경(四念處經, Satipatthana Sutta)에 기록되어 있는 것과 같은 가르침을 주었다.[83] 이 경은 깨어 있는 마음을 수행하는 기초 교본으로 계속 이용되고 있다. 사념처란 우리의 몸을 몸으로, 우리의 감각을 감각으로, 우리의 마음을 마음으로, 마음의 대상을 마음의 대상으로 지켜보는 것이다. 이 말은 모든 것을 그냥 있는 그대로 인식한다는 의미다. 이 가르침은 몸과 마음에서 일어나는 모든 과정을 알아차리는 능력을 개발할 수 있는 수많은 수련 방법을 상세히 제공하고 있다.

치료사는 내담자를 그냥 현재의 있는 모습 그대로 보고 그들이 드러

---

83) 역주: 사념처는 사념처관(四念處觀)의 준말이며 소승의 수행자가 삼현위(三賢位)에서 오정심관(五停心觀) 다음에 닦는 관을 말한다. 자신의 몸(身), 감각(受), 마음(心) 그리고 법(法)에서 일어나는 일체의 변화를 관찰함으로써 제행무상(諸行無常), 제법무아(諸法無我), 일체개고(一切皆苦)의 세 가지 진리를 깨닫고자 하는 것이다. 여기에는 부모에게서 받은 자신의 몸이 부정하다고 관하는 신념처(身念處), 감각의 실체를 있는 그대로 깨달아 음행·자녀·재물 등 우리가 즐겁다고 하는 것들이 실은 즐거움이 아니라 고(苦)라고 관하는 수념처(受念處),

내는 정신세계를 있는 그대로 받아들이기 위하여 바로 이와 같은 순간 순간의 알아차리기가 필요하다. 치료사는 내담자 몸의 움직임, 감정, 정신상태 그리고 그들이 경험한 세계를 주목한다. 치료사는 내담자의 결점을 찾지 않으며 내담자를 직접 변화시키려 들지 않는다. 오히려 치료사는 내담자와 내담자의 세계를 깨어 있는 마음으로 있는 그대로 관찰할 뿐이다.

깨어 있는 마음을 수행하는 사람은 자신의 몸을 움직일 때 자기가 그렇게 움직이고 있음을 안다. 자신의 몸이 움직이지 않을 때는 몸이 멈춘 상태임을 안다. 그러한 사람은 몽상이나 꿈에 빠져 자기 자신을 놓쳐 버리는 법이 없다. 자신이 즐거움을 느낄 때에는 그 즐거움을 그대로 알아차리며 마찬가지로 불쾌함을 느낄 때에도 그대로 알아차린다. 좋아하거나 싫어하는 마음이 일어날 때에도 이러한 마음이 일어난 것을 곧바로 알아차린다. 어떤 대상을 인식하면서 자부심을 가지거나 낙담하는 경우에도 그냥 그러한 마음이 일어나는 그대로를 지켜보며 느낀다. 자신의 마음속에서 화가 나거나 질투심이 일어날 때에도 일어나는 그대로 체험한다. 그 마음이 남아 있다면 그냥 남아 있다는 것을 알아차리고, 그 마음이 멈추면 멈추어진 것을 그냥 느낀다. 그 마음이 없어지면 그냥 없어진 것을 느낀다.

깨어 있는 마음 상태에 있는 치료사는 아무리 사소한 변화라고 할지라도 내담자의 몸가짐과 의도와 마음에서 일어나는 모든 변화를 알아

우리의 마음은 늘 변화하고 생멸하는 무상한 것이라고 관하는 심념처(心念處), 위의 셋을 제하고 다른 만유에 대하여 실로 자아라고 할 실체가 없고 자아가 없으므로 소유도 없다고 관하는 법념처(法念處)의 네 가지가 있다.

차린다. 우리가 세심하게 다른 사람에게 주의를 기울이면 일종의 공명(共鳴)이 일어난다. 예를 들어 내담자가 하는 말을 경청하다가 나 자신이 화가 치밀어 오르는 것을 알아차리게 되었다고 하자. 만약 내가 그런 나의 감정에 동화되어 버리면 '이 사람은 화를 내고 있는 고객이군.' 하고 단순히 생각하기 십상일 것이고, 그렇게 되면 그 사람을 치료하는 것이 제대로 되지 않을 것이다. 그러나 만약 내가 깨어 있는 마음 상태에 있다면 나는 그 화를 알아차리고 '이거 재미있군. 그런데 이게 뭘까?' 하며 생각할 것이다. 그다음 나는 내가 느끼고 있는 것을 따지는 마음 없이 있는 그대로 내담자에게 말해 준다. 실제로 '지금 화나는 것과 같은 어떤 감정이 일어나고 있습니다. 그런데 그것이 어디서 온 것인지는 확신할 수 없습니다.' 라고 말해 주면 내담자는 그것이 나의 감정이 아니라 바로 자신의 감정이라는 것을 알아차리게 되는데 이러한 일은 아주 흔하게 볼 수 있다. 그리하여 우리는 어느 정도 치료상의 진전을 이루게 된다. 치료사는 말하자면 내담자가 표현하지 않은 정신적 오염에 종종 물들게 된다. 이 같은 일이 일어나는 것을 알아차리면 치료사는 또 다른 통찰력을 얻을 수 있을 것이다. 치료사가 삼매에 드는 능력이 깊어지면 깊어질수록 내담자를 받아들이는 과정을 방해하는 내면의 잡음은 더 적을 것이다. 부처님이 천리안의 인식 능력을 갖추고 있었다는 것은 잘 알려져 있는 내용과 같다.

치료 과정에서 주고받는 많은 대화는 사실은 내담자가 깨어 있는 마음 상태가 되는 것을 도와주는 것에 초점을 맞추고 있는 것이다. 치료사는 하나의 거울이다. 그 거울은 개인적인 관심사를 가지고 있지 않으며 오로지 내담자 스스로의 모습을 더욱 선명하게 볼 수 있게 해 줄 뿐이다. 그러나 내담자가 항상 거울과 같은 역할을 해 주는 치료사를 자기 곁에 두고 지내는 것은 아니다. 그러므로 내담자가 스스로의 능력으로 깨어 있는 마음 상태가 될 수 있도록 도와주는 것에 관한 좀 더 많은 설명이 필요하다.

깨어 있는 마음은 치료를 엄청나게 빠르게 진행시키는데, 왜냐하면 그것은 내담자에게 마음을 다스릴 수 있는 고삐를 주는 것이기 때문이다. 심지어 아주 초보적인 단계의 깨어 있는 마음도 사람들의 자기 통제력을 향상시킨다. 모든 강박적인 행위는 일련의 다른 행동이나 충동과 깊이 연결되어 있다. 만약 어떤 사람이 행동 습관을 바꾸려고 한다면 그에게 필요한 첫 번째의 일은 행위의 연결고리를 인식하기 시작하는 것이다. 이것을 하기 위하여 깨어 있는 마음이 요구된다. '각자에 맞게 깨어 있는 마음을 닦음으로써 내담자는 바꾸고자 하는 행동에 관련된 상황, 동작, 느낌 그리고 생각을 좀 더 많이 알아차리는 법을 배우게 된다. 깨어 있는 마음의 힘은 행위의 연결고리상의 훨씬 앞쪽으로 그 마음을 옮겨 갈 수 있게 한다는 것이다.'[84]

자신이 자주 분쟁에 휘말리는 것을 알게 된 젊은이가 있다고 하자. 그는 왜 그러한 분쟁이 자기에게 일어나는지를 알지 못한다. 그는 자기 스스로가 입력시킨 프로그램에 의해 튀어나오는 행위의 희생자다. 치료를 통하여 그는 자신이 술집에 들어가서 주위를 둘러볼 때 만약 누군가가 자기를 쳐다보고 있으면 그들에게 시비를 걸어 공격을 하는 행동 양식이 있다는 것을 발견하게 된다. 깨어 있는 마음이 깊어지면 그는 자신이 말려드는 일련의 사건이 실은 그 술집에 도착하기 훨씬 전에 이미 시작되었다는 것을 알게 된다. 그날 저녁에 있었던 모든 사

84) Mikulas, 1990, p. 154.

건은 그의 마음속에서 이미 그렇게 되도록 조건화되어 있었다. 치료사는 내담자가 집을 출발하기 전부터 친구를 만나 술집에 걸어간 모든 과정에서 어떻게 행동하고 느꼈는지를 구체적으로 파악하여 낱낱이 살펴보도록 도와준다. 사람들은 자신의 행동을 제대로 알아차릴 때에만 비로소 그 행동에 대하여 뭔가를 하려고 하는 것이다.

내담자가 일상생활의 세세한 부분에까지 주의를 기울이게 하고 나아가 그것을 양식에 따라 기록하게 하는 것은 깨어 있는 마음을 계발하는 데 큰 도움이 될 수 있다. 내담자가 가지고 오는 많은 문제는 자기가 아무것도 할 수 없다는 식의 두루뭉수리한 표현 속에 숨어 있다. 일단 주의력이 실제 생활의 세부적인 데에까지 미치기 시작하면 분명한 목표를 가지고 행동하는 것이 가능해진다. 깨어 있는 마음은 생각을 깊게 하는 것에 가깝다. 내담자는 부모님에 관하여 무엇이 잘못된 것인지에 대해서 얼토당토않게 끝없이 말할 수도 있다. 이럴 때 필요한 일은 내담자가 얼마나 자주 부모님에게 '감사합니다'라고 말하는지, 얼마나 부모님을 존경하는지 혹은 얼마나 부모님의 말에 귀를 기울여 듣는지 등을 점검하는 것이다. 조그만 친절에 주의를 기울이는 것에 심오한 효과가 있을 수 있다.

깨어 있는 마음은 우리가 누구인가에 대한 우리의 인식을 아주 근본적인 방식으로 변화시킬 수 있다. 즉, '깨어 있는 마음이 유발하는 가장 큰 개인적인 변화는 그 사람이 마음속에서 떠오르는 생각과 감정에 동화되지 않고 그 생각과 감정이 엮어 내는 멜로드라마에서 멀리 떨어져 있을 때 일어난다.'[85] 선은 우리의 마음에 있는 콤플렉스를 지워 버리는 것이 아니다.[86] 그것은 콤플렉스 때문에 괴로워하는 것을 멈추게 하며 '콤플렉스는 내가 아니다.'라는 것을 알게 하는 것이다. 이것이 바로 모든 구속에서의 위대한 해방이다. 물론 우리가 만약 애착을 강화시키는 일을 하지 않는다면 그 애착은 점차 사라지고 나쁜 상태가 되는 일이 줄어들 것이다. 그러나 중요한 것은 이러한 일이 일어나기를 기다려야 하는 것이 아니라 더욱 마음을 가다듬어 우리 삶을 살아야 함을 깨달아야 하는 것이다. 콤플렉스는 우리가 제정신으로 살아갈 때 사라지는 것이지, 콤플렉스가 사라져야 제정신으로 살 수 있는 것이 아니다. 선은 미래의 결과에 대한 것이 아니라 바로 지금 이 순간의 실천인 것이다.

결 론

치료사는 내담자가 살아가는 순간순간의 삶의 질에 관심을 가진다. 예를 들어 치료사는 일반적으로 내담자가 남편과 계속 살 것인가 아니면 헤어질 것인가 하는 문제에는 관심을 두지 않는다. 치료사는 함께 살 경우 그녀가 남편과 같이 얼마나 잘 살 수 있는지, 그리고 헤어질 경우 그녀가 혼자서도 얼마나 잘 살아갈 수 있는지에 관하여 관심을 갖는 것이다. 선을 통한 심리치료는 특정한 선택의 딜레마를 해결하는 것이라기보다는 삶의 질을 향상시키는 것이다. 삶의 질을 향상시키는

---

85) Mikulas, 1990, p. 159.
86) 역주: 이것이 깨어 있는 마음으로 지켜보는 수행이 더 깊어지지 않을 때의 한계이기도 하다. 따라서 그런 경계를 자기 자신의 본래심에 맡기고 본래심으로 돌아가는 수행이 뒷받침되지 않으면 더 이상의 진전이 일어나기 어렵다. 콤플렉스 또한 본래심의 작용임을 뚜렷이 자각할 때 그것은 더 이상 콤플렉스가 아니며 생명의 에너지로 전환되는 것이다.

것은 깨어 있는 마음으로 시작된다.

명상은 마음을 닦는 방법으로 수천 년 동안 사용되어 왔다. 그것은 가장 오래된 심리치료법 가운데 하나다. 비록 수많은 다양한 방법이 있지만 모두 습기(habitual energies)를 고요히 하는 것을 수반하고 있다. 즉, 우리가 무슨 일이 일어나고 있는지를 알 수 있도록 인식을 맑게 하는 것이 바로 그것이다. 깨어 있는 마음은 순간순간 흐르는 경험의 물결에 다시 맞닿기 위한 시도다.

깨어 있는 마음은 안으로는 근본적인 자기 성찰인 동시에 밖으로는 현상 세계와의 직결이기도 하다. 그것은 단순히 안으로 바라보는 것이 아니다. 그것은 오히려 삶의 걸음걸음마다 완전히 현존하는 문제인 것이다. 그것을 시도함으로써 우리와 경험과의 직접적인 만남을 막고 있는 마음속의 모든 장애물을 떨쳐 버릴 수가 있다. 단순한 수준의 깨어 있는 마음도 개인적 성장의 모든 단계에서 너무나 소중하고 참으로 필수 불가결한 것이다. 완전히 계발된 단계에서의 깨어 있는 마음은 삼매에 근거하고 있다. 그것은 바로 매 순간의 삼매인 것이다. 이 장과 앞 장에서 기술한 명상 수행은 마음의 조건화 작용으로부터 우리와 다른 사람을 해방시키는 데 필요한 토대다. 그리고 이제부터 우리가 다룰 주제는 바로 이 마음의 조건화 작용이다.

제 **2** 부

불교 심리학

7

마음의 작용 원리

마음의 조건화 작용

지금부터 우리는 불교 심리학을 좀 더 자세히 탐구하는 작업에 착수할 것이다. 제2부의 내용은 2,000여 년 전에 작성된 원전에서 도출된 기본 이론을 소개하고 있기 때문에 이 책의 다른 부분에 비하여 어떤 면에서는 좀 더 기술적이고 전문적인 것이라고 할 수 있다. 내가 의도하는 것은 이것을 될 수 있는 대로 이해하기 쉽게 설명하는 것이다. 그런데도 다음에 소개되는 내용이 약간의 분석적인 자료를 포함하고 있다는 사실을 독자들이 수용해 주기 바란다. 이론을 다루기 전에 선(禪)의 묘미를 좀 더 맛보고자 하는 사람들은 제3부를 먼저 읽어도 무방하다.

불교 심리학의 핵심은 마음의 조건화 작용에 대한 분석이다. 모든 일상적인 정신 상태는 조건에 의해 좌우된다. 조건이 변하면 마음 상태도 변한다. 조건 지어진 존재를 자기와 동일시하는 것에서 결코 만족을 얻지 못하므로 그 자체가 고(苦, dukkha)인 것이다. 왜냐하면 조건 지어진 존재는 끊임없이 변하는 것이므로 그 안에서는 의지할 수 있는 것이란 아무것도 없기 때문이다. 우리는 우리의 통제를 벗어난 힘에 의하여 지배받고 있으며 그 힘의 영향권 내에서 쳇바퀴 돌 듯이 살아가고 있다. 진정한 만족은 마음의 조건화 작용이 구속하고 있는 것을 깨뜨리느냐 그렇지 않느냐에 의하여 좌우된다.

마음의 조건화 작용은 여러 가지 형태를 띠고 있으나 우리는 좀 더 중요한 몇 가지만을 검토할 것이다. 불교의 관점에서 보면 심리치료의 목적은 마음의 조건화 작용에 의해 조건 지어진 마음을 놓아 버리게 함으로써 마음을 자유롭게 하는 것이다. 이런 점에서 여러 다른 불교 종파 사이의 차이는 원리상의 차이라기보다 접근 방법상의 차이일 뿐이다. 마음이 자유로워진 상태를 열반(涅槃, nirvana)이라 하고 조건 지어진 상태는 윤회(輪廻, samsara)라 부른다.

부처님의 가르침을 법(法, Dharma)이라고 하는데 이것은 인생의 궁극적인 목표인 대자유를 얻을 수 있는 길을 가리키는 것이다. 그러나 윤회의 사슬 안에서는 정도의 차이가 있을 뿐 마음의 조건화 작용은 항상 일어나고 있다. 카드 놀이에서 카드를 쌓아 짓는 집처럼 망상은 또 다른 망상을 기초하여 세워진다. 그 망상의 탑이 높으면 높을수록 그 탑은 점점 더 불안정해진다. 우리의 마음에 조건이 덕지덕지 붙을수록 우리는 더욱 신경질적이 되고 괴로움에 더 많이 시달릴 것이다. 그러므로 우리 자신의 마음은 물론 다른 사람의 마음에서도 마음의 조건화 작용을 될 수 있는 대로 최소화하는 것이 절대적으로 중요한 것이다.

모든 것이 조건에 따라 좌우되기 때문에 제 스스로 독립적으로 존재하는 것은 아무것도 없다. 조건이 바뀌면 그 조건에 의존하고 있는 것은 무엇이든 같이 바뀐다. 일체의 현상은 상호 간에 다른 현상이 일어나는 조건이 된다. 우주는 마치 그물처럼 연결되어 있다. 이 그물망을 때로는 인도 신화의 최고신인 인드라의 이름을 따서 '인드라망(Indra's net)'이라 부른다. 이 인드라망 안에서 모든 매듭은 서로 연결되어 있어 한 매듭에서 아무리 미세한 움직임이 있어도 그것은 다른 모든 매듭의 움직임에 영향을 미친다. 그럼에도 불구하고 불교 수행의 목적은 마음의 조건화 작용을 넘어서는 데 있다. 즉, 모든 나쁜 상태의 마음을 몰록 놓아 버림으로써 열반의 마음이 드러나게 하는 것이다. 그러므로 완전한 열반은 모든 현상에 대한 집착에서의 자유를 의미한다.

윤회하는 마음에서는 모든 마음 상태가 불안정하고 불만족스럽다. 왜냐하면 그것은 어떤 현상에 집착하고 있거나 혹은 그 현상과 자신을 동일시하는 마음 상태이기 때문이다. 심지어 '성공한' 마음 상태라고 할지라도 그 마음이 일어나서 지속되기 위해 신뢰할 수 없는 조건에 근거하고 있다면 그것은 결코 자족하는 마음은 아닌 것이다. 윤회하는 마음은 맴돌이하듯 빙글빙글 돌아간다. 다음에서 검토할 이론은 그러한 마음의 조건화 작용이 어떻게 일어나며 어떻게 그것을 극복할 수 있는지를 기술하고 있다.

부처님은 자신을 찾아온 사람들의 근기(根機)에 맞추어 여러 가지 방법으로 모든 존재는 조건에 의존한다는 인연법(因緣法)을 가르쳤다. 한 가지 간단한 처방이 '사성제(四聖諦)'다.[1] 사성제는 부처님의 초창

---

1) 역주: 제1장 〈표 1〉 참조.

기 가르침에 나오는 것으로서 오랫동안 부처님과 함께 수행한 사람들을 위한 것이었다. 이들은 이미 상당한 요가 수행을 해 왔기 때문에 인간이 직면하고 있는 근본적인 딜레마를 설파하고 있는 사성제의 짧은 가르침만으로도 그들을 자유롭게 하기에 충분하였다.

잘 알려져 있는 또 다른 가르침은 십이인연(十二因緣)이라고 하는 형태의 연기법(緣起法)으로 제시되었다. 이에 대한 설명은 모든 불교 입문서에서 쉽게 찾아볼 수 있다. 더 폭넓게 설명한 또 다른 가르침도 있는데, 이 책의 제2부에 대한 기본 틀로 삼은 것은 바로 그러한 가르침 중의 하나다.

불교 심리학에 대한 일차적인 원전은 아비달마(論, Abhidharma)라고 불리는 논서다. 불교성전(佛敎聖典)은 3개의 보고(寶庫)라 할 수 있는 삼장(三藏)으로 구성되어 있다. 즉, 부처님의 설법과 제자들과의 대화를 기록한 경(經, Sutras), 비구와 비구니의 행동 규범을 모아 놓은 율(律, Vinaya) 그리고 마음에 대한 분석을 다루고 있는 논(論, Abhidharma)이 그것이다. 이 삼장의 각각은 다시 여러 개의 세부 부문으로 나뉘어져 있다.

아비달마의 일곱 번째 책은 『연기론(緣起論, Patthana)』이다. 이것은 원인 및 조건 의존성에 관한 주제를 광범위하게 분석하고 있다. 이 책에서는 24개의 연(緣, paccayas)을 제시하고 있다. 연(緣, paccayas)이란 조건(conditions) 또는 관계(relations)며 어떤 것이 다른 것에 의존하는 방식을 말하는 것이다. 따라서 『연기론』은 우리 마음의 조건화 작용을 종합적으로 모아 놓은 것이라 할 수 있다.

『연기론』에서 24개의 연 중 마지막 6개 연은 단순히 앞의 18개 연을 재구성하여 기술한 것이기 때문에 나는 여기서 그 18개 연만을 다루

고자 한다. 편의상 18개 연의 이론을 아래에 열거하고 그 내용을 제2
부에서 하나씩 설명할 것이다.

마음의 조건화 작용 이론

1 근원적 인연론(因緣, Root Relations, Hetu paccaya)

2 대상 인연론(所緣緣, Object Relations, Arammana paccaya)

3 지배 인연론(增上緣, Predominance, Adhipati paccaya)

4 연상 인연론(無間緣, Association, Anantara paccaya)

5 순차적 인연론(等無間緣, Orderly Association, Samanantara paccaya)

6 공생 인연론(共生緣, Co-birth, Sahajati paccaya)

7 상호 인연론(相互緣, Co-Dependence, Annyamannya paccaya)

8 의존 인연론(所依緣, Dependence, Nissaya paccaya)

9 유인 인연론(依支緣, Inducement, Upanissaya paccaya)

10 전생 인연론(前生緣, Pre-condition, Purejata paccaya)

11 내생 인연론(來生緣, On-going Dependence, Pacchajata paccaya)

12 습 인연론(習緣, Habit, Asevanna paccaya)

13 업 인연론(業緣, Karma, Kamma paccaya)

14 과보 인연론(異熟緣, Extinguished karma, Vipaka paccaya)

15 양식 인연론(食緣, Food Relation, Ahara paccaya)

16 근기 인연론(根緣, Indriya, Indriya paccaya)

17 선 인연론(禪緣, Dhyana, Jhana paccaya)

18 도 인연론(道緣, Path, Magga paccaya)

이 18개 인연론은 서로 배타적인 관계에 있지 않다. 오히려 각각은 마음의 조건화 작용이라는 동일한 주제에 대해 서로 다른 관점으로 조망하고 있는 것이다. 여기서 나는 각 인연론을 명제의 형태로 새롭게 해석하고자 한다. 이러한 접근 방법이 서구적 사고체계를 가지고 있는 독자가 이해하는 데 좀 더 도움이 되기를 바란다. 각 인연론의 명제는 심리치료적인 의미를 함축하고 있는데, 나는 내용을 전개해 가면서 그 의미를 간단히 언급할 것이다. 모든 것을 세세하게 다룰 수 없으므로 비슷한 것은 하나로 묶어서 설명하였다.

다음 두 개 장(章)에서는 첫 세 가지 명제, 즉 근원적 인연, 대상 인연, 지배 인연에 대해 살펴볼 것이다. 이 세 가지 인연론을 결합하면 그 자체로 하나의 완벽한 이론이 된다. 현상학적 심리치료의 완전한 체계에 대한 근거가 이 세 가지 인연론에서 드러나게 되는데, 우리는 어떻게 서양의 심리치료에서 이 내용의 중요한 부분을 독립적으로 재발견했는지를 살펴보게 될 것이다. 이것은 알고 보면 지극히 당연하다. 왜냐하면 우리가 여기서 다루고 있는 것이 윤회하는 마음이 작용하는 근본 원리에 대한 것이기 때문이다. 진리는 언제나 재발견되고 있다. 내가 바라는 것 중의 하나는 이 책이 새롭게 떠오르고 있는 동서(東西) 융합의 움직임에 기여하였으면 하는 것이다.

그다음부터 우리는 나머지 인연론을 각각 검토할 것이고 각각의 인연론이 어떻게 심리치료의 여러 가지 측면뿐 아니라 개인적 성장과 정신적 발전에 직접 응용할 수 있는 하나의 포괄적인 심리학 이론으로 점차 구축되어 가는지를 살펴볼 것이다. 제2부의 내용을 이해하기 위한 준비 과정으로서 이 장의 후반부에서는 개인의 성장에 대한 불교적 관점을 살펴보고 불교 심리학에서 일반적으로 사용되고 있는 마음에

관한 모델을 소개할 것이다. 이것은 예비 단계로서 독자들에게 도움이
될 것이다.

개인의 성장

어떤 사람이 남을 도울 수 있는 능력은 그 사람의 심리적 성숙도와
비례한다는 원리는 선과 서양 심리치료에서 공통된 기반이다. 그러나
이 두 가지 접근 방법에서 개인적 성장이 무엇을 의미하는지에 대한
개념이 항상 같은 것은 아니다.

예를 들어 서양에서는 '나 자신을 사랑하지 못하면 다른 사람도 사
랑할 수 없다.'는 것이 아주 일반적인 공리(公理)인 반면, 선에서는 '나
자신을 위한 최선의 일은 다른 사람에 대한 나의 사랑을 발견하는 것
이다.'라고 표현할 수 있을 것이다. 만약 어떤 사람이 진정으로 다른
사람을 사랑한다면 자신에 대한 콤플렉스는 줄어들 것이다. 왜냐하면
그는 살아가면서 뭔가 보람 있는 일을 하고 있다는 것을 반복적으로
경험할 것이기 때문이다. 한편 자신만을 사랑하는 사람은 자신이 가지
고 있는 미덕이 무엇이든 보람도 없이 다 소진해 버리기 십상이며 결
국에는 자신은 물론 다른 사람도 사랑하지 못할 것이다. 그러므로 선
에서 개인적 성장이란 어떻게 개인으로서 '나'에게 귀 기울이고 그에
따라야 하는가를 배워야 하는 문제가 아니라, 내 삶에서 자기 애착이
휘두르는 횡포에 대해 내가 무언가 조치를 취할 필요가 있다는 문제인
것이다.

불교 심리학에서 '자아(self)'라는 말은 우리 마음의 조건화 작용을

모두 총칭하는 집합 명사다. 대부분의 서양 심리학은 '의식(conscious-ness)' 또는 '에고(ego)'라고 불리는 마음 단계에 관심을 가지고 있다. 따라서 대부분의 심리학은 에고의 심리학이라고 할 수 있다. 물론 이 것이 전부는 아니며 심리학 중에도 에고의 차원보다 더 깊게 들어가서 무의식의 수준에까지 도달하려고 시도하는 것도 있다. 집단 무의식을 통찰하려는 '심층 심리학(depth psychology)'이 바로 그것이다. 선은 이 심층심리학보다도 한층 더 깊이 들어가고자 하는 것이다.

우리는 아직 밝혀지지 않은 계층 혹은 영역의 의식이 우리 내면에 존재하고 있음을 알고 있다. 그리고 명상을 통하여 우리는 의식 상태 가 어떻게 바뀔 수 있는지를 알아차릴 수 있다…. 우리는 우리 자신이 사실은 모든 인류 역사의 저장고임을 깨닫기 시작한다. 융(C. G Jung) 은 이런 심층의 정신을 '집단 무의식(the collective unconscious)'이 라 불렀으며, 이 집단 무의식이 인간 본성의 가장 깊은 부분이라고 주 장하였다.

그러나 명상을 계속하다 보면 이 이론이 그다지 맞는 것이 아니라는 것을 깨닫게 된다. 우리는 실제로 집단 무의식의 심연(深淵) 너머를 꿰 뚫어 바닥이 없는 불성(佛性)의 바다에 이를 수 있다. 만약 우리가 집단 무의식을 초월하고 무의식 층의 마지막 장벽마저도 깨뜨리고 나아간다 면, 우리는 진공(眞空)의 바다에서 완전히 새로워진 진정한 탄생을 체험 할 수 있게 된다. 이것은 무한한 자유, 즉 무아(無我), 무심(無心), 무념(無 念)이다. 이것이 바로 모든 조건 지어진 마음이 사라진 생명 그 자체다. 바로 여기 끝없는 무심속에서 우리는 꽃, 달, 친구와 가족 그리고 모든

것을 있는 그대로 보게 되며, 우리의 일상생활이 기적이라는 것에 감사

하게 된다. 그러나 이것을 확인하는 것은 당신 자신의 몫이다.[2]

　호겐(Hogen) 선사가 위에서 기술하고 있는 바닥 없는 불성의 바다는 조건 지어진 의식 상태에서 자유로워지기 위한 전제 조건이다. 이 바닥 없는 바다는 '대지혜(大智慧, jnana)'라고 불린다. 우리는 또한 이 것을 '우주심(宇宙心)' '근본 의식(primordial consciousness)'이라 부를 수도 있을 것이다. 개별적인 계층의 의식을 모두 비즈나나(vijnana) 라고 하며 '비(vi)'라는 것은 '분리된' 혹은 '부분적인'이라는 의미를 가지지만 '즈나나(jnana)', 즉 대지혜는 일체를 다 포괄하는 것이다. 이것은 어디에도 걸림 없는 끝이 없는 마음이다. 보통 때의 마음인 비 즈나나는 심지어 그것의 아주 심층에서도 둘로 보는 의식의 형태로 존 재하고 있다. 인간의 마음속에 내재하고 있는 집단 무의식의 원형(原型)조차도 우리가 경험한 세계를 둘로 나누는 방식을 나타내고 있는 것이다.[3] 무의식 속에 저장된 것은 대개는 우리가 억압해 온 의식, 의식에서 '떨어져 나온 부분', 즉 '다른 반쪽'이다. 그러므로 이 다른 반쪽을 발견하는 것은 전체, 즉 대지혜인 한마음으로 나아가는 중요한 단계다. 그러나 선은 이 무의식에 잠재되어 있는 것을 하나하나 일깨우는 것이 아니라 일순간의 깨침, 즉 돈오(頓悟)의 체험을 통하여 일체가 본래 하나임을 직접적으로 재발견하는 더욱 능동적이고 주체적인 방법을 제시하는 것이다.

---

2) Hogen, 1993, p. 27.
3) 역주: 원형(原型)은 융 심리학의 핵심 개념 중 하나로 이 책의 제10장에서 자세히 다룬다.

불교 심리학의 마음 모델

지금까지 말한 내용을 함축하는 마음의 지도가 〈표 4〉에 요약되어 있다. 이러한 종류의 도식은 단순히 생각을 도와주는 것이다. 지도는 실제 지형은 아니며 그것을 부분적으로 표현한 것일 뿐이다. 마음은 단순히 이차원적인 것이 아니다. 그럼에도 불구하고 이차원적인 표현은 유용한 출발점이 될 수 있다.[4]

여기서 우리는 다섯 가지 감각기관을 통하여 들어오는 정보를 느끼고 알아차리는 마음인 의식(意識, manovijnana)과 그 정보에 대하여 좋아하고 싫어하는 등을 분별하고 판단하는 마음인 의(意, manas)를 합친 것이 서양 심리학에서 말하는 의식적 마음(conscious mind)과 대략 일치한다는 것을 알 수 있다. 의식은 지각하고 인지하는 마음, 즉 대상에 주의를 기울이는 마음이다. 아라야식(藏識, Alaya-vijnana)은 대략적으로 무의식에 상응하는 것이다. 이것은 시작도 없는 장구한 시간 동안 우리가 뿜어낸 모든 집착을 저장하고 있다. 의식과 아라야식 사이에 있는 것이 의다. 이것은 어떤 집착은 일어나게 하고 어떤 집착은 억누름으로써 집착의 조직자나 검열관과 같은 역할을 한다. 일반적으로 말하자면, 의는 마음을 강하게 움켜쥐고 있는 주먹과 같다고 할 수

---

4) 역주: 이 책의 번역에 있어서 마음의 모델은 대승불교에서 일반적으로 이해되는 방식에 따라 약간의 수정을 하였다. 일반적으로 분별하고 인식하는 마음인 의식(意識)은 원본에서와 같은 chitta 또는 citta보다 manovijnana가 더 적합하므로 이 용어를 사용하였다. 또한 vijnana는 중생심이라고 할 수 있으며 여기서는 마음 또는 식(識)으로 번역하였는데 〈표 4〉에서 보는 것과 같이 마음 안에 불성이 포함되어 있는 것은 대승불교의 여래장 사상과 상응하는 것으로도 볼 수 있을 것이다. 넓은 의미의 식은 심과 같은 의미로 쓰이지만 좁은 의미의 식은 의식을 의미한다.

표 4 마음의 모델

마음/식 (Vijnana, consciousness)	오식(Five senses)	감각 정보
	의식(Manovijnana)	지각, 인식
	의(Manas)	에고, 좋아함과 싫어함 시비 분별하는 마음
	아라야식 (Alaya-vijnana)	업(karma), 집착 및 정신적 형성 작용 (콤플렉스와 원형 의식)
	불성(Buddhata)	'바닥 없는 바다' 속의 빛

있다.

의는 보통 에고 콤플렉스(ego complex)에 의해 통제되는데, 이 에고 콤플렉스는 정신 전반에 지배적인 영향력을 행사하면서 이러한 우월적 지위를 유지하기 위하여 끊임없이 노력한다. 의라는 기관을 통하여 에고 콤플렉스는 모든 것을 자기 방어적 혹은 자기 확장적인 방식으로 조직화하려고 애쓰는 것이다. 아라야식은 우리가 몸과 마음으로 행한 모든 행위, 즉 업(業, karma)을 저장한다. 조건적 상태의 마음인 의와 아라야식은 함께 작용하여 의식이 결코 불성을 꿰뚫어 볼 수 없도록 한다. 마음의 조건화 작용이 중지되면 의가 쉬게 되고 아라야식도 잠잠해져 마음은 바닥 없는 바다에서 비치는 빛으로 가득 차게 된다. 그러면 의식은 이 빛으로 주변 세계를 비출 수 있다. 이와 같은 빛이 퍼지는 상태의 마음이 대지혜가 되는 것이다.

번역된 불교 교재를 읽는 독자는 항상 '의식(意識, consciousness)'이라는 단어를 만날 때 주의가 필요하다. 왜냐하면 위의 표에서 볼 수 있는 것처럼 그것은 좁은 의미의 의식(意識, manovijnana), 의(意,

manas), 마음 또는 식(識, vijnana) 또는 대지혜(jnana) 중 어느 것도 지칭할 수 있기 때문에 그로 인해 혼동이 야기될 수 있기 때문이다. 따라서 예를 들어 깨달음은 의식의 소멸을 초래한다는 뜻의 글이 있다면, 그것은 불성이 일깨워질 때 사람이 실성하게 된다는 것을 의미하는 것이 아니다. 이는 둘로 나누어 보는 의식인 비즈나나가 마치 아침 안개처럼 사라지면서 본래 깨어 있는 마음인 불성의 햇살이 밝게 비치는 것과 같다는 것을 의미하는 것이다.

서양 심리학에서는 '의식'과 '무의식'이라는 단어가 오히려 혼동을 초래하고 있다. 융의 체계에서 이기적 자아인 에고는 의식적인 마음이다. 프로이트의 체계에서 에고의 핵심은 무의식에 있다. 불교의 분석 체계에서는 표면적이건 심층적이건 모든 의식층은 특정한 종류의 '의식'인 것이며, 마음의 조건화 작용에 의해 흐려지게 되는 것은 그 한 부분이 아니라 전체 의식 시스템이다. 융은 무의식을 각각 개인 무의식과 집단 무의식이라는 두 부분으로 나눈다. 불교도 또한 아라야식을 이생에서뿐 아니라 전생에서부터 입력된 것이 저장되어 있는 곳으로 보며, 이 외의 다른 영역 혹은 다른 차원의 마음에 저장되는 것은 아니라고 생각한다. 융의 '원형'과 불교의 '전생에서의 흔적'이 동등한 의미로 취급될 수 있는지 하는 것은 여기서 내가 더 깊숙이 파고들 필요가 없는 문제다.

집합체

불교 심리학에서 사용된 또 다른 중요한 모델은 '나'라는 자아가 작

동하는 과정이 오온(五蘊, five skandhas), 즉 다섯 가지의 구성 요소로
이루어져 있다고 보는 견해다. 온(蘊, skandhas)은 덩어리를 의미한다.
이 가르침의 통상적인 의미는 인간은 겉보기처럼 그렇게 하나의 통일
된 실체가 아니라는 것이다. 오온은 색(色, rupa), 수(受, vedana), 상
(想, samjna), 행(行, samskara), 식(識, vijnana)이다.[5] 우리는 일반적으
로 오온을 이야기하고 있지만 사실은 수많은 구성 요소가 있을 수 있
다. 왜냐하면 네 번째인 행이 수많은 정신적 형성 작용에 대한 집합적
용어이기 때문이다. 여기서 사용하고 있는 식이라는 용어는 비즈나나
를 의미하고 있다.

　그러나 마음 작용을 오온으로 나누어 분석하는 것은 또한 둘로 나누
어 보는 마음인 비즈나나가 어떻게 생겨나고 유지되는지에 대한 설명
으로 생각해 볼 수도 있다. 이와 같이 생각하는 경우, 오온은 마음 작
용의 다섯 단계를 나타낸다. 마음은 형상(色, rupa)을 인식하면 즉각
반응(受, vedana)을 하며, 그리고 나서 인지된 현상(想, samjna)에 이름
을 붙인다. 이 이름은 이와 관련하여 입력되어 있는 과거의 모든 것,
즉 마음을 움직이고 머물게 한 모든 것(行, samskara)을 연결시킨다.
이것은 아라야식을 휘저어 우리가 더 이상 올바르게 생각할 수 없도록
의식을 흐리게 함으로써 망상(識, vijnana)을 하도록 하는 것이다. 이
과정의 각 단계는 조건화 작용의 영향 속에서 인연을 이루며 진행되는

---

5) 역주: 오온은 집합체, 구성 요소 등을 의미하며 초기에는 인간의 구성 요소를, 나중에는 현상
　계 전체를 설명하는 단어로 사용되었다. 이 책에서와 같이 오온이 인간의 구성 요소를 의미하
　는 경우에는 '색'은 육체, '수'는 감정 혹은 감각을 느끼고 받아들이는 작용(感受), '상'은 마
　음에 떠오르는 심상(心像)을 취하는 작용을 의미한다. '행'은 특히 의지적 마음 작용을 의미
　하고 '식'은 인식 판단을 하는 주체적인 마음을 가리킨다.

표 5 다섯 가지 구성 요소(五蘊, Five Skandhas)

한국어	산스크리트어	영 어
색(色)	Rupa	Form
수(受)	Vedana	Reaction(feeling)
상(想)	Samjna	Recognition
행(行)	Samskara	Mental factors(confections)
식(識)	Vijnana	Dualistic consciousness

것이다.

예를 들어 어떤 사람의 주의력이 하나의 대상(rupa), 예컨대 초콜릿 한 조각에 이끌린다고 하자. 그 순간 즉각 어떤 반응(vedana), 아마도 먹고 싶은 마음이 일어날 것이다. 마음은 이 경험을 '초콜릿!'이라고 이름 붙여 분류(samjna)함으로써 현재 일어나고 있는 현상에 대한 통제력을 확보하고자 한다. 이것은 바로 온갖 종류의 형성 작용(samskaras), 즉 기쁨, 죄의식, 자기 비판, 탐욕, 흥분, 폭식의 환상, 살찌는 것, 날씬해지는 것, 벌, 보상 등과 같은 마음 작용이 일어나게 한다. 일단 마음이 이와 같은 온갖 종류의 형성 작용으로 가득 차면 마음은 흐려지게 된다. 이는 마치 물속에 있는 진흙을 휘젓는 것과 같다. 본래 깨어 있는 맑은 대지혜가 흐려지는 것이다. 이와 같은 흐려진 상태가 곧 비즈나나인 것이다.

따라서 식(識, vijnana)은 조건화 작용에 의해 계속 이어지는 것이다. 만약 어떤 사람이 그런 강박관념을 가지고 있지 않다면, 초콜릿 한 조각은 단순히 다른 어떤 것보다 더 중요하거나 덜 중요한 것으로 인식되지도 않을 것이며 본래의 맑은 대지혜는 더럽혀지지 않은 상태로 있을 것이다. 또한 우리는 마음의 모든 조건화 작용이 '나'에 대한 믿음과 관련되어 있다는 것을 알 수 있다. 마음을 움직이고 머물게 하는 형성 작용의 에너지는 '이것은 나에게 관련된다.'는 믿음에서 비롯된다.

다른 말로 하자면, 불성의 끝없는 바다에서는 '나'라는 것이 없으며, 이 세상을 즐거운 대상과 즐겁지 않은 대상으로 나누지도 않는다. 거기에는 하나의 완전한 순수함만이 있게 되는데 그 마음 상태에서는 일상에서 마주치는 모든 것들이—초콜릿, 꽃, 달, 가족 그리고 친구들 —오온의 마음 작용에서 벗어나 그냥 있는 그대로 드러날 뿐이다.

대지혜는 우리가 우리 자신을 오온과 동일하게 생각하지 않는 바로 그 순간에 나타난다. 우리는 보통 우리 자신이 오온이라고 생각하지만, 실상 오온은 우주의 자연적인 작용 때문에 스스로 그냥 일어나는 것이지 어느 누구도 그 오온이 '나' 혹은 '나의 것'이라고 말할 수 없는 것이다. 사유경(蛇喩經)에서 부처님은 오온을 몰록 놓아 버리는 것이 우리에게 여여한 행복과 이익을 주며, 더 이상 우리 자신을 오온과 동일시하지 말고 오온을 그냥 모닥불에 던져진 낙엽 더미로 보라고 한다. 만약 우리가 이런 식으로 우리 자신과 오온을 동일하게 보지 않게 된다면, 마음이 초콜릿 조각을 보고 즐거운 느낌이 들 때 우리는 다음과 같이 그냥 지켜볼 수 있게 된다. '아 그래, 마음이 다시 초콜릿에 관심을 가졌구나.' 우리는 더 이상 통상적으로 일어나는 오온의 전체 과정을 거칠 필요가 없는 것이다.

부처님은 우리가 만약 오온을 몰록 놓아 버리면 우리는 훨씬 행복할 것이라고 한다. 그러나 우리는 오온에 집착하고 있다. 왜냐하면 근본적으로 우리는 오온이 가져다주는 감각적 쾌감에 집착하고 있기 때문이다. '나'라는 것과 감각적 쾌감은 서로 깊이 얽혀 있는 것이다.

그러므로 유능한 심리치료사가 되려면 최소한 치료에 임하는 순간
에라도 마음을 비우고 청정하게 하며, 불성의 끝없는 바다에서 흘러
나오는 모든 것을 받아들이며, 집착하거나 거부하지 말고 있는 그대로
지켜보아야 한다. 마음의 연상 작용뿐 아니라 그로 인한 분별 의식인
비즈나나를 만들어 내는 형성 작용에 붙들리지 않도록 경계해야 한다.
치료사는 내담자를 진정으로 이해하기에 앞서 명상 상태의 맑은 마음
을 스스로 갖추는 것이다.

내담자 또한 자신의 삶 속에서 오온이 작용하는 이런 과정을 배움으
로써 오온에서 벗어나 자유를 찾을 수 있다. 혼란스러운 마음인 비즈
나나로 야기된 중요한 걱정거리가 드러나기 때문에 치료를 받으러 오
는 경우가 종종 있다. 그러나 치료는 더 작고 좀 더 일상적인 일을 먼
저 처리하는 것부터 시작해야 한다.

여기까지가 마음의 작용 원리에 대한 불교적 개념의 개관이다. 우리
는 앞으로 여러 가지 다른 관점에서 마음의 조건화 작용을 고찰해 가
면서 때때로 여기서 다룬 마음의 모델을 다시 언급할 것이다.

8

근원적 인연

근원적 인연론

근원적 인연론(因緣, Root Relations, Hetu paccaya)에 따르면 정신적 괴로움을 포함한 모든 고의 원인은 탐욕(貪, greed, lobha), 분노(瞋, hate, dosa), 어리석음(痴, delusion, moha)의 삼독(三毒)으로 귀결될 수 있으며, 모든 온전한 상태의 마음은 삼독의 정반대인 삼선근(三善根)으로 귀결될 수 있다고 한다.

일상적인 마음은 흐려져 있다. 마음을 흐리게 하고 미혹하게 하는 것을 번뇌(煩惱, kleshas)라고 한다. 번뇌는 마음에 동요를 일으키게 하는 어떤 정신적 요소다. 번뇌는 우리가 명확하게 생각하거나 현명하게 행동하는 것을 방해하는 모든 것을 포함한다. 종합해서 말하면 번뇌는 프로이트(Fread)가 이드(Id)라고 지칭한 것이 된다.[6] 불교에서 프로이트의 이드는 '무명(無明, avidya)'으로 표현된다. 이 무명은 긍정적, 부정적 혹은 중립적인 의의를 가질 수 있다. 그러므로 우리는 이제 일반적으로 '삼독(三毒)'으로 일컬어지는 탐진치(貪瞋痴)에 대해 언급할 단계가 되었다. 이 세 용어는 일반적으로 각각 탐욕, 분노, 어리석음으로 번역된다. 이것이 곧 모든 수천 가지 번뇌의 뿌리다.

나는 여기서 이 기본 개념을 반복 설명함으로써 그 의미를 좀 더 명료하게 전달하고자 한다. 왜냐하면 이 개념은 아주 기초적인 토대이기 때문이다. 불교는 깨달음이라고 불리는 맑고 청정하고 걸림 없는 마음의 상태를 추구한다. 깨달은 사람은 선입견 없이 사물을 왜곡하지 않고 세계를 인식한다. 이와 같이 사물을 있는 그대로 선명하게 인식하는 것을 '밝은 앎(vidya)'이라고 한다. 이러한 밝은 앎이 없는 상태를 우리는 '밝지 않음', 즉 '무명'이라고 한다. 무지(無知) 혹은 무명이 곧 모든 괴로움의 근원이다. 무명에 얽매여 있는 상태에서는 우리는 경험하는 것에 비현실적으로 반응한다. 그 반응은 세 가지 형태 중 한 가지로 나타난다. 우리는 어떤 사물에 지나치게 집착함으로써 그것과 떨어지는 것을 괴로워한다. 이것을 탐욕(greed, lobha)이라고 한다. 그렇지 않으면 우리는 사물과 지나치게 떨어져 있거나, 분리되어 있거나, 소외되어 있기 때문에 다시 관계 맺기를 괴로워한다. 이것을 분노나 증오(hate, dosa) 또는 혐오감(aversion)이라고 한다. 마지막으로 우리는

---

6) 역주: 프로이트는 인간의 마음을 에고(ego), 슈퍼에고(super-ego), 이드(id)의 세 가지로 나누어 구분하였다. 이드는 자아의 근원이 되는 본능적 충동을 뜻하며, 슈퍼에고는 도덕이나 금기 등 내면화된 규범을 말한다. 이 둘 사이에서 양자의 균형을 도모하고 자신의 정체성을 확인하는 것이 에고다.

우리의 참다운 본성을 마비시키는 고정관념, 선입견 또는 미혹에 얽매여 있을 수 있다. 이것이 곧 어리석음(moha)인데 망상(delusion), 미혹(confusion), 둔함(dullness) 등과 같이 다양하게 번역된다.

그러므로 궁극적으로는 온전한 조건의 근본인 밝은 앎과 온전하지 못한 조건의 근본인 무명이 있는 것이다. 이들로부터 좀 더 실질적인 작용 원리로서 여섯 가지 근원을 추출할 수 있는데, 그중 세 가지는 즐거움으로 이끄는 온전한 근원이며 다른 세 가지는 괴로움으로 이끄는 온전하지 못한 근원이다. 세 가지 괴로움의 원인은 탐욕, 분노 그리고 어리석음이다. 그리고 세 가지 즐거움의 원인은 탐진치에 반대되는 무탐(無貪, non-greed, alobha), 무진(無瞋, non-hate, adosa), 그리고 무치(無癡, non-delusion, amoha)라고 부를 수 있다. 비록 즐거움의 근원을 부정적인 뜻의 무(無)로 표현했지만 이들은 우리의 삶 속에서뿐 아니라 치료에서도 매우 긍정적으로 작용하는 에너지임을 알게 될 것이다.

이것이 곧 근원적 인연에 대한 이론이다. 사실상 모든 정신 상태는 이 여섯 가지 중 하나 혹은 그 이상의 원인 때문에 생기는 것이다. 이들이 곧 윤회(samsara)에서 가장 중요한 마음의 조건화 작용 요소다.

표 6 근원적 인연(因緣, Hetu)

괴로움의 근본 원인	무명(Avidya): 닫힌 마음		
삼독(三毒): 괴로움의 원인	탐욕(Lobha)	분노(Dosa)	어리석음(Moha)
해독제: 즐거움의 원인	무탐(Alobha)	무진(Adosa)	무치(Amoha)
궁극적 해독제: 즐거움의 근본 원인	밝은 앎(Vidya): 열린 마음		

부처님은 탐욕으로 인한 불행한 결과는 가혹하지는 않으나 오랫동안 지속되고, 분노로 인한 것은 가혹하기는 하나 오래 지속되지는 않고, 어리석음으로 인한 것은 가혹하기도 하고 오래 지속되기도 한다고 하였다.

심리 진단적 시사점

이와 같은 근원적 인연론은 심리 진단 체계에까지 확장될 수 있다. 예를 들어 통제되지 않는 식습관의 경우 일반적으로 세 가지의 조건이 거론될 수 있다. 과식증(compulsive eating)은 탐욕(lobha) 조건 때문임을 비교적 분명하게 알 수 있다. 이런 증세를 가진 사람은 자기가 실제 소화할 수 있는 양보다 더 많이 먹고 싶어 한다. 그러한 사람은 공통적으로 혼자 지내는 데 어려움을 느낀다. 한편 신경성 식욕 부진증 (anorexia)은 증오(dosa) 조건 때문이다. 이 증세를 가진 사람은 물질적인 세계에 오염되지 않고 순수하고 고고하기를 바란다. 이러한 사람은 공통적으로 남과 친밀해지거나 교제하는 데 어려움을 겪는다. 마지막으로 이상 식욕 항진증(bulimia)은 위의 두 가지 장애를 함께 가지고 있는 상태다. 이 증세는 어리석음(moha) 조건 때문이다. 우리는 여기서 또한 불교 이론이 일반적으로 제시하는 바와 같이 과식증은 인생의 대부분에 걸쳐 지속되지만 다른 두 가지 증세에 비하여 후유증이 그다지 심하지 않은 경향이 있다는 사실에 주목한다. 신경성 식욕 부진증은 심한 후유증을 초래하는 경향이 있지만 대부분의 경우 환자는 비교적 젊은 시절에 이 증세에서 벗어난다. 이상 식욕 항진증은 심한 후유증과 함께 오래 지속된다.[7]

노이로제(neurosis), 정신이상(psychosis), 히스테리(hysteria) 또는 자아도취(narcissism), 과대망상(megalomania), 우울증(hypochondria) 같은 주요 정신 장애도 근원적 인연론에 부합될 수 있는지는 단언하기 어려울지도 모른다. 이러한 주요 정신 장애가 순수하게 어떤 한 가지 원인으로만 나타나는 것이 아닐 뿐더러 병증에 대한 정의 자체도 논란 거리이기 때문이다. 인간은 누구나 세 가지 형태의 마음을 흐리게 하는 병을 일생 동안 앓고 있는 것이나 다름없다. 그러므로 우리가 여기서 이야기하고 있는 것은 어떤 특정 조건의 불균형 혹은 과도한 표출에 대한 것이다. 그럼에도 불구하고 〈표 7〉과 같은 분류는 유용할 것이다.

표 7 진단(診斷)의 갈래

괴로움의 근본 원인	무명(Avidya)		
근원적 인연	탐욕(Lobha)	분노(Dosa)	어리석음(Moha)
마음을 흐리게 하는 형태	강박감과 반응성	분리감과 두려움	당황감과 고정관념
이상 식습관	과식증	신경성 식욕 부진증	이상 식욕 항진증
우울증 징후	실존성 우울증(아노미)	반응성 우울증	내생성 우울증
기능 장애	노이로제	히스테리	정신이상

〈표 7〉에서 제시하고 있는 것은 반응성 우울증을 노이로제라고 하기보다는 히스테리로 분류하고 있다는 점에서 전통적인 정신의학적

---

7) Beech, 1994.

사고에서 벗어나 있다. 그러나 이러한 분류는 증후군과 오히려 더 잘 들어 맞는 듯하다. 반응성 우울증은 쉽게 노여움으로 바뀌며 종종 화가 난 상태에서 시작된다. 반응성 우울증은 심하긴 해도 일시적이다. 실존성 우울증은 증세는 심하지 않지만 오래 지속된다. 내생성 우울증은 심신을 쇠약하게 만드는 동시에 오랜 기간 지속된다.

만약 우리가 병인론을 생각해 보면 분노(dosa)로 조건 지어진 것은 정신적 충격에 의한 쇼크성 장애(trauma)와 관련되기 쉬운 반면, 탐욕(lobha)으로 조건 지어진 것은 박탈감(deprivation)과 관련되기 십상이다. 물론 외부 환경적 조건은 방정식에서 절반의 역할만을 하고 있을 뿐이다. 사람의 기질에 따라서 어떤 사람이 박탈감을 느낀 일에 대하여 다른 사람은 그렇게 생각하지 않을 수도 있고, 또한 사람마다의 다양한 개성에 따라 심한 충격과 상실감에 직면한 상황에서도 회복력은 제각기 천차만별로 다를 수 있다.

심리치료적 시사점

근원적 인연론은 그 핵심 내용에서 심리치료를 위하여 우리가 고(苦)의 근본 원인을 행복의 근본 원인으로 전환하는 방법을 찾아낼 필요가 있다는 것을 시사하고 있다. 그런데 이것을 이루어 낼 수 있는 한 가지 방법은 그냥 사람으로 하여금 직접적인 경험을 통하여 배우게 하는 것이다. 무명의 결과는 궁극적으로 항상 불쾌한 것이기 때문에 이것이 제거되도록 하는 것을 배우는 것이 학습과정의 핵심이라는 것은 쉽게 짐작할 수 있을 것이다. 이와 같이 배우는 것은 실제로도 어느 정도까지는 가능하다. 대부분의 심리적 괴로움은 저절로 경감되는 경향이 있다. 사람들은 연륜이 깊어짐에 따라 어느 정도까지는 점점 더 현명해진다.

그러나 직접 경험을 통하여 배우는 과정은 종종 너무 느린데, 이 책에서 나중에 업(業) 인연론을 다룰 때 그 이유를 확연하게 알게 될 것이다.

일본의 코쇼 우치야마(Kosho Uchiyama) 선사는 이러한 배움의 과정을 감나무의 성장에 비유하기도 하였다.[8] 자연적으로 자라는 감나무에 열리는 감은 맛이 떫다. 감나무가 100년 정도 자란 뒤에야 비로소 맛있는 단감을 맺기 시작한다. 따라서 단감을 빨리 얻기 위해 농부는 아주 오래된 감나무에서 가지를 떼어다가 어린 감나무에 접목하여 키운다. 그러면 접목된 그 가지들이 계속 자라서 단감을 맺게 된다. 여기에 착안하여 우치야마 선사는 다음과 같은 비유를 이끌어 내고 있다. "만약 여러분이 현재의 인간성을 그대로 방치한다면 세계의 어느 나라 혹은 어느 지역이건 상관없이 그것은 떫은 성질을 가진다. 그러나 수천 년 전 인도라고 하는 그 당시의 문화 속에서 하나의 단감나무가 탄생하였으니 그것이 바로 불교였다. 더욱 정확히 하자면, 숱한 세월이 지난 후에야 비로소 단감을 맺도록 접목될 단감나무의 가지 같은 존재로 태어난 사람이 바로 석가모니 부처(Shakyamuni Buddha)였다."[9]

심리치료에서 우리는 그냥 두면 훨씬 더 오래 걸리게 될 치료 과정의 속도를 높이는 것을 목표로 한다. 충분한 시간만 주어진다면 내담자는 틀림없이 괴로움의 근원을 즐거움의 근원으로 변화시키는 데 필요한 것이라면 무엇이든 배우게 될 것이다. 기존의 나무에 단감나무의 가지를 접목하여 짧은 기간에 단감을 맺게 하듯이 우리도 치료과정을 빠르게 하고자 한다. 어떻게 이것이 이루어질 수 있을까?

---

8) Uchiyama, 1993, pp. 14 이하.
9) 앞의 책, pp. 15-16.

이 질문에 답하기 위하여 나는 서양의 심리치료 이론을 언급하고자 한다. 내가 인용하고자 하는 다음의 분석 내용은 서양 학자인 캠벨 퍼튼(Campbell Purton)의 이론에 따른 것이다.[10] 퍼튼은 오직 세 가지의 '필요충분조건'만 있으면 치료를 통하여 인성을 변화시킬 수 있다는 로저스의 이론을 언급하며, 어떤 이유로 그 세 가지 조건만 있어야 하는가 하는 물음을 던진다. 사실 그동안 로저스가 제시한 세 가지 조건 외에 몇 가지가 더 추가되어야 한다는 것을 증명하려는 수많은 시도가 있었지만 그 어느 것도 성공하지 못하였다. 로저스의 원래 이론은 아무런 수정 없이 그대로 남아 있으며 여러 연구의 광범위한 지지를 받고 있다. 로저스 이론의 세 가지 '핵심 조건'은 공감(empathy), 무조건적 존중(unconditional respect) 그리고 일체감(congruence) 혹은 진실함(genuineness)이다.

퍼튼은 이 세 가지 핵심 조건이 불교의 근원적 인연론에서의 세 가지 근원과 상응한다는 것을 지적하고 있다. 공감은 실제로 분노에 대한 해독제다. 분노하는 마음 때문에 괴로움을 느끼고 있는 사람은 만사를 밀쳐 내고 거부하며 이해하려고 하지 않는다. 공감은 이와는 정반대다. 공감은 다른 사람의 정신세계나 상황을 내가 마치 그 사람이라는 관점에서 깊이 이해하고자 하는 것이다. 공감은 혐오감(aversion)을 극복한다.

무조건적 존중(unconditional respect)은 탐욕에 대한 해독제다. 번역으로 인한 문제 때문에 이것이 즉각적으로 명확하게 이해되지 않을 수도 있다. 그러나 탐욕은 본질적으로 상대에게 어떤 여지나 독립성을

---

10) Campbell Purton, 1994.

주지 않으면서 그 상대에 집착하고 소유하고자 하려는 것이라는 사실
을 기억한다면, 우리는 존중하는 마음이 정확히 탐욕에 대한 해독제임
을 알 수 있다. 무조건적 존중 혹은 긍정적 관심은 아무런 조건이나 제
한 없이 기꺼이 상대방을 있는 그대로, 그 자신의 존재로 수용하는 것
이다. 이는 질식할 듯이 탐욕스러운 집착과는 정반대인 마음이다.

　마지막으로 일체감은 망상에 대한 해독제다. 이것은 상당히 자명하
다. 망상은 같은 뜻으로 '부조화(incongruence)'로 번역될 수 있다. 망
상심(moha-mind)은 경계에 속아서 혼란에 빠진 마음이다. 일체감이
있는 사람은 자신이 누구인지 분명히 알고 자신을 감추지 않는다. 그
러한 사람은 고정된 관점을 붙들고 있지 않으며, 로저스가 말한 것처
럼 '전일적 존재'로 순간순간 걸림 없이 흘러간다.

　그러므로 퍼튼에 따르면 로저스의 세 가지 핵심 조건은 바로 즐거움
의 세 가지 근원이다. 공감은 무진심(無瞋心, adosa), 무조건적 존중은
무탐심(無貪心, alobha), 일체감은 무치심(無癡心, amoha)이다. 치료사
는 내담자와 함께 있을 때 이 세 가지 핵심 조건을 적용해야 한다. 이
렇게 하는 것이 내담자의 자아실현의 경향을 발동시키기 시작할 것이
다. 물론 이것은 또한 더욱 직접적인 방식으로 내담자를 위한 다른 존
재 방식을 모델화하는 것이며 결국 떫은 감나무에 단감나무 가지를 접
목하도록 하는 것이다.[11]

　부처님이 설한 것처럼 로저스도 세 가지 즐거움의 조건 중 어느 것
도 다른 두 가지가 없으면 작용하지 않는다는 점을 명확하게 지적하고
있다. 예를 들어 내가 공감과 무조건적 존중을 가지고 있지 않다면 일

---

11) Brazier, 1993.

표 8 근원적 인연(Hetu)과 로저스의 핵심 조건

긍정적 원인	밝은 앎(Vidya)		
근원적 인연	무탐심(Alobha)	무진심(Adosa)	무치심(Amoha)
핵심 조건	무조건적 존중	공감	일체감

체감의 상태가 되는 것이 결코 치료 효과를 낼 수는 없다는 것이다. 왜
냐하면 이와 같은 상태가 의미하는 것은 단순히 나의 분노와 탐욕심을
드러내는 것에 지나지 않음을 의미하는 것이기 때문이다. 그렇지만 불
교 심리학 이론과 로저스의 이론은 모두 특별한 상황에서는 세 가지
즐거움의 원인 중 어느 한 가지를 다른 것에 비하여 선호하는 것이 적
절할 경우도 있다는 것을 아울러 언급하고 있다.

이러한 이론을 우리의 진단 이론과 함께 종합해 보면, 대상을 취하
려는 강박적인 마음에 사로잡힌 경우는 특히 무조건적이고 긍정적인
관심이 요구되고, 대상과 분리된 분열적인 마음에 빠져 있는 경우는
더 깊은 공감을 요구하며, 반면에 모든 것을 거부하는 어리석음에 빠
져 있는 경우는 특히 일체감을 느끼게 해 주는 것이 요구된다는 것을
짐작할 수 있다. 이러한 결론은 일반적으로 임상 경험과 일치하는 경
향을 보인다.

퍼튼이 명백히 밝히고 있듯이, 핵심 조건의 심층 구조가 의도하지
않게 불교의 근원적 인연론에 근거하고 있다는 사실을 드러낸 것은 왜
단지 세 가지의 핵심 조건만 있는지를 설명하는 것이다. 세 가지의 근
원은 모든 논리적 가능성을 망라한다. 무명(無明, Avidya)은 단지 긍정
적, 부정적 또는 중립적인 의의를 가질 수 있으며 다른 선택의 여지는
전혀 없다. 이러한 분석은 왜 로저스와 그의 추종자들은 오직 세 가지

조건이 필요한 모든 것이라고 단언하는 반면 다른 치료사는 갖가지 다른 접근법을 계속 주장하는가를 설명한다. 퍼튼의 분석은 바로 이 점을 놓치고 있다. 근원적 인연론은 그 근본적인 본질 때문에 『연기론』에서도 가장 먼저 다루고 있다. 만약 우리가 근원을 변화시킬 수만 있다면 그 밖의 모든 것은 저절로 그에 맞게 조절될 것이다. 그런데도 불교의 분석은 조건화 작용에 어떻게 해서 근원적 인연 못지않게 그렇게 유해한 수많은 다른 측면이 있는지를 계속해서 보여 주고 있다. 그러므로 불교의 가르침은 이러한 세 가지 해독제가 인간적 조건 속에 내재하는 괴로움의 근원에 바로 작용하는 것이라는 점에서 로저스의 이론과 일치할 뿐 아니라 왜 로저스 이론 이외의 다른 많은 이론도 역시 타당한 것인지를 설명한다.

무조건적 존중, 공감 그리고 일체감이라는 용어는 서양 심리치료에서 도입된 것이다. 불교 심리학에서는 무탐심, 무진심, 무치심이라는 용어가 여러 학자에 의하여 다양하게 번역되고 있으나, 이 책에서는 나중에 자세히 설명하겠지만 각각 자비, 사랑, 지혜로 부르기로 한다.

이들 용어에 대한 불교적 정의에 따르면, 분노는 '나' 아닌 다른 생명이 고통을 받아야 한다는 욕구다. 자비는 그들이 괴로움에서 벗어나기를 바라는 것이다. 따라서 자비는 분노에 대한 해독제다. 탐욕은 '나' 자신을 위해 좋은 것이라면 모두 갖고 싶어 하는 욕구다. 사랑은 좋은 일이 다른 사람에게 일어나기를 바라는 것이다. 그러므로 사랑은 탐욕에 대한 해독제가 된다. 망상은 현실을 외면하거나 부정하는 것이다. 지혜는 현실을 향해 정면으로 나아가면서 현실을 긍정하고 이해하는 것이다. 지혜는 따라서 망상에 대한 해독제가 된다.

제7장에서 설명한 마음의 이론을 기억한다면, 근원적 인연론은 사

표 9 깨달음의 근원

긍정적 근원 (팔리어)	무탐심 (Alobha)	무진심 (Adosa)	무치심 (Amoha)
서양 용어	무조건적 긍정적 존중	공감	일체감
선의 해당 용어 (산스크리트어)	사랑 (maitri)	자비 (karuna)	지혜 (prajna)

량심(manas)의 작용에 적용된다는 것을 알 수 있을 것이다. 삼독심(三毒心)에 대하여 해독제를 처방함으로써 사량심(意, manas)이 완화되고 그리하여 분별 의식(mano-vijnana)과 적어도 아라야식(藏, alaya) 사이 혹은 더 나아가서는 애착을 벗어난 불성 사이에 더 많은 통신이 이루어질 가능성이 있을 것이다.

　사랑, 자비 그리고 지혜는 근본적으로 중요한 내용이기 때문에 각각 별도의 장에서 다룰 필요가 있지만 지금은 조건화 작용의 두 번째 유형인 대상 인연론(所緣緣)으로 넘어가기로 하자.

9

인식과 의지

대상 인연론

대상 인연론(所緣緣, Object Relations, Arammana paccaya)은 모든 마음 상태가 실재하든 실재하지 않든 어떤 대상, 즉 우리의 주의를 끄는 대상에 의해 조건 지어진 것임을 말하고 있다. 마음은 대상을 인식하는 그것이다. 대상이 존재하면 그 대상을 붙드는 마음이 있게 되는 것이다.

우리는 깨달음의 마음이 밝은 앎(vidya), 즉 밝은 인식이라는 것을 이미 살펴보았다. 마음이란 인식하는 바로 그것이다. 밝은 마음은 무엇이든 있는 그대로 밝게 인식하고, 어두운 마음은 나쁘게 인식한다. 그러나 모든 마음은 인식하는 것과 관련되어 있다. 불교에서 말하는 대상 인연론은 일체의 마음 상태는 그 대상에 의해 정해진다는 원리다.

이 이론은 서양 심리학에서의 한 이론과 이름은 거의 같지만 내용에서는 차이점을 보인다. 수많은 프로이트의 후계자는 '대상관계(object relations)'라고 지칭되는 이론을 발전시켰다. 이 이론에 따르면, 우리모두는 일생 동안 수많은 '대상'에 대한 이미지를 내재화(內在化)하며심지어 그 대상들이 사라진 뒤에도 계속해서 그들과의 관련성을 찾으려 한다는 것이다. 이 '대상'이라는 용어는 사물뿐만 아니라 사람도포함한다. 그러므로 서구의 '대상관계' 이론은 우리를 마치 광범위한'내재화된 대상'을 가진 존재로 파악하며 우리의 심리를 내재화된 대상과 우리 자신이 스스로에 대해 가지고 있는 이미지와의 관계로 설명하고 있다.

모든 마음이 대상을 전제하고 있다는 개념은 서양철학의 한 분파인현상학(現象學, phenomenology) 분야의 기본 공리(公理)이기도 하다.현상학의 창시자인 에드문트 후설(Edmund Husserl)은 "의식은 항상무엇에 대한 의식"이라고 주장한다.[12] 그러나 후설은 의식이 대상에의해 정의되기도 하지만 그 반대의 경우도 성립한다는 것을 알게 되었다. 대상이 있으면 의식이 있게 된다. 그러나 의식 또한 대상을 정의한다. 즉, '의식이 대상을 지향한다(intend).'는 것이다.[13] 실제로 아무리작고 사소한 것이라도 하나의 대상에 대한 모든 의식은 암묵적으로 전체 세계를 지향하는 것이다. 하나의 대상에 대한 인식이 곧 세계를 지향하는 것과 관통하고 있다는 사실은 인식 행위를 매우 의미심장하게

---

12) Edmund Husserl, 1929, p. 13.

13) 역주: 이것을 의식의 지향성(intentionality)이라고 하는데 이것의 어원인 'intendere'는 '안에 가지고 있다.'라는 뜻이 있다. 19세기 말 독일의 철학자 프란츠 브렌타노가 중세 철학에서 재발견한 개념이며 후설에 의하여 널리 알려지게 되었다. 즉, 물리적 현상과는 달리 모든

만드는 것이다.

　불교의 대상 인연론은 의식과 대상 간의 관계를 정의하는 위의 두
가지 특징을 함께 포괄하고 있다. 마음의 상태는 모두 대상을 어떻게
인식하느냐에 달려 있는 것이다. 그 대상들은 마치 뱀을 보고 두려운
마음이 생기는 경우처럼 실제로 존재하는 것일 수도 있고 혹은 어떤
사람이 과거에 각인된 무엇 때문에 우울해하는 경우처럼 실제로는 존
재하지 않는 것일 수도 있다. 이런 관점에서 부처님의 대상 인연론은
정신분석학적 개념과 그 방향이 일치한다. 우리의 삶은 존재하지 않는
대상에 대한 이미지로 가득 차 있고 그리고 그 이미지들은 대부분의
우리 생활에 영향을 미치고 있다. 사람들이 마음속에 있는 가상의 관
중 앞에서 그들의 일생을 보내게 되는 것은 보기 드문 일이 아니다.
『공소경(空小經)』에 기록되어 있듯이 부처님은 제자인 아난다와의 대
화 중에 마음의 평화로 나아가는 첫걸음은, 실제로 일어나고 있지 않
은 일로 야기되는 우리 머릿속의 일체의 걱정거리에서 스스로를 자유
롭게 하는 것이라고 지적한다.

　그러므로 만일 우리가 완전히 깨닫지 못한 상태라면 우리가 인식하
는 대상은 개인적인 관심이나 의도에 의하여 모두 형태를 취하고 채색
되는 것이다. 즉, 마음의 조건화 작용에 의해 대상은 조건 지어진 것이
다. 이러한 개인적 관심이 바로 '나'에게 집착하는 것이다. 불교 심리

　심적 현상은 자기 속에 어떤 대상을 간직하고 내포하고 있다. 사랑에는 사랑의 대상이, 증오
에는 증오의 대상이 들어 있는 것이다. 스콜라 철학에서 지향성은 이와 같은 내재성의 의미
였으나 브렌타노는 '의식은 언제나 대상에 관한 의식'이라는 관계적 의미로 지향성을 규정
한다. 브렌타노에서도 지향성은 아직 의도나 목표 추구가 아니라 단지 어떤 것이 대상으로
서 의식 속에 내재함을 의미한다. 이에 반해 후설의 지향성은 대상 인식, 대상 형성이라는
목표를 지니며 목적론적 성격을 띠게 된다.

학에서는 특별히 하나의 특정 대상에 중추적인 의미를 부여한다. 사실 우리는 우리의 다른 모든 인식을 왜곡시키는 이와 같은 특정 대상을 마음속에 간직하고 있는 것이다. 이 중추적인 대상이란 다름 아닌 곧 우리 자신이다. 처음에는 우리 자신이 대상이라고 하는 것이 이상하게 보일지 모른다. 확실히 우리 자신은 인식 대상이기보다는 인식 주체라고 할 것이기 때문이다. 그러나 사실은 인식 주체로서의 우리 자신은 우리가 직접 인식할 수 있는 것이 아니라는 것을 불교는 확언하고 있다. 그러한 주체는 찾을 수 없다. 우리는 스스로를 결코 볼 수 없는데도 마음속에는 자신에 대한 수많은 이미지를 간직하고 있다. 이러한 이미지가 바로 가상의 대상이다. 이들은 실제로 존재하지는 않으나, 우리의 경험이 뜻이 통하도록 하기 위하여 우리가 사용하는 이미지인 것이다. 따라서 불교 심리학에서 '나'라고 하는 것은 우리의 인식 작용을 지배하고 우리와 세계의 관계를 왜곡시키는 경향이 있는 비실재적 대상인 것이다.

19세기의 위대한 심리학자인 윌리엄 제임스(William James)는 어떻게 우리 마음이 어떤 것은 선택하고 어떤 것은 거부하며, 어떻게 그렇게 선택한 것이 많은 사람에게 똑같을 수 있는지에 대해 다루며 다음과 같이 말하고 있다.

그러나 어떤 두 사람도 결코 똑같이 선택하지 않는 것으로 알려진 한 가지 특이한 경우가 있다. 우리는 각자 이 우주를 반으로 나누는 대분할을 하고 있다. 또한 우리는 각자 거의 모든 관심을 이 중 한쪽에만 두고 집착하고 있다. 그러나 우리가 반을 가르는 경계선은 제각기 서로 다르다. 제각기 다른 두 반쪽에 똑같은 이름을 붙인다면 각각 '나'와

'나 아닌 것'으로 부를 수 있을 것이다. 그러면 내가 의미하는 것을 단
번에 알아차릴 수 있을 것이다.[14]

선과 모든 불교의 도리는 '우주의 대분할'을 극복하여 그 망상적 본
질을 드러내기 위한 것이다. 나아가 그것은 우리가 본래부터 우주와
분리되지 않은 하나라는 것을 학문적 지식으로서가 아니라 현실로서
경험할 수 있도록 회복시키는 것이다.

우리는 마치 우리가 세계와 분리된 독립적인 존재인 것처럼 행동한
다. 그러나 실은 우리 가운데 누구도 실제로 따로 분리된 고유한 존재
를 가지고 있지 않다. 아주 간단한 물질적 방식으로 생각해도 이것은
진리다. 우리 몸을 보면 우리는 우리를 둘러싸고 있는 '나' 아닌 세계
와 끊임없이 물질적 요소를 교환하고 있는 것이다. 이 교환 과정은 우
리가 먹을 때마다, 숨을 쉴 때마다 일어나고 있다. 우리 몸은 '나 아
닌' 물질로 만들어져 있는 것이다. 우리 몸은 따뜻하다. 그 체온은 우
리 것일까? 아니다. 그것은 단순히 비인격적 성질의 것으로서 우리 몸
이 우연히 지금 이 순간에 공유하고 있는 것일 뿐이다. 모든 것이 다
그러하다. 불교의 가르침은 우리가 개별적으로 분리된 실체로 존재한
다는 보편적인 망상에서 벗어나도록 하는 방편을 제시하는 데 엄청난
노력을 기울여 왔다. '나'라고 하는 망상이 사실은 무명(無明, avidya)
이라는 집 전체의 초석이다. '내가 없음(non-self)'을 깨닫는 것이 불
성, 즉 우리와 우주가 본래 하나임을 깨닫는 것이다.

대상 인연론은 어떻게 느끼고 알아차리는 마음, 즉 의식(意識,

14) James, 1890, p. 289.

mano-vijnana)이 일어나는지를 설명한다. 이 의식은 주변에 있는 대상에 고정되어 있거나 혹은 시비 분별하는 마음인 의(意, manas)가 아라야식으로부터 의식으로 내보내는 대상에 고정되어 있다. 우리가 잠들어 있을 때 의식은 아라야식에서 나오는 것에 의하여 거의 완전히 장악되어 버린다. 이것이 바로 우리가 꿈에서 애착의 근거에 대한 통찰력을 얻을 수 있는 이유다.

대상 인연론과 근원적 인연론은 함께 작용한다. 하나는 인식이 어떻게 감정을 조건 짓는지를 보여 준다. 다른 하나는 번뇌가 어떻게 인식을 조건 짓는지를 보여 준다. 근원적 인연은 우리가 어떤 대상에는 집착하고 어떤 대상은 거부하는가 하는 방식에 따라 일어난다. 이 취하는 것(取)과 버리는 것(捨)은 바로 하나의 특별한 대상, 즉 '나'를 구성하고 유지하기 위한 우리의 노력에 다름 아니다. 내가 스스로를 내 우주에서 가장 중요한 별이라고 고집하는 한 내가 인식하는 모든 것은 왜곡될 것이다. 왜냐하면 내가 인식하는 모든 것은 '내게 유용한 것' '내게 필요 없는 것' '내게 즐거운 것' '내게 불쾌한 것' 등과 같이 구분하는 관점으로 인식될 것이기 때문이다.

불교는 나를 만드는 데 집착하는 것에서 우리 자신을 해방시키기 위한 다양한 방편을 제공하고 있다. 이러한 방편은 일반적으로 자기에 대한 집착에서 멀리 우리를 떼어 놓기 위한 마음의 대상을 설정하는 것을 포함하고 있다. 그러므로 자신을 통일된 하나가 아니라 하나의 집합체로서 보는 명상, 육신을 분해하는 명상, 우주와 하나 되는 명상 그리고 대상을 보살피는 명상 등과 같은 여러 가지 명상법이 있다. 이 모든 수행법은 마음 상태가 대상에 의하여 결정된다는 사실을 이용하는 것을 목적으로 하고 있다.

| 표 10 | 육신의 해체에 대한 명상 |

　　명상의 각 단계는 약 열 번을 호흡하는 정도의 간격으로 진행된다. 명상 그룹 가운데 한 명이 다음의 내용을 읽어 주면서 안내할 수도 있다.

1 숨을 들이쉰다, 그리고 내쉰다. 나의 몸을 자각한다. 몸은 따뜻하며 살아 있음을 느낀다.
2 지금 내 몸이 생명이 없는 싸늘한 시체라고 상상한다.
3 지금 나의 시체에 구더기들이 달려들고 있다고 상상한다.
4 지금 시체의 살점이 떨어져 나가고 있다고 상상한다. 나의 뼈대가 드러나 있음을 지켜본다.
5 나는 살점 한 점 없이 하얗게 드러난 나의 뼈대를 바라본다.
6 나는 나의 뼈가 분리되어 산산조각으로 흩어져 있음을 바라본다.
7 나는 나의 뼈가 먼지 가루가 되어 바람에 흩날려 가고 있음을 바라본다.
8 나는 뼛가루가 땅과 바다의 일부로 변화되어 감을 느낀다.
9 나는 나의 육신이 완전히 사라졌음을 자각한다.
10 모든 것이 영원하지 않음을 알고 나는 웃음 짓는다.

　　처음 몇 번은 이 명상이 불쾌한 느낌을 줄 수도 있다. 그러나 불교도는 이 명상을 약간 변형시킨 것을 몸에 대한 집착과 죽음에 대한 공포에서 해방시키는 데 도움을 주기 위하여 널리 사용하고 있다. 만약 이 명상을 자주 하여 익숙해지면 지침을 따로 생각하지 않고도 순차적으로 단계를 밟아 나가는 법을 터득하게 될 것이다.

　　명상은 온전한 대상에 주의를 집중하는 것이다. 이러한 점에서 온전한 대상은 맑고 기쁜 마음으로 우리를 이끌어 주며, 번뇌에서 우리를 자유롭게 하는 데 도움이 되는 어떤 것이다. 요약하면 대상 인연론은 모든 마음 상태는 어떤 대상에 대한 인식에 따라서 결정된다는 것을 말하고 있다. 그 대상들은 실재하는 것일 수도 있고 혹은 가상적인 사물, 환경 또는 추상적 개념일 수도 있다. 사람들은 '조국'과 같은 추상적 개념을 대신하여 죽음까지 갈 수도 있을 것이다. 특히 우리의 인식 세계에서 우리 자신을 가장 중요한 대상으로 만드는 것은 모든 왜곡의 뿌리가 되는 것이다. 이 뿌리는 우리 상황의 진정한 본질을 일깨워 주는 대상에 주의를 집중함으로써 끊어 버릴 수 있다. 즉, 모든 것은 순간순간 변화하면서 흘러갈 뿐이라는 무상(無常), '나'는 본래 없다는 무아(無我) 그리고 모든 것은 서로 상대적 인연 때문에 존재하게 된다는 연기(緣起)가 바로 그것이다!

심리치료적 시사점

대상 인연론이 함축하고 있는 의미는 온전하지 못한 대상을 온전한 대상으로 대체하는 것이 사람의 행복을 더욱 증진시킬 것이라는 점이다. 즐겁지 않은 상황을 축복이 가득한 것으로 변화시키는 묘법을 터득한 사람은 행복의 비결을 가지고 있는 것이다.

다음과 같은 내담자와의 대화를 생각해 보자.

> 내담자: 제가 말씀드리고 싶은 것은 사실상 항상 고독함을 느낀다는 것입니다.
>
> 치료사: 그래서 그러한 감정의 흔적을 지금 가지고 계시군요.
>
> 내담자: 네, 네, 정말 그렇습니다.
>
> 치료사: 그걸 느낄 수 있죠?
>
> 내담자: (가슴을 가리키며) 네.
>
> 치료사: 음, 이제 그 느낌에 들어선 것 같고요. 그럼 그 느낌이 어떤 것인지, 뭐 단어나… 그림… 같은 것이 떠오르지 않나요?
>
> 내담자: 사람들로부터 멀리 떨어진 곳에… 큰 바위 위에 한 어린 소녀가 앉아 있는 영상이 떠오릅니다.

치료사: (느리고 온화한 말투로) 바위 위에 한 어린 소녀라⋯.

내담자: 네, 아주 높은 곳⋯ 그곳에는 그 소녀 외에는 아무도 없습니다. 다른 사람⋯ 다른 사람은 아무도 없습니다.

치료사: 거기에 다른 사람은 아무도 없다⋯.

내담자: (울먹이며) 네, 없습니다.

치료사: 그 이미지가 슬프게 느껴지는군요.

내담자: (여전히 울면서) 그녀는 완전히 혼자입니다.

치료사: 그녀는 완전히 혼자군요. 그야말로 혈혈단신이 된 어린 소녀.

내담자: 그게 제가 대부분의 시간 동안 느끼는 겁니다. 여태껏 혼자 였던 적이 거의 없는데도 말입니다. 저는 저 자신을 혼자 내 버려 두지 않습니다. 현재의 아파트에서 꽤 오랫동안 살고 있는데, 제가 기억하기로는 거기 산 이후로 저녁에 혼자 아 파트에 있었던 적은 딱 두 번뿐입니다. 저는 항상 친구를 아 파트로 부르거나 그렇지 않으면 외출을 합니다.

치료사: 그래서 지금 현재의 생활에 대해 생각하고 있는 거군요. 자 신이 거기에 혼자 있음을 알고 거기서 필사적으로 벗어나려 고 하는 걸 느끼면서 말이죠⋯.

내담자: 제가 왜 그토록 혼자 있는 것을 싫어하는지 모르겠습니다. 결 국 이러한 상황도 제가 선택한 것입니다. 제가 어머니와 함께 살고 있을 때에는 오로지 저만의 집을 갖고 싶었습니다.

치료사: 그것이 그 당시에 원하였던 거군요. 홀로 있기를 원했던 거죠.

내담자: 그렇습니다. 제가 처음으로 제 집을 갖게 되었을 때 첫 주 동

안은 너무 좋았습니다. 그것은 온통 경이로움 자체였습니다. 그때 저는 정말로 긍정적이었습니다. 저는 자유를 느꼈습니다.

치료사: 이것은 자신의 또 다른 이야기군요. 처음 이야기에서 혼자 있는 걸 죽도록 싫어한다고 했는데, 지금 이야기에서는 혼자 있는 것을 정말로 즐겼던 시간에 대한 추억이니까요.

내담자: 맞습니다. 우스운 일입니다. 그렇지 않습니까? 저는 그때 혼자 있는 것이 너무 기뻤습니다. 넓은 공간을 원했습니다. 그런데 지금은 저의 생활을 망칠까 봐 걱정하고 있습니다.

치료사: 그래서 그 당시에는 자신이 결정을 해서 스스로 홀로되기를 선택한 거예요. 지금은 도와줄 사람이 아무도 없는 상황에서 잘못된 결정을 할까 봐 두려워하고 있는 거고요.

내담자: 그렇습니다. 지금은 혼자 있는 것을 견디기 매우 힘듭니다.

치료사: 아직도 바위 위에 있는 어린 소녀의 이미지가 떠오르는데요.

내담자: (희미하게 미소 짓는다.)

치료사: 그 이미지 속에는 본인에게 중요한 무언가가 들어 있는 것 같군요.

내담자: 예, 저도 그렇게 생각합니다. 저는 그녀가 홀로 있는 것을 정말로 싫어한다고는 생각하지 않습니다.

치료사: (단호하게) 그녀는 자신의 바위 위에 있어요…. 그리고 그곳에는 아무도 없어요.

내담자: 예, 바로 그겁니다. 저는 그와 같이 되기를 원합니다.

치료사: 결국 다시 한 번 자립심을 가지고 혼자 있는 것을 즐기고 싶어 하는 것이군요.

내담자: 정말로 그렇습니다. 제가 언제부터 그러한 이미지를 갖게 되었는지 잘 모르겠습니다. 저는 그것이 '나'라고 생각하지 않습니다. 저는 그것에 대한 기억이 없습니다.

치료사: (자기도 모르게) 저는 그녀가 당신의 수호천사라는 생각이 드는군요.

내담자: (갑작스레 눈물을 보이며) 오! 아마도 그런 것 같습니다. 맞습니다. 아마 그녀는 저의 수호천사인 것 같습니다.

치료사: 그래서 당신이 외로울 때 그녀는 항상 당신과 함께하면서 당신을 돌보고 있는 거지요.

내담자: 맞습니다. 그녀는 그렇습니다.

치료사: 이제 더 평온해진 것 같군요.

내담자: 네, 더 안정된 것 같습니다. 저는 이것이 앞으로 제가 하고 싶어 하는 일을 하는 데 도움이 될 거라고 생각합니다.

대화에 대한 논평

치료사는 '지금 여기'에 초점을 맞추고 있다. 지금 여기, 외로움이라는 느낌이 있다. 그렇다면 이러한 감정을 조건 짓고 있는 어떤 '대상'이 있는가? 그렇다. 외로움은 바위 위에 앉아 있는 소녀라는 이미지에 의해 조건 지어진 것이다. 감정에서 대상으로 주의를 전환하는 바로 그것이 내담자의 과거 경험에 대한 접근 통로를 제공한다. 또한 그것은 그녀의 경험을 더욱 생생하게 만들어 준다.

'바위 위에 앉아 있는 소녀'의 이미지를 나의 마음속에 가져옴으로써 나 또한 내담자가 경험하고 있는 감정의 일부를 느끼기 시작한다. 나 자신에게도 똑같은 조건을 설정함으로써 나는 내담자가 겪는 과정을 그대로 똑같이 느끼게 된 것이다. 서양의 심리치료에서는 이것을 공감에 들어간다고 한다. 공감에 들어가는 것은 내담자의 경험을 그대로 똑같이 느낄 수 있느냐에 달려 있다. 모든 경험은 조건 지어진 것이다. 만약 당신이 내담자의 경험을 이해하고 싶다면 스스로 내담자와 똑같이 조건을 만든 다음 무슨 일이 일어나는지를 지켜보라.

나는 천천히 그 이미지를 상세하게 되풀이하며 우리 둘 모두의 마음속에 그 이미지가 자리 잡게 한다. 그 이미지를 곰곰이 생각하면서 우리 둘은 그 이미지의 완전한 맛을 음미한다. 나는 가능한 한 완전하게 그 경험을 그대로 받아들이고자 한다.

내가 그 이미지와 그것이 불러일으키는 감정 사이를 오가고 있을 때 그녀는 자신의 현재 삶에 대해 이야기하기 시작한다. 그녀의 현재 삶에 대한 이미지와 바위 위에 앉아 있는 소녀의 이미지는 그녀 자신의 마음속에서 서로 겹쳐 있었다. 나는 두 번째 이미지, 즉 그녀가 집에 홀로 있는 이미지를 끄집어 내도록 도와준다. 감정은 언제나 어떤 것과 연관되어 일어난다. 사람들의 감정이란 자신이 세계에서 분리되어 있는 것이 아니라 오히려 세계에 참여하고 있다는 표시다. 일반적으로 감정을 다루는 것은 그 감정을 일으키는 것이 무엇이든 그것에 지속적으로 주의를 기울여야 함을 의미한다. 그렇지 않으면 생동감을 잃기 때문이다.

내담자는 이것이 집에 있는 자신의 유일한 이미지가 아니라는 것을 생각해 낸다. 두 번째 이야기는 연상 작용을 통해 새롭게 만들어진다. 우리는 단 하나의 배경이나 무대를 두고도 수많은 이야기를 만들 수 있다. 즉, 같은 기둥 주위를 맴돌면서 우리는 다양한 마음의 드라마(행동의 흔적)를 연출할 수 있는 것이다. 나는 두 번째 이야기에 주목한다.

이는 다른 이미지를 불러일으킨다.

나는 여전히 바위 위에 앉아 있는 소녀의 이미지를 마음속에 가지고 있지만, 그 이야기의 일부가 아직 미완성이라는 것을 직관적으로 느낀다. 이 시점에서 그 이미지를 더 깊이 생각함으로써 무엇을 얻게 될지 모르지만, 나는 다시 바위 위에 앉아 있는 소녀의 이미지를 제시한다. 그녀는 그 이미지를 다시 받아들인다. 하지만 이번에 그녀는 자신의 '두 번째 이야기'에서 곧바로 떠올린다. 이같이 변화된 관점에서 그녀는 바위 위에 앉아 있는 소녀를 예전과는 다른 방식으로 본다. 이것은 우리가 나중에 살펴보게 될 연상 인연론에 대한 하나의 예다. 이제 바위 위의 소녀는 혼자 있는 것을 괘념치 않는다. 그러면 이것은 바위 위에 앉아 있는 소녀의 두 번째 이야기다. 나는 이 이야기의 참뜻을 깊이 새기고, 그녀가 새롭게 해석한 뜻이 스며든 어조로 그 이미지를 다시 말한다. '그녀가 바위 위에 앉아 있다.'고 하는 것은 이제 약점이라기보다 오히려 강점의 입장임을 나타낸다.

내담자는 그 이미지가 자기 자신이라고 생각하지 않으며, 그것이 자신의 기억 속의 한 장면은 아니라며 말을 이어 간다. 그러나 분명히 그 이미지는 그녀의 주체성 속에 있는 강력한 '대상'이다. 그 이미지는 그녀의 인생에서 요술 같고 시(詩) 같고 동화 같은 역할을 한다고 해도 좋을 것이다. 나는 '수호천사'라는 어구로 이러한 개념을 더욱 풍부하게 해 준다. 이것은 직관적 비약이다. 바위 위의 소녀에 대한 이미지는 이제 고통이 아니라 오히려 도움을 줄 수 있는 그 무엇으로 전환되었다. 그것은 이제 정말로 수호신이 된 것이다.

어떤 사람은 치료를 할 때 치료사는 내담자가 말하는 것 이상으로 도가 지나치면 결코 안 된다고 말할 수 있을 것이다. 한편 치료의 온전한 목적은 내담자가 직면하고 있는 장애물 뛰어넘을 수 있도록 내담자를 도와주는 것이다. 내담자의 세계에 주파수를 맞추기 위하여 내담자가 말하는 범위 안에 머문다는 규칙이 지극히 중요하다. 그러나 일단 주파수가 맞추어지면 치료사와 내담자는 두 사람만의 특별한 공간을 함께 공유하게 되며, 그 공간 속에서는 둘 중 누구에게도 새로운 가능성이 자연스럽게 일어날 수 있게 되는 것이다. 그때 중요한 것은 내담자가 실제로 새로운 가능성을 먼저 말하는가 아닌가가 아니라 그것이 내담자에게 진실을 일깨우는가 하는 것이다.

치료사와 내담자가 본래부터 서로 연결되어 있는 하나의 시스템이라고 해서 치료사는 내담자가 말하는 이야기의 모든 내용을 실제로 다 안다는 것은 결코 아니다. 사람과 사람의 세계가 하나인 것처럼 내담자와 치료사의 세계 또한 하나다. 만일 치료사가 모든 주의력을 기울여 주파수를 맞출 뿐 아니라 내담자가 말하고 있는 것을 진실한 마음으로 받아들일 수 있다면, 그리고 인식 '대상'과 그 인식이 불러일으키는 '느낌' 사이의 미묘한 상호작용을 식별할 수 있다면, 치료사 자신의 주체성 전체가 내담자와 함께 공명하기 시작한다. 그 공명은 순차적으로 좀 더 고요한 음률에서 끝난다. '나'라는 것은 이제 완전히 다르게 이해된다. '나'라는 것이 사라진 것은 아니지만, 그 전보다는 많이 헐거워졌다. 이 내담자는 그 후 2년에 걸쳐 그녀의 인생에서 많은 것을 성취했다.

대화에 나타난 심리치료적 과제

내담자는 고독에 대하여 이야기한다. 고독은 항상 그녀와 함께하는 동반자다. 역설적으로 중요한 선적인 의미를 보면 이 내담자는 실제로는 결코 혼자가 아니었다. 왜냐하면 그녀는 동반자, 즉 자신의 '제2의 존재'로서 항상 '고독'과 함께하고 있었기 때문이다. 만일 그녀가 진실로 혼자였다면 아무 문제도 없었을 것이다. 홀로 있는 상태의 의미는 앞 장에서 이미 살펴보았다. 이 대화에서 그녀는 진정한 홀로 있음을 발견하지 않았다. 하지만 그녀는 자신의 동반자를 좀 더 도움이 되는 존재로 바꾸었다.

내담자의 주체성 내에서는 그 이미지가 현실적인 것인가 아닌가 하는 것은 중요하지 않다. 치료사는 현실적인 것과 환상적인 것을 특별히 구분하지 않고 내담자의 이미지 세계와 더불어 하나가 된다. 대화는 치료사의 상담실에서 이루어지므로 내담자가 자신의 '현실적 삶'에 대하여 무엇을 이야기할지라도 그 순간에는 또한 환상인 것이다. 그래서 이 내담자의 경우 '바위 위의 소녀'와 '그녀의 어머니'는 그녀의 주관 세계에 있는 두 인물로서 둘 다 환상이다. 두 인물 중 하나를 탐구하는 것은 감추어진 중요한 경험이 드러나게 하고 그녀가 세계를 인식하는 방식의 전환이 일어나게 할 수 있다. 우리가 어떻게 인식하는가에 따라 우리의 감정도 달라지는 것이다. 그러므로 인식의 전환은 개인의 일반적 행복에 변화를 일으킨다.

많은 치료사가 감정에서 인식으로의 전환을 하지 못한다. 그래서 그들은 마치 감정이란 것이 본질적으로 독립된 실체인 것처럼 감정을 검토하는 데 전적으로 매달리는 것이다. 그러나 불교 심리학의 관점에서는 모든 현상은 조건에 따라 일어나고 사라지는 것이며, 감정이 일어나게 하는 조건은 일반적으로 인식인 것이다.

불교 심리학에 따르면, 어떻게 우리의 인식이 왜곡되고 어떻게 고(苦)가 만들어지는가 하는 것을 결정하는 핵심 요인은 자신에 대한 이

미지다. 우리 모두는 엄청난 양의 자기 이미지를 저장하고 있다. 우리
는 각자 우리 마음의 눈앞에서 수많은 각종 내면의 드라마를 연출할
수 있다. 각 드라마는 일련의 다른 감정과 행동으로 구성되어 있고, 삶
에 대한 접근도 서로 다르다. 우리는 하루의 삶을 살아가면서 우리 자
신의 다양한 영화를 스스로 연출한다. 갖가지 다른 이미지가 우리 앞
을 스쳐 가면서 우리 기분과 자신감도 많은 변화를 겪는다. 이 영화가
바로 현실을 가리는 것이다. 치료는 때로 영화 내용을 바꾸거나 때로
는 영화를 몰록 놓아 버리게 하는 데 관심을 기울인다.

영화가 겹겹이 겹쳐지면서 우리는 맑은 마음에서 점점 더 멀어진다.
만약 실질적으로 영화 상영 자체를 멈출 수 없다면 치료는 때때로 최
소한 한 영화를 다른 영화와 분리시킬 수 있도록 한다. 이렇게 하는 것
이 내담자가 실제의 경험과 더욱 순수하고 신선하게 맞닥뜨릴 수 있도
록 도와주는 것이다. 치료사는 각 이미지를 더하지도 덜하지도 않게
있는 그대로 보여 줌으로써 내담자를 돕는다. 치료사는 각 이미지를
진지하게 취급하되 이미지가 주는 메시지는 부당하게 과장되지 않도
록 주의한다. 내담자가 이용할 수 있는 더욱 강력한 힘은 내담자에게
본래 갖추어져 있다.

대상 인연론을 이용하는 그 밖의 치료

앞에서 살펴본 대화에서는 말로 그림을 그림으로써 이미지가 상세
히 만들어져 갔다. 그것은 종이 위에 그려질 수도 있고 혹은 행동으로
표출될 수도 있다. 때때로 내담자는 치료사에게 자신의 '대상'을 가져

온다. 우리는 치료 목적으로 미술, 시 그리고 창조적 공예품 등을 사용하는 다양한 방법을 발달시켜 왔다. 천연 재료를 사용하는 작업은 특히 치료 효과가 있다. 심리극 같은 방법 역시 불교의 대상 인연론과 쉽게 조화를 이룰 수 있다.[15)]

그리하여 선은 내담자의 경험 세계를 최대한 존중하는 치료 태도를 가지게 한다. 즉, 내담자가 단순히 자신의 '내부'에 있다고 생각하는 것만이 아니라 자신의 주위에 보이는 것까지도 고려하게 한다. 명상에 기초한 치료가 완전히 내향적일 것이라고 생각할 수 있겠지만 선은 실제로 매우 실용적이고 현실적이다. 주관적인 경험은 세계에 대한 경험이고 그래서 우리는 바로 그 세계에 주의를 기울여야 한다. '내면'이다, '외면'이다 하는 개념이 허물어지기 시작한다. 우리의 삶은 안으로 보면 끊임없이 대상을 인식하는 일련의 과정인 것이다. 만약 치료사가 내담자와 주파수를 맞추려면 내담자를 보는 것보다 내담자의 세계를 보는 것이 필요하다. 만약 내가 치료사로서 단순히 내담자에게만 초점을 맞추고 '알겠습니다. 하지만 당신 자신은 어떠세요?'라고 계속 말한다면, 나는 그들의 자기 집착을 약화시키기보다 오히려 강화시키기 십상이다. 이렇게 되면 이 치료는 결코 끝나지 않을 분석만 계속할 뿐 아무런 치료 효과를 볼 수 없을 수 있다. 선의 관점에서 보면 현대의 많은 치료법은 비생산적이라고 할 수도 있다.

공안(公案)의 접근 방법은 또한 인간을 자기 중심적 생각으로부터 전환시키는 것이다. 마음으로 자기 중심적 세계를 구축하는 것은 필연적으로 모순을 야기하게 되어 있다. 이것이 공안, 즉 사람들이 치료를 구

---

15) Holmes, 1992 참조.

하도록 이끄는 삶의 시험으로 구체화된다. 내담자는 치료사가 불안의 근원을 제거해 주기를 원한다. 그러나 공안은 그것을 진지하게 생각해 보게 하는 기회를 제시한다. 그리고 선 치료사는 십중팔구 이를 염두에 두고 치료에 임할 것이다. 선원(禪院)에는 공부하는 수행자를 위한 특별한 공안이 마련되어 있지만, 가장 좋은 공안은 일반적으로 우리의 일상생활 속에서 자연스럽게 나타난다.

지금 여기

도겐(Dogen) 선사는 우리가 잠시 동안 이기적인 자신을 잊고 우리의 마음을 있는 그대로 내버려 두어야 한다고 강조하였다. 그러면 우리는 보살심에 가까워질 것이다.[16] 있는 그대로 보는 것은 난해하고 심오한 것이 아니다. 선의 기본적인 수행은 매우 단순하다. 임제(臨濟) 선사는 말한다. "진정한 기적은 땅 위를 걷고 있다는 사실이다."

위대한 선사들의 선어록을 보면 시적인 표현이 많다. 선사들은 일상의 경험을 절묘한 음률로 노래한다. 우리가 지금 이 순간과 하나가 되어 있을 때 과거와 미래에 대한 근심은 자취를 감춘다. 만약 우리가 갑자기 호흡을 할 수 없는 상황에 처한다면 우리는 절박한 상태가 되어 결사적으로 오로지 공기를 들여마셔야 한다는 생각만 하게 될 것이다. 우리의 마음은 엄청난 집중력으로 오직 하나의 대상만을 생각하게 될 것이다. 그러한 순간에 우리는 호흡할 수 있는 것이야말로 삶에서 가

---

16) Kennett, 1976, p. 125.

장 귀중한 일임을 알게 된다. 그러나 이 호흡할 수 있는 기적은 우리에게 언제나 가능한 것이다. 그런데도 왜 우리는 그것에 대해 감사하지 못하는가?

틱낫한(Thick Nhat Hanh) 선사는 다음 같은 단순한 명상 수행을 우리에게 권하고 있다.[17]

숨을 들이쉬며, 나는 몸을 고요히 한다.
숨을 내쉬며, 나는 미소 짓는다.
숨을 들이쉬며, 나는 지금 이 순간에 머문다.
숨을 내쉬며, 나는 바로 지금이 경이로운 순간임을 안다.

호흡으로 돌아감으로써 우리는 고(苦), 즉 불행을 일으키는 대상에서 우리 스스로를 해방시키는 것이다. 마찬가지로 자연적 대상을 자각함으로써 많은 것을 성취할 수 있다. 선 문헌을 보면 자연에 대해, 또한 자연과의 교감에서 오는 마음의 평화에 대해 깊은 존경심을 나타내고 있다. 그래서 요카 다이시(Yoka Daish)는 다음과 같이 노래한다.

생(生)이 없음을 알게 되니
즐거워하거나 슬퍼할 이유가 없네.
이름이 빛날 때나 이름이 더럽혀질 때도
청산은 말이 없고 아름답기 그지없으니,

---

17) Hanh, 1993b.

높은 낭떠러지 아래 깊은 계곡
큰 소나무 아래 앉아 있노라.
고즈넉한 시골집 안으로 들어가니
평화와 고독과 참된 위안이 더불어 함께하네.

고통을 겪고 있는 사람에게는 가끔 아름다운 시골길을 천천히 산책하거나 미소 짓는 얼굴과 예쁜 꽃을 보는 것이 자신의 삶에 붙어 다니는 불행을 줄줄이 되뇌는 것보다 훨씬 도움이 된다. 우리는 우리 정원에 자라는 잡초에 어떤 조치를 취해야만 한다. 그러나 좋은 씨앗에 물을 주는 일 또한 필요하다.

표 11 불교의 대상 인연론에서의 열 가지 요점

---

1 느낌이나 감정 그리고 다른 마음 상태는 인식에 의해 조건 지어진다.

2 인식 대상을 규명하는 것은 우리가 내면 상태를 이해하는 데 도움을 준다.

3 대상의 구체화, 예컨대 드라마나 생생한 말로 상세히 하는 것은 경험을 더욱 생생하게 느끼게 한다.

4 우리 자신의 상상력을 사용하여 내담자가 안고 있는 조건을 그대로 반복하는 것은 공감을 유발한다.

5 서로 겹쳐 있는 대상을 분리시키면 내담자의 조건을 더욱 명확하게 알 수 있다.

6 나쁜 대상 유익한 대상으로 대체하게 되면 치료 효과를 얻을 수 있다.

7 대상에 집착하는 것은 자아 콤플렉스의 어떤 측면을 강화시킨다.

8 특정 대상에 대한 집착을 느슨하게 하는 것은 곧 자기에 대한 집착을 느슨하게 한다.

9 호흡이나 꽃과 같이 눈앞에 현실적으로 있는 대상에 주의를 집중시키는 것은 마음이 일어나기 이전으로 돌아가게 하고, 자기 애착을 식혀 준다.

10 산, 강, 구름, 바다 등과 같은 자연은 자연스러운 치료 효과가 있다.

지배 인연론

지배 인연론(增上緣, Predominance, Adhipati paccaya)은 우리의 삶이 우리 정신계에서 우월한 힘에 의하여 조건 지어져 있다는 것을 말하고 있다. 나아가 마음은 일상적으로 자기 애착과 그에 연관된 번뇌에 의하여 지배되지만, 마음속에는 일단 발동되기만 하면 좀 더 온전한 영향력을 행사할 수 있는 훨씬 강력한 힘이 있다.

어떤 것이 특별히 소중하게 여겨진다면 그것은 우리의 인식을 지배하게 될 것이다. 마음이 계발되지 않은 상태에서는 자기라는 환상과 번뇌가 지배력을 결정한다. 하지만 진정한 지배 요소는 의도(intention, chandra), 정진(energy, virya), 주의력(attention, chitta)과 탐구심 (enquiry, vimamsa)인 것이다. 이들은 모두 합쳐서 순간순간 뜻이 투철한 마음(purposefulness in the moment)이라고 부를 수 있는 것으로서 불건전하고 유익하지 않은 근본 인연을 압도하는 힘을 갖추고 있다.

이 지배 인연론은 대상 인연론과 근원적 인연론을 확장시키는 것이다. 우리는 이미 어떻게 대상으로서의 '나'에 의해 마음이 지배되고 왜곡되는지에 대해서 논의하였다. 이 기본적인 왜곡이 탐진치라는 삼독(三毒)을 일으키며, 이내 우리 마음의 정원은 잡초가 무성하게 된다. 지배 인연론은 마음이 이렇게 지배받고 있는 상황이 필연적인 것이 아님을 보여 준다. 이 인연론은 마음의 정원사가 자유로이 사용할 수 있는 도구를 알려 주고 있다.

선은 자력(自力, self-power)과 타력(他力, other-power)을 조화시킨다. 이것은 자기가 계발된다는 것을 의미하지는 않는다. 이것은 선이 신의 도움이나 우연한 행운이라기보다는 우리 자신의 뜻이 투철한 마음에 달려 있다는 것을 의미하는 것이다. 하지만 우리가 이런 마음으로 정진하기만 하면 우주는 틀림없이 응답한다는 것을 우리는 믿는다. 그렇기 때문에 우리는 어떤 보답도 바라지 않고 철저하게 자신을 훈련시키는 것이다. 도겐 선사는 내 머리에 불이 붙었을 때 그것을 끄기 위하여 들이는 노력과 똑같은 마음으로 정진하라고 요구한다.[18] 지배 인연론은 뜻이 투철한 마음으로 실천하는 행동의 가치를 역설하고 있다. 하지만 선에서는 뜻이 투철한 마음이라고 해서 그것이 곧 목표에 집착하게 된다는 것은 아니다. 그것은 현실이 우리에게 무엇을 요구하든 유익하고 온전한 방식으로 즉각 응한다는 것을 의미하는 것이다. 이는 제이콥 모레노가 행동은 항상 현실에 어울리게 나온다고 기술한 일종의 자발성과 유사한 것이다.[19]

그러므로 심리치료에서 내담자의 목적의식이 분명해지는 순간은 내담자가 중요한 한 걸음을 내디딘 것이다. 내담자가 토로하는 동기와 열망에 귀를 기울여라. 그럼으로써 우리는 무엇이 내담자의 관심을 끌고 있으며, 무엇이 내담자의 호기심을 북돋우거나 내담자를 당황하게 만드는지를 알게 되며, 그 결과 내담자를 움직이는 에너지의 방향을 감지해 낼 수 있다. 바로 이러한 씨앗에서 마음의 변화가 생겨나는 것이다.

삶이 그저 무덤덤하기 짝이 없다고 하는 한 내담자가 나를 찾아온다. 그녀의 성공적인 경력은 치명적인 자동차 사고 때문에 몇 년 전에 중단되었다. 계속해서 적지 않은 수입이 있고 아무런 부족함이 없는데

18) Kennett, 1976, pp. 123.
19) Moreno, 1985 참조.

도 그녀는 자신의 삶이 완전히 무기력하다고 느끼고 있다. 여기서 분명해지는 것은 그녀 역시 많은 다른 사람처럼 내 것을 획득하려는 마음에 물들어 살아왔다는 것이다. 하지만 거의 죽을 뻔한 사고를 겪고 나자 자신의 존재에 대한 허무함이 엄습한 것이다. 언젠가 자신이 죽게 된다면 그동안 쌓아 온 모든 것이 무슨 소용이 있겠는가? 그녀는 다른 존재 방식을 알지 못한다고 생각한다. 이것이야말로 우리 시대의 정신적 빈곤인 것이다. 그러나 그녀와의 대화가 진행되면서 음악, 동물, 춤추기 등과 같이 그녀의 관심을 끄는 것이 여전히 있다는 사실이 분명해진다. 아마 이러한 것이 궁극적 만족감을 주는 것은 아니겠지만, 이것들은 그녀가 자신에만 머물지 않고 관심을 다른 데로도 돌리게 할 수 있는 긍정적인 대상이다. 또한 그 자체만으로 그녀의 삶에서 새로운 뜻과 에너지, 새로운 방향의 기초가 될 수도 있다.

모리타 심리치료

모리타(Morita) 심리치료는 선의 여러 가지 요소를 도입한 일본식 심리치료 접근 방법이다. 이 방법은 내담자가 가지고 있는 괴로움의 증상을 제거하려고 시도하지 않는다. 이 방법은 내담자가 그러한 괴로움에도 불구하고 잘 살 수 있도록 도와주는 것을 목표로 하고 있다.

> 심리치료의 목적은 내담자가 자신의 삶을 만족스럽게 다스려 나갈 수 있도록 하는 데 있다. … 증세를 완화시키기보다 인격을 고양시키는 것이다. … 내담자가 현실적으로 무슨 일이 닥치든 정성을 들여 잘

처리함으로써 자신의 행동을 적절히 다스려 나감에 따라 괴로움과 불만은 자연적으로 사라지게 되는 것이다.[20]

모리타 치료법은 교육과 자기 훈련, 명상과 실천이 혼합되어 있다. 내담자는 일상생활의 실질적이고 구체적인 세부 사항을 집중적으로 점검하는 치료사의 안내를 받아 자신에 대한 연구에 몰두한다. 어떻게 결혼 생활의 질을 향상시킬 수 있겠는가? 집에 작은 선물이라도 들고 들어가라. 배우자를 위하여 깜짝 이벤트를 해 주어라. 감사하다는 말을 더 자주 하라. 집안 청소를 하라. 또 어떻게 나의 노이로제를 치료할 수 있겠는가? 공원에 가서 쓰레기통을 치우거나 노숙자에게 음식을 제공하는 일을 거들어 주어라. 만약 이것이 부담이 된다면 꽃을 진심으로 바라보거나 지나가는 행인을 지켜보라. 모리타 심리치료는 사람들이 행하는 사소한 행동 하나하나에도 뜻을 가지고 착한 마음으로 하게 함으로써 그 질을 향상시키고, 그 결과 자신의 삶을 개선하도록 도와주는 것이다.

모리타 관점에서 보면, 삶은 순간순간을 사는 것이다. 현실은 스스로를 이러한 방식으로 드러낸다. 피해 의식과 연관된 문제와 감정은 어떤 주어진 순간에 실제로 주목을 끌 때에만 피해자에게 현존하는 관심사가 된다. 감정은 밀물과 썰물처럼 흐름이 있다. 분노, 공포 또는 근심을 가득 채워 밀봉할 병이나 숨겨 둘 수 있는 창고는 없다. 화내는 사람, 두려워하는 사람, 근심하는 사람은 없다. 다만 화내는 순간, 두려워하

---

20) Reynolds, 1989, p. 11.

는 순간, 근심하는 순간이 있는 사람이 있을 뿐이다. 심리치료의 목표 중 하나는 피해자가 어떻게 느끼고 있는지에 전적으로 집중하기보다 오히려 그들의 삶에서 해야 할 일에 정성을 기울이도록 도와주는 일이다.[21]

모리타 치료법은 몇 가지 구체적인 방법을 포함하고 있다. 그중 하나는 독립된 방에서 아무것에도 방해받지 않고 휴식을 취하는 일주일의 시간을 갖는 것이다. 이때 내담자는 읽거나 쓰거나 라디오를 듣는 등의 일을 할 수 없다. 선 수행에서처럼 이러한 단순한 생활을 통하여 내담자는 감정과 생각이 걷잡을 수 없이 들고 남을 관찰하는 것을 배우고 또한 제대로 실천해 보고자 하는 마음을 키우게 된다.

두 번째 방법은 폭넓은 실천 활동을 전개하는 것이다. 일주일간의 휴식 이후에 구체적인 실천 활동을 하는 것은 에너지를 건설적으로 모으게 한다. 세 번째 방법은 마음일기를 쓰는 것인데, 일상적인 활동을 잘 다스릴 수 있는 것과 잘 다스릴 수 없는 것으로 구분하여 양식에 따라 기록하는 것이다. 감정과 생각은 첫 번째 칸에, 그리고 행동은 두 번째 칸에 들어간다. 치료사는 일기를 읽고 의견을 단다. 이와 같은 메모는 내담자의 음울한 생활 철학에 대한 도전이기도 하다. 세미나와 강의도 제공된다. 이러한 경험을 통하여 내담자는 비록 감정이 직접 다스려지지는 않아도 새로운 행동 양식이 확립됨으로써 나중에는 종전과는 전혀 다르고 훨씬 더 만족스러운 감정을 느끼게 될 수 있음을 배우게 된다.

---

21) Reynolds, 1989, p. 75.

모리타 치료법은 다음과 같은 면에서 확실하게 선의 요소를 담고 있다.

1 평범한 일상 행동의 질에 주의를 기울이도록 도와주는 것

2 타인에 대한 봉사의 가치를 강조하는 것

3 감정을 우선시하지 않는 것

4 평정심을 중시하는 것

5 피해의식을 수용하지 않는 것

6 체험 학습의 기회가 극대화될 수 있는 상황 속에 있게 하는 것

치료는 진료실이나 상담실에서만 이루어지는 것이 아니다. 치료사는 내담자와 산책을 할 수도 있고 혹은 음식점에 함께 가거나 아니면 내담자가 일상적인 삶을 어떻게 살아가는지를 자세히 관찰할 수 있는 다른 활동에 함께 참가할 수도 있다.

선은 실천하려는 의지가 중요한 역할을 하는 접근 방법이다. 부처님은 많은 스승의 도움을 받았지만 결국 스스로 깨달음을 성취하였다. 그는 굳은 결심으로 시작하였고, 진리를 구하기 위하여 많은 난관을 돌파하였다. 그가 제자들에게 한 유언은 "한순간도 게으름을 피우지 말고 오직 부지런함으로써 진리의 길을 찾으라."는 것이었다. 우리의 삶이 표류하게 그냥 내버려 둔다면 삼독이 강해지는 것 이외에 아무것도 얻을 수 없다. 자기가 타고 있는 말을 다스리지 못하는 어떤 사람의 이야기가 있다. 어디로 가고 있느냐는 질문에 말을 타고 있는 사람이 "저는 모릅니다. 말한테 물어보십시오."라고 대답한다. 우리의 삶이 이와 같을 때, 지배 인연론은 우리에게 다음의 이야기를 들려준다. 비록 우리가 어쩔 수 없는 요소로 인하여 자신의 삶이 휘둘리고 있다고

느낄지라도 삶에서 중요한 일은 다스려 나갈 수 있다는 것이다. 우리는 삶에 대한 온전한 접근 방법을 확립할 수 있으며, 우주는 이에 응답할 것이다.

요 약

제8장과 제9장에서 우리는 『연기론』에 나오는 열여덟 가지 인연론 중 처음 세 가지의 인연론을 간단하게 살펴보았다. 이것은 간단한 심리학적 원리이지만 광범위한 영향을 미칠 수 있는 의미를 함축하고 있다. 우리는 어떻게 그것이 실제의 심리치료와 관련되어 있는지를 알게 되었으며, 또한 어떻게 그것이 마음을 이해하기 위한 틀을 제시하는 출발점이 되는 것인지를 알게 된 것이다. 우리는 다음과 같은 것을 고찰하였다.

1 근원적 인연론(因緣, Root Relations, Hetu paccaya)
2 대상 인연론(所緣緣, Object Relations, Arammana paccaya)
3 지배 인연론(增上緣, Predominance, Adhipati paccaya)

대상 인연론은 모든 정신 상태가 어떻게 대상의 인식에 의존하는지, 특히 '나'라고 하는 하나의 대상이 어떻게 인식을 왜곡시키는 특별한 영향력을 행사하는지를 보여 주고 있다. 근원적 인연론은 대상에 대한 집착 때문에 흐려지는 헤아릴 수 없는 의식이 어떻게 세 가지의 기본 형태로 귀결될 수 있는지, 이 세 가지 기본 형태 각각에 대한 해독제가 어떻게 상응하는지를 보여 준다. 지배 인연론은 마음이 어떤 대상에 대한 지배적이고 왜곡적인 영향력을 극복할 수 있는 근원적 힘을 어떻게 가지고 있는지를 드러낸다.

우리는 근원적 인연론이 어떻게 정신의학적 진단 분류체계에 대하여 몇 가지 지침을 제공하는지, 또한 어떻게 핵심 조건에 관한 인간 중심의 이론과 잘 부합하는지를 살펴보았다. 우리는 대상 인연론이 어떻게 정신분석학적 개념과 몇 가지 방식에서 일치하는지 그리고 어떻게 서구의 현상학 원리와도 일치하는지를 살펴보았다. 지배 인연론은 불교 심리학에서 '순간순간 뜻이 투철한 마음'의 중요성을 확립하고 있으며, 우리는 이것이 모리타 치료법의 독특한 방법론에서 어떻게 작용하고 있는지를 간단하게 살펴보았다. 다음 장에서도 불교 심리학적 원리에 대한 우리의 탐구는 계속될 것이다.

10

연 상

여러 가지 연상 인연론

연상 인연론(無間緣, Association, Anantara paccaya)은 마음에서 일어나는 하나하나의 충동은 그 충동이 있기 바로 직전에 일어난 것에 의해 조건 지어진 것이고, 순차적 인연론(等無間緣, Orderly Association, Samanantara paccaya)은 그러한 마음의 충동이 그 본질에 따라 자연스러운 순서로 한 충동에서 다른 충동으로 변하며 흐른다는 것을 말하고 있다.

의식은 생각, 감정, 이미지 그리고 감각의 물줄기로 끊임없이 흐르고, 우리는 이러한 의식의 흐름에 마음이 쏠리며 살아간다. 충동은 어딘지 모르는 곳에서 일어나 어딘지 모르는 곳으로 흘러간다. 하지만 돌이켜 생각해 보면 그것이 어떻게 A에서 B를 거쳐 C로 흘러왔는지

대개는 알 수 있다. 우리가 일련의 충동을 반복적으로 경험하면 그 흔적은 마치 들판을 가로지르는 오솔길처럼 우리 마음속에 새겨진다. 우리 마음은 그런 오솔길이 얽혀 있는 미로인 셈이다. 연상 인연론은 어떻게 각 충동이 다음 순간 그 자체와 관련된 무엇을 자극하는지를 탐구한다. 우리가 어떤 한 방향으로 출발하자마자 그 방향의 충동이 모두 연쇄적으로 일어나게 된다. 우리는 마치 육상 경기의 트랙 위에 있는 것과 같다. 긍정적인 충동은 더 많은 긍정적인 충동을 유발하고 부정적인 충동은 더 많은 부정적인 충동을 유발한다. 어떤 충동이든 각각 그다음 것의 형태를 결정 짓는다. 인간의 마음에는 관성이 있는 것이다.

이것은 일반적인 경험과도 일치한다. 우리 마음의 습관을 변화시키는 데 가장 어려운 단계는 바로 첫 번째 단계다. 빨리 시작하면 할수록 우리를 올바른 방향으로 인도하는 더 많은 경험을 하게 된다. 삶이란 천국으로 향하든 지옥으로 향하든 자기가 자기를 강화시켜 가는 과정인 것이다. 그러므로 심리치료에서는 내담자가 가지고 있는 모든 긍정적인 충동을 알아차리는 것이 매우 중요하다. 하나의 긍정은 또 다른 하나의 긍정으로 이끌기 때문이다.

그러나 연상 인연론은 결정론(決定論)이 아니다. 어느 누구도 완전히 선하거나 완전히 악하지는 않다. 따라서 항상 선택의 자유가 있다. 앞 장에서 다룬 지배 인연론에서 우리는 우리의 실천 의지를 발견하고 활용하는 것이 중요하다는 것을 배웠다. 그렇게 함으로써 우리는 부정적인 연상보다는 긍정적인 연상을 선택할 수 있다. 깨어 있는 마음이 있으면, 우리는 그 앞에 어떤 마음이 일어났든 좋은 연상을 언제든지 선택할 수 있다. 또한 지혜를 가지게 되면, 우리는 나쁜 연상을 바꿀 수도 있다. 그러므로 깨어 있는 마음과 지혜는 우리가 마음을 계발할 수 있는 도구인 것이다.

선(禪)에서 연상 인연론은 서양 심리학의 연상이론과는 다르게 사용된다. 서양인은 자신을 적극적이라고 생각하고 불교는 소극적인 종교라고 생각하는 경향이 있다. 하지만 서양에서는 사람을 일종의 피해자로 보는 관점이 점점 더 확산되고 있는 데 반해, 불교의 관점은 모든 사람은 자신의 삶을 가꾸는 정원사라는 것이다. 이러한 불교적 관점은 선에서 특히 강하게 지니고 있다.

서양인은 물질적인 조건 속에서 위안을 구한다. 우리의 첫 번째 생각은 거의 언제나 물질적인 관심에 있다는 의미에서 우리는 적극적이라고 할 수 있을 뿐이다. 이것은 본질적으로 불신으로 가득 찬 피해의식이다. 우리 마음은 물질적 조건의 지배를 받는다. 그러나 우리가 우리 자신을 피해자라고 여기는 경향은 이것보다 훨씬 더 깊다. 우리는 이제 자신을 무의식적 마음의 희생자라고 생각하기에 이르렀다.

심리치료는 일반적으로 현재의 삶을 결정짓고 있다고 생각되는 먼 과거의 기억을 되살려 내는 것이라고 여겨진다. 어릴 때의 기억일수록 더욱 강력한 영향을 미친다고 보는 것이다. 이것은 오히려 선이 거부하는 숙명론적인 관점이다. 연상 인연론이 제시하는 내용에 따르면, 우리가 부정적인 삶을 더 길게 살수록 그것을 다스리지 않고 그대로 내버려 둔다면 우리 마음이 더 쉽게 부정적인 상태에 빠지게 될 것이라는 것이다. 그러나 우리는 그것을 방치할 필요는 없다.

빛나는 정신 건강은 먼 과거에서부터 다른 사람 탓을 함으로써 얻어지는 것이 아니었다. 남 탓을 하는 것 자체가 부정적인 충동이며, 이로 말미암아 공은 다시 부정적인 방향으로 굴러가게 되는 것이다. 긍정적

인 조건은 온갖 천차만별의 충동이 일어남에도 자신의 삶을 있는 그대
로 받아들이는 것을 포함하며, 바로 이러한 마음가짐이 우리를 완전히
인간답게 하는 것이다. 만약 거기에 고통이 따른다면 우리는 그것 또
한 정면으로 대처해야 한다.

우리의 임무는 우리의 본성을 깊이 살펴봄으로써 그것이 분리되어
있지 않다는 것을 발견하는 것이다. 어떤 심리치료는, 예를 들어 내담
자와 부모 사이의 대립을 부추김으로써 사람들에게 더욱 분리감을 느
끼도록 잘못 이끌기도 한다. 그러나 피할 수 없는 연상 인연에 의하여
부모는 우리 내면에 살아 있으므로 부모를 증오함으로써 마음의 평화
를 찾을 수 있는 것은 결코 아니다. 우리 조상과 우리 자신은 모두 비
난받아야 하는 것이 아니라 이해가 필요한 관계인 것이다. 사실상 현
대 사회는 더 이상 생산적이지 못한 노인을 무시해 버리는 일에 아주
무감각해졌다. 사람의 유일한 가치가 그 사람의 과거나 현재의 산출물
에 있는 것처럼 생각하는 것이다. 생산성은 결코 사람을 평가하는 척
도가 아니다. 우리 조상이 어떤 삶을 살았든, 우리가 아무리 거부할지
라도 우리는 항상 끝없이 흐르는 마음의 바다에서 우리 조상과 함께하
고 있는 것이다. 따라서 우리 조상을 비웃는 것은 곧 우리 자신을 비웃
는 것이다.

좋은 마음은 좋은 마음을 낳는다

그래서 연상 인연론은 적대감을 드러내거나 강화하기 위한 것이 아
니라 마음을 좀 더 긍정적인 길로 이끌기 위하여 불교 수행에 사용된

다. 연상 인연론이 가리키는 처방은 가끔은 아주 단도직입적이다.

그러므로 나쁜 경험 때문에 괴로움을 겪고 있는 사람에게는 관심과 친절이 필요하다. 이것은 간단하고 분명한 사실이다. 하지만 이 모든 것이 너무나 자주 무시된다. 예를 들어 범죄자에 대한 우리의 치료를 생각해 보자. 우리의 일반적인 생각은 벌을 주는 것이다. 우리는 나쁜 짓을 한 사람은 더 나쁜 경험을 하게 만들어야 어느 날 갑자기 올바른 행동을 하게 될 것이라고 생각한다. 하지만 이는 현실과 다르다. 감옥이나 소년원을 살펴보면 수감자에게 심한 벌을 내리면 내릴수록 그들의 재범 가능성은 더욱 높아지는 경향이 있다. 이는 잘 알려져 있는 사실이지만 우리가 가지고 있는 증오심 때문에 공공 정책은 이를 무시하고 있다. 증오심의 번뇌가 진실을 가리고 있는 것이다.

불교 심리학에서는 형벌이 들어설 자리가 없다. 어리석은 행동에는 당연히 좋지 않은 결과가 충분히 따른다. 잘못을 저지른 사람에게는 구원이 필요한 것이지 더 많은 아픔이 필요한 것이 아니다. 통제를 벗어난 사람은 그들 자신을 위하여 가둬 놓는 것이 필요할지 모르나 그러한 구속을 싫어할 수도 있다. 또 만약 가두는 우리가 도우려는 마음보다 해치려는 마음을 가지고 그들을 대한다면 어떻게 범죄자보다 낫다고 할 수 있겠는가? 범죄자도 우리와 별반 다른 존재가 아니다.

우리는 다른 사람이 성공하도록 돕는 길을 찾아낼 수 있다. 이 점을 깊이 생각하면 무력감은 사라진다.[22] 예를 들어 결혼도 부부 모두가 어떻게 하면 상대방이 나름대로 성공적인 삶을 살도록 할 수 있는지를 생각할 때에야 오직 행복한 꽃을 피울 수 있다. 사람은 누구나 활짝 피우기 위하여 가능한 한 최상의 조건을 얻길 원하는 한 송이 꽃이다.[23] 우리 주위 사람이 활짝 꽃피울 때 우리는 아름다운 정원에서 살게 되는 것이다. 이상적으로는 모든 생명을 위하여 그와 같은 환경을 만들 수 있도록 노력해야 하며, 최소한 우리가 사랑하는 사람들을 위해서라도 그렇게 해야 한다. 그러나 사람과 사람의 관계는 너무나 자주 싸움터가 되고 만다. 번뇌가 지혜를 가리고 있기 때문에, 우리는 다른 사람의 마음을 가장 아프게 하는 말을 하면서도 그 말을 해 줌으로써 그 사람을 더불어 살기에 더 나은 사람으로 만들 수 있다고 스스로 확신한다. 만약 한 송이 꽃이 아름답게 자라서 달콤한 향기가 두루 퍼지기를 바란다면 꽃에 물을 주어야 한다. 그리고 우리는 모두 꽃이다.

심리치료는 좋은 경험을 하게 하는 방법을 찾는 것으로 시작한다. 이 것은 미소로 시작할 수도 있다. 그것은 우리가 이해하려고 노력하는 것과 더불어 성장한다. 심리치료에서는 작지만 진실함을 담은 친절한 행동에 대한 여지가 있다. 우울함은 아름다움, 자연 그리고 즐거운 인간관계를 누리게 되면서 점차 극복될 수 있다. 새로운 경험이 축적되어 감에 따라 그들은 점차 좋은 경험이 나쁜 경험을 앞지르는 지점에 도달하게 된다. 이것이 바로 사람들이 스스로 회복하는 방법이다. 즉, 상처에 향기로운 연고를 바르는 것이다. 최고의 치료는 자비, 사랑 그리고 이해심이다.

서양의 연상이론

금세기의 전환점에서 심리학자들은 의식의 흐름에 대하여 대단한

---

22) Seligman, 1975 참조.
23) Hanh, 1992, pp. 11 이하.

관심을 가졌다. 윌리엄 제임스(William James)는 선과 매우 유사한 방식의 다음과 같은 글을 남겼다.

> 심리학자로서 우리에게 가장 우선적인 사실은 어떤 종류든 사유(thinking)가 계속 진행되고 있다는 것이다. 나는 모든 형태의 의식(consciousness)을 구분하지 않고 사유라는 단어를 사용한다. 우리가 영어로 '비가 내린다(It rains)' 혹은 '바람이 분다(It blows)'라고 말하는 것처럼 그냥 사유한다(It thinks)라고 말할 수 있다면 우리는 진실을 가장 간단하면서도 최소한의 가정을 바탕으로 말하고 있는 셈이다. 우리가 그럴 수 없기 때문에 우리는 단순히 '생각이 계속된다'라고 말할 수밖에 없다. 생각은 어떻게 계속되는가?

1 모든 생각은 개인적 의식의 한 부분이 되는 경향이 있다.
2 각자의 개인적 의식 속에서 생각은 항상 변화하고 있다.
3 각자의 개인적 의식 속에서 생각은 눈에 띌 정도로 연속적이다.
4 생각은 항상 그 자체와는 독립적인 대상을 다루고 있는 듯이 보인다.
5 생각은 그러한 대상 중 다른 것을 제외한 일부에만 관심을 가지며, 관심 가진 것을 환영하거나 거부하는 것을 항상 반복한다. 즉, 한마디로 말해서 그런 대상 중에서 '선택'하는 것이다.[24]

이상의 내용은 아비달마의 내용과 아주 유사하다. 제임스는 우리가 검토하고 있는 것과 아주 비슷한 두 가지 이론, 즉 '인접의 법칙(law

24) James, 1890, pp. 224-225.

of contiguity)'과 '연상의 법칙(law of association)'을 제시하였다. 인접의 법칙이란 "함께 경험된 대상은 상상력 속에서 결합되는 경향이 있어서 그들 가운데 한 가지가 생각나면 다른 것도 그 전과 똑같은 순서나 공존하는 형태 그대로 함께 떠오른다."라는 것이다.[25] 그리고 연상의 법칙은 "두 가지의 기초적인 두뇌 과정이 동시에 또는 매우 짧은 시간 사이에 활성화된 경우, 이 중 하나가 나중에 다시 활성화되면 그 활성 상태를 다른 과정에 전파하려는 경향이 있다."라는 것이다.[26]

이 이론이 나온 지 얼마 되지 않아서 융(Carl G. Jung)은 단어 연상에 관한 연구에 착수하였다. 그것은 마음의 흔적을 탐구하기 위한 하나의 실험적인 방법이었다. 그는 자발적으로 나오는 생각의 흐름과 일정한 단어의 자극에 의하여 촉발되는 생각의 흐름에 관해 연구하였다. 스티븐스(Anthony Stevens)는 '연상의 법칙'은 19세기 말에 이론 심리학적으로 연구되었다고 말한다.[27] 그는 그것을 '유사성의 법칙(law of similarity)'과 '인접의 법칙(law of contiguity)'이라고 지칭하고 있다. 융은 그들을 집단 무의식의 '원형(archetype)'이 어떻게 '콤플렉스(complex)'로 전이되는가를 설명하는 데 이용하였다. 융의 심리학 체계에서 원형이란 우리가 삶에 대하여 가지고 있는 본능적인 기대인데 그것은 우리 종족이 수백만 년에 걸쳐서 경험한 것에서 생기게 된 것이다. 그리고 콤플렉스는 개별적인 우리의 삶을 규정하는 것으로 우리가 무의식적으로 가지고 있는 각 개인의 마음의 틀이다.

---

25) 앞의 책, p. 561.
26) 앞의 책, p. 566.
27) Stevens, 1990, p. 32.

스티븐스는 이에 대해 다음과 같이 설명한다.

> 예를 들어 어린이의 정신 성숙과정에서 모성 콤플렉스가 발달되어
> 가는 것을 살펴보자. 이 콤플렉스는 어린이의 내면에 내재된 모성(어머
> 니의 원형)에 대한 기대와 유사한 행동을 하는 여성(보통 자신의 어머니)
> 과 함께 밀접하게 살아가는 삶의 결과로 형성되고 활성화된다. 삶의 후
> 반부로 가면서 동일한 모성 콤플렉스가 나이 많은 다른 여성이나, 또는
> 어머니 같은 역할을 수행하는 기관이나 대중적인 인물에게 투영될 수
> 도 있다.[28]

도시의 수많은 도로가 도심을 중심으로 모이듯이, 융은 수많은 마음
의 길도 자신이 콤플렉스라고 이름 붙인 정신적 콘텐츠가 뭉쳐 있는
곳으로 모인다는 것을 발견하였다. 이러한 지리적 비유로 설명하면,
선의 방법은 우리가 도시에서 시간을 몽땅 허비하지 않고 사방이 툭
트인 마음의 고향으로 되돌아가도록 돕는 것이라고 말할 수 있을 것이
다. '콤플렉스'에 의한 지배가 가중될수록 마음은 새로운 경험에 대하
여 더욱 폐쇄적으로 된다. 불교에서는 이러한 콤플렉스를 '애착
(passions)'이라고 부른다.

융은 무의식적으로 일어나는 연상이 마음의 비밀을 어떤 방식으로
드러내는가를 보여 주었다. 이것이 소위 '프로이트적 실언(Freudian
slip)'의 이면에 숨어 있는 것이다.[29] 모든 유능한 치료사는 내담자가
대화 중에 하고 있는 연상 작용에 주목하는데, 왜냐하면 이것을 통하

---

28) 앞의 책, p. 32.

여 내담자가 집착하고 머무는 마음의 '도시' 속으로 들어갈 수 있는 길을 발견할 수 있기 때문이다.

만약 내담자가 자신의 교회 이야기를 하다가 갑자기 남자 친구 이야기를 했을 때, 우리는 비록 그 연결 관계를 잘 알지 못하더라도 이것이 아무런 질서가 없는 이야기는 아니라는 것을 안다. 우리는 이 두 가지 주제가 때가 되면 분명하게 드러날 하나의 심층적인 관심사를 중심으로 돌고 있는 두 개의 행성 같은 것으로 증명될 것이라는 것도 알고 있다.

우리의 마음이 애착에 의하여 어느 정도 지배되는가 하는 것은 곧 우리가 어느 정도의 광적인 마음을 가지고 있는가에 대한 척도다. 마음이 애착에 완전히 지배되면 우리는 현실과 완전히 단절된다. 융은 정신착란에 대한 글에서 다음과 같이 말하고 있다.

> 정신 분열증 환자는 극복할 수 없는 콤플렉스의 마법에 기약 없이 걸려 있다는 사실을 고려해 보라. 그러면 현실에서의 소외, 즉 객관적 상황에 대한 흥미를 상실하는 것은 그렇게 어렵지 않게 설명될 수 있을 것이다. 모든 관심이 콤플렉스에 사로잡혀 있는 사람은 누구나 자신의 주변 세계에 대하여 무감각하다.[30]

우리의 에고는 하나의 콤플렉스다. 우리 자신의 관심이 얼마나 에고에서 자유로운지 스스로 자문해 보라. 그것을 인식할 때 융의 말은 더

---

29) Freud, 1901. 역주: 프로이트는 이 책에서 무의식에서 야기된다고 믿어지는 인간 행동, 말 또는 기억의 오류를 실수(faulty action) 또는 착각 행위(parapraxis)라고 하였다.

30) Jung, 1907, p. 98.

욱 의미심장하게 다가온다. 앞 장에서 살펴본 것처럼 우리 스스로가 가장 위험한 애착 덩어리라 할 수 있다.

길 없는 길, 선

애착의 영향력을 중화시키기 위하여 우리에게 필요한 것은 깨어 있는 마음으로 지켜보기, 즉 사티(sati)다. 깨어 있는 마음으로 지켜보는 수행을 하면 우리가 순간순간 무엇을 하고 있는지를 알아차릴 수 있다. 순간순간의 알아차림은 새로운 출발점이 되는데 이것은 마음의 대도시 중의 하나로 되돌아가는 길의 시작이 될 수도 있다. 그러나 우리가 깨어 있는 마음으로 지켜보기를 할 때에는 그 길을 따라 두 번째 걸음을 내딛는 일이 없다. 왜냐하면 모든 것은 고정됨이 없이 돌아가므로 항상 지켜볼 새로운 현실이 다가오기 때문이다. 순간순간 우리는 새로운 무언가를 알아차릴 수밖에 없는 것이다. 그러므로 우리는 내면의 순환 궤도 속으로 끌려 들어가는 것이 아니라 항상 현실과 접촉해 있게 된다. 사티라는 말의 본래 의미는 '멈춤'인데, 이는 애착의 순환 고리 속으로 빠져드는 습관을 멈춘다는 뜻이다.

선에서 우리는 '지관타좌(只管打座, shikantaza)'[31]라고 하는 독특한 형태의 명상수행을 한다. 그것은 그 어떤 생각도 꼬리를 물고 일어나지 않게 하면서 앉아 있는 것이다. 일반적으로 아무것도 하지 않고 그냥 앉아 있으면 마음은 방황한다. 일단 생각이 궤도를 따라가기 시작

---

31) 역주: 일본의 조동종에서 널리 행하는 좌선 수행법의 일종이다. 이 책의 제14장 참조.

하면 다시 깨어 있는 마음 상태로 되돌아오기까지는 어느 정도의 시간이 걸린다. 한낮의 꿈이나 생각이 줄줄이 펼쳐지면 우리는 주위 환경에 무감각하게 된다. 그러나 그냥 앉아 있는 수행의 상태에서는 그렇게 방황하는 일이 없다. 우리는 매 순간 '바로 지금'으로 돌아오게 되는데 이를 통하여 망념의 길을 만드는 것이 아니라 깨어 있는 마음의 힘을 강화시키는 것이다.

매 순간 깨어 있는 것은 새로운 방법으로 마음의 창을 연다. 망념의 길을 따라가면 우리는 많은 것을 놓친다. 우리는 단지 낡아빠진 똑같은 것을 반복해서 보게 될 뿐이다. 실상 그것을 제대로 보는 것도 아니다. 우리는 그것을 당연한 것으로 여기며, 삶은 그냥 우리를 스쳐 지나가 버리는 것이다.

그래서 선은 마치 매 순간이 존재의 시작과 끝인 것처럼 사는 것이다. 첫 순간에 우리는 신선하고, 생동감 넘치며, 활기 있고, 깨끗하다. 우리는 경외하는 마음이 된다. 마지막 순간에 우리는 그 밖에 아무것도 문제될 것이 없다는 것을 알고 있다. 지금 이 순간 일어나고 있는 것은 어디론가 가기 위한 하나의 단계가 아니다. 왜냐하면 우리는 어디로도 가고 있는 것이 아니기 때문이다. 각각의 단계는 그 자체로서 거기에 있는 모든 것이다. 그래서 선을 할 때 우리는 망념의 궤도에 빠지지 않는다. 우리는 그냥 바로 지금 이 순간의 달콤한 과즙을 맛보고 있을 뿐이다. 도겐 선사는 다음과 같이 말한다.

산, 강, 땅, 해, 달 그리고 별
이 모든 것이 마음이다.
바로 이 순간

네 앞에 그대로 나타나 있는
바로 그것이 무엇인가? [32)](#)

선 탄트라

불교에서는 자기 수행에 대한 세 가지 주요 접근법이 있다. 첫째는 은둔자의 길이다. 은둔자는 자신의 생활 환경을 근본적으로 바꿈으로써 스스로를 단련시킨다. 그들은 마음을 산란하게 하는 모든 것을 차단하고 자신의 삶을 오로지 정신적 수행에 매진하도록 하는 체험으로 가득 채운다. 부처님은 은둔자에게 도시에서 멀리 떨어진 숲 속이나 산에서 오랜 기간을 보내면서 단순한 생활방식으로 살아갈 것을 추천하였다. 단순하게 생각해 보아도 우리 모두는 얼마 동안 모든 일에서 멀리 떨어져 보는 것이 우리 삶에 얼마나 새로운 활력소가 되는지 잘 알고 있다. 모든 불자는 적어도 얼마 동안 은둔 기간을 가지기 위하여 노력한다. 한때 현대 생활의 스트레스가 유난히 버겁게 느껴졌을 때, 나는 운 좋게도 시골에서 몇 개월을 보낼 수 있었다. 대부분의 시간을 집 밖에서 보내면서 명상하고 실제적인 일에 관여하면서 보냈던 것이다. 그것은 놀랍게도 원기를 회복시키는 효과가 있었다. 비록 우리가 밖에서 살 수 없다고 하더라도 우리에게 항상 선 수행을 상기시키는 공간, 식물 그리고 대상과 더불어 더욱 평화스럽고 아름다운 가정 환경을 만들 수 있는 방법은 많이 있을 것이다.

---

32) Tanahashi, 1985, p. 88.

두 번째 방법은 우리의 환경을 변화시키는 것보다 우리의 행동 방식을 변화시키는 데 중점을 두는 것이다. 이것은 보살의 길(bodhisattva path)이다. 보살은 다른 사람의 괴로움을 느끼는 사람이다. 보살은 세상 속에서 활동하며, 다른 사람에게 봉사하는 것을 수행의 방편으로 삼는다. 현대적 의미의 보살은 치료사일 수도 있다. 보살은 다른 사람의 눈을 통하여 세상을 바라본다. 비록 누군가가 보살의 물건을 강탈한다고 하더라도 보살은 강도가 그런 행동을 할 수밖에 없는 사정을 이해한다.

마지막으로 세 번째 방법은 탄트라(tantra)라 불리는 것이다.[33] 탄트라는 우리가 겪는 모든 경험을 축복으로 재구성함으로써 '정토(淨土, pure land)'로 곧장 들어가는 것을 의미한다.[34] 그렇게 함으로써 우리 스스로는 신성한 존재가 된다. 티베트의 위대한 라마 칼루 림포체는 다음과 같이 말하고 있다.

> 부처의 가르침인 불법(佛法, Dharma)의 실천을 통하여 우리는 우리의 경험 방식을 변화시킬 수 있게 된다. 왜냐하면 우리가 경험하는 것이 본질적으로나 자연적으로 아무런 궁극적인 실체가 없다는 것을 전제로 한다면, 경험의 (부정적인) 측면이 우리를 지배할 아무런 이유가 없기 때문이다. 불법의 실천과 더불어 우리는 우리의 경험을 다스릴 수

---

33) 역주: 탄트라(tantra)는 산스크리트어로 '연속체' 또는 '실'이라는 뜻이며 부처님의 비밀스러운 가르침과 수행을 가리킨다.

34) 역주: 정토(淨土, pure land)란 번뇌를 여의고 깨달음의 경지에 든 부처님이나 보살이 사는 청정한 국토를 말한다. 번뇌의 더러움을 여읜 깨끗한 세계라고도 할 수 있으며, 서방에 있는 극락 국토, 안양(安養), 안락국(安樂國)이라고도 한다.

있는 데에서 오는 이점을 완전히 터득할 수 있게 된다.[35]

탄트라 수행자는 공작새를 자신들의 수행 길을 표현하는 좋은 상징으로 생각한다. 왜냐하면 공작새는 다른 종류의 새가 독성이 있다고 먹지 않는 과일을 먹음으로써 오히려 번성하기 때문이다.

우리가 처음 탄트라에 대해 읽을 때는 그것이 단지 겉으로만 그러한 것이라고 생각할지도 모른다. 하지만 이것은 자기 의식인 말나식 (manas)이 이미 우리의 인식에 미치고 있는 영향력을 간과하는 것이다. 일례로 리들로프(Jean Liedloff)는 유럽인과 남미 인디언으로 구성된 그녀의 탐험대가 급류를 피하여 큰 배를 운송해야만 했던 당시를 다음과 같이 이야기한다.

　　우리 모두는 같은 일, 즉 긴장과 고통을 겪고 있었다. 우리의 상황은 아무런 차이가 없었다. 다만 우리 유럽인은 그러한 상황이란 의심할 여지없이 행복지수가 매우 낮은 상태라고 믿는 문화에 의하여 조건 지어져 있었으며, 그 상황에서 어떤 선택의 여지를 가지고 있다는 것을 인식하지 못하였다. 반면 인디언은 선택의 가능성을 인식하지 못한 것에서는 마찬가지였으나 동료 의식에 젖어 매우 즐거운 마음 상태에 있었다.[36]

우리는 어려운 일은 바람직스럽지 못한 것으로 보도록 조건 지어져

---

35) Kalu, 1987, p. 16.
36) Liedloff, 1986, p. 25.

있다. 그러나 그것은 또한 즐거움일 수도 있다. 우리는 이미 우리의 모든 경험에 색칠을 하고 있다. 만약 우리가 그것을 어느 한 가지로 색칠할 수 있다면, 그것을 다르게도 색칠할 수 있는 것이다.[37)]

선은 위에서 말한 세 가지 방법을 모두 통합하고 있다. 선은 초기 불교의 은둔적 전통을 확고한 기반으로 삼고 있다. 또 선은 보살도의 길을 완전하게 발전시켰고 또한 탄트라 혹은 진언(眞言, shingon)적인 방법을 구체화하였다. 그러므로 선에서 중요한 경전 중의 하나는 법화경(法華經)이며, 특히 대자대비의 관세음(觀世音, Avalokita) 보살에 관한 품이다. 법화경에 따르면 관세음은 형태, 장소 그리고 때를 불문하고 모습을 나타낸다. 이는 기본적으로 하나의 탄트라적인 원전이다. 그것이 수행자에게 요구하는 방법은 일어나는 모든 일을 관세음의 나툼(顯現, manifestation), 즉 최대의 자비행(慈悲行)으로 여기라는 것이다.

이러한 수행을 심리치료에 사용될 수 있도록 변형시킨 세 가지 방법은 다음과 같다.

1 좋은 씨앗 찾기
2 정체성에 대한 인식 바꾸기
3 유익한 마음의 비전 세우기

좋은 씨앗 찾기   이것은 심층적으로 관찰하는 것을 의미한다. 한 여성 내담자가 치료사에게 부모에게서 성적 학대를 받았다는 이야기를 한다. 지금 그녀는 자기 아이가 있는데 자기 어머니는 그 아이 역시 성

---

37) cf. Apter, 1989.

적으로 학대하려고 위협한다고 한다. 그녀는 '나는 어머니가 미워 죽
겠어요.' 라고 한다. 이 상황에서 좋은 씨앗은 어디에 있을까? 그녀가
이 문제를 의논하기 위하여 왔다는 사실은 '나는 어머니가 미워 죽겠
어요.' 라는 것이 이야기의 전부가 아님을 암시하고 있다. 그녀는 실제
로는 증오하고 싶지 않은 것이다. 그러나 어머니에 대한 그녀의 근심
에 우선하는 것은 그녀의 모성 본능이다. 두 개의 강력한 인간 본능,
즉 딸로서의 본능과 엄마로서의 본능이 충돌하고 있는 경우인데, 이때
모성 본능이 더 우세하게 작용할 수밖에 없다.

우리가 상황을 제대로 이해하면 여기 이 사람은 아주 적절하게 처신
하고 있는 사람이라는 사실을 알게 된다. 그녀는 자기 아이를 위하여
어머니와 떨어져서 지내야 한다. 그런데 그렇게 하는 일이 어렵기 때
문에 그녀는 감정적 에너지를 표출할 수 있는 강력한 출구를 만들어
내어야 한다. 이것은 '나는 어머니가 미워 죽겠어요.' 라는 표현에서
발견된다. 이 말을 할 때 그녀는 치료사가 그 미움을 더 강화시켜 주기
를 정말로 원하고 있는 것이 아니다. 그녀는 치료사가 그녀가 처한 딜
레마를 이해해 주기를 바라고 있다. 치료사가 자신의 처지를 이해해
주고 또한 아이를 보호하려는 그녀의 아주 적절한 요구가 긍정적인 지
지를 받는다고 생각되면 그녀가 어머니에 대한 증오심을 계속 가지고
있어야 할 필요성이 줄어든다. 이제 내담자의 어머니 역시 성적으로
유린되었다는 비밀도 알게 된다. 그녀는 실제로는 어머니에게 어느 정
도의 이해와 동정심을 가지고 있다. 단지 그녀는 그러한 이해와 동정
심이 자신과 아이를 어머니에게서 보호하는 것을 방해하지 않도록 해
야 한다는 것을 알고 있다. 이 사례는 근본적으로 아주 고통스러운 상
황을 보여 주고 있는데, 한편 그렇게 어려운 상황에서도 내담자가 온

전한 방식으로 행동하기 위하여 일반적으로 최선의 노력을 하고 있음도 함께 보여 준다.

정체성에 대한 인식 바꾸기　조금 전에 소개한 것과 비슷한 상황에 처한 내담자는 마음속에 증오, 질투, 분노, 고통 등과 같은 수많은 종류의 번뇌에 맞닥뜨리곤 할 것이다. 누구든 자기가 그러한 번뇌를 가지고 있음을 알았을 때 자신이 못난 사람이라고 결론짓기 쉽다. 그러나 불교 심리학에 따르면 번뇌 속에 있는 모든 에너지는 좋은 에너지다. 번뇌는 단지 환상일 뿐이다. 최근의 한 인기 있는 만화 영화에서 등장인물 중의 한 사람이 다음과 같은 대사를 하고 있다. "나는 실제로는 그렇게 나쁘지 않아. 나는 단지 그런 식으로 그려졌을 뿐이야!" 번뇌는 바로 이와 같은 것이다.

앞에서 소개했던 그 내담자의 증오는 그녀가 나쁜 사람이라는 표시가 아니다. 그것은 단지 어머니에게서 자기 아이를 떼어 내서 구하고 싶은 아주 자연스러운 충동을 그렇게 표현한 것일 뿐이다. 그것은 좋은 에너지다. 비록 내담자의 증세가 악마의 힘이 자기 안에서 작용한다고 믿는 데에서 시작될지라도 치료사는 결코 그렇게 보지 않는다. 때가 되면 내담자도 어떤 차원에서는 항상 직관적으로 알고 있는 것, 즉 자신의 생명 에너지가 내내 흘러나오는 근원은 티없이 맑다는 것을 받아들인다.

우리는 선 수행을 통해서 우리가 경험하는 어떤 것도 자기와 동일시하지 않는 법을 배운다. 만일 증오가 일어나면 그냥 재미있게 지켜볼 뿐이다. 만약 기쁨이 일어나면 그것 역시 흥미롭게 지켜볼 뿐이다. 증오도 기쁨도 결코 내가 아니다. 우리가 번뇌를 '나'라고 생각하지 않

을 때, 우리는 번뇌를 자비롭게 대할 수 있으며 번뇌의 진정한 기능을
이해할 수 있게 된다.

유익한 마음의 비전 세우기   선 수행자는 전통적 모습의 관음보살을 마
음속에 새기는 것을 배울 수도 있다. 때때로 관음보살은 각기 도움의
손길을 펼칠 수 있는 천 개의 손을 가지고 있는 것으로 묘사된다. 각각
의 손에는 눈이 있어 필요한 도움을 외면하는 일이 없다. 이렇게 새기
는 것은 번뇌를 관음보살의 구원의 손길로 재생하게 하는 데 도움이
된다. 조금 더 쉽게 말하면 관음보살의 능력이 우리 내면에 이미 갖추
어져 있다고 생각할 수 있는데, 이러한 생각은 우리가 많은 어려운 상
황을 헤쳐 나가는 데 굳건한 뒷받침이 된다. 이렇게 새기는 데에 꼭 동
양적인 모습의 정확한 상징이 사용될 필요는 없다. 나를 찾아온 한 내
담자는 그가 휴일에 방문하였던 산의 이미지를 마음에 지니는 법을 배
웠다. 이 이미지는 그가 산에서 경험하였던 특별한 상태의 고요한 마
음을 불러일으켰다. 산은 그가 직장에서 마주치는 여러 가지 어려움을
극복하는 것을 도왔는데 그에게는 산이 바로 관음보살인 것이다. 시각
화 수행은 종종 공식적인 명상수련 과정으로 교육된다. 그러나 그 수
행은 또한 일상생활에도 아주 유용한 도움이 될 수 있다. 우리가 가지
고 있는 마음의 이미지는 하루 종일 우리의 행동과 감정에 영향을 미
친다. 마음에 새겨진 이미지가 고정된 실체가 아님을 알고 그와 관련
된 끝없는 연기적 관계를 간파함으로써, 우리는 마음의 자연스러운 흐
름을 주도할 수 있고 우리 자신과 다른 사람의 이익을 위하여 그 에너
지의 방향을 재조정할 수 있다.

요 약

마음은 연상 작용에 의해 조건 지어져 있다. 습관적인 망념의 궤적이 전개됨에 따라 우리가 직접적인 현실을 인식하는 것도 무뎌지게 된다. 이런 망념의 궤적은 모두 애착으로 수렴되며, 특히 자기애착이라고 하는 망상의 근본을 지탱한다. 선 수행은 다음의 네 가지 방식으로 연상 작용을 중화시킨다.

1 온전한 것이 주변을 둘러싸게 하고 온전하지 못한 것은 분리함으로써 적극적으로 좋은 연상 창조하기

2 긍정적으로 이끄는 행동 양식 선택하기

3 역경을 축복으로 전환시키기

4 깨어 있는 마음으로 지켜보는 수행을 통해서 망념의 궤적이 형성되는 전체 과정을 허물어뜨리기

연상 인연론은 우리로 하여금 더 나은 사람이 되게 하는 방법에 관한 몇 가지 기본적인 사실을 놓치지 않게 한다. 사람들이 이미 말했을지도 모르는 사실일지라도 치료 과정에서는 파묻혀 버리기 쉽다. 왜냐하면 우리가 한 사람 한 사람을 치료할 때 너무나 자주 그러한 것을 무시하기 때문이다. 적절한 계기가 중요하다. 만약 우리가 내담자에게 적절한 계기를 마련해 줄 수 있다면 이것은 결코 헛된 것이 아니다. 그것은 항상 좋은 연상으로서 마음속에 남아 있을 것이다.

11

모든 것은 변한다

상호의존 인연론

공생 인연론(共生緣, Co-birth, Sahajati paccaya)은 윤회의 모든 요소가 비록 겉으로는 따로 떨어져 서로 작용하고 있는 것처럼 보일지라도, 실제로는 서로가 서로의 본질을 이루고 있으며 모두 함께 발생하게 된다는 이론이다. 각 차원의 윤회는 다른 모든 요소에 의해서 조건 지어진다. 상호 인연론(相互緣, Co-dependence, Annyamannya paccaya)은 윤회를 결정짓는 그와 같은 동일한 기본 요소가 서로 함께 소멸한다는 것이다. 즉, 하나가 사라지면 모두가 함께 사라지는 것이다.

모든 것이 변화한다는 것을 삶 속에서 이해하는 때가 있다. 삶은 깔끔하고, 직선적이며, 질서정연한 방식으로 진행되는 것이 아니다. 너무나 자주 우리는 삶의 고비를 넘긴다. 부처가 되기 이전 고타마 석가모니(Gotama Shakyamuni)는 여러 스승을 거치고 수년 동안 수행하면서 수많은 시험과 고난을 겪으며 많은 교훈을 얻었다. 하지만 그의 깨달음은 갑작스럽게 다가온 하나의 사건이었다. 선(禪)에서의 접근 방법은 바로 이러한 사실에 강하게 영향을 받았다. 그 깨달음은 북인도의 부다가야(Buddha Gaya)라는 곳에서 오랫동안 명상에 잠겨 앉아 있던 그가 샛별이 뜨는 것을 본 바로 그 특별한 봄날 밤에 일어났다. 이러한 종류의 전환적인 경험을 견성(見性, kensho)이라고 부른다.

고타마의 내면 가장 깊숙한 곳에 자리하고 있던 의문, 즉 인간의 괴로움에 대한 의문을 이해하기 위한 그의 몸부림이 거의 절정에 다다르고 있음이 분명하였다. 오랜 세월의 엄격한 고행은 그를 매우 깊은 경지로 이끌었으나, 고행 그 자체가 자신이 추구한 목표에 이르게 하는 것은 아니었던 것이다. 그래서 그는 음식을 다시 먹기 시작하였고 진리를 얻기 위한 마지막 최상의 시도로서 스스로 좌선에 몰입해 들어갔다. 그는 보리수 나무 아래 풀밭에 앉아서 밤새도록 명상하였다.

바로 그때 '마구니(Mara)'가 나타나 그를 공격하였다. 마구니는 기독교에서의 악마(devil)와 비슷하게 불교 경전에 나타나는 존재다. 마구니라는 이름은 우리의 삶을 빼앗아 가는 존재라는 뜻이다. 깨달음은 다른 말로 '마구니가 없는 상태(amara)'라고 할 수 있는데, 이는 우리의 삶을 우리 자신에게서 결코 빼앗기지 않는 상태라고 할 수 있다. 그러므로 마구니의 출현은 고타마의 길을 가로막는 모든 힘이 총집결되어 그를 방해하는 것을 생동감 있게 표현한 것이다. 마구니의 무리는 곧 번뇌를 가리키며, 전통적으로 알려진 대표적인 번뇌의 예를 들면 탐욕, 혐오, 배고픔, 갈증, 집착, 게으름, 두려움, 의심, 위선, 어리석음, 탐취심, 명예욕, 경멸심 등이 있다. 고타마는 이러한 마구니에 당당하게 맞섰으며, 그렇게 함에 따라 그들은 사라지고 천상에서 꽃비가 내렸다. 이 관문을 뚫고 나가자 심오한 통찰력이 강물처럼 흘러넘쳤다. 불과 몇 시간 안에 그는 우주의 참된 본질을 명확하게 깨닫게 되었다. 그는 깊은 과거로 돌아가 자신의 존재의 뿌리를 보았으며, 모든 것이 어떻게 서로 일어나고 사라지는지를 이해하였다. 바로 그 봄날 아침, 날이 밝아 오는 것을 지켜보면서 그는 우주 법계가 하나로 돌아감을 알게 된 것이다.

이 사건은 그의 삶을 근본적으로 변화시킨 것일 뿐 아니라 실로 세계 역사의 전환점이었다. 예수님이 사막에서 겪었던 경험도 이와 비슷하다고 말할 수 있는데, 성경은 그 사건에 대하여 다음과 같은 아주 비슷한 용어로 묘사하고 있다.

예수님이 성령에 의하여 인도되어 광야로 들어가자 악마가 나타나 유혹을 하였다. 그는 40일 밤낮을 금식한 상태였으며 마지막 날에는 굶주림에 지쳐 거의 죽을 지경이었다. 악마가 그에게 다가와 … 영광에 찬 모든 세상의 왕국을 그에게 보여 주며 말하였다. "만약 네가 엎드려 나에게 경의를 표하기만 하면 나는 너에게 이 모든 것을 주겠노라." 그러나 예수님은 말하였다. "사탄이여, 물러가라. 성서에서는 '너는 너의 주인이신 하나님께 경배할 것이며 오직 그만을 섬길지니라.'라고 가르치고 있느니라." 그러자 악마가 사라지고 천사가 나타났다.[38]

선에서는 이러한 일이 우리의 삶과 동떨어진 최고의 정신적 영웅에게만 일어나는 것이 아니라는 것을 말하고 있다. 오히려 부처님과 예수님에 대한 기록은 모든 사람이 어떻게 자신의 삶의 방향을 근본적으로 변화시킬 수 있는가에 대한 핵심 요소를 그리고 있다고 하겠다. 사람들은 종종 자아 중심적인 입장을 포기함으로써 상대적으로 짧은 기간 동안이나마 '변화된 의식 상태(altered state of consciousness)'를 경험하곤 한다. 이것은 마치 눈에서 얇은 막이 떨어져 나가는 것과 같은 것이다. 모든 것이 전에는 결코 경험해 보지 못한 맑고 밝은 모습으로 보인다. 우리는 모두 서로 다르기 때문에 모든 사람이 견성에 대한 전통적 묘사에 부합하는 그러한 체험을 반드시 해야 하는 것은 아니다. 또한 그러한 체험을 위한 체험을 추구하는 것은 아무런 의미가 없다. 그렇더라도 모든 사람은 돈오적 차원에서 마음을 변화시킬 수 있는 능력이 있으며, 이는 마음을 한없이 깊게 할 뿐 아니라 삶의 질을 지속적으로 향상시킬 수 있는 것이다. 선 수행은 그러한 근본적인 관문을 뚫고 나아갈 가능성을 높이는 것을 목표로 하고 있다.

상호의존 인연론은 윤회하는 우리의 삶이 카드로 쌓은 집과 같다는 사실을 우리에게 일깨워 준다. 카드 하나가 무너지면 집 전체가 무너진다. 따라서 자기 자신에 대해 무엇인가를 해 보려고 진지하게 결심한 사람은 누구나 근본적인 변화를 이루어 낼 수 있다. 우리는 여기서 참된 마음의 변화, 즉 완전히 더 나은 방식의 삶이 있다는 것을 경험적으로 실현하는 것에 관하여 이야기하고 있다.

물론 우리가 변화하기 위한 노력을 기울일 때, 우리는 바로 장애에 부딪치게 될 것이다. 예를 들면 다이어트를 시도해 본 사람들은 누구나 그 함정을 알고 있다. 그러나 다이어트의 문제점은 일반적으로 다

---

38) 마태복음 4장.

이어트하는 사람이 삶의 존재 방식을 전면적으로 변화시키는 것이 아니라 단지 약간의 체중을 줄이기 위하여 노력한다는 것이다. 다이어트를 하는 사람은 체중 이외의 나머지는 그대로 남아 있기를 바란다. 상호의존 인연론에 따르면 이렇게 하는 것은 아무런 효과가 없다.

　마음수행을 하는 사람은 금식을 하기로 결정하면 그냥 금식을 한다. 그것은 체중 감량을 위한 것이 아니라 번뇌가 드러나고 다스려질 수 있는 열린 공간으로 번뇌를 끌어내기 위한 것이다. 마구니를 전쟁터로 불러들이는 가장 빠른 방법은 무엇인가를 포기하는 것이다. 만약 마구니가 등장하자마자 항복하려는 마음이 조건 지어져 있으면, 다이어트는 오래가지 못할 것이다. 만약 우리가 기쁜 마음으로 마구니에 맞선다면 마구니는 곧 꽃비나 천사로 변할 것이다. 이러한 원리를 사용하기 위하여 형이상학적 존재로서의 마구니 또는 악마를 믿어야 할 필요는 없다. 우리는 여기서 유령이나 악귀에 대하여 이야기하고 있는 것이 아니다. 다만 누구든 변화하기로 결심한 때 그 사람의 마음속에서 일어나는 일에 대한 그림을 그리고 있는 것이다.

　그러므로 우리가 여기서 이야기하고 있는 것은 우리 마음의 조건화 작용을 깨뜨리는 방법이다. 일반적으로 변화가 단지 정보에 바탕을 둔 것이라면 그 변화는 오래 지속되지 못한다. 예를 들어 보자. 그동안 금연을 장려하는 캠페인이 많이 있었다. 이제 누구나 흡연 때문에 아주 고통스럽게 더 빨리 죽음을 맞게 될 확률이 커진다는 것은 알고 있다. 그러나 이 정보 자체만으로는 종종 사람들을 놀라게 하는 효과만 있을 뿐이다. 만약 사람들이 두려움을 느낄 때마다 습관적으로 담뱃불을 붙인다고 한다면 이러한 종류의 정보는 그들에게 도움이 되지 않는다. 흡연이든 어떤 다른 중독성 습관이든 그것을 버리려면 삶의 전체적인 틀을 바꾸어야 한다. 생활방식과 습관은 함께 생기고 함께 사라진다. 이것이 바로 상호의존 인연론이다.

또 하나의 공통된 실례는 사람들이 심리치료를 받으러 와서 삶의 한 단면을 정말로 바꾸기 시작했을 때 일어나는 현상이다. 만약 그들의 변화가 진지하고 지속적인 것이면, 곧 삶의 다른 측면에서도 많은 변화를 겪게 되는 것을 볼 수 있다. 어떤 면에서 이것은 문제라고 할 수 있다. 내담자는 예를 들어 직장에서의 불안감과 같이 언뜻 보기에는 직접적이고 틀에 박힌 문제를 다루기 위해 심리치료를 받으러 온다. 그런데 머지않아 그는 결혼 생활을 다시 생각할 수도 있고, 부모와 자식과 다른 관계를 맺을 수도 있으며, 옛 친구와의 만남은 줄어들고 새로운 친구를 찾게 될 수도 있다. 이것은 내담자 주변의 다른 사람을 상당히 혼란스럽게 만들 수도 있다. 내담자가 비록 지금은 이러한 변화를 스스로 만들어 가고 있지만, 처음 치료를 받으러 왔을 때에는 아마도 자신이 착수하게 된 변화의 실체가 무엇인지 전혀 인식하지 못했을 것이다.

이처럼 삶의 길은 수많은 상호의존적인 부분으로 이루어져 있다. 우리가 앞 장에서 살펴본 바와 같이, 마음 또한 상호의존적인 애착(콤플렉스)의 그물에 지배되고 있다. 하나가 바뀌면 전체가 바뀐다. 새로운 존재가 나타나면 나머지 전체가 거기에 적응하여야 한다. 만약 하나를 내버리면 모든 것이 약화된다.

선은 애착을 변형시킨다. 여기서 선이 애착을 소멸시키기보다 변형시킨다고 하는 것이 좀 더 도움이 된다. 광야의 시험에서 악마가 사라지자 천사가 나타났다. 고타마의 깨달음에서 마구니가 사라지자 천상의 꽃비가 쏟아져 내렸다. 우리가 깨달음의 맑은 눈으로 번뇌를 관찰하면, 번뇌란 모두 실은 감추어진 창조적 에너지라는 사실을 알게 된다. 이 에너지가 그 자연스러운 길을 찾으면 그것은 더 이상 악마의 모습으로 나타나지 않게 된다. 그러므로 불교 이론에 따르면 엄밀히 말해서 악마와 같은 것은 없으며, 오직 무지(無知)만이 있을 뿐이다. 우리가 진정으로 이해하게 되면 용서할 수 있고 진실한 사랑과 자비를 느낄 수 있는 것이다.

자기관찰

애착은 자기관찰(self-study)에 의해서 모습이 바뀌게 된다. 자기 관찰은 제멋대로 하는 방종을 뜻하는 것이 아니다. 이것은 우리가 깨어 있는 마음으로 지켜보는 능력을 계발함으로써 우리의 마음이 작용하는 방식을 꿰뚫어 보는 것을 의미한다. 우리는 완전히 알아차리게 되는 것을 목표로 한다. 우리는 번뇌가 일어나는 것을 지켜보고 그것이 어떻게 우리에게 영향을 미치는지를 지켜보며, 번뇌가 다시 떠나가는 것도 지켜본다. 마치 겁이 많거나 은밀하게 행동하는 동물의 습관을 관찰하기 시작할 때와 같이, 우리는 침착한 마음이지만 그 일에 대한 열의를 가지고 번뇌를 관찰하는 것이다. 내담자는 단순히 가치중립적 입장에서 관찰을 함으로써 자신의 몸과 마음이 서로 어떻게 작용하는가 하는 연구를 시작하도록 한다.

질투심
강박적인 질투심 때문에 고통받고 있는 한 내담자가 나를 찾아온다.

그는 자기 아내가 다른 남자가 있는 쪽으로 힐끗 쳐다보는 것조차 참지 못한다. 이렇게 조건 지어진 마음이 그의 삶을 망치고 있다. 그는 에너지의 대부분을 자기 아내가 다른 남자 근처에 갈 만한 일을 하지 않도록 하는 데 쓰고 있었다. 현대 사회에서 이것은 아내가 하려고 하는 거의 모든 일이 다 해당되는 것이다. 그래서 그는 항상 절망적으로 불행하다고 느끼며 아내가 무심코 한 사소한 행동에도 화를 내뿜게 된다. 그는 자신이 비이성적임을 알고 있다고 하지만, 상담실을 나가면 그는 자신을 통제할 수가 없다. 그가 특히 유별난 상태에 있는 것은 아니다. 다만 치료사가 대처하는 법을 알아 두어야 하는 상황임에는 분명하다.

우리가 이제까지 불교 심리학에 대해서 배운 내용에 따르면 우리는 이 내담자가 실로 자신의 행동을 조절하고 변화시킬 수 있다는 것을 확신할 수 있다. 또한 완전히 다른 마음과 행동양식이 일단 자리 잡기만 하면, 괴롭게 돌아가는 현재의 상황도 사라져 버릴 것이라는 것을 우리는 확신할 수 있다. 그러나 그가 질투심이 일어나는 일상적인 행동양식을 보지 못하는 한 그것을 피할 수는 없을 것이다. 그러므로 그가 해야 할 첫 번째 일은 질투심을 피하는 방법을 배우는 것이 아니라 그것을 관찰하고 그 뿌리를 연구하는 데 에너지를 쏟는 것이다. 그가 질투심을 주의 깊게 지켜보고 연구한다면 그의 존재 방식도 아마 저절로 크게 변화될 것이다. 이와 같은 자기 관찰은 내담자와 치료사가 함께하는 치료 시간 중에 어느 정도 행해질 수 있다. 또한 치료 시간을 떠나서 내담자 스스로도 어느 정도는 수행하게 될 것이다. 내담자는 증상의 경과를 다르게 하려는 어떤 시도도 하지 않고 그냥 그것을 지켜보는 것을 배우는 것이다.

자신의 증상에 대한 집중적인 관찰을 계속해 감에 따라 깨어 있는 마음으로 지켜보는 능력이 자연스럽게 계발될 것이다. 그는 질투심이 없는 때가 있음을 알아차리게 될 것이다. 그리고 질투심이 다가올 때 어떤 조짐이 나타나는지 알아차리기 시작할 것이다. 이렇게 하면서 그는 다른 감정의 움직임도 포착하게 될 것이다. 이 내담자는 이미 변화하려는 동기가 유발되어 있기 때문에, 깨어 있는 마음으로 지켜보는 능력을 어느 정도 계발한다면 치료의 나머지 부분을 나의 도움 없이도 스스로 완수하게 될 것이다. 깨어 있는 것은 자연스러운 변화를 유발한다. 그리하여 그는 내면의 고요함과 더불어 변화를 해 나갈 수 능력이 스스로 갖추어져 있다는 사실을 경험을 통하여 발견할 것이다. 이 것은 이러한 위기 상황뿐만 아니라 삶 전체를 통해서 그에게 크게 도움이 될 것이다. 그의 질투심이 변화될 뿐만 아니라 그의 인생관이 전반적으로 전환하게 될 것이다. 그는 더 이상 자신을 주변 환경의 희생자로 생각하지 않게 될 것이다.

분 노

또 다른 내담자는 내게 찾아와 결혼생활상의 문제에 대해 말한다. 상황은 복잡하지만, 그 속에서 내담자가 분을 삭이지 못하고 있는 하나의 단서를 확인할 수 있다. "제 남편은 성질이 나빠요. 하지만 제가 더욱 나쁜 편이죠."라고 그녀가 말한다. 면담이 진행되면서 결혼할 만큼 한때 서로 사랑하였던 두 사람이 지금은 실로 온갖 것을 핑계로 서로 화를 내며 살고 있다는 것이 밝혀진다.

둘 사이의 구체적인 부조화 이외에 그녀는 현대 가정에서 아내 입장의 불공정성, 즉 현대 가정의 아내는 직장도 가져야 하는 반면 여전히 가사일을 도맡아 해야 하는 불공정성을 거듭하여 말하고 있다. 이것은 타당한 말이다. 나는 그녀의 말을 잠시 끊고 말한다. "지금 하신 말에 제가 동의하고 있는 것은 아시죠. 그런데 이 시대 아내의 고충이라는 상당히 일반적인 주제를 이야기를 하시면서 여전히 흥분한 태도로 이야기를 하십니다." 그녀는 동의한다. 그녀의 마음은 말하고 있는 상대가 내가 아니라 자기 남편이라고 여기고 있는 것이다.

이러한 문제를 다룰 방법은 매우 많다. 우리는 남편과 아내를 함께 상담하며 서로의 이해를 증진시키는 작업을 할 수도 있을 것이다. 우리는 또한 여자 쪽과 상담하면서 그녀의 분노가 권위적인 남편과 유별나게 억압된 삶을 살았던 자기 어머니와 자신을 동일시하는 데에서 기인한다는 것을 밝히고, 그녀 스스로 그 분노의 뿌리를 확인하도록 도와줄 수도 있다. 또 그녀의 관점이 정당하다는 것을 긍정하고, 그녀가 정의로운 가치를 자기 것으로 적극적으로 수용함으로써 자신의 자존감을 키워 가도록 도와줄 수도 있을 것이다. 이러한 방법 중 어느 것이든 쓸모가 있을 것이고 이 외에도 다른 많은 방법을 생각해 낼 수 있을 것이다.

반면 선의 관점에서 보면 그녀의 주장이 정당하든 아니든, 그녀의 남편이 비이성적이든 아니든, 그녀의 환경이 바뀔 수 있든 아니든, 이 내담자는 마음속에서 자신을 갉아먹는 증오라는 정신적 독약에 대한 어떤 조치를 취할 필요가 있다. 만약 그녀가 스스로를 파멸시키는 자신의 못된 성질에 대하여 무언가를 할 수 있다면, 결국 남편과 함께 살게 되든, 이혼 법정에 서게 되든, 별거를 하게 되든 간에 그녀는 더 큰 행복감을 느낄 것이고 자신에게 주어진 현재의 삶을 더 잘 살아갈 수 있게 될 것이다.

나는 그녀에게 여성의 지위에 대하여 다시 한 번 말해 달라고 하면서 이번에는 좀 더 침착하게 이야기하여 보라고 한다. 그녀는 살짝 미소를 짓고는 이야기를 시작한다. 그녀가 미소를 지은 까닭은 그녀와 나 사이에 공감이 이루어졌기 때문이다. 그녀는 내 요청이 적합하다는 것을 알고 있고 또한 그 요청에 응하는 데 있어서 자신이 가지게 되는 어려움도 예리하게 인식하고 있다. 그녀는 다시 이야기를 시작한다. 그녀가 이야기를 잠시 하고 난 다음, 나는 이야기를 다시 중단시키고 그녀의 감정이 어떤지를 묻는다. 자신의 가슴 부위를 가리키며 그녀는 말한다. "여기가 뜨거워지고 있어요." "그래요? 아까보다 목소리는 좀 더 차분해졌지만, 불 같은 감정은 여전히 아주 강렬하군요." "네, 그래요."

우리는 얼마 동안 계속해서 이러한 실험을 한다. 나는 계속 그녀가 말하는 것을 중간에서 끊고, 그럴 때마다 그녀는 자신의 마음속에서 느껴지는 것을 확인한다. 이것이 깨어 있는 마음으로 지켜보는 훈련이다. 기억하라. 깨어 있는 마음으로 지켜보는 정념(正念)의 원어인 사티(sati)는 '멈춤'이란 의미도 가지고 있다. 이것은 일상적인 마음 작용의 한옆으로 비켜서서 내면에서 무슨 일이 일어나고 있는지를 바라볼 수 있도록 계속 '멈춤'을 만들어 내는 것을 의미한다. 치료 시간 중에 할 수 있는 훈련은 매우 한정적이기 때문에 내담자는 스스로 그러한 '멈춤'을 만들어 내는 법을 배워야 한다. 그러나 이 과정 전체가 이제 자신의 관심을 끌었기 때문에 그녀는 그렇게 할 수 있다는 자신감이 있다. 주목할 만한 것이지만, 그녀는 자신의 분노가 막 솟구쳐 오를 때마다 가슴 부위가 뜨거워지는 느낌을 이러한 치료가 시작되기 전에는 전혀 알아차리지 못하였다는 것이다. 이것은 그녀의 말대로 '그런 때에는 머릿속이 너무 바쁘게 돌아가서 알아차릴 수 없기' 때문이다. 그러나 이제 그녀는 이러한 뜨거운 느낌이 언제 일어나고, 그 특성은 무엇이며, 상황에 따라 그 강도가 어떻게 달라지는지 하는 것을 연구하며 그것을 관찰하고 싶어 한다. 나는 그녀에게 그것을 변화시키려고 하지 말고 그냥 깨어 있는 마음이 향상되도록 하라고 격려한다.

마음속에 분노심을 품고 있는 여자를 치료하는 것이나 질투심으로 괴로워하는 남자를 치료하는 것은 본질적으로 다르지 않다. 두 가지 경우 모두 자기관찰은 깨어 있는 마음으로 지켜보는 법을 익히는 데 달려 있다. 이것은 또한 멈춤에 의하여 계발된다. 멈춤은 내담자가 자신의 마음 작용을 발견하고 연구하게 하는 것이다. 내담자는 자신의 마음 작용을 연구하면서, 그 마음 작용 자체에서 한 발짝 떨어져 있게 되는 법을 배우게 된다(捨, upeksha).

비록 내담자의 삶이 애착의 지배에 휘둘려 탐욕이나 증오로 드러난다고 할지라도, 인간은 의도·정진·주의력과 탐구심을 동원함으로써 더욱 강력한 힘을 발휘할 수 있다. 그러나 이러한 힘을 주도적으로 사용하려면 마음을 집중하고 지켜보는 기술이 필요한데, 이는 배울 수 있는 것이다.

이러한 기술을 배우기 위하여 내담자가 반드시 부처님처럼 연화좌(蓮花坐)의 자세로 바닥에 앉아야 하는 것은 아니다. 깨어 있는 마음으로 지켜보는 것은 살아가면서 맞닥뜨리는 모든 상황에서 항상 이용할 수 있다. 물론 본격적인 수행은 우리를 한층 더 높은 차원으로 이끌지만, 마음을 집중하고(samadhi) 깨어 있는 마음으로 지켜보는(sati) 것이 조금만 향상되어도 내담자는 자신의 행복, 자기 조절 능력과 애착에서의 해방이라는 측면에서 많은 이익을 볼 수 있을 것이다. 어떤 애착을 먼저 연구하는가 하는 것은 그다지 중요하지 않다. 우리는 그냥 내담자의 관심을 따라갈 뿐이다. 그러나 치료사로서 우리는, 만약 내담자가 벽에서 벽돌을 하나 뽑아내면 다른 벽돌이 느슨해지기 쉽고 따라서 한 개인의 삶에서 더욱 전면적인 전환이 일어나게 될 것임을 알고 있다.

내관: 마음으로 인연관계 살펴보기

내관(內觀) 요법은 일본 불교의 정토진종(淨土眞宗, Jodo Shinshu)의 수행자인 요시모토(Ishin Yoshimoto)에 의하여 개발되었다. 이것은 정토진종 스님의 수행 정진에 사용된 방법을 기초로 하고 있는 것으로서 다른 수많은 불교 종파에도 이와 유사한 방법이 있다. 내관 수행은 다른 사람과의 관계에 비추어 자신의 과거의 삶을 집중적으로 들여다보도록 하는 정진 기간을 갖도록 하고 있다. 이 기간은 일주일 정도다. 일본에서는 일반적으로 수행자가 거의 모든 시간을 내관 수행을 하는 데 전념할 수 있도록 큰 선방의 작은 공간을 할당해 준다. 수행자는 목욕도 하고 공양을 하러 갈 수도 있지만, 이러한 시간 중에도 수행자는 계속 마음을 내관하도록 한다. 이렇게 하는 목적은 깨어 있는 모든 시간을 내관의 물음에 대답하는 것으로 가득 채우자는 것이다.

면접 시간에 치료사 역할을 하는 선생은 내담자 역할을 하는 내관자에게 곰곰이 생각할 질문을 던진다. 선생이나 다른 내관자는 몇 시간마다 면접을 위해 만난다. 면접은 특별한 형식을 따른다. 선생의 임무는 내관자가 말하는 것에 대하여 어떤 판단을 전하는 것이 아니라 내관자가 본연의 임무에서 벗어나지 않게끔 하는 것이다. 만약 내관자가 내관의 질문을 회피해 왔다면 선생은 이것을 지적하고 내관에 집중하라고 당부할 것이다. 그러나 일반적으로 내관자는 막 끝낸 자신의 성찰 과정에서 나온 생각을 선생과 나누고 선생은 이에 대하여 감사의 뜻을 표한다. 두 사람은 서로에게 절을 하고 선생은 내관자에게 더 깊은 질문으로 내관을 계속하라고 당부한다. 선생의 역할을 해 보는 것은 때때로 자신의 내관 수행을 통해 얻을 수 있는 것만큼이나 치료 효과가 있다. 왜냐하면 다른 사람에게서 그들 자신의 마음 깊은 곳에 있는 문제에 대한 설명과 고백을 듣기 때문이다. 그러므로 이와 같은 접근 방법은 어떤 사람이 오든 자신을 면밀히 점검하고 자신의 삶에 대한 결론을 스스로 이끌어 내면서 내관 수행을 할 수 있도록 하는 환경을 조성하는 것을 목적으로 한다. 처음에는 이 수행에 들어가는 것이 쉽지 않지만, 내면에서 올라오는 질문을 좀 더 깊이 파고들고 자신의 모습을 진실로 정직하게 직시해 나간다면 종종 감정의 정화 작용이 일어나기도 한다. 내관 수행이 어떻게 참가자의 세계관을 통하여 충격파를 던졌고, 삶에 대한 완전히 새로운 관점을 얻는 체험에서 그들이 어떻게 나오게 되었는지에 대해서는 많은 증언이 있다.

내관 수행에서 깊이 생각하도록 제시되는 질문은 상당히 표준화된 형식을 따른다. 일반적으로 매 면접 시간당 생각해야 할 질문은 세 가지며, 이들은 모두 자신의 삶의 특정 기간 동안 특정한 사람과의 관계에 관련된 것이다. 세 가지 질문은 다음과 같다. '이 사람이 나를 위해 무엇을 했는가? 그에 대한 보답으로 나는 무엇을 했는가? 나는 그에게 어떤 어려움과 걱정을 끼쳤는가?' 내관자는 이 중 마지막 질문에 대부분의 시간을 쓰도록 한다. 첫 번째 시간에는 일반적으로 처음 몇 년 동안 어머니와의 관계에 대해 초점을 맞춘다. 그다음은 계속하여 여섯 살에서 아홉 살, 열 살에서 열세 살 등의 기간 동안 어머니와의 관계에 대한 검토가 이루어진다. 그리고 아버지와의 관계, 다른 친척과의 관계, 이름을 아는 친구와 동료와의 관계로 그 범위를 확장시킨다. 만약 시간이 있다면 오늘 아침 식사의 음식물을 재배한 사람과 같이 전혀 만난 적이 없는 사람들을 포함한 더 넓은 범위의 사람들을 생각할 수 있고 마침내는 무생물까지도 생각할 수 있다. 또한 수행 기간 중에는 대개 이러한 질문을 생각할 시간을 갖도록 하기도 한다. '삶의 특정 기간 중에 무엇을 훔치고 속이는 일에 빠진 적은 없었는가?'

많은 사람은 처음에는 제시되는 질문에 강하게 반응한다. 예를 들어 주어진 질문을 전부 거부하기도 하고, 질문에 대해 추상적이거나 심리학적으로 설명하는 방식으로 대처하기도 하고, 또는 자기를 합리화하면서 모든 시간을 소비하기도 하는 것이다. 선생은 더 단도직입적으로 질문을 대하라고 지적할 것이다. 그러면 내관자는 그 사람이 나를 위해 실제로 무엇을 해 주었는지를 구체적으로 생각하게 된다. 예를 들어 어머니는 나에게 젖을 먹이고, 옷을 입히고, 내가 울면 밤중에도 일어나고, 기저귀를 갈아 주고 빨고, 내가 아프면 걱정했다는 것 등을 생각하게 될 것이다. 무슨 동기에서 상대방이 그렇게 했는가는 상관이 없다. 중요한 것은 우리가 진 빚에 대해 깊이 생각해 보는 것이다. 누군가가 우리를 돌봐 주었다. 만약 그렇지 않았다면 우리는 이렇게 살아 있지 못할 것이다.

내관(內觀)은 우리가 세상에 의해 지탱되고 있는 구체적이고 특유한 방식에 대해 깊이 감사하는 마음을 가지게 한다. 내관은 우리가 과거에 아무런 감사하는 마음도 없이 상대에게서 취하였거나 심지어 취한다

는 생각도 없이 취하였던 일을 인식하게 한다. 이와 같은 자기 성찰의
방법은 '내가 잘나서 지금의 내가 있다.' 는 잘못된 생각을 깨닫게 하는
데 도움을 준다. 세상의 은혜에 보답하기 위하여 봉사하고 싶은 마음이
자연스럽게 내관자의 마음에서 샘물처럼 솟아나온다. 자기중심적 사
고에서 비롯되는 노이로제적 증세는 남에게 베푸는 일 속에서 자연스
럽게 없어진다.[39]

　　내관 수행은 일주일 단위의 정진 기간을 가지는 것이 아닌 다른 방
법으로도 사용될 수 있다. 체계적인 내관은 일지를 사용해서 할 수도
있다. 내관자는 자신이 정한 시간에 내관을 하며, 매일 질문 중 한 가
지에 대해 깊이 생각하는 시간을 가진 다음, 자신이 성찰한 것을 일지
에 적어 두었다가 일주일마다 열리는 면담 때 함께 토론하는 것이다.
또는 치료 관계라는 상황을 떠난 개인적 훈련의 차원에서 이것을 할
수도 있다. 또 다르게는 참가자끼리 각자 배워 나가는 것을 서로 도와
주기로 하는 스터디 그룹에서도 이것을 사용할 수 있다. 좀 덜 체계적
인 방법에서는 치료의 다른 형태라는 맥락에서 내관 질문을 이해할 수
도 있다. 이 경우 내관 질문은 수행이 실질적이고 구체적인 것이 되도
록 하고, 거꾸로 상대방의 입장이 되어 보게 하며, 자신의 삶의 특정한
단계에서 부모나 다른 사람의 눈에 비친 자신의 모습을 보는 것을 배
우게 한다. 내관은 자기 자신을 속이고 자기를 합리화하는 이야기를
쌓아 올리는 우리의 관습적 사고 방식에 의문을 제기하며, 에고의 뿌
리를 뒤흔드는 것이다.

---

39) Reynolds, 1989, p. 36

감사, 참회 그리고 용서

서양의 독자가 내관법을 읽으면 즉각 충격을 받기 십상인데, 그것은 대부분의 서양식 심리치료를 지배하는 기본 가정과 내관법에 깔려 있는 기본 가정이 서로 다르기 때문이다. 대부분의 서양식 심리치료에서 널리 통용되고 있는 관점은 내담자가 스스로를 합리화하고 자존감을 키우도록 함으로써 에고의 발전을 북돋우는 것이 중요하다는 것이다. 나를 찾아온 많은 내담자는 이제까지 다른 치료에서 배운 것은 더 이기적이 되는 방법에 대한 것이라고 말한다. 공통된 주장을 보면, 사람은 자신이 받지 않고는 다른 사람에게 베풀 수 없으며, 먼저 자신을 사랑하는 것을 배우는 데 더 많은 시간을 쏟지 않고는 남을 사랑할 수 없다는 것이다. 이 같은 가정이 바로 불교 심리학과 다른 점이다.

우리는 스스로를 합리화하기 위하여 남을 비난한다. 그러나 남을 비난하는 것은 그들을 더 나은 방향으로 변화시키지 못하며 우리 자신도 향상시키지 못한다. 우리 모두 남에게서 수없이 상처를 받았지만, 남을 비난하는 일에 매달리는 것이 상처를 치유해 주는 것은 아니다. 우리가 향상하기 위하여 싸우지 않는다면 결코 아무것도 향상되지 않을 것이라고 생각하는 것이 보편적이다. 그러나 이 세상을 분열시키고 인간의 삶을 더욱 전투적이고 파괴적으로 만드는 것은 바로 이 싸움이다. 우리의 삶을 변화시키는 유일하게 실질적인 방법은 우리 자신의 마음을 변화시키는 것이다. 우리가 우리 자신의 무기를 내려놓을 때, 우리는 좀 더 나은 삶을 살게 될 것이다.

우리의 존재 방식을 근본적으로 변화시키는 데 도움이 되는 것으로 우리가 계발해야 할 것은 감사, 참회 그리고 용서라는 세 가지 자질이다. 서양의 많은 치료사가 부끄러움과 죄의식을 쓸데없는 감정으로 여긴다. 감사는 낡아빠진 것으로 조롱받는다. 환경에 따라서 용서는 허용되지만, 종종 분노와 독선을 조장하는 것에 우선권이 부여된다. 선의 관점에서는 그러한 방법으로 에고를 지탱하는 태도는 이로움보다 해로움이 훨씬 더 많다고 본다.

지속 가능한 긍정적인 변화는 감사와 참회 그리고 용서를 통하여 이루어진다. 불교의 관점에서 이 세 가지는 더없이 귀중한 보배며 확실히 계발할 만한 가치가 있는 것이다. 이 세 가지를 체험해 본 사람은 자기 방어적인 태도를 놓아 버릴 수 있다. 이들 중 한 가지라도 깊이 느끼는 것은 의식의 밑바닥에서 전환이 일어나는 것을 경험하는 것이다. 이들은 우리가 있는 그대로 되돌아가게 한다. 우리가 조금이라도 보답하려는 것보다 훨씬 빠르게 우리가 세상에 대해 지는 빚은 늘어나고 있으며, 오늘날과 같이 복잡한 세계에서 이것은 불가피하다. 우리는 살아가면서 실수도 하고 다른 사람을 다치게 하기도 하는데, 이것 또한 불가피하다. 그리고 우리는 다른 사람이 저지른 실수 때문에 어쩔 수 없이 상처를 받기도 한다. 이러한 일은 우리의 삶에서 너무 자주 일어나고 있기 때문에 그러한 일을 당할 때마다 일어나는 감정을 느끼지 못하게 하는 것은 미친 짓이다.

그러므로 감사와 참회와 용서는 진실한 삶을 사는 데 필수적인 도구다. 그것은 정신의 정화가 필요하다는 것을 외부에 드러내는 표지인 것이다. 만약 우리가 감사와 참회와 용서를 느낄 수 없다면, 우리는 결코 놓아 버릴 수 없으므로 결코 정화되지 않을 것이다. 모든 신경증의 근본이 되는 거짓 에고라는 것은 단지 이러한 현실을 회피하려는 시도인 것이다. 감사와 용서와 참회는 우리의 에고를 해체하고, 우리의 자연스러운 감정을 다시 흐르게 하며, 다른 사람과 화합하게 함으로써 세상과 우리의 관계를 치유하기 시작한다. 진심으로 느낀 죄의식은 결코 쓸데없는 감정이 아니며 오히려 긍정적인 변화에 필요한 추진력이 될 수 있다. 우리가 진실로 무언가 우리 자신을 위한 것을 하려고 한다면, 우리는 무언가 우리 자신에 관한 것부터 시작해야 한다. 우리가 그렇게 할 필요가 있다고 느낄 때까지는 아무것도 실제로 변하지 않을 것이다.

몸 선

의존 인연론

의존 인연론(所依緣, Dependence, Nissaya paccaya)은 모든 것은 그 근거나 원천이 되는 무언가에 의존하고 있거나 혹은 그에서 생겨난다는 사실을 강조한다. 마치 후손이 조상을 근거로 하고 있는 것과 같이, 특히 마음은 몸을 근거로 한다. 이것은 하나가 다른 것에서 나오는 관계를 말한다.

의존(nissaya)이라고 하는 관계는 마치 나무가 땅에 의존하고 있는 관계와 같다. 우리 인간의 경우, 몸은 부모와 조상에게서 받은 것이다. 의존 형태에 따라 많은 인연 관계가 있지만, 이 장에서 나는 몸과 마음은 하나임을 집중적으로 검토하고자 한다. 왜냐하면 이것은 심리치료에서 너무도 중요하고 선(禪)이 궁극적으로 무엇인지를 이해하는 데 꼭 필요하기 때문이다.

불교는 우리가 인간의 몸을 받고 태어난 것이 최상의 행운이라는 것을 강조한다. 이것은 깨달음을 얻는 데 있어서 가장 중요한 근거다. 사실 불교는 인간의 몸이 된 상태를 가장 다행스럽다고 역설한다는 점에서 대부분의 다른 신앙과 다르다. 이것은 인간의 몸이 가장 편안하기 때문이 아니라 완전한 정신적 깨달음을 이룰 수 있는 기회가 되는 유일한 상태이기 때문이다. 그러므로 참동계(參同契)라고 하는 선시(禪詩)는 다음과 같이 묻고 있다.[40]

눈 앞의 도(道)를 알지 못하고 (觸目不會道)
발걸음이 어찌 길을 찾겠는가. (運足焉知路)

마음의 물질적 근거는 눈, 귀, 코, 혀, 몸, 뜻의 여섯 가지 감각기관을 말한다. 이 여섯 가지 감각기관에 상응하여 형상, 소리, 냄새, 맛, 감촉과 법이라는 여섯 가지의 감각자료를 생산하는 마음 작용의 통로가 있다.[41] 각 감각의 문(門)은 서로 다른 경험 세계를 향해 열려 있다.[42] 깨달음은 마음 작용의 여섯 가지 통로 중 어느 것을 통해서도 일

---

40) 역주: 참동계(參同契)는 8세기 당나라 선사인 석두희천(石頭希遷)이 지은 장편의 선시(禪詩)로서 만법 차별의 현상과 만법 평등의 본체가 둘이 아니라는 것을 노래한다. 일본 조동종에서는 '산도카이'라고 하며 일상 수행의 핵심으로 삼고 있다.

41) 역주: 법(法, dharma)은 진리, 가르침 등의 뜻이지만 여기서는 의식이나 사고의 대상이라는 의미로 사용된다. 원어인 'dharma'는 '보유하다' 또는 '짊어지고 있다'의 뜻이 있으며 인연의 결합에 의한 모든 존재를 의미하기도 한다.

42) 역주: 불교에서는 이 여섯 가지 감각기관을 육문(六門), 육입(六入) 또는 육근(六根)이라고 하고, 이에 상응하는 감각기관의 대상을 육경(六境) 또는 육진(六塵)이라고 하며, 이로 인한 인

어날 수 있다. 깨달음이 완성되면 모든 감각 세계는 '공(空)', 즉 어떤 집착이나 장애도 없는 것으로 경험된다.

　마음은 몸에 의존한다. 몸과 마음의 관계는 서양 철학에서 끝없는 논쟁의 주제였는데, 이는 영혼이 몸과 상관없이 독립적으로 살 수 있다는 생각에 대한 서양 철학의 믿음 때문이었다. 몸과 마음의 분리는 서양 사상에서 끊임없는 어려움을 야기하는 원천이었다. 서양 심리학의 행동주의와 같이 어떤 사상에서는 마음의 차원을 완전히 무시하려고 하였고, 다른 사상에서는 몸의 측면을 거의 무시하기도 하였다.[43] 선에서는 그러한 분리가 있을 틈이 없다. 마음이 곧 몸이고 몸이 곧 마음이다. 이것은 또한 수행과 깨달음을 분리하여 생각할 수 없는 것과 같다. 여기서 수행은 몸에 해당되고 깨달음은 마음에 해당된다.

　고타마는 무엇인가를 봄으로써 깨달았다. 다른 유명한 선사는 무엇인가를 들음으로써 깨달았다. 능엄경(楞嚴經)에서는 듣는 것이 가장 쉬운 것이라고 말한다. 대부분의 견성(見性) 체험은 무엇인가를 보거나 들음으로써 촉발되는 것 같다. 그러나 다른 감각 또한 마음을 일깨울 수 있다. 아마도 우리 모두는 어떤 냄새를 맡자마자 마음이 그전과는 다른 세계로 빠져드는 경험을 해 본 적이 있을 것이다. 시력과 청력이 쇠약해진 노인을 치료하는 데 냄새와 감촉을 사용하는 것은 기억을 되살릴 뿐 아니라 자기 세계에만 빠져 있는 닫힌 마음을 여는 강

식 작용 또는 인식을 육식(六識)이라고 한다. 그리고 감각기관과 그 대상을 합쳐서 십이처(十二處), 여기에 육식을 더하여 십팔계(十八界)라고 한다.

43) 역주: 20세기 중반 무렵부터 프랑스 철학자 메를로-퐁티(Maurice Merleau-Ponty)의 철학을 중심으로 서양에서 이른바 '몸 철학'이라는 것이 대두되는 것은 이러한 사실을 반증한다고 볼 수 있다.

력한 효력을 발휘한다. 모든 연령대의 사람에게 감각기관을 일깨우는 훈련은 삶에 활기를 불어넣고 더욱 완전하게 지금 여기 이 순간에 살게 한다.

불교는 중도(中道)를 주창한다. 부처님은 감각적 쾌락을 추구하는 자기 만족적인 삶을 살기도 하였고, 또한 마치 몸이 없는 듯한 고행을 하면서 극단적인 금욕주의를 시도하기도 하였다. 이 두 가지 중 어느 것도 온전한 삶을 살게 하는 것이 아니다. 만약 우리가 몸의 감촉을 애써 멀리한다면, 우리는 혐오감 쪽으로 너무 치우치게 되어 현실과 동떨어진 삶을 살게 될 것이다. 또 만약 우리가 육체적 쾌락에 몸을 맡겨 버리면, 우리는 애착 쪽으로 너무 치우치게 되어 몸과 감각에 의지하는 삶을 살게 될 것이다. 이들 마구니 중 어느 것이라도 우리의 삶을 빼앗아 버릴 수 있다. 앞에 것의 경우, 우리는 삶이 제공하는 대부분의 것을 놓치게 될 것이다. 뒤에 것의 경우에는 우리는 인생을 즐기며 살지만, 잠재의식적으로 끊임없이 죽음을 두려워하고 마음의 힘은 점점 침식될 것이다.

절하는 몸을 통한 수행

그러므로 선은 몸과 마음의 조화, 즉 중도(中道)를 목표로 한다. 대부분의 사람은 머릿속으로 생각만 하다가 길을 잃어버리는 잘못을 저지르기 때문에, 선 수행은 육체적이다. 명상은 육체적 수행이다. 좌선을 할 때 수행자는 양다리를 포개고 앉아 허리는 꼿꼿이 세우고 턱은 약간 아래로 당기며, 눈은 반쯤 감고 손은 무릎 위에 놓는다. 이때 손은 마치 손 안에 우주 전체를 떠받들고 있는 것 같은 선정인(禪定印, cosmic mudra)이라는 특별한 손 모양(手印)을 만들어 놓는다.[44] 일반적으로 명상은 바닥에 방석을 깔고 하지만 위에서 말한 자세가 불편한 사람은 등을 곧추세울 수 있는 의자를 이용해도 좋다. 몸이 마음과 조화롭게 되는 것이 아니라 마음이 몸과 조화를 이루어야 하기 때문이다. 좌선 중 잠시 쉬는 동안에도 걷기 명상의 형태로 수행은 계속될 수 있다. 여기서도 자세를 정성스럽게 가다듬어 아주 느린 걸음으로 천천히 걷는다. 마음은 몸의 움직임과 호흡과 더불어 조화를 이루게 한다. 이와 같이 몸과 마음이 하나라는 것을 일깨워 주는 시구(詩句)가 하나 있는데 명상을 시작할 때 가끔씩 사용한다.

지금 이 자리가
보리수 아래 앉아 있는 것과 같구나.
이 몸이 그대로 깨어 있는 마음이니
한 점 흐트러짐도 없어라.[45]

보리수는 부처님이 깨달음을 얻은 날 밤 그 아래에 앉아 있던 나무를 의미한다. 부처님은 몸이 없는 영혼이 아니라 몸을 가진 한 인간이었다. 그는 나무 아래에 앉아 있었다. 수 세기에 걸쳐 선은 실제로 살았던 사람들을 통하여 전해졌다. 부처님은 마하가섭(Mahakashyapa)에게, 마하가섭은 아난다(Ananda)에게, 아난다는 마디안티카(Madhyantika)

---

44) 역주: 수인(手印)은 다양한 손의 모양으로 부처의 깨달음이나 보살의 서원을 상징적으로 나타내는 것을 말한다.
45) Hanh, 1990, p. 22.

에게, 마디안티카는 샤나카바신(Shanakavasin)에게, 샤나카바신은 우파굽타(Upagupta)에게 불법을 전하였다.

부처님 이후 다섯 번째 스승인 우파굽타에 와서 불법은 많은 대중에게 전파되었다. 아소카(Ashoka) 대왕은 우파굽타의 제자가 되었다. 우파굽타 이후 불법은 인도에서 계속 후대의 많은 스승을 통하여 전수되었고, 마침내는 보리달마(Bodhidharma)에 이르러 선이 중국에 소개되었다. 보리달마는 특히 마음이 움직이지 않는 좌선과 마음을 내려놓는 절하기라는 두 가지 수행법을 강조한 것으로 유명하다.

왜 절하는 것이 중요한가 하는 것을 이해하는 데 서양인은 종종 어려움을 느낀다. 그러나 보리달마는 "절하기를 멈추면 불교도 끝난다."라고 하였다. 선에서 절하기보다 더 중요한 것은 없다. 그래서 우리는 절하기가 무엇을 의미하는지를 알아야 한다. 절하는 것은 우리 몸을 굽히는 것이다. 이때 두 손은 기도할 때처럼 함께 모아 합장(合掌, anjali)한다. 이와 같은 손 모양은 연꽃 모양이기도 하다. 큰절을 할 때는 곧바로 엎드려서 무릎과 이마가 바닥에 닿도록 한다. 절하기는 몸을 쓰는 것이다. 물론 약식으로 하는 절도 있다. 허리까지만 구부리며 절할 수도 있고, 몸을 굽히지 않고 합장만 할 수도 있다. 그러나 머리가 바닥에 닿도록 하는 절이 완전한 형태며, 이 자세는 아주 중요한 의미를 가진다.

몸을 굽히는 것을 배우는 것과 머리를 땅에 대는 것이 중요하다. 이렇게 말하면 누군가는 '그렇다면 절하는 것은 실제로는 특정한 마음 자세를 취한다는 것이고 몸 자세는 그저 상징적인 것이 아닌가.' 하고 말할지 모른다. 그러나 만일 그렇게 생각한다면 진정한 선의 정신을 놓치는 것이다. 선 수행에서 마음만으로 하는 것은 충분하지 않다. 선 수행은 몸 아닌 몸에서 시작하고 몸 아닌 몸에서 끝난다. 마음이 절하고 몸으로 드러난다. 마음의 역할은 몸과 더불어 조화를 이루는 것이다. 몸이 하고 있는 것이 우리 삶의 드러난 현실이다. 마음은 우리 삶의 현실과 조화를 이루는 것이다.

우리는 몸으로 일을 할 때 특정한 자세와 행동이 특정한 감정과 경험을 불러일으킨다는 것을 알 수 있다. 절을 하는 행위는 그 자체로 항복한다는 느낌을 불러일으키며, 따라서 세계 도처의 문화에서 다양한 형태로 나타난다. 그것은 우리에게 내재된 본능적 경험을 일깨워 주는 것이다. 배움은 그것에 대해 생각만 하는 것이 아니라 그것을 실천함으로써 얻어지는 것이다.

선은 체험이다. 유연한 마음이 중요하다는 것을 받아들이는 많은 사람들이 막상 절할 때에는 자신이 매우 뻣뻣하다는 것을 알게 된다. 마찬가지로 좌선에 있어서도 마음이 우리를 요동치게 한다는 것을 알아차리기는 너무 쉽지만, 마음에서 충동적인 생각이 끊임없이 올라올 때 고요하게 그냥 앉아 있는 것은 또 다른 문제다. 그러나 실제로 이러한 생각과 맞닥뜨려서 우리 자신의 족쇄를 풀어 버리는 것은 우리 몸 안에서 일어난다. 그것은 절하기에도 마찬가지다.

절을 하는 것은 대개 우리 자신보다 더 존경할 가치가 있는 어떤 것에 대하여 우리의 존경심을 표시하는 것을 의미한다. 그러나 … 당신의 한마음 속에 모든 것이 있으면, 둘로 나누는 관계는 모두 사라져 버린다. 하늘과 땅, 남자와 여자, 교사와 학생 등의 사이에는 아무런 구분도 없다…. 제자에게 절을 할 수 없는 스승은 부처님에게도 절을 할 수 없다. 스승과 제자가 함께 부처님에게 절을 할 때도 있고, 우리가 고양이와 개에게 절을 할 때도 있을 것이다…. 절하는 것은 매우 진지한 수행이다. 죽음을 앞둔 마지막 순간에도 절을 할 수 있는 준비가 되어 있어야 한다. 절하는 것 이외에 아무것도 할 수 없을 때, 그냥 절을 하라. 이러한 확신이 필요하다. 이러한 정신으로 모든 계율을 내면에 지니고 절을 하라. 그러면 모든 진리의 가르침을 얻게 될 것이고, 당신의 한마음 속에 일체를 소유하게 될 것이다.[46]

참선(參禪)은 선방에서만 일어나는 것이 아니라는 것이 선의 특징이다. 모든 활동이 참선이 된다. 그래서 일하는 것도 선이고, 먹는 것도 선이며, 잠자는 것도 선이다. 이러한 생각을 확립한 사람이 백장 선사인데 그는 여든 살에도 매일 밭에 나가 일을 하였다. 제자들이 그를 말리자 그는 만일 일하지 않으면 먹지 않을 것이라고 말하였다.[47] 그 이후 이 말은 선 수행에서 육체 노동의 중요성을 환기시키는 금언으로서 전승되는 전통 속에 살아 있게 되었다.

다시 보리달마는 혜가에게 불법을 전하고, 이를 이어받아 혜가는 승찬에게, 승찬은 도신에게 전하였다. 도신은 그것을 중국 선의 다섯 번째 조사(祖師)가 되는 홍인(弘忍, 601~674)에게 전하였다. 홍인이 나이가 들어 가면서, 제자 중에 깨달음을 노래하는 게송으로 자신의 경지를 드러내 보일 수 있는 사람에게 법을 전하겠다고 공언하였다. 이에 그의 맏상좌인 신수는 다음과 같은 게송을 지어 올렸다.

---

46) Suzuki, 1970, p. 44.
47) 역주: "하루 동안 일을 하지 않으면 하루 동안 먹지 않는다(一日不作 一日不食)." 이것이 백장 선사의 유명한 가르침이다.

몸은 바로 깨달음의 나무요, (身是菩提樹)

마음은 밝은 거울의 받침과 같네. (心如明鏡臺)

때때로 부지런히 털고 닦아서 (時時勤拂拭)

티끌과 먼지가 묻지 않게 하라. (莫使有塵埃)

　홍인은 이 게송을 좋아하였다. 그래서 그는 만약 사람들이 이 시를 배워서 그 뜻을 실천하면 많은 이익을 얻으리라고 말하였다. 하지만 완전히 만족스러워하지는 않았다. 이 시는 작자가 깨달음의 문 앞에는 이르렀으나 아직 문 안으로 들어가지 못하였음을 보여 주는 것이었다. 그는 신수를 불러 며칠간 더 참구한 뒤에 다른 시를 제출하라고 하였다. 신수는 돌아가서 참선을 하였지만 원래의 시보다 더 향상시킬 수가 없었다.

　같은 도량에 먼 곳에서 와서 머물고 있던 혜능(慧能)이라고 하는 스님이 있었다. 그는 신수의 시를 듣고 신수가 핵심을 바로 찌르지 못하였다는 것을 알았다. 글자를 알지 못하였던 그는 다른 스님 중의 한 스님에게 그가 불러 주는 게송을 써서 홍인에게 보여 주라고 부탁하였다. 홍인의 인가(印可)를 얻은 혜능의 시는 다음과 같다.

깨달음은 본래 나무가 없고, (菩提無本樹)

밝은 거울 또한 받침이 없네. (明鏡亦無臺)

불성은 항상 청정한데 (佛性常清淨)

어디에 티끌과 먼지가 있으랴. (何處有塵埃)

　신수의 시에서는 여전히 몸과 마음이 분리되고 오랜 수행의 축적 과

정을 거쳐 깨달음을 이룬다고 하는 생각을 엿볼 수 있는 반면, 혜능의
시에서는 몸과 마음을 분리하는 생각이 초월되어 어떤 것도 더 이상
괴로움의 원인이 되지 않는 차원에 도달하였다. 우리는 다음과 같이
말할 수 있을 것이다.

> 깨달음의 나무를 보든
> 밝은 거울을 보든
> 모든 것을 감사한 마음으로 받아들이게 할지니,
> 먼지든 빛이든 따지지 말지이다.

티엔안(Thien An) 선사는 말한다. "서양에서는 지식이 핵심적인 미
덕이고 아울러 이성적인 마음이 인류 발전의 정점으로 보고 있다. 하
지만 선불교에서는 그렇지 않다. 선에서는 행동이 말보다 더 큰소리
로 말한다. 실천은 지식보다 더 중요하고, 행동으로 옮길 수 없는 지
식은 거의 아무런 가치도 없다…. 특히 서양에서 많은 사람은 깨달음
의 상태를 지적으로 분석하려고 한다. 그러나 깨달음은 지성으로는
결코 이루어질 수 없으며, 오로지 실천으로만 이루어질 수 있는 것이
다…. 선 수행은 좌선하는 동안에만 국한되어서는 안 되며 일상생활
속에서 하고 가는 모든 행위에 다 적용되어야 하는 것이다. 우리가 마
음의 길을 부지런히 닦는다면 매일 매일이 좋은 날이라는 것을 알게
될 것이다."[48]

---

48) Thien An 1975, p. 116.

지혜의 몸

서양의 심리치료사 진 젠들린(Gene Gendlin)은 의존 인연의 원리에 바탕을 둔 심리요법을 발전시켰다.[49] 이 방법은 집중(Focusing)이라고 불린다. 이것은 우리 마음 작용이 실제로는 몸에 의존하여 발생한다는 사실에 근거를 두고 있다. 치료사로서 우리는 내담자의 마음이 무언가를 알아채기 전에 내담자의 몸이 그것을 어떻게 표현하는가를 볼 기회가 여러 번 있다. 젠들린은 사람이 새로운 생각이나 느낌 또는 태도를 계발하는 것과 같이 어떤 방식으로든 변화할 때, 그 변화는 먼저 몸에서 일어난다고 말한다. 그는 어떤 내담자가 심리치료에서 가장 좋은 결과를 얻는지를 조사하기 시작하였다. 그 결과 그는 성공적인 내담자는 다른 내담자가 하지 않는 어떤 것이 있다는 결론을 내렸다. 그것은 '변화에 대한 뚜렷한 물질적 감각', 즉 '몸의 변화'에 주목하는 것이었다. 나는 여기서 그 전체 내용을 기술할 생각은 없다. 그에 대한 자료는 충분히 얻을 수 있기 때문이다.[50] 그 핵심은 우리의 정신적 존재에게 지시하는 것은 우리의 물질적 존재라는 것이다. 지혜는 몸속에 있다.

이 말은 틀림없는 사실이지만 우리는 여기서 한 걸음 더 나아갈 수 있다. 물질적인 몸은 물질 세계의 일부다. 우리에게 필요한 지혜는 단순히 몸 '속'에 있는 것이 아니다. 그것은 몸 주변의 세계와 함께 작용하는 몸의 기능에 있다. 사실 지혜는 자각 속에 깊이 간직되어 있다.[51]

---

49) Gendlin, 1981.
50) Cornell, 1993 참조.
51) Brooks, 1982.

부처님은 샛별이 떠오르는 것을 보고 깨닫게 되었다. 이것은 단지 깨달음이 일어난 때를 말하고 있는 것이 아니다. 그것은 깨달음이 무엇인가 하는 것에 대한 결정적인 지침이다. 우리는 부처님이 깨달은 내용은 대부분 마음의 조건화 작용과 연기적 발생의 본질에 대한 이해라고 알고 있다.

이 책의 전체 내용은 부처님이 깨달은 원리에 대한 설명일 뿐이다. 하지만 나는 부처님이 밤을 지새며 일련의 추상적 명제를 생각해 냄으로써 그것을 알게 되었다고는 생각하지 않는다. 그것은 결코 아니다. 그는, 말하자면 몸이 직접 우주와 완전히 하나가 되는 깊은 체험을 한 것이다. 그는 샛별을 체험한 것이다. 나중에 그는 자신의 설법을 듣기 위하여 오는 다양한 사람의 근기(根機)에 따라 갖가지 가르침을 폈다. 그러나 그의 가르침조차 경전을 가득 채우기 위한 것이 아니었다. 그것은 사람들이 각자 스스로 직접 체험하도록 용기를 북돋우기 위한 것이었다. '직접 해 보고 알아보라.'는 것이 바로 부처님의 방식이다. 만약 우리 의식이 여러 가지 감각을 활용해서 확대되지 않는다면 무슨 길이 따로 있을 것인가? 다른 길은 없다. 우리가 세계와의 관계를 변화시키는 것뿐만 아니라 처음부터 세계와 결코 분리된 적이 없는 존재임을 궁극적으로 발견하게 되는 것은 바로 자각을 통하여 이루어진다.

무드라: 몸의 자세와 감촉

무드라(mudra)는 우리 마음 상태에 영향을 미치는 몸의 자세나 감촉을 뜻한다.[52] 몸과 마음은 하나이므로 마음가짐과 몸가짐은 서로가 서로를 비추고 있다. 이것은 어느 방향이든 서로 인과관계로 작용한다. 마음이 단조롭고 지루하면 몸가짐도 더 처지기 십상이다. 마음이 깨어 있으면 우리는 생기발랄해진다. 마찬가지로 만약 우리가 경쟁자 쪽으로 나아가면 뒤로 물러설 때보다 더 자신감을 느끼게 된다. 영어에는 몸과 마음의 상응관계에 대한 직관적인 이해를 드러내는 단어와 구절이 대단히 많다. 그래서 우리는 '신중히 행동하다(keep our feet on the ground)' '갑자기 균형을 잃게 되다(be caught off balance)' '몹시 기가 죽다(our heart sinks)' 혹은 '죽을 힘을 다해 임무를 다하다(put some backbone into a task)' 등과 같은 표현을 사용한다. 감정과 관계에 대한 언어는 대부분 몸가짐과 관련된 것이다. 어떤 사람과 '가깝다(close)'고 하거나 '눈을 맞추다(seeing eye to eye)'고 하거나 혹은 사이가 '멀다(distant)'고 하거나 '차가운(cold)' 느낌이라고 말한다.

불교의 명상에서는 등을 똑바로 세우고 앉는데 이것은 매우 중요하다. 그것은 단순히 상징적인 것만은 아니다. 등을 똑바로 세우고 앉는 것은 좌선의 정신 자세를 상징하는 것일 뿐 아니라 그것을 새롭게 창조하는 것이기도 하다. 좌선은 본질적으로 마음이 몸 자세와 조화를 이루도록 하는 것이다. 이것이 부처님이 깨달음을 이루었을 때의 몸 자세다. 선의 원리는 이것이 단지 우연의 일치가 아니라는 것을 말해 주고 있다. 견성의 체험은 다양한 몸가짐을 하고 있는 사람들에게도 있을 수 있지만, 좌선은 특히 삼매 상태에 이르는 데 도움이 된다. 그것은 안정적이고 균형을 이루며 깨어 있고 땅에 가까운 자세다.

---

52) 역주: 무드라(mudra)는 인상(印相)이라고 하며 불보살의 내면적인 깨달음의 내용이나 활동을 상징적으로 나타내는 형태를 말한다. 이 중 수인(手印)은 손의 형상으로 그 뜻을 나타내고 계인(契印)은 지물을 들어 그 상징성을 표현한다.

선은 땅에 가깝게 있을 것을 강조한다. 요즈음은 외부와 차단된 건물 안에서 명상을 하는 경향이 있다. 하지만 부처님은 일반적으로 풀방석 두께 정도만큼 땅에서 떨어져 앉아 수행한 점을 잊어서는 안 된다. 편의성과 편안함을 추구하는 현대적 의식 때문에 우리는 이와 같은 사소한 것을 무시해 버리지만 그렇게 함으로써 매우 중요한 것을 잃고 있다. 부처님이 깨달음을 이룬 날 밤 그 깨침의 바로 직전 정신적 혼란이 극에 달했을 때, 부처님은 손을 뻗어 내려 흙을 만졌다. 그래서 불상(佛像) 중에는 이것을 상징하는 자세인 항마인(降魔印, earth witness mudra)을 하고 있는 것이 있다. 항마인에서 부처님은 양다리를 포개고 등은 곧추세웠으며 왼손은 무릎에 두고 오른손은 손가락이 땅에 닿도록 앞쪽 아래로 내리고 있는 자세로 앉아 있다. 부처님은 스스로를 땅에 내려놓고 있는 것이다.

땅에 닿는 것도 치료 효과가 있다. 따라서 이 원리를 응용한 다양한 심리치료 방법도 있다. 보통 내담자는 정신적 혼미 상태에 빠져 있다. 이러한 경우 아주 실질적인 방식으로 내담자가 땅과 만나게 하는 것이 바로 치료하는 것이 된다. 우리는 내담자가 맨발로 직접 땅과 접촉하게 하고, 거기서 오는 미묘한 느낌과 변화에 집중하는 것을 도와준다. 몸이 땅과 바로 연결되어 있다는 것을 자각할 수 있도록 하는 데 유용한 다양한 훈련이 있다. 내담자가 마음속의 악몽에 시달리고 있을 때 치료사는 가끔씩 일종의 '피뢰침' 같은 역할을 해야 한다. '깨달음(enlightenment)'은 또한 '눈뜸(awakening)'이라고도 한다. 심리치료란 종종 사람들이 악몽에서 깨어날 수 있도록 도와주는 일이다.

엘렌(Ellen)은 일 년 동안 심리치료를 받아 왔다. 그녀는 어머니가 일하러 나가고 없었던 두 살부터 열한 살까지 고모와 함께 지냈다. 고

모는 여러 차례 뜨겁고 날카로운 물건으로 그녀에게 고문을 가하여 그
녀를 공포의 도가니로 몰아넣었다. 엘렌은 이러한 경험을 단편적으로
밖에 말할 수 없었다. 그녀가 그 경험을 떠올리자마자 그 아픔이 몸으
로 다시 느껴져 걷잡을 수 없이 몸부림치며 괴로워하였다. 어느 때에
는 고모가 방에 있는 것을 알고 극도의 공포에 휩싸였던 당시의 경험
을 특히 생생하게 이야기하기도 하였다. 비명을 지르며 구석진 곳의
벽에 기대어 웅크린 채, 그녀는 두 손으로 얼굴을 감싸며 상상 속의 고
문 도구를 피하려고 필사적인 노력을 하였다. 바로 이 순간에 치료사
는 딜레마에 빠지게 된다. 지금 내담자는 이성적인 방법으로는 대하기
어려운 상태에 이르러 있는 것이다. 예를 들면 대화의 장으로 그녀를
다시 이끌어 내기 위하여 그녀의 손을 잡고 어루만져 주는 것이 필요
할 수도 있다. 하지만 그녀가 그러한 행동을 더 심한 공격으로 받아들
여서 치료사를 거부하게 될 수도 있다. 엘렌의 경우는 고모의 이미지
가 얼마나 생생하게 다가오느냐에 따라 일시적 기억 상실 상태가 왔다
갔다 하는 것처럼 보였다. 그녀가 제정신으로 돌아온 짧은 순간을 놓
치지 않고 나는 단호하게 말하였다. "엘렌, 제 손을 당신 팔 위에 올려
놓을게요. 괜찮겠죠?" 그녀는 고개를 끄덕였고 나는 그렇게 하였다. 그
런 다음 나는 우선 최대한 깊은 차원의 고요한 마음을 이루게 한 뒤 천
천히 그리고 깊게 호흡하면서 내 마음의 고요함이 그녀에게 전달되게
하였다. 점차 그녀가 제정신을 회복하게 되었다.

　돌을 사용해서도 아주 가치 있는 치료를 할 수 있다. 수잔(Susan)은
원인을 알 수 없는 공포감이 반복적으로 엄습하는 증세에 시달려 쇼핑
을 한다든가 딸을 학교에 데려다 주는 그런 일상적인 일조차 할 수 없
었다. 어느 날 수잔은 매우 흥분한 상태로 치료시간에 도착하였다. 그

녀의 호흡은 가빴다. 그녀는 의자에 가만히 앉아 있을 수 없을 정도로 계속하여 머리를 이리저리 흔들어 대고 있었다. 그녀는 자신을 무서움에 떨게 하는 가슴 통증을 호소하였다. 그녀가 공포스러워하는 마음 상태를 설명하고 지난주에도 여러 번 이러한 증세가 있었다고 말했을 때, 나는 그녀에게 치료실에 항상 비치되어 있는 수석(水石) 중에서 하나를 골라 그 돌을 쥐고 있으라고 하였다. 그리고 그녀가 돌의 질감을 느껴 보도록 하고 모든 주의력을 집중해서 돌 표면의 특성을 알아보도록 하였다. 나는 수잔에게 눈을 감게 하고 해변의 수많은 돌 중에서도 식별할 수 있을 만큼 그 돌을 만지며 느껴 보라고 했다. 몇 분 동안 엄청난 집중을 한 뒤 수잔의 호흡은 바로 전보다 느려지고 그녀의 몸이 좀 더 안정되었다. 그것을 알아차리고 나는 그녀에게 몸에서 현재 무엇을 경험하고 있는지 물었다. 그 순간 수잔은 엄습했던 공포감이 사라진 것을 깨닫고 웃음으로 답하였다. 나는 수잔에게 그 돌을 가지고 가서 호주머니에 넣고 다니며 다시 공포심이 들면 주의를 집중하는 데 그것을 쓰라고 하였다.

어떤 내담자는 점토세공을 통하여 상당히 해방감을 맛본다. 점토는 흙이다. 점토를 쥐고 모양을 만들고 그 질감과 저항력을 느껴 보는 것은 충만감을 가져다준다. 사람들은 이러한 방법으로 엄청난 스트레스를 해소하기도 한다. 정원 가꾸기 또한 많은 사람에게 정신적 안정을 얻게 하는 것이다. 그냥 바깥에 나가 걷는 것도 매우 가치 있는 일이다. 하지만 한 걸음 한 걸음 온전히 깨어 있는 마음으로 걸으며 걸음걸이마다 땅에 닿는 느낌에 집중하는 행선을 한다면 그냥 걷는 것보다 몇 배 더 값진 일이 될 것이다.

감촉은 상처를 치유한다. 우리는 땅을 가리키는 항마인(earth witness

mudra)에 근거한 방법을 사용한다. 한 사람이 손을 뻗어 식물의 잎과 같은 어떤 대상을 만진다. 그것은 손끝에 아무런 압력도 느낄 수 없는 아주 가벼운 감촉이다. 잎도 거의 움직이지 않는다. 그 감촉을 세 번 숨을 쉴 동안 고요하고 조용하게 유지한다. 이와 같은 아주 간단한 훈련이 깨어 있는 마음을 계발하고 마음에 뿌리를 내리게 한다. 부드러운 감촉은 사랑을 전달한다. 우리는 집에 있는 물건을 이러한 방법으로 어루만지고 집에 있는 모든 것에 사랑을 베풀면서 집 안을 돌아다닐 수 있다. 그러한 훈련이 끝날 무렵에 사람들은 에너지가 충만함을 느낀다. 이것은 우리가 느끼는 행복은 우리가 베푸는 사랑에 정비례한다는 원리의 간단한 한 예다.

　이러한 훈련을 사람들에게도 할 수 있다. 물론 허락을 받았다고 하더라도 그냥 살짝만 건드려야 한다. 이러한 방식으로 친구를 건드리는 것도 아주 특별한 무엇이 된다. 우리는 그와 같이 아주 가벼운 접촉이 종종 포옹이나 더 강한 몸짓보다 사랑과 보살핌의 마음을 전달하는 데 더 강력하다는 것을 발견한다. 우리는 부처님이 땅을 만졌듯이 다른 사람에게 손을 대며, 이로 인하여 두 사람의 가슴을 따뜻하게 하는 에너지가 흐르는 것을 느끼게 된다. 이와 같은 수행은 사람들에게서 깨어 있는 마음을 계발하며 스트레스를 감소시킨다.

　불교의 탱화에서 발견되는 여러 가지 무드라는 한의학에서 쓰이는 침술의 경락과 생명 에너지의 흐름과 관련되어 있다. 경락을 따라 경혈이 있는데, 이 부위를 만지거나 마사지를 하면 긴장을 풀어 주고 몸의 조화를 회복시키는 데 효과적이다. 이것은 안마(anma)라고 알려져 있는 넓은 범위의 마사지와 '아쿠터치(acu-touch)'의 기초다. 이러한 안마법의 세부 사항은 이 책의 범위를 넘는 것이다. 여기서 중요한 점은 선에서 주된 관심이 있는 심신 조화의 회복에 감촉이 아주 중요한 역할을 한다는 사실이다. 의존 인연론에 따르면 심신(心身)은 말 그대로 하나로 기능하는 단일체며, 조건 지어진 마음 상태는 항상 우리 존재의 정신적 차원과 육체적 차원 사이에 어느 정도의 분리가 이루어진 결과다. 우리 삶에서 부조화를 이해하는 한 가지 방법은 우리가 얼마만큼 감촉을 하지 않고 살아가는가를 깨닫는 것이다.

13

지 원

여러 가지 지원 인연론

유인 인연론(依支緣, Inducement, Upanissaya paccaya)은 우리가 어떤 유인 요인에 이끌려 특정한 방식으로 행동하도록 조건 지어진다고 한다. 전생 인연론(前生緣, Pre-condition, Purejata paccaya)은 어떤 사건이 일어나기 위해서는 그에 선행하여 다른 무엇이 이미 존재하고 있어야 한다는 것을 제시한다. 성장하는 것은 공급과 지원이 계속되는가 하는 것에 달려 있다고 하는 것은 내생 인연론(內生緣, On-going depen-dence, Pacchajata paccaya)이 진술하는 것이다. 습 인연론(習緣, Habit, Asevanna paccaya)은 단지 반복과 계발(啓發)을 통해서 마음 상태가 습관화된다는 것을 말한다.

이 인연론들은 많은 현상을 설명하는 데 쓰일 수 있다. 이들은 우리가 지원과 유인에 의존하여 윤회의 삶을 되풀이한다는 사실을 지적하며, 또한 우리가 세상에서 보통 살아가는 삶의 방식을 설명하고 있다. 우리는 자신에게 이익이 될 것처럼 보이는 것은 무엇이든지 한다. 우리가 뭔가 새로운 것을 시작할 때, 특히 초기 단계에서는 주위의 지원이 없다면 그 일을 계속하기 힘들다. 그러나 우리가 계속해서 나아가면 결국에는 새로운 흐름이 형성되고 그것이 제2의 천성으로 만들어진다.

여기에는 두 가지 측면을 생각해 볼 수 있다. 하나는 성품이 더욱 강해짐에 따라 조건에 덜 의존하게 된다는 점이다. 그러나 다른 한편으로는 우리가 아직 조건에서 완전히 자유롭지 못한데, 우리 중에 과연 몇 사람이나 자유롭겠는가? 하는 점이다. 그래서 우리는 환경 조건에 휘둘리기 쉬운 상태에 있는 것이며, 이것은 우리가 마주치게 되는 상황이 우리에게 도움이 될 수도 있고 방해가 될 수도 있다는 것을 의미한다. 선(禪)은 우리가 시작하기 전에 깨닫게 되리라고 기대하지 않는다. 따라서 여기서 다루는 조건은 일상적인 우리 삶을 그리는 것이다. 내가 초점을 맞추고 싶은 측면은 어떻게 사람들이 서로 도우며 지원할 수 있는가 하는 문제다.

치료의 기초는 굉장히 비밀스럽고 난해한 것이 아니다. 우리는 이미 세 가지 근원적 망상에 대한 해독제가 바로 자비, 사랑, 이해심이라는 것을 보았다. 나는 독자 여러분이 이 책을 펼치기 전에 이 사실을 이미 알고 있었다고 확신한다. 그것을 이 책에서 제시하고 있는 방식으로 정리하지는 않았을지 모르겠다. 하지만 고통에 빠진 사람들에게 필요한 것, 나아가 실로 온 세상에 필요한 것은 바로 자비, 사랑 그리고 이해심임을 우리는 모두 잘 알고 있다. 우리는 서로 도와줄 수 있다. 치료라는 것은 내담자가 자기 자신을 열고 그런 도움을 받는 데 있는 것이다. 치료사 입장에서는 특정한 상황에서 어떻게 하는 것이 진정으로 자비롭고 사랑하는 것인지를 깊이 생각해 보아야 한다. 치료사는 치료를 받으러 오는 내담자의 전체적인 상황을 진실로 이해하기 위하여 노력하여야 한다. 이것이 바탕이 됨으로써 치료사로서 우리는 항상 우리 스스로 수행하고, 마음의 조건화 작용에서 벗어나며, 우리 자신을 놓아 버리기 위한 노력을 더욱 깊게 할 필요성을 통찰하게 된다.

치료는 사람들이 서로 도와줄 수 있다는 믿음을 바탕으로 한다. 내담자가 치료사를 찾아오는 이유는 자신이 삶의 변화를 원하는 반면 지원이 필요하기 때문이다. 치료사는 내담자가 원하는 삶의 변화를 스스로 추구해 갈 수 있을 때까지 지원을 제공하기 위하여 존재하는 것이다. 치료사는 결코 쉽사리 물러서지 않는다. 만약 그렇게 한다면 그것은 내담자를 포기하는 것이 될 것이다. 또한 치료사는 자신의 보살핌이 더 이상 필요 없다고 판단될 때에는 내담자를 더 이상 붙잡아 두지도 않는다. 치료사는 어떤 기대도 하지 않고 단지 내담자에게 지원을 제공할 뿐이다.

치료사와 내담자 관계의 본질

치료사는 내담자를 지원해 준다. 하지만 내담자보다 우월하기 때문에 지원해 주는 것은 아니다. 치료사와 내담자가 모두 평등한 입장에서 더불어 함께한다는 것이 선의 핵심적인 관점이다. 내담자와 나는 둘 다 똑같이 본능적인 배고픔과 목마름을 느끼는 그냥 사람일 뿐이다. 오늘은 내가 그를 지원해 주고 있지만, 내일은 어떻게 될지 누가 감히 장담할 수 있겠는가? 선 치료에서 요구되는 관계는 치료사가 자신의 인간애에 굳게 뿌리를 내리면서도 자신의 연약함을 무시하지 않는 가운데 형성되는 그러한 관계다. 치료사나 내담자는 모두 같은 종류의 길을 걷고 있을 뿐이다. 두 사람 모두 조건 지어진 마음 때문에 야기되는 고통으로 괴로워하고 있다. 그러므로 같은 처지에 있다는 동료 의식이 자연스럽게 생기는 것이다.

사실 부처님도 남에게 좋은 도반이 되는 것이야말로 정신적 삶의 전부라고 하였다. '위대한 존재'라는 의미의 대보살(mahasattvas)이라고 할 수 있는 사람들이 있으며 그러한 사람들과 함께 있는 것만으로도 자신의 영혼이 크게 진화할 것이라는 생각을 중시하는 사람도 많다. 의심할 여지없이 이것은 틀린 것이 아니다. 그러나 누가 그러한 '위대한 존재'인지 알아내는 것이 항상 쉬운 일은 아니고 또한 스승 숭배(guru cult)는 그 자체로 잘못될 위험을 내포하고 있다. 하여튼 스승에게도 역시 우리의 자비심이 필요하다. 선의 관점에서 진실로 위대한 존재는 '나'라는 것을 버리고 누구를 만나든 좋은 친구가 되어 주는 사람이다. 그러한 사람은 반드시 측근이 있는 것도 아니고 또한 인증서 같은 것이 있는 것도 아니다.

치료사의 도움이 제공될 때, 내담자에게 진정한 선물은 선물 그 자체보다 오히려 '내'가 없는 마음이다. 개인 병원을 운영하는 치료사는 내담자에게서 치료비를 받고, 병원에서 근무하는 치료사는 월급을 받는다. 이것 때문에 치료사의 치료 행위가 '내'가 없는 마음으로 이루어질 수 없다는 것은 아니다. 전통적으로 스님은 공동체에 '내'가 없는 마음의 정신적 지원을 제공하고 공동체는 스님에게 물질적 지원을 제공하였다. 이러한 종류의 상호 의존 관계야말로 현실적이며 건전한 것이다. 치료사가 욕심을 부리거나 돈을 받고 한다는 생각에서 건성으로 내담자를 대하면 '내'가 있게 되어 이러한 온전한 관계가 오염된다.

남을 도울 수 있는 우리의 능력은 먼저 우리 스스로를 다스리는 수행이 얼마만큼의 진전을 이루었느냐 하는 것에 달려 있다. 치료사가 어느 정도의 정신적 성숙도와 내면의 통찰력을 갖추지 않으면 남을 돕는 것 자체가 불가능하다. 내담자가 스스로 내면의 통찰력을 갖추게 되고 정신적으로 성숙해 가면 치료사에게도 득이 된다.

이것은 능력 없는 치료사를 만난다고 해서 내담자의 병이 호전될 수 없다고 하는 것이 아니다. 그러한 일도 일어날 수는 있다. 그러나 그러한 경우는 내담자가 다른 데에서 힘을 끌어냈기 때문이다. 우리 모두는 그와 같이 언제나 이용할 수 있는 진정한 에너지의 원천을 가지고 있다. 그것은 곧 생명의 근원인 불성인데 이 불성은 불가사의한 힘으로 작용한다. 우리는 다른 사람과의 관계를 통하여 다음의 두 가지 방식으로 불성을 현실화할 수 있다. 첫째로 치료사, 스님, 친구, 부모, 스승과 같은 다른 사람과의 관계를 통하여 우리는 스스로 '생명의 근원'에 이르는 통로가 있음을 깨닫게 된다. 둘째로 우리가 정신적 진화를 이룰 수 있는 것은 대부분 다른 사람과 상호작용을 통해서다.

우선 다른 사람과의 관계를 통하여 생명의 근원을 찾는 것에 대하여 생각해 보도록 하자. 선에는 '백척간두(百尺竿頭) 진일보(進一步)'라는 말이 있다. 나는 이것을 조금 바꾸어서 백 단계의 사다리에 올라서 한 걸음 내딛는 것으로 말하고 싶다. 이것은 무조건적으로 실천하는 용기를 가진 것에 대한 이미지라고 볼 수 있다. 내담자는 치료사의 도움과 지원에 병행하여 많은 노력을 기울여야 하지만, 그다음은 자신의 힘으로 한 걸음을 내디뎌야 한다. 여기서 사다리는 다른 사람과의 관계를 의미한다. 그것은 내담자가 자기 스스로 발걸음을 내디딜 수 있는 데까지 이끄는 것이다. 치료사는 언제나 내담자가 한 걸음 더 내딛기를 간절히 바라고 있다. 이것은 치료사가 어떤 특정한 행동, 해석 또는 방향만을 고집하거나 주장하지 않는다는 것을 의미한다.

그러나 우리가 알아야 할 또 다른 점이 있다. 사다리 자체를 생각해 보면 비록 그 사다리가 든든하게 계속 지탱해 주고 있다고 할지라도, 사다리에 있는 사람이 사다리를 제대로 쓰는 것은 다음 계단으로 올라가기 위하여 각 계단에서 발걸음을 떼어 놓으려고 해야 한다는 것이다. 거기에는 각 계단에 머무르지 않고 발걸음을 떼어 놓는 과정이 있다. 이것의 현실적인 의미가 무엇이겠는가? 치료사는 최선을 다하여 내담자를 이해하고 내담자와 공감하며 따뜻한 마음을 내면서 무조건 내담자를 지원한다. 그것은 마치 사다리가 든든히 지탱하고 있는 것과 같다. 그런데도 아무리 노련한 치료사일지언정 결코 내담자를 완벽하게 이해할 수는 없다. 사다리의 계단과 계단 사이에는 간격이 있다. 내담자는 치료사에게 자신이 사는 삶의 일부를 보여 준다. 치료사는 내담자에게 자신이 이해한 것을 말해 준다. 그것은 완벽한 이해가 아니다. 따라서 내담자는 자기가 말한 내용이 조금 잘못 이해되었음을 느낀다. 과거에 내담자가 그러한 느낌을 가졌을 때에는 아마도 습관적으로 상대방의 탓을 하였을지 모른다. 그러나 이 상황에서 내담자에게 분명한 것은 치료사가 최선을 다하고 있으며 진심으로 자기를 보살피고 있다는 것이다. 그렇기 때문에 내담자는 치료사를 쉽게 단념하지 못하며, 습관적으로 남의 탓으로 돌리는 반응을 하지 않는다. 따라서 전에는 결코 경험하지 못한 어떤 힘을 찾아야 하는 위기상황이 내담자의 내면에서 일어난다. 이때가 진정한 성장이 일어날 수 있는 순간이다. 한순간에 내담자는 홀로 설 수 있는 능력을 경험하게 되며 따라서 참담한 사태는 일어나지 않는다. 이때 내담자는 불성과 상봉하면서 치료사를 용서할 수도 있을 것이다. 그렇게 하는 순간 내담자는 자신의 발이 사다리의 다음 계단을 굳건히 디디고 있음을 발견한다. 만약 내담자가 이러한 단계에서 치료사를 무조건적으로 용서할 수 없다면 그 치료는 실패할 것이다.

이것은 또한 이전에 정립하였던 다음과 같은 원칙을 다시 천명하는 것이기도 하다. 첫째, 내담자는 진실로 홀로 있을 때 진정한 정신적 발전을 이룰 수 있다. 둘째, 내담자가 성장하는 것은 자신의 내면에서 참 성품의 근원을 발견할 때다. 모든 관계는 홀로 있는 상태가 계기가 되어 만들어지는 것인데 이렇게 하는 행위는 그 자체로 무조건적이다. 진정한 친밀함은 결코 거래하고 협상하는 데서 나오지 않는다. 무조건적으로 베푸는 보시바라밀(dana-paramita)이 있어야 하는 것이다. 보시(布施)는 남에게 물질적·정신적 이익이 되는 것을 주거나 베푸는 것을 의미하며 여기에는 재물, 에너지, 지혜 등이 포함된다. 최고의 보시는 진리의 가르침인 법(法)을 보시하는 법보시다. 보시바라밀이란 조건 없이 베푸는 것이며, 내 것도 없고 내가 보시한다는 것도 없으며 보시한 결과를 기대하는 것도 없이 일체 내가 없는 마음에서 함이 없이 하는 보시를 말한다. 금강경(金剛經)에서는 이를 무주상(無住相) 보시라고 한다.

이것은 깨달음을 얻는다는 큰 의미에서도 사실이고 또한 상호작용의 가장 미세한 요소에 이르는 모든 단계에서도 사실이다. 하인즈 코헛(Heinz Kohut)은 극도로 연약하다고 느끼는 사람들을 치료했던 정신분석학자였다.[54] 그는 그러한 사람을 대하는 최선의 방법은 지속적이고 성실하게 공감을 하면서 따뜻하고 긍정적인 마음을 내어 주는 것임을 발견하였다. 그는 내담자가 치료사의 눈동자가 반짝이는 것을 볼 수 있어야 한다고 말하곤 하였다. 그러나 우리가 이미 앞에서 설명한 것처럼 그는 내담자의 병세는 치료사가 지속적으로 공감을 하며 보살피는 결과로서가 아니라 오히려 치료사가 가끔씩 저지르는 작은 실수 때문에 좋아지게 된다는 것을 발견하였다. 치료사가 아무리 열심히 내담자를 이해하려고 해도 항상 성공할 수는 없을 것이다. 그러므로 완벽하게 이해되기를 원하는 내담자는 최소한 가끔씩이라도 좌절할 수 있을 것이다. 내담자가 정신적으로 성장할 기회를 갖는 것은 바로 그러한 좌절의 순간이다. 치료사가 지속적으로 공감을 하며 보살피는 노력을 하는 것은 너무도 분명한 사실이다. 그러나 바로 이러한 치료사의 노력에 대비되어 그러한 좌절의 순간이 일어날 때만이 내담자가 성장할 수 있는 기회가 될 수 있는 것이다. 코헛은 이것을 '최적의 좌절'이라고 불렀는데, 이것은 깨달음의 기회를 제공하는 것이 바로 고(苦) 그 자체라고 하는 선의 원리와 매우 유사하다.

이러한 원리는 개인의 성장 과정에서도 각 단계마다 작용하고 있다. 관계는 성장에 필요한 전제조건이다. 많은 치료사가 변화를 초래하는 것은 바로 관계라고 믿는다. 그러나 이것은 꼭 맞는 말은 아니다. 관계란 중요한 일이 일어날 수 있는 여건을 조성할 뿐이며, 중요한 일은 내담자가 자신의 불성(佛性)에서 그것을 이끌어 낼 때 일어나는 것이다.

관계에 대하여 이야기할 때 치료사는 전이(轉移, transference)라는

---

54) Kohut, 1971, 1977.

용어를 사용한다. 이것은 내담자가 치료사를 자신의 부모로 간주하려는 성향을 말하는 것이다. 이론상 정신분석학자는 전이를 '분석'함으로써 그것을 넘어가려고 하는 반면, 인본주의적 치료사는 내담자와 조화를 이룸으로써 전이가 일어나는 것을 피하려고 한다. 이러한 방식의 치료법은 둘 다 유용하다. 선에서는 '부모의 마음'이라는 원리가 있는데 이는 언뜻 보기에 서구의 관점과 모순되는 듯하다. 이 원리에 따르면 우리는 모든 존재를 마치 하나밖에 없는 자식인 것처럼 보아야 한다. 이것은 또 하나의 어려운 '역전이(逆轉移)' 관계를 설정하는 것은 아닌가?

불교 문헌을 통틀어 보면, 부모 특히 어머니가 자식에 대하여 가지고 있는 무조건적이고 긍정적인 사랑을 곧 보살(bodhisattva)이 모든 생명을 대하는 방식의 원형으로 여기고 있음을 아주 분명하게 알 수 있다. 그러므로 선 치료사는 부모와 같은 마음가짐을 가지고 있다. 그러나 여기서 우리는 우월감을 내세우는 부모를 말하고 있는 것이 아니다. 오히려 진정한 부모의 마음을 갖춘 사람은 상대방이 무엇을 하고 무엇을 했든 또 무엇이 되든 상관없이 그 사람을 사랑하고 이해하며 친절하게 대한다는 사실을 말하고 있는 것이다. 이것이 바로 일체를 수용하는 마음가짐이며 이러한 마음에서는 오로지 다른 사람이 가장 잘되기만을 발원(發願)한다. 부모의 마음은 자식의 성공이나 실패 때문에 바뀌는 마음이 아니다. 자식을 버리지 않는 부모와 같이 치료사는 내담자를 결코 포기하지 않는다.

비록 서양식 치료법에서는 치료사가 내담자에게 부모처럼 되어야 하는지에 대하여 의문을 가지고 있지만, 방금 언급하였던 하인즈 코헛이나 이전에 자주 언급했던 칼 로저스와 같은 많은 위대한 치료사는 실제로 내담자와의 관계에서 정말로 부모와 같은 역할을 하였던 매우 따뜻한 사람들이었다. 이러한 부모는 집착하지 않는다. 그들은 정말로 좋은 친구다. 내담자를 위하여 항상 신뢰성 있게 함께하여 주지만, 또한 치료의 각 단계에서는 어떤 것에도 집착하지 않고 모든 것을 기꺼이 놓고 간다. 내담자는 한동안 일종의 의존감을 느낄지도 모르지만, 이는 마치 앞서 예로 든 사다리와 같은 것이다. 계단마다 넘어가는 것은 내담자가 스스로 걸음을 떼는가에 달려 있다. 부모는 자식이 사다리를 스스로 걸어 올라가는 법을 발견하기를 바랄 뿐이다.

좋은 습관

생명을 유지하고 성장시키기 위해 식물에게는 물을 주어야 하고 아기에게는 젖을 주어야 한다. 마찬가지로 치료 관계를 통하여 어떤 행동양식이 형성되었다면, 그것을 유지시키는 것은 또 다른 문제다. 그렇게 형성된 새로운 행동양식은 관계가 지속되지 않거나 그를 위한 어떤 대안적이고 효과적인 지원이 없으면 오래 유지되기가 불가능할 수도 있다. 그러나 변화는 결국 끊임없는 변화를 지속하게 하는 데 필수적인 재료의 공급원을 확보함으로써 스스로 자족하게 된다. 심리치료에는 일반적으로 치료 상황에서 배운 것을 정상적인 상황으로 전환하는 문제가 있고 또한 치료가 너무 일찍 끝날 위험도 항상 잠재되어 있다. 그렇기 때문에 내담자가 당초 예정했던 것을 모두 이루었다고 할지라도 치료사나 다른 지원 그룹 회원과 지속적인 관계를 유지하도록 하는 것이 지혜롭다고 할 수 있다.

정신 수련을 열심히 한다면 어떤 경우에는 상당히 빨리 관문을 통과할 수도 있는 반면, 어떤 경우에는 오랜 시간이 걸릴 수도 있다. 그러나 수련을 지속하지 않거나 혹은 자신의 이해를 깊게 하고 자신의 노력을 강화하는 데 도움이 되는 조건을 무시한다면 거의 아무것도 성취할 수 없을 것이다. 선에서 견성(見性)이 더 이상 아무런 노력을 할 필요도 없는 최종적인 것이라고 생각한다면 이는 잘못된 것이다. 치료 과정에서 얻게 되는 통찰력 또한 마찬가지다. 그것은 단지 진정한 치료의 시작일 뿐이다.

견성은 수행자가 왜 노력을 하며 이 노력이 나중에 어떻게 함이 없는 노력으로 전환될 것인지를 스스로 분명하게 자각하는 순간이다. 그런데도 견성을 하고 나서 계속해서 수행에 힘쓰기보다는 오히려 체험에 집착하려고 하는 사람이 많다. 그래서 갓 태어난 부처는 성장해 보지도 못하고 아기 침대에서 굶어 죽고 마는 것이다. 그러므로 선에서는 끝없는 정진을 강조한다.

온전한 행동과 생각은 찬찬히 계발될 수 있고 좋은 습관으로 자리 잡게 할 수 있다. 예를 들어 긍정적인 말을 사용하는 것도 이러한 관계에 바탕을 두고 있다. 불성을 항상 생각나게 하는 것이 있는 것은 큰 도움이 된다. 그래서 일반적으로 불교 수행에는 하루의 수행 프로그램 중에 그것을 몸에 익히기 위한 여러 가지 방편을 포함하고 있다. 이것이 바로 왜 선에서 의식(儀式)을 중요하게 여기는가에 대한 하나의 이유다. 예를 들어 선 수행자는 매일 어떤 행동을 할 때마다 자기 자신에게 말할 수 있는 짧은 게송(偈頌, gathas)을 암송한다. 아침에 일어나는 것과 더불어 시작하는 게송은 그날 우리가 하는 모든 일에 특별한 성질을 부여한다.

아침을 열고 잠에서 깨어나
내 마음은 새로운 날에 절을 올리나니,
모든 존재가 깨어나
새로운 생명력으로 넘치게 할지이다.

세수하고, 옷 입고, 청소하고, 건물에 드나들고, 꽃을 보고, 명상의 종을 울리는 것과 같은 모든 일상적인 활동에 맞게 엄청나게 다양한 내용의 게송이 있다. 또 누구든 자기 자신의 게송을 만들 수도 있다.

바닥을 쓸며
내 망상의 먼지를 털어내노라.
그 자리는
처음부터 항상 청정한데.

삶의 양식을 바꾸려고 하는 사람은 반복적인 노력을 기울여야 하며, 이것은 정성을 다하여 매 순간 다시 시작하는 것을 의미한다. 노력을 한다는 것이 어떤 측면에서는 오히려 시대에 맞지 않는 일처럼 되어 버렸으나, 어떤 일을 성취하고자 한다면 노력은 반드시 필요한 것이다.

바람직하지 못한 습관은 더 나은 새로운 습관이 자리 잡게 함으로써 바꾸어 놓을 수 있다. 따라서 온갖 중독 증상은 극복될 수 있다. 일반적으로 나쁜 습관은 이를 대체할 수 있는 좋은 습관을 길들임으로써 비로소 버릴 수 있다. 다이어트는 다른 어떤 것을 하는 것이 아니라 무언가 하는 것을 그만두려는 노력이다. 이것이 바로 다이어트가 종종 실패하는 이유다. 이것은 개인의 변화를 위한 전략을 수립하는 데 매

우 중요한 점이다. 단순히 무엇을 하지 않으려는 시도는 성공 가능성
이 거의 없다. 없애려고 하는 습성과는 양립할 수 없는 어떤 바람직한
활동이 자리 잡게 해야 한다. 선 수행은 매우 철저하다. 그것은 삶의
모든 측면에 파고든다.

> 순수한 마음의 힘으로
> 그릇을 닦으니,
> 부처의 미소처럼
> 모든 그릇이 반짝이리라.

누구든 '허드렛일'을 하면서 이 계송을 반복해서 암송하면, 그때마
다 그 사람은 허드렛일로 인하여 일어날 수 있는 화나는 마음을 돌려
놓게 된다. 나아가 지금 하고 있는 하찮은 일이 사랑을 표현하는 소중
한 활동이라는 자각을 하게 된다.

현대를 살아가는 우리는 인격 수양을 소중하게 여겼던 정신을 대부
분 상실하였다. 이것은 불행한 일이다. 좋은 습관은 높은 성취를 이루
기 위한 도약대가 된다. 그러므로 화가는 자신이 가진 기술의 많은 부
분이 이미 제2의 천성이 되는 단계에 도달하게 된 다음에야 위대한 작
품을 만들 수 있을 것이다. 이와 마찬가지로 선 수행은 단지 지적인 이
해나 독서로 이루어지는 것이 아니라 마음이 완전히 깨끗해질 때까지
좋은 행동과 좋은 생각을 반복함으로써 이루어지는 것이다. 과거의 선
사들이 깨달음을 얻은 순간의 이야기를 읽을 때 우리는 그 순간이 거
의 항상 수년간에 걸친 진지한 수련의 완성으로서 찾아온 것이며, 진
정코 부처님 자신도 오랜 수행 끝에 진리를 깨달았다는 사실을 결코

잊지 말아야 한다. 내담자는 자기 삶에서 가장 어려웠던 순간, 즉 누구나 대처해 나가기에 어려움을 느낄 만한 시절에 관하여 치료사에게 말하고 싶은 마음이 있을 것이다. 만약 우리가 이 어려운 시절을 잘 대처해 나가기를 원한다면, 깨어 있는 마음으로 지켜보는 습관을 익힐 수 있는 편안한 시간에 우리가 살아가는 삶의 방식에 대하여 새로운 변화를 시작하는 것이 중요하다. 그러면 우리는 더욱 어려운 도전이 닥쳐오더라도 방심하지 않을 것이다. 그러므로 치료사는 삶의 가장 세속적인 측면에서도 내담자가 질적으로 더욱 높은 차원에서 살아갈 수 있도록 도와주는 것을 게을리 하지 않을 것이다.

심리치료에서는 내담자가 어떤 새로운 양식을 배운 후에 그것이 제2의 천성이 될 때까지 반복하여 익히는 동안 계속 보살펴 주는 것이 중요하다. 이것은 마치 무술 수련자를 훈련시키는 것과 같다. 수련자는 동작 하나하나가 제2의 천성이 될 때까지 끊임없이 반복하며 연습해야 한다. 제2의 천성이 완전히 수련되면 그때 제1의 천성이 스스로 모습을 드러낼지도 모른다. 그러나 제2의 천성이 온전히 자리 잡지 못한 상태에서는 제1의 천성은 그대로 숨어 있는 경향이 있다. 이때에는 제2의 천성이 제대로 수련되지 않은 반면, 그것이 우리의 모든 주의력을 붙잡고 있는 것이다. 제1의 천성은 항상 그 자리에 있지만 우리는 그것을 알아차리지 못한다. 제2의 천성이 완전히 수련되어서 고요하고 순응적인 상태가 되면 그때서야 비로소 우리는 불성, 즉 우리의 진정한 스승이자 주인에게 우리 자신을 마음 놓고 맡길 수 있게 된다. 우리는 수련되지 않은 상태가 더 자발적일 것이라고 생각해서는 안 된다. 예를 들어 반 고흐 같은 최고의 독창적인 화가조차도 엄청난 부지런함으로 수년간 자신을 훈련시켰다. 이와 같은 기반이 없었다면 그는 결코 그러한 독창적인 그림을 탄생시키지 못하였을 것이다. 삶이라는 예술에서도 이것은 마찬가지다.

서양의 심리치료에서는 행동상의 변화를 옹호하는 방법론과 심층 심리적인 변화를 옹호하는 방법론이 불행하게도 분리되어 발전해 왔다. 선의 관점에서 보면 이것은 각 학파가 코끼리의 다른 부분을 잡고 있는 경우라 할 수 있다. 이 세상에 왜 그렇게 많은 경쟁적인 학파가 있느냐는 질문을 받고, 부처님은 코끼리가 서 있는 자기 집 마당에 수많은 눈먼 거지를 데리고 온 인도의 영주(rajah)에 관한 이야기를 들려주었다. 거지마다 코끼리에 올라가 제각기 다른 부분을 잡았다. 코끼리에 대하여 설명해 보라고 하자 상아, 몸통, 발, 꼬리 등 자신이 코끼리의 어떤 부분을 만졌는가에 따라 당연히 제각기 완전히 다르게 코끼리를 묘사하였다. 이것이 바로 여러 심리학파가 존재하는 문제인 것이다. 선에서는 행동상의 훈련도 필요하고 또한 심층 심리적인 변화도 필요하며 이 둘은 항상 함께하는 것이라는 것을 강조한다. 이들은 각각 서로를 지원하는 것이다. 다른 하나를 배제하고 한 가지만 시도하면 아마 성공하지 못할 것이다.

요 약

마음을 나눌 수 있는 좋은 친구는 우리가 진화하는 데 필요한 강력한 지원 조건이다. 이것은 치료의 기반이다. 그렇지만 중요한 발걸음은 오로지 각자 내면에 갖추어진 불성을 동반자 삼아 항상 혼자 내디뎌야 한다. 이것은 개별적인 차원을 뛰어넘어 정신의 가장 깊은 곳, 생명의 근원 그 자체에 이르러야 함을 의미한다. 그러나 이것은 커다란 정신적 사건을 겪어야만 일어날 수 있는 것이 아니다. 매일매일의 선 수행은 몸과 말과 마음의 모든 습관을 변화시킴으로써 우리가 일상생 활에서 하는 모든 행동을 변화시킬 수 있다. 다음 장에서는 우리의 업 (業)을 변화시키기 위하여 필요한 것이 무엇인지를 검토하면서 이 주 제를 더욱 심도 있게 다룰 것이다.

업

업 인연론

업(業, Karma)은 도덕적 결과의 법칙이다. 몸과 말과 뜻으로 짓는 모든 의도적 행위는 끝없이 흘러가는 삶 속에서 직접적인 결과를 낳는다. 이것은 미래에 싹을 틔우기 위하여 저장되어 있는 씨앗과 같다. 이 씨앗이 미래의 어느 때에 싹이 나서 자라나면 그 특성에 따라 즐거움 또는 불쾌감을 주는 과실을 맺게 될 것이다.

업이란 단어는 행위를 의미한다. 이는 영어의 '드라마'와 관련된다.[55]

---

55) 역주: '드라마'는 그리이스어의 'drama'에서 유래한 말이며 행동, 행위 또는 비극 등의 뜻이 있다.

부처님 시대 이전에 업은 주로 종교 의식적 행위를 지칭하는 것이었다. 일반적으로 희생양을 바치고 주문을 외우면서 특이한 행동을 하는 것이 수반되는 종교적 의식(儀式)을 행함으로써, 사람들은 신을 기쁘게 하고 불행을 물리치며 신의 축복을 얻는다고 믿었다. 그러나 부처님은 업에 새로운 의미를 부여하였다.

첫째, 부처님은 제사에 올려지는 제물(祭物)은 신(神)에게보다는 착한 사람에게 주어져야 한다고 가르쳤다.[56] 실제로 공양물은 성직자에게 돌아갔다. 성직자 중에는 특별히 덕이 높거나 영성이 높지 않은 사람도 많았다. 그렇지만 부처님은 공양물을 순수한 삶을 사는 사람에게 바칠 때에만 축복이 된다고 반복하여 가르쳤다. 부처님은 또한 신을 결코 부정하지는 않았지만 모든 체계에서 신을 종전보다는 훨씬 덜 중요하게 취급하였다. 부처님에게 중요한 것은 진실로 덕망 높고 정신적인 삶을 영위하는 사람들을 지원하는 것이었다. 그것이 사회를 개선하고 삶의 질을 향상시키는 길이었기 때문이다.

둘째, 부처님은 종교적 의식(儀式)은 우리 삶의 깊이를 더하기 위하여 의도적으로 수행되는 행위라는 점에서 그 가치가 있다고 보았다. 그러므로 부처님은 우리가 일상적으로 하는 모든 행위 또한 삶의 깊이를 더하도록 하여야 한다는 목표를 세웠다. 틀에 박힌 형식에 얽매이지 않는 의식에서는 모든 행동이 신중하고 사려 깊으며 깨어 있고 의도적이다. 이것은 또한 공동체 의식(意識)을 발생시킨다. 각 개인에게는 해야 할 역할이 주어지지만, 모두가 함께하는 행동은 개인적으로

---

56) 역주: 불교에서는 이를 일체의 생명이 더불어 함께 먹거나 공유하는 물건이라 하여 공양물이라 한다.

기여하는 것을 뛰어넘어 사람들을 자기 자신에게서 벗어나게 한다. 그와 같이 기억할 만한 중요한 행사에는, 사람들은 더 이상 편협하거나 이기적인 방식으로 행동하지 않고 큰 춤 속의 한 부분이 된다. 부처님은 단지 특별한 의식(儀式)이 있을 때에만 사람들이 그렇게 될 수 있는 것이 아니라 평생 동안 그렇게 될 수 있다고 보았다.

현대의 삶은 효용와 쾌락 추구의 원리를 근간으로 하고 있다. 즉, 공동체보다는 개인을 우선시하고 있는 것이다. 그 결과 종교적 의식에 대한 이해와 필요성이 감소되었다. 이것은 삶이 공허하고 산산히 부서지는 느낌을 남긴다. 하지만 다른 한편으로는 기계적으로 종교 의식화하여 삶을 사는 것 또한 위험하다. 아무 생각 없이 '몸 동작만으로 하는 의식'은 이득이 없다. 선은 이와 같은 양극단을 피하고 우리가 하는 모든 행위의 신성함을 강조하는 중도적 삶을 살도록 가르친다. '내'가 없는, 깨어 있는 마음으로 수행하는 것은 개인과 사회를 동시에 치료하는 효과가 있는 것이다.

셋째, 부처님은 우리가 하는 행위는 결과를 낳는데 그것은 신의 개입 때문이 아니라 자연적으로 그렇게 될 뿐이라고 가르쳤다. 불교는 신을 즐겁게 하고 천국에 가기 위해서 착하게 살아야 한다고 가르치지 않는다. 그렇게 하는 것은 근본적으로는 여전히 이기적인 것이다. 부처님은 '내'가 없이 하는 행동은 깨달은 사람들에게 자연스럽게 다가오며 우리도 모두 열심히 노력해서 이를 깨닫도록 해야 한다고 지적하였다. 이기적으로 행동하는 것이 최선이라는 생각을 계속하는 한, 우리는 우리 자신뿐 아니라 남에게도 계속 지옥을 만들어 내는 것이다. 즉, 우리는 악업(惡業)을 짓고 있는 것이다. 만약 우리가 이생이나 내생에 보상받기를 기대하면서 착하게 행동하면, 그것은 악한 것보다는 낫겠지만 여전히 바람직하지 못하다. 이것은 악업과는 반대로 선업(善業)을 짓고 있는 것이기 때문이다. 이상적으로는 우리가 깨달음에 열린 방식대로 행동하면 아무런 개인적 업을 짓지 않는다. 왜냐하면 '나'를 내세우지 않는, 즉 '내'가 없는 가운데 하는 행동은 이미 우리 자신이 아니라 공동체 전체를 위한 것이기 때문이다. 훌륭한 공동체는 모든 사람이 자신을 위해 헌신하는 것이 아니라 서로를 위해 헌신하기 때문에 이루어지는 것이다.

우리가 이 책의 제2부 첫 장에서 살펴본 것처럼 불교 심리학에서 마음은 마치 '아라야식'이라 불리는 '저장 의식(藏識)'이 있는 것처럼 작용한다. 이 의식의 창고 안에는 과거에 우리가 한 모든 좋고 나쁜 행동의 흔적이 저장되어 있다. 몸이나 말 또는 뜻으로 '나'를 세우고 한 모든 행위는 이 아라야식에 저장되었다가 나중에 그 과보의 열매를 맺게 된다.

업 이론에 따르면, 우리가 자기중심적 사고를 바탕으로 행동하는 만큼 자기라는 망상이 미래에도 계속될 것이라고 한다. 즉, 성냄, 탐욕, 질투, 부러움, 자만, 낙담 그리고 자기 집착으로 인한 다른 모든 정신적 달콤함 등 자기중심적 왜곡을 더 심화시킬 수 있는 잠재력이 남아 있게 된다. 업은 이와 같은 순환 과정이다. 모든 사람은 적절한 조건이 주어질 때를 기다려 무르익게 될 씨앗이 쌓여 있는 창고를 가지고 있는 것이다.

이것은 우리가 겪는 모든 정신적 고(苦)는 사실 우리 자신이 과거에 한 행위의 결과라는 것을 의미한다. 여기서 우리는 '정신적인 고'와 육체적인 고통을 구별할 수 있다. 정신적 고는 '번뇌' 혹은 '나쁜 상태의 마음'이라고 부를 수 있다. 어떤 불교 사상에서는 두 가지 괴로움

모두를 업의 결과로 본다. 그 이론에 따르면 이 세상에 우연이란 결코 없다. 삶에서 우리 앞에 닥치는 모든 것은 이생이든 전생이든 과거에 우리 자신이 저지른 행위의 결과다. 나는 그 이론에 대하여 찬성하거나 반대하는 논쟁을 하려는 것이 아니다. 여기에서 나는 정신적인 괴로움에 관한 문제에만 논의를 국한시키려 한다. 실질적인 의미에서 우리는 종종 우리에게 일어나는 것을 통제할 수 없지만, 어떻게 대응할 것인가에 대해서는 무엇인가 할 수 있다.

우리의 삶에는 인간이기 때문에 어쩔 수 없이 겪을 수밖에 없는 아픔이 있다. 우리는 병들고 상처 입고 배고픔을 느낀다. 부처님 자신도 한 번은 가시 위를 디디는 바람에 발이 너무나 아파서 고통을 받은 적이 있다. 이러한 고통은 우리가 아무것도 할 수 없는 차원의 아픔이다. 비록 이것이 과거에 지은 업의 결과라 할지라도 우리는 그것을 피할 수 없다.

그다음으로는 우리의 마음가짐 때문에 생기는 불필요한 괴로움이 있다. 만약 부처님이 '왜 이런 일이 항상 나에게 일어나는가?' 혹은 '누가 그 가시를 치우지 않은 탓이다.' 라고 생각했다면, 그는 육체적으로뿐만 아니라 정신적으로도 괴로움을 느꼈을 것이다. 이 부분이 바로 심리치료가 어떤 역할을 할 수 있을 뿐 아니라 몰록 놓음으로써 벗어날 수 있는 영역이다. 우리가 할 수 있는 것과 할 수 없는 것을 구분하는 것은 중요하다.

업은 의지적 행동에 의해서 만들어지기 때문에 마음가짐과 행동 모두 업에 관련된다. 마찬가지로 치료도 두 가지 영역에 모두 관심을 가져야 한다. 즉, 내담자가 마음 속에 담고 있는 것과 삶 속에서 드러내는 행동이 모두 치료 대상인 것이다.

업은 어떻게 작용하는가

업은 다섯 가지의 단계를 가지고 있다. 첫째, 삶에 대한 일반적인 자세를 세우는 단계, 둘째, 특정한 의지적 활동을 통해 업이 생기는 단계, 셋째, 업의 영향이 뚜렷하게 나타나지 않는 잠복 단계, 넷째, 업의 작용을 촉발시키는 경험을 하거나 혹은 단순히 시간이 경과함으로써 업이 다시 표출되는 단계다. 이때의 업의 표출은 다음 단계의 행동을 할 가능성을 인식하는 형식을 취하는데 이것은 문자나 상징적 형태로 마음에 제시된다. 만일 이와 같이 다음 단계의 행동으로의 초대가 받아들여지면, 즉 그것에 새로운 의지가 부여되면 새로운 업의 사이클이 시작된다. 어떤 경우라도 이 단계가 지나면 과거의 업은 비활동 상태인 '최종 조건(果報, vipaka)'에 들어간다.

이 이론에는 중요한 함축적 의미가 있다. 특히 사람들은 흔히 '방아쇠'를 원인으로 잘못 이해한다. 그래서 업 이론에 따르면 누군가 나를 모욕할 때 내 마음속에서 일어나는 분노는 그 모욕 때문에 일어난 것이 아니라는 것이다. 그 모욕은 단순히 방아쇠에 불과한 것으로서 이미 존재하고 있는 분노하기 쉬운 마음을 표면으로 드러내는 역할을 했을 뿐이다. 만약 내가 이러한 괴로움을 일으키는 습성을 없애려고 한다면, 이와 같은 상황에서도 사물의 본질을 제대로 인식하는 것을 배우는 것이 중요하다. 그렇게 한다면 나는 분노를 놓아 버릴 수도 있을 것이다. 하지만 그렇게 하지 않는다면 나는 공격적인 태도로 행동하기 십상이며, 그래서 똑같은 업의 흐름을 만들어 내어서 또다시 다음 방아쇠를 맞이할 준비를 하게 될 것이다.

그러므로 업은 도덕적 결과의 법칙인 것이며 신의 개입에 의지하지 않는다. 업은 우리가 죽은 뒤에 심판의 자리에서 일어나는 것이 아니다. 그것은 바로 지금 일어나고 있다. 자기 의지에서 분출되는 모든 행위는 업을 짓는 것이다. 깨달은 사람은 더 이상 개인적인 업을 새로 짓지는 않지만 이미 과거에 뿌렸던 씨앗의 결과는 여전히 거두어야 한다.

이러한 업의 본질을 이해한다면 우리가 살아가는 삶과 그 시련에 대한 우리의 대응 방식을 근본적으로 바꿀 수 있을 것이다. 남이 나를 화나게 했기 때문에 내가 화를 내는 것이라고 생각한다면, 나는 남 탓을 하면서 그에 반응하기 십상일 것이다. 하지만 그러한 방식으로 반응하는 것은 더 많은 업을 계속 지을 뿐이다. 이런 의미에서 윤회는 순환 고리다. 우리는 똑같은 행동 양식을 반복하면서 쳇바퀴 돌 듯 계속 돌아간다. 왜냐하면 우리는 이러한 상황을 개선하려고 노력하지만 사실은 이 상황을 반복하도록 만들고 있기 때문이다. 이것이 바로 우리 삶을 건설적으로 이끌 수 있는 법을 배우는 데 그토록 오랜 세월이 걸리는 이유다. 우리가 화를 내는 이유를 더 이상 남에게서 찾지 않으면, 우리는 남 탓을 하지 않을 것이다. 오히려 우리는 숨어 있던 부정적인 마음을 드러내어 이를 잘 다스려 놓아 버릴 수 있게 해 준 데 대하여 감사함을 느낄 수 있을 것이다.

이 이론은 심리치료와 관련해서 상당한 함축적 의미를 가지고 있다. 치료사의 입장에서 우리는 어떻게 내담자가 계속하여 같은 종류의 문제를 스스로 재생산하고, 똑같은 실수를 저지르면서 그 문제에서 벗어나려고 노력하는가를 볼 수 있을 것이다. 우리는 또한 지금의 고통스러운 상태가 어떻게 그 이전의 행위와 관련되는지도 알 것이다. 이와 동시에 대부분의 경우 내담자에게 이러한 과정을 곧바로 알려 주는 것은 적절하지 않을 것이다. 왜냐하면 내담자는 이것을 자신에 대한 비난으로 받아들이기 쉬울 것이기 때문이다. 그렇게 되면 이것은 곧 더 많은 문제를 일으키는 방아쇠로 작용할 것이다. 그러므로 치료사는 전혀 새로운 통찰력을 발휘해야 할 입장에 종종 처할 수도 있을 것이다.

그러나 만약 내담자가 치료 과정 중에 새로운 문제를 일으키지 않고 업의 창고에 있는 내용을 솔직하게 점검해 볼 수 있도록 하는 환경을 치료사가 만들 수 있다면, 매우 좋은 성과가 나타날 것이다. 그러므로 여러 형태의 심리치료는 모두 내담자가 다른 사람에게 해를 주지 않으면서 자신의 증오심, 분노, 질투심 등을 탐구할 수 있는 상황을 만들어 주는 것이다. 예를 들어 사이코드라마에서는 자기가 사랑하는 사람이나 심지어 적에게도 전혀 상처를 주지 않으면서 내담자 자신의 가장 나쁜 면을 표출해 낼 수 있다. 왜냐하면 그 모든 과정이 서로를 이해하는 사람들의 그룹 내에서 일어나기 때문이다. 심리치료는 한 사람의 업에 대하여 무엇인가를 하는 것이다. 그러므로 그 사람은 자신이 살아온 삶의 방식에 대하여 깊이 재고하게 될 것이다. 그리하여 나와 남을 새롭게 이해할 뿐 아니라 용서하고 화해하며, 참회하는 것을 마음 깊이 받아들일 수 있을 것이다.

업의 저장고인 몸

많은 점에서 몸은 과거에 지은 업의 저장고 역할을 한다. 사람들의 몸에는 대부분 자신의 특별한 고통과 고난의 역사가 반영된 특징적인 약점이 있다. 나 자신은 수년 동안 목 때문에 여러 가지 고생을 하였다. 스트레스를 받으면 목에서 고통스러운 경련이 일어나곤 하였다.

심지어 지금도 스트레스를 받는 상황에 빠지면 나는 그러한 불편함의 낌새를 알아채곤 한다. 나는 이것이 내가 어렸을 때 약간 거친 아이들이 있는 학교로 갓 전학 갔을 때 생겼다는 것을 추적해 낼 수 있다. 그때 나는 두려웠다. 특히 아침 조회 시간에 경계 대상인 그 아이들과 함께 어울려야 한다는 것은 나를 매우 불편하게 하였다. 아침 찬송가를 부르는 시간이 되었을 때는 너무 긴장하는 바람에 뒤통수가 제대로 움직이지 않았다. 그때 이래로 똑같은 고통스러운 증세를 겪기 일쑤였다. 물론 이러한 업의 고리가 시간적으로는 훨씬 더 과거로 거슬러 올라갈 수도 있다.

우리 모두는 온갖 긴장된 몸으로 살아가는데 이것은 우리가 과거에 겪었던 특별한 경험의 역사를 반영하고 있는 것이다. 대처하기에 어려운 일이라고 생각할 때마다 그것은 우리 몸에 새겨진다. 이러한 개념은 새로운 것이 아니다. 빌헬름 라이히(Wihelm Reich)의 연구를 필두로 서양의 심리치료에는 어떻게 몸이 스트레스를 '성격 갑옷'으로 저장하는가를 탐구해 온 많은 학파가 있다. 그러므로 내가 여기서 하려는 것은 불교 심리학과 서양의 육체 중심의 치료 사이에 이와 같은 이론의 일치성이 있음을 지적하려는 것뿐이다.

심리치료에서의 가치

치료사는 내담자의 가치에 영향력을 발휘하려고 해서는 안 된다는 것이 일반적인 생각이다. 하지만 이론적으로는 아무리 치료사가 '비지시적' 방법을 쓰도록 되어 있을지라도, 나는 아직도 모든 그러한 영향력이 배제되었던 치료 사례에 대한 장황한 설명을 들어야 하는 것이 현실이다. 치료방식이 비지시적일수록, 즉 치료사가 자기의 주관을 앞세우지 않을수록 치료사는 더욱 영향력 있는 존재가 될 가능성이 높다. 강요는 일반적으로 비생산적이다. 모든 치료는 암묵적이든 혹은 명시적이든 생명의 길을 제시한다.

무엇이 옳고 그른지를 결정하는 것은 내담자 스스로 할 일이다. 그러나 업 이론을 생각해 보면 이것은 보기보다 간단한 문제가 아니다. 업 이론에 따르면 내담자가 겪고 있는 괴로움은 내담자 자신이 지은 과거 행동의 결과다. 내담자 스스로 생각하는 것이 아무 의미가 없는 것은 아니다. 하지만 과거에 어떤 일을 했을 때, 그 일이 나쁘다는 생각을 하지 않았다고 해서 고를 피해 갈 수 있는 것도 아니다. 사람들은 어떤 해로운 일을 하더라도 일반적으로 자기는 정당하다고 스스로 확신한다. 그러나 그러한 확신이 인과를 바꾸지는 못한다. 심리치료는 내담자가 어떻게 이러한 방식으로 자기를 속였는지를 발견하는 과정일 수도 있다.

무엇인가를 훔쳤다는 환상에 사로잡혀 괴로워하는 한 내담자가 나를 찾아왔다. 그 증세가 나타날 때면 그는 자신이 건물 안에 있는 동안에도 무의식적으로 무엇인가를 훔쳤다는 생각에 내내 사로잡혀 건물 밖으로 나갈 수 없었다. 그는 체포되어 재판을 받고 교도소로 보내지는 악몽에 끊임없이 시달렸다. 실제로 그는 결코 아무것도 훔친 적이 없었지만 그것을 스스로 확신할 수 없었다. 어떤 경우에는 운전하던 차를 멈추고 차 안을 샅샅이 뒤졌다. 하지만 그렇게 하여 아무것도 찾아내지 못했을 때에도 물건을 훔친 적이 없었다는 사실을 여전히 확신하지 못하였다. 이러한 강박적인 환상이 그를 매우 힘들게 한 것이다.

심리치료를 할 때, 우리는 이와 같은 강박적인 환상을 일으킬 수 있는 요인을 제공한 어린 시절의 여러 가지 사건을 내담자에게서 들추어낸다. 그러나 그 증세가 어디에서 비롯되는 것인지를 안다고 해서 그 증세에 어떤 차도가 있는 것은 아니다. 그 뒤에 또 밝혀진 사실은 그가 나에게 치료를 받고 있던 동안 여러 명의 여자와 복잡한 관계를 맺고 있었으며, 관계하는 여자에 따라 강박적인 환상 정도에 차이가 있다는 것이었다.

가끔씩 그는 진정한 애정을 느끼는 한 여자와 데이트를 하였는데, 그럴 때에는 그의 강박적인 증상이 줄어드는 것을 알 수 있었다. 그렇지만 일반적으로 그는 자기 이미지를 돋보이게 해 줄 수 있다고 생각되는 여자와 사귀었다. 그는 예쁜 여자와 함께 대중 앞에 나타나는 걸 좋아했는데 그러한 행동은 자신이 느끼지도 못하는 애정을 위선적으로 표현하는 것을 의미한다. 이러한 종류의 위선적 애정관계가 진행 중일 때에는 그의 증상이 더욱 심해졌다. 그 자신은 이러한 진단을 받아들이려 하지 않았으나, 우리는 그 당시 그가 가졌던 훔쳤다고 하는 환상이 결국은 환상이 아니었음을 알 수 있다. 그가 하고 있었던 것이 완벽하게 옳다고 아무리 스스로 확신하였다 하더라도, 그는 자기가 잘못 행동한 것에 대한 즉각적인 업의 과보를 피할 수 없었던 것이다.

업 이론은 우리가 착하다면 더 행복한 삶을 살 것이라고 본다. 만약 이것이 사실이라면 착한 삶을 산다는 것 자체가 곧 치료일 수 있다. 그러므로 착하냐 나쁘냐의 문제는 치료와 무관한 일이 아니라 치료에서 아주 핵심적인 문제인 것이다. 만약 내담자가 어떻게 자신이 다른 사람을 힘들게 하고 괴롭히는지를 이야기한다면, 그것은 사실은 자신을 힘들게 하기 위해 문제를 쌓아 가고 있는 것이라고 나는 자신 있게 말할 수 있다. 마찬가지로 만약 내담자가 어떻게 이전에는 생각할 수 없었던 방식으로 다른 사람에게 친절해지게 되었는지를 이야기한다면, 그것은 실로 자신이 안고 있는 모든 문제가 개선되기 시작하는 것이라고 그 또한 자신 있게 말할 수 있다. 나는 내담자를 보살피고 있는 입장이기 때문에 뒤의 경우라면 기뻐할 것이고 앞의 경우라면 걱정할 것이다. 그리고 그 문제를 바로 다루는 것은 신중하지 못한 처사겠지만, 내담자는 어느 단계가 되면 반드시 그것을 알게 될 것이다.

어떤 사람은 치료사가 내담자보다 무엇이 옳고 그른지를 더 잘 알고 있다고 생각하는 것은 오만한 것이라고 말할 것이다. 그러나 만약 내담자가 다른 사람에게 해를 끼치고 있다면 그 구실이 무엇이든, 그것이 어떻게 정당화되든 그에 대한 값을 치러야 할 것이다. 실제로 내담자가 어떤 특정한 순간에 스스로 업을 짓지 못하도록 하는 것은 치료사의 능력을 벗어나는 것이다. 내담자가 어려운 길을 배우며 자신의 삶을 재료로 실험해 나갈 때, 마치 어린아이가 커가는 것을 지켜보는 부모처럼 치료사는 잠자코 바라보아야 할지도 모른다. 치료사의 임무는 그냥 이해하는 것이지 판단하는 것이 아니다. 이러한 임무를 충실히 하기 위하여 치료사는 내담자가 어떤 길을 걷든 그 근본 불성이 있음을 물러서지 않고 믿어야 한다. 불교에서는 누구도 판단할 수 없다. 그냥 이 세상은 자기가 스스로에게 기쁨이나 아픔을 가져오도록 되어 있을 뿐이다. 때로는 가장 자비로운 길이 잠자코 바라보며 적당한 때가 오기를 기다려 주는 것일 수도 있다. 때로는 현재 내담자가 하고 있는 것에 대하여 의문을 풀어 가도록 내담자를 도와줄 수도 있다. 최종 분석에서는 내담자가 스스로 결정해야 하지만, 이것이 치료사가 그 문제에 대해 아무런 통찰력도 없다는 것을 의미하는 것은 아니다. 심리치료는 본질적으로 도덕적인 과정이다.

과보 인연론

업 인연론에서 나아가 과보 인연론(異熟緣, Extinguished karma, Vipaka paccaya)은 소멸된 업이 마음을 고요하게 하고 미래의 긍정적인 행동을 강화하는 배경 효과를 발휘한다고 말한다. 그것은 마치 태풍이 한바탕 휘몰아치고 난 이후에 엄습하는 것과 같은 '함이 없는 고요함(effortless calm)'의 배경이 되는 것으로서 자기평정(self-pacification)을 이루는 데 이바지한다.

업은 행동이다. 과보(果報)는 행동의 결과다. 업의 연쇄 작용에서 마지막 결과는 그 업 자체의 소멸이다. 우리는 우리 행동의 결과를 경험한다. 그다음은 어떻게 되는가? 만약 우리가 똑같은 업을 되풀이하지 않도록 행동한다면, 우리는 그 업의 순환고리를 끊고 소멸시킬 수 있다. 그러한 업의 소멸을 갈망하지만 보통 사람은 성취하기 어려운 것이라 할 수 있다. 우리는 우리 자신과 내담자의 삶을 통하여 삶의 역사가 스스로 반복하는 경향이 얼마나 많은지를 잘 알고 있다. 자신의 잘못이 분명히 없는데도 폭력사건에 연루된 적이 있었던 한 내담자는 몇 주 후에 또 다른 비슷한 사건에 휘말려서 나를 찾아온다. 얼마 지나지 않아서 똑같은 일이 또 일어난다. 내담자의 관점에서는 그것은 그냥 운이 나쁜 것이다. 그러나 우리는 그것이 어떤 식으로든 업의 수레바퀴가 계속해서 돌아가는 사실일 따름이라는 것을 안다. 그들이 모든 사건을 해결하는 방식은 어쨌든 비슷한 상황이 다시 일어나게 만든다. 그러나 우리가 이 내담자를 한동안 치료한 뒤 어느 날, 우리는 그에게서 그러한 사건에 관련되었다는 이야기를 얼마간 듣지 못하였다는 것을 문득 알게 된다. 그는 아마 무슨 일이 일어나고 있는지 여전히 이해하지 못하고 이제 자신의 운명이 바뀌었다고 생각할 것이다. 그러나 그 이상의 일이 일어난 것이다. 내담자의 삶을 지배하던 업의 과정 하나가 소멸된 것이다. 그 업은 마지막 과보에 이른 것이다. 왜냐하면 그는 업의 씨앗을 싹트게 한 사건에 이제는 다른 방식으로 대처하는 법을 배웠기 때문이다.

선의 기본적인 방법은 좌선인데, 오로지 좌선하는 것이라는 의미의 '지관타좌(只管打坐)'라고도 한다. 지관(只管)은 '오로지 그것만 할 뿐임'을 의미한다. 지관은 업이 스스로 소멸하도록 하는 데 있어 우리에게 필요한 품성이다. 이것을 '전념하는 것'으로 번역할 수도 있다. 어떤 것이든 이 '오로지' 전념하는 지관의 품성으로 할 수 있다. 걷고 있을 때는 그냥 걷기만 하고, 청소하고 있을 때는 그냥 청소만 한다. 앉아 있을 때는 그냥 앉아 있기만 한다. 그러면 그것은 마치 진흙물이 든 유리컵과 같은 것이다. 모든 진흙 알갱이가 저절로 바닥에 가라앉게 되니 물은 그대로 맑아지는 것이다. 우리가 '오로지' 전념하는 마음으로 살아간다면 우리의 모든 삶은 스스로 안정되고 맑고 깨끗한 마음이 우러나오게 될 것이다.

치료 과정 중에는 전에 문제를 일으킨 것을 마침내 놓아 버리고 새로이 마음의 고요함이 찾아온 것을 뚜렷하게 느낄 수 있는 때가 있다. 내담자는 그것을 약간 이해하기 어려운 것으로 경험할지 모르지만, 이것은 아주 뚜렷하게 인식할 수 있는 것이며 그러한 때를 알아차리게 되는 것은 내담자의 자신감을 강화시키게 된다. 그렇게 하여 업을 소멸하는 것은 긍정적인 효과가 있다. 우리는 오직 현존하는 유(有)의 과정만이 결과를 야기한다고 생각하는 경향이 있지만, 불교에서는 부재하는 무(無)의 과정도 영향이 있음을 똑같이 인식하라고 가르친다. 무의 과정은 아주 결정적인 것일 수 있다.

이전에 언급한 사념처경(四念處經)에 따르면 깨어 있는 마음은, 예를 들어 욕정(欲情)이 일어날 때 '내 마음속에 욕정이 일어나는구나.' 하고 알아차리고, 욕정이 일어나지 않을 때에도 '내 마음속에 욕정이 일어나지 않는구나.' 하고 알아차리는 것이다. 또한 마음속에 분노가 있을 때에는 '분노가 마음속에 있구나.' 하고 알아차리고, 분노가 생기지 않은 때에도 '내 마음속에 분노가 없구나.' 하고 알아차린다. 더 나아가서 이미 일어난 욕정이나 분노를 버린 때에도 이를 알아차리고, 이미 버린 욕정이나 분노가 다시 마음속에서 일어나지 않으면 그것 또한 알아차리는 것이다. 치료는 개인의 근심거리에 초점을 맞추지만, 치료의 목표는 반드시 그 뿌리를 소멸하는 것이어야 한다. 그러므로 치료 과정 그 자체를 통하여 우리는 놓아 버리려고 하는 것을 오히려 붙들게 될 위험이 있다. 어떤 것을 놓아 버렸다는 것을 알아차리는 것은 엄청나게 큰 힘이 될 수 있다.

그러나 놓아 버렸다는 느낌은 때로는 받아들이기 어려울 수 있다. 우선 망상이 사라지면 우리는 그것을 그리워할 수도 있다. 이것은 정신병에서 회복된 내담자가 나에게 수없이 들려준 말이다. 그들은 미친 상태가 즐겁지도 않았지만 지루하지도 않았다고 말한다. 망상의 회오리 바람에 휩싸여 있는 것이 아마도 신나기까지 했을지도 모른다. 그 회오리 바람이 진정되고 '제정신'으로 돌아온 직후에는 종종 우울증이 찾아올 수도 있다. 미친 상태에서 벗어난 것이 반드시 즉각 인식되리라는 법은 없다. 모든 차원의 망상에서도 이것은 마찬가지다. 그렇지 않다면 왜 우리가 망상에 그토록 집착하겠는가?

그런데도 과보 인연론은 우리에게 다음과 같은 사실을 일깨워 준다.

없는 것을 알아차리니

때가 되어 큰 기쁨이 찾아오네.

어느덧 집착하는 마음이 사라지니

업은 스스로 갈 길을 재촉하고

한 물건도 나를 더 이상 붙들지 못하누나.

없는 것 속에서

열반의 고요함을 맛보노라.

15

자양분

양식 인연론

양식 인연론(食緣, Food Relation, Ahara paccaya)은 우리가 조건 지어진 삶을 계속 살게 되는 것은 필요한 자양분을 계속해서 공급하기 때문이라는 것이다.

양식 인연론은 업 인연론의 연장선상에 있는 것이다. 우리는 스스로 계속 힘들어하도록 행동한다. 분노나 증오를 느낄 때 우리는 너무나 자주 그것이 우리 삶을 태워 버리는 불과 같은 것임을 인식하기는커녕 오히려 거기에 자양분을 공급하여 문제를 더 크게 키운다. 실제로 우리는 밖으로 나가서 우리를 적대시하고 짓누르는 사람들이 얼마나 가증스러운가 하는 것을 보여 줄 증거를 더 많이 구하려고 다니는 것이다. 우리는 불에다 기름을 붓고 있는 행동을 하고 있는 것이다. 이것은 탐욕의 경우에도 마찬가지다. 그것이 우리에게 무엇을 하고 있는지를 똑똑히 지켜보지 못하고 오히려 거기에 빠져들어서 그것을 키우는 데 열중한다. 선(禪)은 이러한 행동이 '죄가 있다'고 하기보다 단순히 잘못 이끌어진 것뿐이라고 본다. 우리가 겪고 있는 모든 괴로움의 뿌리는 바로 무명(無明, ignorance)이다. 자기가 자기 자신에게 무슨 행동을 하고 있는지 우리는 정말 잘 모르고 있다. 만약 제대로 안다면 우리는 곧바로 깨어날 것이다.

양식 인연론은 우리가 조건화 작용에 먹이를 주는 방식에 세 가지 측면이 있다고 한다. 그것은 바로 접촉, 의지, 의식이다. 접촉이란 유혹과의 만남 속에서 우리가 살아가고 있음을 의미한다. 우리는 스스로 유혹에 빠지게 내버려 둔다. 치료를 할 때 우리는 어떻게 하여 내담자가 똑같은 감정, 갈등과 문제가 일어날 상황에 반복해서 빠지게 되는지를 잘 챙겨 보아야 한다. 내담자 자신의 의지가 여기에 실제로 관여되어 있다는 것을 알기까지에는 상당한 노력이 필요할 수도 있다. 우리는 스스로가 자신의 탐욕과 분노와 어리석음을 키우는 길을 선택하였다는 사실을 일반적으로 인정하지 않는다. 그러나 우리 의지가 하고 있는 역할을 제대로 인식하는 것이야말로 자유로운 삶에 이르는 첫걸음일 수 있다. 왜냐하면 우리가 어떤 것을 스스로 선택할 수 있게 되면 다른 것도 스스로 선택할 수 있기 때문이다. 우리 자신을 나쁜 상황의 희생자로 보는 것보다는 장본인으로 보는 편이 더욱 낫다. 그러나 이와 같이 스스로 책임을 받아들이는 데에는 의식의 대전환이 필요하다.

의식이란 사고방식 혹은 굳이 말하자면 선입견의 문제라고 말할 수 있다. 우리는 사물을 있는 그대로 보지 않는다. 오랫동안 영국인과 미국인은 러시아인을 적으로 생각하도록 조건 지어져 있었다. 정치적 상황은 바뀌어 이제 사람들은 러시아인을 다른 시각으로 인식하고 있다. 이 과정에서 중요한 계기가 된 것은 체르노빌의 원자력 발전소가 치명적인 핵물질을 대기에 방출한 사고였다. 이는 커다란 재앙이었다. 그러나 또 하나의 중요한 결과는 전 세계인이 처음으로 그 참담한 사건에 대하여 러시아 시민이 인터뷰하는 것을 텔레비전을 통하여 보게 된 것이었다. 러시아인은 우리와 똑같이 가정과 자녀 그리고 직업을 가진 평범한 사람이었다. 그들은 더 이상 사악하고 위협적인 존재가 아니었다. 그들에 대한 우리의 의식이 변한 것이다. 이와 같은 일이 심리치료 그룹에서도 종종 일어난다. 도우미의 역할은 그룹에 참여한 사람들이 서로를 충분히 이해할 수 있도록 모두의 인간애를 이끌어 내는 일을 하는 것이다. 이같이 인간애를 이끌어 내는 과정은 작은 그룹이든 가족 차원이든 혹은 국가든 사람 사이의 균열을 치유하는 심리치료의 기본 정신이다. 스스로 마음속에 증오를 키우고 있는 한 우리는 결코 평화를 누리지 못할 것이다.

사고방식

근원적 인연론에서 우리는 기본적으로 무명(avidya)이 탐욕, 분노, 어리석음이라는 삼독심(三毒心)으로 나타난다는 것을 살펴보았다. 무명이 가만히 있으면 어리석음(痴)이고, 대상을 향하여 맹렬히 움직이면 탐욕(貪)이 되며, 대상에서 멀어지면 분노(瞋)가 된다. 이것이 바로

표 12 감각으로부터 '나'에 대한 의식이 파생되는 방식

'나' 감각	확대적(+)	잠재적(0)	위축적(−)
'나'	자만	어리석음	의심
감각	탐욕	어리석음	분노

기본적 수준의 감각이다. 이 삼독심이 '나'에 대한 것으로 발전하면 새로운 색깔을 띠게 된다. '나'에 대한 근본적인 어리석음이 확대되면 자만심으로 나타나고, 그것이 위축되면 의심하는 마음으로 나타난다. 우리는 이것을 〈표 12〉와 같이 정리할 수 있다.

그래서 우리는 탐욕, 분노, 어리석음, 자만, 의심이라는 종종 다섯 가지 둔한 번뇌라고 불리는 마음상태를 도출하게 된다. 이 다섯 가지 번뇌가 둔한 상태에 머물지 않고 지적 수준으로 오르게 되면, 이들은 논쟁의 여지가 있는 형태를 취하는 예리한 것이 된다.[57] 이것을 〈표 13〉과 같이 정리할 수 있다.

머릿속에서 끝없이 오가는 생각과 사람 사이에서 빚어지는 갈등은 이미 우리가 검토한 대로 똑같은 뿌리에서 나온다. 고집하는 마음은 서로 조율되기 어려우므로 화합이 아니라 논쟁을 불러일으킬 수 있다. 고집하는 마음은 견해에 대하여 집착하는 것이며 악견(惡見, drishti)이

---

[57]역주: 불교에서는 전통적으로 이 다섯 가지 둔한 번뇌를 오둔사(五鈍使)라고 하며 현상(事)에 미혹한 것이므로 사혹(思惑)이라고도 한다. 탐진치만의(貪瞋癡慢疑)가 바로 그것이다. 이에 대하여 다섯 가지 예리한 번뇌는 오리사(五利使)라고 하는데 이치(理)에 미혹한 것이므로 견혹(見惑)이라고도 한다. 여기에는 (1) 몸과 마음에 실체적 자아가 있으며 모든 것을 내 것으로 집착하는 신견(身見), (2) 모든 것은 단절하거나 상주한다고 극단적으로 보는 단견(斷見), (3) 원인과 결과가 없다고 보는 사견(邪見), (4) 자기의 견해가 최고라고 하는 견취견(見取見), (5) 올바르지 않은 계율이나 맹세를 지키는 것이 해탈에 이르는 참 원인이라는 계금취견(戒禁取見)이 있다.

표 13 다섯가지 둔한 번뇌에서 고집하는 마음이 파생되는 방식

다섯 가지 둔한 번뇌	다섯 가지 예리한 번뇌
탐욕(Greed)	왜곡된 견해(Perverted views)
분노(Hate)	극단주의(Extremism)
어리석음(Delusion)	비본질적 견해(Unreal views)
자만(Pride)	개인 중심의 견해(Personality views)
의심(Doubt)	미신(Superstition)

라고 한다. 고집하는 마음이 취하는 이 다섯 가지 형태의 예리한 번뇌를 하나로 묶으면, 우리는 이제 이들을 모두 탐욕(貪), 증오(瞋), 어리석음(癡), 자만(慢), 의심(疑) 그리고 악견(見)이라는 여섯 가지 근본 번뇌로 다시 정리할 수 있다.

　방금 제시된 분석에서 우리는 고집하는 마음이 '나'라고 하는 거대한 빙산의 일각에 불과하다는 것을 알 수 있다. 부처님이 처음에 '팔정도(八正道)'로서 가르침을 펼쳤을 때, 첫 번째가 바르게 보는 마음인 정견(正見)이었다. 이것은 곧 고집하는 마음인 악견을 다스리는 실천을 하라는 것이다. 우리가 늘 마음속에서 키워 가고 있는 것이 바로 이 자기 고집이다. 팔정도 중 나머지 일곱 가지는 각각 바르게 생각하는 마음의 정사유(正思惟), 바르게 말하는 마음의 정어(正語), 바르게 행동하는 마음의 정업(正業), 바르게 생활하는 마음의 정명(正命), 바르게 노력하는 마음의 정정진(正精進), 바르게 깨어 있는 마음의 정념(正念), 바르게 집중하는 마음의 정정(正定)이다. 이 일곱 가지는 오직 편협된 마음인 자기 고집으로 인하여 일어나는 문제를 대처할 수 있을 때 비로소 그 실천이 가능해지는 것이다.

　고집하는 마음에 대한 이런 관심은 불교의 두드러진 특색이다. 만약

우리의 마음을 자유롭게 하려면 일체의 모든 견해에 대한 집착, 심지어 불교의 견해에 대한 집착까지도 극복해야 한다. 이것이 바로 부처님이 강조한 것이다. 사유경(蛇喩經)에서 부처님은 잘못된 견해에 집착하였다는 이유로 아리타(Arittha)라는 한 승려를 꾸짖으며 마음을 울리는 두 가지 비유를 들려준다. 첫 번째는 뗏목의 비유다. 가르침이란 단지 임시방편적인 뗏목과 같은 수단에 불과한 것이다. 그것은 사람들이 어리석음의 강을 건너게 하는 것이지만, 강을 이미 건넜을 때에도 붙들고 있어야 하는 것은 아니다. 그러나 냐나포니카 테라(Nyanaponika Thera)가 지적한 것처럼 일반적으로 문제는 사람들이 강을 건넌 다음 뗏목을 내려놓으려 하지 않는 것이 아니라 오히려 뗏목으로 강을 건너기도 전에 그것을 남용하는 것이다.

이 유명한 뗏목의 비유는 대부분의 경우 강을 건너려는 용맹심이나 간절한 발원도 없는 사람들에게 적용될 것이다. 법구경(法句經)의 표현을 빌리자면, 그러한 사람은 건너고 싶은 마음만 가진 채 강 이쪽 언덕 위에서 아래위로 뛰어다니고 있는 것이다.[58] 우리는 사람들이 다양한 목적을 위하여 뗏목을 사용하고 있음을 알 수 있다. 그들은 뗏목을 장식하고 뗏목을 숭배하며, 뗏목에 대해 논쟁하고 뗏목을 비교한다. 실제로 강을 건너기 위해 뗏목을 쓰는 것 이외의 모든 것을 하고 있는 것이다.[59]

---

58) 역주: 법구경(法句經) 제6장 현철품(賢哲品) 85번 게송의 내용이다. 세상은 모두 욕심에 빠져 피안에 이른 사람은 아주 드물며, 혹시 건널 마음이 있는 사람도 이쪽 언덕 위에서 분주히 다니네. [원문: 世皆沒淵 鮮克度岸, 如或有人 欲度必奔]

또 다른 비유는 뱀의 비유다. 그것은 뱀을 잡기 위하여 포크처럼 끝이 갈라진 막대기를 사용하는 것처럼 모든 가르침을 파악하는 데에는 올바른 방법이 필요하다는 것이다. 만약 누군가가 뱀 꼬리를 붙들어 뱀을 잡으려 덤빈다면 그 사람은 뱀에 물리는 치명상을 입을 수도 있을 것이다. 마찬가지로 만약 누군가가 마치 논쟁에서 이기고 개인의 에고를 밀어 올리기 위한 의견인 것처럼 불법(佛法)을 파악한다면, 그것은 머리를 돌려 그 사람을 물어 독을 퍼뜨릴 것이다.

사유경(蛇喩經)은 또한 '나'와 감각에 대한 주제도 다루고 있다. 감각적 쾌락(kama)은 정신적 발전에 결코 장애물이 아니라는 것이 아리타(Arittha)의 견해다. 이것은 또한 요즘의 일반적 견해이기도 하다. 그러나 우리가 스스로 탐닉하는 그 자체가 바로 괴로움의 뿌리에 자양분을 공급하게 되는 것이다. 틱낫한 선사는 이 경에 대한 탁월한 주석에서 다음과 같이 말한다.

> 나의 견해로는 아리타(Arittha)의 잘못된 생각은 감각적 쾌락에 대한 집착과 평온한 마음에서 일어나는 기쁨과 행복의 차이점을 보지 못하기 때문에 생기는 것이다. 부처님은 감각적 쾌락에 대한 탐닉은 우리에게 괴로움을 야기하지만 기쁨과 행복은 우리에게 자양분이 된다고 수없이 가르쳤다…. 불법(佛法) 수행은 맑은 공기, 저무는 해, 냉수 한 잔 등을 즐기지 말라는 것이 아니다…. 일단 우리가 이 모든 것이 영원하지 않음을 깨닫고 나면 이들을 즐겨도 아무 문제가 없다…. 부처님은 이러한 종류의 단순한 즐거움을 감사한 마음으로 음미하는 모습을 드

---

59) Nyanaponika, 1974, pp. 5-6.

러내곤 하였다…. 그러나 부처님은 다섯 가지 감각적 쾌락(재물, 색욕, 명예, 식탐, 수면)을 수행에 대한 장애물로 지적하였다.[60]

사실 부처님은 '나'를 놓아 버리고 감각을 놓아 버리는 데에서 오는 행복은 '나'라는 생각에 사로잡혀 감각에 탐닉하는 데에서 오는 어떤 행복보다도 훨씬 크다는 것을 반복하여 강조하였다.

> 이 세상에서 감각적 욕망과 관련되어 있는 행복이 무엇이든 그리고
> 어떠한 천상의 느낌을 그것이 가져다주든 그것은 감각적 갈망을 소멸
> 함으로써 얻어지는 행복의 16분의 1 정도의 가치도 되지 않는다.[61]

스스로 탐닉하는 것은 우리 마음의 조건화 작용에 계속 자양분을 주는 것이다. 감각적 욕구에서 삼독심이 일어나고 이것이 자기 집착으로 발전함으로써 자만심과 의심이 생겨나게 된다. 이런 다섯 가지 둔한 번뇌를 기초로 하여 이것은 다시 업을 짓게 하는 모든 상충하는 견해와 논쟁을 불러일으키는 행동이 나오게 되는 것이다. 한마디 덧붙이자면 인간 삶의 원동력이 감각을 토대로 하는 에고의 집착에 근거하고 있다고 보는 불교의 관점과, 에고 본능(ego instincts)과 리비도(libido)를 인간 삶의 원초적 동력으로 보는 프로이트의 관점 사이에는 매우 강한 유사점이 있음을 우리는 알 수 있다.[62]

---

60) Hanh, 1993c, pp. 22-23.
61) Udana, v. 10.

나

불교 심리학에 따르면 '나(self)'를 세우는 마음이 업을 짓고 이 업은 다시 '나'를 만들어 간다고 한다. '나'와 업은 이와 같은 순환 관계에 있으나 앞서의 분석에서 보았듯이 '나'도 업도 실재하는 것은 아니다. '나'라고 하는 것에 상응하는 어떤 실체도 없다. '나'라고 하는 것은 단순히 업의 별들이 무리를 지어 운행하며 반짝이는 것일 뿐이다. 더 많은 업을 지을수록 '나'라고 하는 망상은 더 강화되며, 새로이 업을 짓지 않거나 오랜 업을 소멸하면 '나'라는 생각은 약화된다.

일반적으로 '나'를 약화시키는 것을 바람직한 목표로 삼는가 그렇지 않는가 하는 것이 불교와 서양 심리학 사이의 가장 중요한 차이점 중 하나로 생각된다. 서양 심리학은 대개 에고를 키우는 데 관심을 기울인다. 두 이론 간의 차이를 극복하려는 수많은 시도가 있었지만[63] '나(self)'와 '에고(ego)'란 두 용어가 일관성 없이 사용되고 있어서 상당히 혼란스러운 실정이다.[64]

선의 관점에서 보면 서양 심리학은 이 문제에 대하여 아무런 연관성도 없어 보이는 특성을 한데 묶음으로써 스스로를 깊은 구덩이 속으로 몰아넣고 있다. 그러므로 '에고 강화'에 대해 이야기하는 것은 용기를 북돋운다는 것을 의미할 수도 있고 또한 더 이기적인 존재가 됨을 의미할 수도 있다. 그것은 또한 좋지 못한 습관을 극복한다는 의미가 될 수도 있고 '기분 전환을 위하여 자신에 대해 생각한다.'는 뜻이 될 수

62) Freud, 1914.
63) Epstein, 1988.
64) Engeler, 1986; Brazier, 1993.

도 있다. 이 책에서 제시되는 관점에서 보면 용기를 북돋우는 것과 나쁜 습관을 극복하는 것은 '나'를 버리는 부분이고, 더 이기적인 존재가 되는 것과 기분 전환을 위해 자신에 대하여 생각하는 것은 '나'에게 굴복하는 부분이다. 이 점에서 불교에서 쓰는 '에고'는 서양 심리학에서 쓰이는 의미보다는 비전문적인 일반 대중이 쓰는 의미에 훨씬 더 가깝다. 대부분의 보통 사람이 '저 사람은 에고 투성이야.'라고 할 때, 그것은 서양 심리학적 의미보다는 불교적 의미로 쓰이는 것이라고 볼 수 있다.

이 책에서 '에고'와 '나'는 호환적으로 사용되고 있다. 이들은 우리가 마음속 깊이 자기라는 것으로 끈끈하게 붙잡고 있는 수많은 개념과 이미지의 덩어리를 가리킨다. 사람은 실제로는 끊임없이 흐르고 있는 강물과 같지만 우리는 스스로를 고정된 실체로 생각하고 싶어 한다. 우리는 자신이 단 하나의 '나' 또는 자아를 가지고 있다고 믿는 경향이 있다. 그러나 실제로 '나'라는 것을 규정하는 사회적 관계가 다양한 만큼 우리는 우리 자신에 대한 수많은 다른 개념과 이미지를 가지고 있다. 그리고 하나의 관계 안에서조차 우리는 항상 일관성 있게 살고 있지 않다. 우리가 일관되게 살고 있지 않다는 증거를 접하고 보면 상당히 당혹감을 느낄 수도 있다.

서양 심리학에서는 일관성 있는 '나'를 확립하는 것이 중요하고 가치 있는 것이라고 보는 경향이 있다. 이러한 견해는 인본주의 심리학 분야에서 다수가 지지하고 있는 입장이다. 그러나 대표적인 인본주의 심리학자 중의 한 사람인 칼 로저스가 쓴 『과정의 심리치료(*A Process Conception of Psychotherapy*)』란 책을 살펴보면 다음과 같은 내용을 발견할 수 있다.

변화의 과정을 파악하고 개념화하려고 노력하던 중 … 내가 점차적
으로 깨닫게 된 것은 … 그것이 내가 전에 개념화했던 것과는 다른 종
류의 연속체라는 것이었다. 비록 그러한 과정이 가능할지라도, 사람은
하나의 고정 상태 또는 항상 상태로부터 변화의 과정을 거쳐 새로운 고
정 상태로 움직이는 것이 아니라는 것을 나는 알게 되었다. 그러나 고
정 상태에서 변동 상태로, 고정 구조에서 유동으로 그리고 평형 상태에
서 과정으로의 연속적인 흐름이 더욱 중요한 것이다.[65]

이 결론은 선과 일맥상통한다. 심리치료의 목적은 강인하고 예측 가
능한 '나'를 확립한 사람이 되게 하는 것이 아니다. 그것의 진정한 목
적은 물처럼 흐르고 유연하며 감응하기 쉽고 자발적인 사람이 되게 하
는 데 있다. 이것은 사람들이 평형 상태에서 과정으로 움직임을 의미
하는 것이다.

이러한 맥락에서 볼 때 전통적인 심리학 용어인 우울증, 불안증, 강
박관념 같은 상태가 모두 혼란을 의미하는 '무질서(disorder)'로 언급
되고 있는 것은, 생각 할 필요도 없이 영어의 남용임을 금방 깨달을 수
있다. 왜냐하면 이러한 고통스러운 증세 중 한 가지라도 앓고 있는 사
람은 행복하고 다채로우며 활발한 사회 참여를 하는 삶을 살고 있는
사람보다 사고와 행동에 훨씬 더 질서가 있기 때문이다. 우울증이나
불안증에 사로잡힌 사람은 똑같은 일을 반복해서 생각하는 경향이 있
고, 강박관념에 사로잡힌 사람은 똑같은 일을 반복해서 하는 경향이
있다. 이러한 경우는 질서가 부족한 상태가 아니다. 질서가 없는 무질

---

65) Rogers, 1967, p. 131.

서라기보다 오히려 질서가 넘치는 질서 과잉 상태인 것이다. 따라서 우울증, 불안증 또는 강박관념에 사로잡힌 사람에게 필요한 것은 덜 무질서한 것이 아니라 오히려 더 무질서한 것이다.

이러한 용어의 문제는 서양 심리학의 저변에 깔려 있는 편견을 드러낸다. 이와 같은 종류의 정신 상태를 '무질서'라는 용어로 표현하고 있는 서양 심리학의 체계는 본질적으로 억압적이라고 할 수 있다. 서양 심리학은 보편적 통념에 맞지 않는 것은 무엇이든 바깥으로 드러나지 않도록 억눌러야 한다는 의미를 언제나 함축하고 있다. 선은 다른 방법에 비하여 많은 측면에서 심리치료와 정신적 성장에 좀 더 실천적으로 접근하는 방법이다. 하지만 선의 목표는 인간의 정신을 자유롭게 하는 것이다. 우리는 사람을 기계로 환원하려는 추세에 경솔하게 편승하지 않도록 항상 조심하여야 한다.

이 주제에 대한 또 하나의 보편적인 혼란은 '상처받은 나'라는 생각 때문에 생긴다. 치료사가 내담자를 '상처받은 사람'이라고 말하는 것은 흔한 일이다. 이것은 언어에 대한 또 하나의 잘못된 이해를 바탕으로 한 위험한 관행이다. '나'라고 하는 것은 어떤 사람이 스스로에 대하여 가지고 있는 그림 혹은 느낌이다. 많은 내담자가 정말로 자신이 상처받았다고 믿는다. 그러나 우리는 손상된 그림과 손상된 무언가의 그림을 혼동하지 않도록 주의하여야 한다. 내담자가 자기 자신을 상처받은 것으로 고스란히 그리는 것과 자신이 실제로 상처받은 것은 결코 같을 수가 없다. 문제는 결국 자신에 대한 그림을 고스란히 그대로 지닌 채 오히려 지나치리만큼 강하게 그것을 붙들고 있다는 것이다. 그러한 사람의 문제는 어떻게 자신의 그림을 잘 고칠 것인가가 아니라 어떻게 그 그림을 부수어 버릴 것인가 하는 것이다.

자기애착의 불에 땔감을 계속 공급하는 한 우리는 계속 실체를 왜곡하고 고정시킨 채 보게 될 것이다. 살아가는 동안 내내 맑은 마음은 우리에게서 비켜 나가고 우리는 무엇을 하고 있는지도 모르는 채 계속 악업을 쌓아가게 될 것이다. 그러나 우리의 잘못을 계속 키우는 것이 선택 가능한 유일한 대안은 아니다.

근기 인연론

근기 인연론(根緣, Indriya paccaya)은 우리에게는 개발할 수 있는 무한한 잠재력이 있다고 말한다. 이 잠재력은 감각(感覺), 지성(知性), 생명(生命) 그리고 성(性)과 같은 통상적인 능력과 보편적으로 덜 실현된 깨달은 삶에 대한 잠재력 모두를 포함한다.

평범한 사람의 경우에 잠재력은 더 추가할 수도 있지만, 일반적으로 여섯 가지 감각, 남성적 특질, 여성적 특질 그리고 생명력 자체를 꼽을 수 있다. 이것들은 우리가 살아가면서 이용하는 삶의 기본 재료다. 평범한 삶을 살아가는 동안 이들은 달이 찼다 이울었다 하는 것처럼 어느 정도 성쇠할 수도 있다. 때때로 우리는 다른 때보다 생명력이 가득 차 있음을 느낄 때가 있고, 때로는 남성적 강인함이 왕성할 때가 있고, 때로는 여성적 온유함이 가득할 때도 있다. 어떤 사람은 아주 예민한 시각적 능력이 개발된 반면 다른 사람은 탁월한 청력이나 감촉능력이 개발될 수도 있다. 이러한 것은 서양 심리학에서 엄청나게 많이 기술한 변수다.

그러나 정신 수련 과정에서 우리는 새로운 잠재력이 있음을 알게 된

표 14 근기(Indriyas): 더 높은 차원의 다섯 가지 잠재력

한국어	영어	팔리어/산스크리트어
신근(信根)	Faith	Saddha
정진근(精進根)	Energy	Viriya/Virya
염근(念根)	Mindfulness	Sati
정근(定根)	Centredness	Samadhi
혜근(慧根)	Wisdom	Panna/Prajna

다. 특히 우리는 깨달음의 요소 가운데 나타나는 다섯 가지 잠재력을 얻는다.[66] 이는 〈표 14〉의 내용과 같다.

보통 사람은 감각, 성, 생명력과 같이 그들이 태어날 때부터 가지고 나온 특징에 기초한 잠재력을 가지고 있다. 정신적인 사람은 자기에게 훨씬 더 중요하게 된 새로운 능력을 발달시킨다. 정신적으로 진보한 사람은 다른 종류의 존재가 되는데 왜냐하면 새로운 능력이 개발된 까닭에 이미 개발되어 있는 잠재력에 덜 의존하기 때문이다. 보통 사람은 자신의 삶을 영위하기 위하여 타고난 감각, 매력적인 특질 그리고 기본적인 생명 에너지에 의존하고 있다. 하지만 정신적인 사람은 믿고, 정진하며, 깨어 있고, 집중하여 지혜롭게 살아가는 힘에 의지한다. 따라서 정신적인 사람은 매우 다른 종류의 존재가 되어 있는 것이다.

이러한 고도의 잠재력은 우리가 치료사로서 발달시켜야 할 필요가

---

66) 역주: 이 다섯 가지는 번뇌를 항복시켜 깨달음에 들어가게 하는 37도품 중 네 번째 항목으로 오근(五根)이라고 한다. 신근(信根)은 자신의 근본이 부처라는 것을 포함한 불법의 도리를 믿는 것이고, 정진근(精進根)은 용맹스럽게 선법을 닦는 것이고, 염근(念根)은 항상 깨어 있는 마음으로 지켜보는 것이며, 정근(定根)은 마음을 하나에 집중하여 산란하게 하지 않는 것이고, 혜근(慧根)은 지켜보는 가운데 여실한 진리를 분명히 아는 것이다.

있는 것이다. 이것은 또한 내담자가 일상생활의 허망함을 넘어설 수 있도록 도와줄 수 있다. 오늘날의 심리치료는 단지 사람들이 정상으로 돌아오도록 돕는 것에 그치는 것이 아니다. 그것은 사람들의 모든 잠재력을 최대한 실현하도록 돕는 것이다. 근기 인연론은 세계 안에서 우리의 행동과 존재방식은 각자 개발된 능력으로 강하게 조건 지어져 있다고 한다. 만약 우리가 더 높은 차원의 능력을 발달시킨다면 자연히 다른 존재 방식을 가지게 될 것이다. 또한 이 새로운 존재 방식은 자연스럽게 우리 자신뿐 아니라 다른 사람에게도 치료에 도움이 되고 깨우침을 주게 될 것이다. 한편 만일 우리가 더 높은 차원의 능력을 아직 개발하지 않았다면 무슨 치료 기술을 배우든 그렇게 큰 차이는 없을 것이다. 뿐만 아니라 그렇게 배운 치료기술이 바람직한 방향으로 작용하지도 않을 것이다. 왜냐하면 우리가 정작 중요한 것을 갖추지 못했기 때문이다.

이 책의 첫머리에서 살펴본 것처럼 선은 우리 각자가 불성을 가지고 있다는 사실에 의지하고 있다. 이는 모든 인간이 깨달음과 건설적인 존재 관계를 이룰 수 있는 광대한 잠재력을 가지고 있음을 의미한다. 사람은 자신의 삶을 낭비할 수도 있고 혹은 본래 갖추고 있는 내면의 불성을 일깨우는 데 공헌할 수도 있다. 우리는 단순히 내담자에게 도움이 필요하다는 것만 생각해서는 안 된다. 우리는 또한 내담자가 우리에게 제공하는 것, 즉 그들 삶의 위대한 잠재력을 잊어서는 안 되는 것이다. 선은 우리의 마음을 넓히는 수행이다. 선은 자아실현을 넘어서 있다. 선은 인간뿐 아니라 모든 생명에 대한 기본적인 신뢰를 바탕으로 하여 단순히 각 개인의 잠재력뿐 아니라 집단, 공동체, 인류, 지구 생물권 그리고 우주 전체의 잠재력을 완성하고자 하는 것이다.

단순히 말해서 우리가 탐욕, 분노, 어리석음, 자만, 의심과 악견을 키운다면 우리는 슬픔을 맛보게 될 것이고, 믿음, 정진, 정념, 선정과 지혜를 발달시킨다면 우리는 더욱 행복한 세상에서 좀 더 행복한 존재로 살아갈 수 있을 것이다. 실제로 낮은 차원보다 높은 차원의 잠재력을 키울 수 있는 자신만의 '식이 요법'을 발견하는 것이 곧 인생관과 삶의 방식에서 실질적인 변화를 이룰 수 있는 첩경인 것이다.

16

선과 도

선과 도

선 인연론(禪, Dhyana, Jhana paccaya)은 마음은 길들일 수 있는 것이라고 말한다. 도 인연론(道, Path, Magga paccaya)은 모든 사람이 스스로 길을 창조하고 있다고 말한다. 선의 길을 가는 사람들의 경우는 마음을 길들이는 것과 자신이 선택한 길을 걷는 것이 일치한다.

디야나(dhyana)라는 용어(팔리어로는 jhana)는 인도어인데 일본인이 뒤에 '젠(zen)'이라고 발음하였다. 선은 마음을 길들이는 것을 핵심으로 삼고 있는 불교에서의 접근 방법이며, 종종 야생동물을 길들이는 것에 비유된다.

선에 대하여 가장 잘 알려진 그림 중의 하나는 약 800년 전 곽암(廓

庵) 선사가 그린 '십우도(十牛圖)'다. 많은 사람이 불교에 대하여 거의 또는 전혀 모르더라도 이 그림으로 영감을 느낄 수 있다. 십우도에 관한 책은 이미 많이 나와 있다.[67] 열 가지의 연속된 그림은 마음공부의 길을 묘사하고 있다.

첫 번째 그림에서는 내가 소를 찾는다는 심우(尋牛)의 단계를 보여 준다. 하지만 이 단계에서 소를 찾는 나는 쉽사리 마음이 산만해지고 이내 지쳐 버린다. 두 번째 그림에서는 소의 발자국을 본다는 견적(見跡)이 그려져 있다. 세 번째 그림은 소 자체나 일부를 본다는 의미의 견우(見牛)다. 네 번째 그림에서는 격심한 싸움이 계속 일어나지만 소를 결국 잡아 얻는다는 득우(得牛)를 그리고 있다. 다섯 번째 그림은 소가 길들여져서 자연스럽게 온순하고 순종하게 된다고 하는 목우(牧牛)를 보여 준다. 여섯 번째 그림에서는 내가 소를 타고 고향 집으로 돌아올 수 있게 된다는 기우귀가(騎牛歸家)가 나온다. 일곱 번째 그림에서는 내가 소를 잊고 편안히 쉬게 되니 싸울 필요도 없는 망우존인(忘牛存人)의 단계를 보여 준다. 여덟 번째 그림은 텅 빈 원이 그려진 일원상이며 나도 잊고 소도 잊는다는 인우구망(人牛俱忘)의 단계다. 아홉 번째 그림은 근원으로 돌아온다는 의미에서 반본환원(返本還源)으로 불리며 모든 존재를 완전히 있는 그대로 받아들이는 것을 나타낸다. 마지막 열 번째 그림은 저잣거리에 들어가 중생을 살리는 손을 드리운다는 입전수수(入廛垂手)를 나타내는데 이것은 마치 죽은 나무가 생명을 되찾은 것처럼 나 없는 나가 다시 세상 속에서 다른 사람과 더불어 함께 살아가는 모습을 보여 준다.

---

67) 예를 들면 Reps, 1957, pp. 133-147; Kusan Sunim, 1985, pp. 153-171.

이 유명한 그림은 깨달음으로 가는 여정에서 우리가 겪는 모든 갈등을 생생하게 보여 준다. 그러나 나는 이 그림이 우리가 실제로 살아가는 삶의 단계를 보여 준다고 여기는 것은 잘못이라고 생각한다. 우리의 삶에서 일어나는 일마다 이 열 가지 그림이 보여 주는 모든 단계를 다 거친다. 도(道)는 하나씩 차례로 밟아 나가야 하는 순차적인 단계의 묶음이 아니다. 모든 단계가 각 단계 안에 있다. 끊임없이 우리는 자기만족에서 벗어나 소를 찾아야 한다. 처음에는 소가 우리의 적, 우리 인생을 엉망으로 만드는 어떤 힘처럼 느껴질 것이다. 나중에는 그 소가 우리를 고향으로 인도해 주는 친구가 되어 있음을 알게 된다. 조금 더 지나면 우리는 더 이상 갈등할 필요가 없다. 하지만 본래부터 내면에 갖추고 있는 자비 그리고 사랑과 이해심으로 충만한 삶 속에서 우리는 어디로 가야 할지를 분명히 알게 된다. 우리가 주어야 하는 것은 무엇이든 주고, 세상이 우리에게 가져다주는 것에는 무엇이든 미소 지으며, 오는 인연 막지 않고 가는 인연 잡지 않는 그러한 삶을 사는 것이다.

티베트 불교 역사상 가장 위대한 성자 중의 한 사람으로 요기 밀라레파(Mila-repa)가 있다. 밀라는 안락한 환경에서 태어났지만 어렸을 때 아버지가 돌아가시고 사악한 삼촌에게 유산을 빼앗겼다. 밀라는 매우 힘든 상황에서 자랐으며 삶의 유일한 목표는 삼촌에게 복수하는 것이었다. 이 목표를 달성하기 위하여 그는 끊임없이 마법을 연마하였으며 결국 삼촌을 죽음으로 내몰고 삼촌의 가족에게 큰 불행을 안겨 주는 방법을 찾아냈다. 그가 우연히 불교 수행자 마르파(Marpa)를 만난 것은 여전히 더 무시무시한 능력을 찾아 헤매고 있을 때였다. 마르파는 그를 제자로 받아들여 일련의 엄격한 인격수련을 거치게 하였다. 밀라는 스승이 심상치 않고 예측할 수 없는 성격을 가진 인물이라는 것을 이미 알았다. 하지만 밀라는 무언지 알 수는 없었지만 마르파가 자신이 필요로 하는 무언가를 가지고 있음을 알았다. 수행 과정을 거치며 밀라는 새로운 잠재력을 계발하였고, 그 결과 그는 삶의 방향을 바꾸기 시작하였다. 마침내 그는 티베트의 가장 위대한 스승이자 가장 덕망 있는 모범 인물 중의 한 사람이 되었다. 밀라의 인생 목표가 긍정적이 아니라거나 또는 밀라가 살인자라는 이유로 마르파가 그를 제자로 받아들이지 않았더라면 이 모든 것이 이루어지지 않았을 것이다. 또한 밀라가 처음 목표를 그대로 이루도록 마르파가 내버려 두었어도 많은 것이 이루어지지 않았을 것이다.

그리하여 치료에서 필요한 것은 내담자가 이미 가지고 있는 삶의 방향, 즉 그가 이미 가지고 있는 소를 우리가 그대로 받아들이는 것이고 그에 대하여 무엇을 할 수 있는지를 알아내는 것이다. 밀라에게는 엄청난 결정력이 있었다. 마르파는 밀라가 기운찬 황소처럼 강력한 힘이 있음을 알 수 있었을 것이다. 문제는 그를 어떻게 길들이는가 하는 것이었다. 마르파의 전략은 우선 밀라에게 온갖 과제를 주며 그것을 완수하기 전에는 결코 원하는 것을 얻을 수 없다고 하면서 끊임없이 그를 좌절시키는 것이었다. 과제는 계속 변하였다. 밀라는 자신이 원하는 것을 얻기 위해 주어진 과제를 완수하려고 계속 노력하였다. 그런데 그가 과제를 하나씩 완수해 감에 따라 그는 새로운 능력을 얻게 되었다. 그리고 그가 그렇게 함으로써 우리가 근기 인연론에서 살펴본 것처럼 그의 삶은 더 이상 옛날 방식대로 조건 지어지지 않고 새로운 잠재력이 발휘되기 시작한 것이다.

이러한 사례는 드문 일이 아니다. 깨달음은 일반적으로 그것을 구한다고 하여서 얻어지는 것이 아니다. 왜냐하면 깨닫지 못한 사람은 어디에 활을 쏘아야 할지를 모르기 때문이다. 깨달음은 현실에서 주어지는 일을 해 나감으로써 얻어지는 부산물일 뿐이다. 어떤 수행자가 선사에게 와서 말한다. "저는 온종일 정원의 잡초를 뽑느라 시간을 다 보냈지만 제가 진정으로 원하는 것은 견성의 체험을 얻는 것입니다." 선사가 답한다. "너는 정원의 잡초를 뽑는 것과 같은 그러한 일 말고 어떤 다른 일에서 깨달음을 얻기를 기대하고 있단 말이냐?" 이것은 우리가 무엇인가를 얻고자 한다면 자아에 속박되게 되지만, 우리가 무엇인가를 버리면 자유를 경험하게 되기 때문이다. 얻는다는 것은 망상이며, 놓아 버리는 것이 깨달음이다. 정원의 잡초를 뽑는 것은 또한 우리 마음의 정원에 있는 잡초도 뽑아 버리는 것이다.

우리는 또한 우리 마음의 차원이 향상될수록 삶을 이끄는 힘이 커져서 그것이 실천을 위한 토대로 자리잡게 된다는 것을 알게 된다. 이 힘은 한편으로는 선정과 깨어 있는 마음에서 요구되는 집중하는 힘의 형태로 나타나고, 또 다른 한편으로는 서원(誓願)에 의하여 삶을 변화시키는 힘의 형태로 나타난다. 깨어 있는 마음은 우리가 이미 검토해 보았다. 서원에 의해 살아가는 것은 우리를 어디로 데려갈지 모르지만, 우리 스스로 오로지 한 길을 걷게 하는 것이다.

보살의 서원

초기 불교에서 팔리어 보디사타(bodhisatta), 즉 보살은 깨달음(bodhi)에 대한 뜻을 가지고 있는(satta) 사람을 의미하였다.[68] 그러므로 보살은 부처가 되는 길에 있는 사람이다. 보통 지혜라고 번역되는 보리(bodhi)라는 단어는 학습이나 지식의 형태가 아니라 존재하고 경험하는 방식을 말하는 것이다. 보리를 얻는다는 것은 곧 고정됨이 없이 흘러가는 대로 들고나는 것을 의미한다.

경전을 산스크리트어로 집대성하였고 이내 선을 태동시켰던 후기의 불교가 여러 형태로 발전되는 과정에서 팔리어 보디사타는 보디사트바(bodhisattva)라는 산스크리트어로 변화하게 되었다. 그러나 사트바(sattva)는 존재라는 의미이기 때문에 번역 과정에서 본래의 뜻이 약간 변하게 되었다. 그리하여 보디사트바는 지혜로운 존재임과 아울러 지혜를 구하는 존재를 의미하게 되었다.

보살은 지혜로운 마음, 즉 보리심(菩提心, bodhichitta)을 갖추고 있다. 보리심이라는 용어도 역시 지혜를 성취하는 길을 걷는 마음 또는 이미 지혜가 갖추어져 있는 마음과 같다고 여겨질 수 있다. 선의 관점에서 보면 이 두 가지 의미는 일치하는 것이기 때문에 보리심은 의도적으로 이 두 가지 뜻을 융합시켜 놓은 용어라 할 수 있다. 일본 조동종의 창설자인 도겐 선사는 "수행과 깨달음은 같은 것이다."라고 말한다. 가장 현명한 일은 수행의 길을 끝없이 걸어가는 것이다. 다른 법문에서 도겐은 "목적지에 다다랐다고 하는 것이 곧 수행의 장애물이다."라고 말하고 있다. 보리란 어딘가에 이르렀다는 문제가 아니라 시작도 끝도 없이 흐르는 과정에 있는 문제다. 불교에서는 어떤 조건에도 흔들리지 않고 올곧게 수행의 길에 매진할 수 있는 어떤 단계를 넘었으면 그 사람을 '흐름에 입문한 사람'이라고 부른다.[69]

의식(意識, mano-vijnana)은 주의를 기울이는 현재 의식의 마음을

---

68) Narada, 1973, p. 337.

말한다. 보통 사람의 의식은 안팎으로 들어오는 온갖 대상, 즉 기억과 상상과 같이 아라야식의 저장 창고에서 나오는 내면의 대상뿐 아니라 감각기관으로 들어오는 외부의 대상에 모두 휘둘린다. 그러나 보살의 마음은 항상 보리에 초점이 맞춰져 있으며 또한 이로 인하여 분명한 목적의식이 생생하게 살아 있다. 어떤 대상이든 보살은 보리(bodhi)의 눈으로 그 본질을 꿰뚫어 본다. 그러므로 다음과 같은 뜻이 나오는 것이다.

> 비록 해가 서쪽에서 뜬다고 해도
> 보살은 오직 한길만을 갈 뿐이다.
> 보살의 길은
> 매 순간 자신의 성품과
> 자신의 진실함이 드러나는 것이다.[70]

이것이 바로 불교에서 보살이 참으로 서원을 세우고 살아가는 삶을 뜻하는 것이다.

평범한 사람은 업에 끌려서 살아가지만 보살은 자신이 세운 서원대로 살아가는 것이다.

---

69) 역주: 이를 수다원과(須陀洹果) 또는 예류과(預流果)라고 하는데 삼계(三界)의 견혹(見惑)을 끊어 버리고 비로소 성자(聖者)의 흐름에 들어갔다는 뜻이며 수행상의 네 가지 과실, 즉 사과(四果) 중의 첫 번째다. 다른 세 가지는 사다함과(斯陀含果), 아나함과(阿那含果), 아라한과(阿羅漢果)다.

70) Suzuki, 1970, p. 54.

보통 사람은 자신의 욕망과 관련된 지극히 개인적이고 좁은 범위의 상황만을 생각하며 살아간다. 이와 대조적으로 보살은 의심의 여지 없이 여전히 다른 사람과 같은 평범한 사람이지만 자신의 서원에 의하여 살아간다. 바로 이 점 때문에 보살의 삶은 결코 일반 사람과 같지 않다.[71]

그대는 매우 어려운 상황, 심지어 여러 해 동안 짓밟힐 수도 있음을 생각하여야 한다. 하지만 아무리 짓밟힐지라도 결코 자신의 생명력을 잃어 버리지 말라. 그대가 그러한 서원을 세우고 있지 않다면 자신의 생명력을 잃어버리게 될 것이다. 오로지 그대가 자신이 세운 서원대로 살아갈 때에만, 언제 어디서 무엇과 맞닥뜨리게 될지라도 그대는 불법(佛法)으로 충만한 삶을 살 수 있을 것이다. 그대가 무엇이 되든 그러한 삶을 살겠다는 서원을 지니고 있는 한, 머지않아 봄이 찾아올 것이다. 그때가 오면 그대는 성장할 수 있는 힘을 가지게 될 것이다…. 이것은 이기적인 야망과는 완전히 다른 것이다.[72]

보살의 서원은 수많은 방식으로 표현될 수 있다. 보리달마로부터 선가(禪家)에 전해져 내려오는 서원의 형식은 다음과 같다.

마음속의 모든 중생 맹세코 건지오리다.
마음속의 모든 번뇌 맹세코 녹이오리다.
마음속의 모든 법문 맹세코 배우오리다.

---

71) Uchiyama, 1993, p. 196.
72) 위의 책, p. 178.

마음속의 모든 불도 맹세코 이루오리다.

여기서 다시 우리는 계율을 논의했을 때와 마찬가지로, 선에서 요구
되는 향상심은 우리가 보잘것없는 몸과 마음으로 성취할 수 있다고 생
각하는 것과는 아무런 관계가 없다는 것을 알 수 있다. 보살 정신은
'나'라고 하는 마음과 몸을 완전히 초월하여 '나'가 없는 마음과 몸이
곧 우주 그 자체와 다르지 않은 것을 확신하는 것이다.

다른 형태의 보살 서원도 있다. 지장보살(Samntabhadra)의 서원은
모든 지옥이 완전히 비기 전에는 깨달음에 들지 않겠다는 것이다. 법
장보살(Dharmakara)은 마흔여덟 가지의 서원(四十八願)을 세우고 아미
타불이 되었다. 그러나 이러한 특별한 서원은 여래의 본원(本願)이라고
하는 오직 한 가지 서원의 여러 가지 다른 표현일 뿐이다. 여래는 모든
생명과 더불어 조화를 이루며 매 순간 완전히 깨어 있는 삶을 사는 사
람이라는 것을 우리는 이미 알고 있다. 여래의 본원은 그렇게 여여한
삶을 살아간다는 뜻이 모든 생명의 마음속에 본래 서려 있는 것이다.
그래서 우리가 그것을 우리 삶의 이정표로 내면에 깊이 새길 때 그것
은 우리 자신의 서원이 되는 것이다. 또한 돌에 피가 배듯 사무치는 마
음으로 그 뜻을 오직 일심으로 새기고 지니며 모든 생활을 걸림 없이
해 나간다면 우리는 도의 길에 이미 들어서 있는 것이다. 그러나 여래
의 본원은 자성삼보에 귀의하는 것이라고 하는 것이 더 정곡을 찌르는
것이다.[73] 그것은 언제나 우리를 일깨우고 있는 우리 내면의 부처에

---

73) 역주: 앞에서 보았듯이 우리 마음의 근본은 불성이며 그것은 우주의 근본과 다르지 않고 모
든 생명의 근본과도 다르지 않다. 자성삼보(自性三寶)라고 하는 것은 나의 근본이라 할 수
있는 자성이 고정된 실체가 아니라 불법승의 삼보로 이루어져 있다는 것이다. 중국의 선을

귀의하는 것이다.

> 본래 갖추어져 있는
> 부처님의 끝없는 서원은
> 지금 여기에 앉아서
> 밥을 먹고 차를 마시는 것이며
> 어떤 꿈 같은 생각이나
> 공허한 이론에도 꺼둘리지 않는 것이다.[74]

서원을 세우고 산다는 것은 따라서 진심으로 사는 것이며, 사소한 일상사든 위대한 일이든 깊은 내면의 근원에 근거하여 그 일을 해 나가며 사는 것이다. 심리치료에서 보면 내담자는 그러한 삶을 일부 살아가고 있다. 치료사를 만날 때 명시적이든 묵시적이든, 일주일에 한 시간이든 얼마든지 간에 최소한 치료 시간 동안에는 진실한 마음이 되도록 하고, 모든 것을 더하고 뺌 없이 있는 그대로 보도록 하며, 무엇이 닥치든 피하지 않고 정면으로 부딪치며 그것을 탐구하려고 진지하게 노력하겠다는 약속을 한다. 이때가 곧 '진리를 구하는 마음'을 계발하는 시간이다. 이것이 바로 치료 과정 중에 부닥치게 되는 모든 어려운 고비를 내담자가 돌파해 나갈 수 있도록 하는 근본 해법으로서의

활짝 피우게 한 혜능(慧能) 선사는 자성의 각(覺)을 불(佛)이라 하고, 자성의 정(正)을 법(法)이라 하며, 자성의 정(淨)을 승(僧)이라 한다. 대행(大行) 선사는 이를 현대적으로 풀어서 불(佛)이란 내가 본래 갖추고 있는 마음이며 마음 내기 이전을 말하고, 법(法)은 그 근본이 있으므로 마음을 내는 것을 말하며, 승(僧)은 마음 낸 대로 몸이 돌아가는 것이라고 한다.

74) Hogenv, 1993, pp. 46~47.

근본 서원이다. 정확하게 똑같은 원칙이 이 점에서 내담자에게는 물론 치료사에게도 적용된다.

참 회

서원에 의하여 살아가는 힘은 참회에서 나온다. 이것은 심리학에서는 말할 것도 없고 불교를 소개하는 서양 서적에서도 찾아보기 힘든 주제지만 실천에서 굉장히 중요한 주제다. 불교는 근본적인 망상과 자기 집착에서 스스로 자유롭게 되려는 노력이다. 이것에는 엄청난 에너지가 필요하다. 이 에너지는 내면 깊숙한 마음의 변화에서 나온다. 선의 여러 가지 수행 방편은 모두 수행자가 삶에 대한 사고방식을 근본적으로 재고하도록 몰고 가는 것이다.

그와 같이 삶의 뿌리와 가지를 재평가하는 것은 감정의 동요 없이 할 수 있는 일이 아니다. 마음을 불편하게 하는 모든 것을 피하기 위한 자기 방어벽을 사용하지 않고 우리가 어떻게 살아 왔는지를 솔직하게 검토해 보면, 얼마나 많은 시간과 에너지를 낭비하였고 얼마나 많이 다른 사람을 도울 기회를 놓쳤으며, 얼마나 여러 번 다른 사람을 돕는 것보다 자기 에고를 튼튼히 하고자 했는가를 보며 깊은 비탄에 잠기게 될 것이다.

나쁜 짓을 하지 않고,

착한 일을 실천하며,

다른 사람을 돕고

마음을 닦아라.

이것이 부처님의 가르침이다.

참회는 스스로를 직시하고 자신이 망상에 빠진 아픔을 깊이 느끼는 행위다. 따라서 참회는 곧 치료 작업인 것이다. 아니면 최소한 치료 작업이 되어야 한다. 수많은 치료법은 하나같이 실제로 내담자가 자신의 마음속에서 진실이라고 알고 있는 것을 회피하도록 한다. 하지만 그런 것은 선의 길이 아니다. 장기적인 시각으로는 내담자의 행복을 추구하는 것이 치료사의 임무지만, 단기적으로는 내담자가 많은 고통을 겪는 것을 보아야 할지도 모른다. 그러한 고통은 자신이 살아오면서 저지른 것을 직면하고 스스로 책임을 느낄 때 흔히 일어난다. 따라서 내담자가 이 어려운 과제를 해결해 나아갈 수 있도록 굳게 믿으며 지원해 줄 수 있다면 많은 것이 이루어질 것이다.

그렇지만 치료사가 참회하는 것을 자기 생활의 일부로 삼지 않는다면 내담자를 그렇게 보살피는 것이 가능하지 않을 것이다. 자신의 잘못을 살펴보고 그에 대해 눈물을 흘려 본 적이 없다면, 확신을 가지고 내담자가 어두운 계곡을 헤쳐 나가도록 함께하여 줄 수 없을 것이다. 진정한 빛은 오직 가장 어두운 곳에서만 발견된다. "공(空)의 조용한 목소리는 고통스러운 절망의 심연에서 나온다."[75] 내담자가 찾아와서 가장 끔찍한 일을 고백할 때 치료사가 전혀 충격을 받지 않는 모습을 보고 큰 위안을 느끼는 경우가 많이 있다. 사람은 참회하고 싶을 때 누군가가 이를 함께 나누고 들어주면 한마음으로 돌아가게 됨을 느낀다.

---

75) Hogen, 1993, p. 47.

업을 이해하는 사람은 자신이 한 행동의 결과를 감지한다. 선 수행자는 '살생하지 말라.'는 계율 때문에 고기를 먹지 않는 것이 아니다. 선 수행자가 고기를 먹지 않는 이유는 죽임을 당하는 동물의 아픔을 공감하기 때문이다. 세상사 중에 고를 만들어 내는 일에 관련되지 않는 것은 없다. 하지만 그 모든 것을 내 아픔으로 여기는 마음이 바로 '큰 슬픔(great grief)'의 마음인 것이다. 이 큰 슬픔의 마음은 우리의 보잘것없는 모든 개별적인 슬픔을 대신할 수 있고, 큰 사랑(great love), 큰 자비(great compassion), 큰 기쁨(great joy)의 세계에 우리를 눈뜨게 한다.

참회는 선 수행의 시작이며 선 치료의 핵심이다. 진실한 마음의 변화 없이는 개인적인 삶에서 실제로 성취할 수 있는 것은 아무것도 없다. 누구나 원하는 만큼 명상 수행을 할 수도 있고 의식(儀式)을 행할 수도 있으며 보시를 베푸는 등의 행동을 할 수도 있으나, 만약 참회가 없다면 진정한 변화는 일어나지 않을 것이다. 진실한 마음의 변화는 우리의 삶을 구석구석 살펴보고 기꺼이 자신을 변화시키려 할 때 찾아온다. 이는 자기방어의 습관을 버리는 것을 뜻한다. 치료사의 과제는 내담자가 그렇게 자기를 돌아보는 과정을 행할 수 있도록 충분히 안전한 공간을 만들어 주는 것이다.

'죄'라는 주제는 많은 치료에서 핵심적인 것이다. 많은 사람이 자신의 죄의식 때문에 미쳐 버리게 된다. 하지만 우리는 진정한 죄와 굴욕을 구분하는 것이 중요하다. 내담자는 흔히 죄의식을 느낀다고 말하지만 그럴 만한 일을 한 적은 없다. 그들은 다른 사람들이 비난하기 때문에 죄의식을 느낄 뿐이다. 이것은 자신이 한 행동에 대하여 진정으로 뉘우치는 사람과는 매우 다른 경우다.

자기가 저지른 잘못을 직시하는 것은 우리가 살아가면서 기대할 수 있는 가장 중대한 인격 시험 중의 하나다. 우리의 에고는 자신의 순수함과 완전함을 믿고 싶어 한다. 그러나 아무리 열심히 노력하더라도 우리의 애착은 불시에 우리를 습격하여 자기도 모르게 이미 이 사람을 아프게 하고, 저 일은 조금 속이며 그리고 정말로 해야 할 다른 일을 잊어버리게 된다.

참회는 에고의 지배력을 뒤흔들어 버린다. 선에서는 다음과 같이 말한다.[76]

제가 지은 모든 악업은 (我昔所造諸惡業)

시작도 없는 삼독심에 비롯된 것이오니 (皆由無始貪瞋痴)

몸으로 입으로 뜻으로 지은 (從身口意之所生)

일체 모든 잘못을 이제 참회하나이다. (一切我今皆懺悔)

우리가 실질적인 통제력이 거의 없는 듯이 보인다고 하더라도, 우리는 우리 자신에 대한 책임을 져야 한다는 것을 이 참회게는 보여 준다. 일반적으로 사람들은 살아가면서 자신이 통제력을 가진 일에 대해서만 책임지면 될 것이라고 생각한다. 그러나 선에서는 우리가 나쁜 짓을 한 것은 무지(無知) 때문이라는 것을 아는 반면, 그 모든 것이 내가 있기 때문에 비롯된 것이므로 자발적인 의사로 책임을 받아들여야 하는 것이다. 실제로 불교에서는 죄라고 할 만한 것이 없으며 오직 무지(無知)만 있을 뿐이다. 불교의 관점에서는 역사상의 악인도 나쁜 것이 아니라

---

75) 역주: 이것은 천수경(千手經)의 참회게(懺悔偈)다.

단지 어리석은 것일 뿐이다. 우리 자신도 그들과 똑같은 어리석음에 묻혀 살아 왔다. 모든 불교 수행은 우리 자신을 항상 깨어 있도록 하기 위한 노력이다.

선의 길

그러므로 선이 제시하는 길은 우리 주변의 현실이 요구하는 것에 지혜롭게 대처함으로써 매 순간 끊임없이 자기 자신을 스스로에게서 해방시키는 삶을 살아가라고 하는 것이다. 그것은 정신의 목마름을 해소하기를 원하는 세상의 요구에 응하여 구체적인 상황 속에서 나투는 보살도(菩薩道)의 실천인 것이다. 이것은 그 자체로 또한 치료의 길이기도 하다. 진정한 치료법은 전문적이거나 기술적인 역할 이상의 것이며, 하나의 존재 방식, 즉 본래의 치유력이 내재된 존재 방식인 것이다. 그것은 단순히 개별적인 내담자를 치료하는 것이 아니라 마주치는 모든 인연이 하나도 빠짐없이 치유되는 진리를 구하는 마음인 것이다.

선의 접근 방법은 무슨 일이 일어난다고 할지라도 그것을 마음의 자유를 찾는 기회로 보는 것이다. 그러므로 도겐 선사는 다음과 같이 말한다.

불교를 공부하는 것은 자신에 대해 공부하는 것이고,
자신에 대하여 공부하는 것은 자신을 잊는 것이다.
자신을 잊으면 모든 것이 깨달음이고
바로 이 깨달음은 자신뿐만 아니라

> 모든 존재의 몸과 마음에 대한 집착의 굴레를 깨뜨린다.
> 만약 그 깨달음이 참된 것이라면
> 깨달음에 대한 집착까지도 지워 버릴 것이다.[77]

선 치료에서는 내담자를 치료사에게 데려 온 딜레마가 단순히 문제가 아니라 조건 지어진 삶에서 내담자 스스로 벗어나려는 불성의 나툼 작용이라고 본다. 이것은 기회다. 그러나 이런 기회를 자기 것으로 만드는 데는 상당한 용기가 필요하다. 이러한 종류의 용기는 치료상에서 형성되는 친밀한 관계에서 생길 수 있다. 치료사와 내담자는 가야 할 길을 함께 시작한다. 우리가 이미 살펴보았듯이 내담자는 결국 스스로 걸을 수 있어야 할 것이다. 이것은 아이가 걸을 수 있도록 도와주는 것과 같다. 그 목적은 아이가 스스로 자유롭고 자신 있게 걷게 하는 것이다. 그러나 이 과정은 부모가 도와줌으로써 더 쉽게 이루어질 수 있는 것이다. 그와 같이 불교 수행에서도 우리 옆에 '좋은 친구', 즉 도반을 두는 것이 도움이 될 것이다.

제2부 결론

제2부의 결론을 짓기 위해서 우리가 검토한 여러 가지 인연론의 주요 사항을 강조하고자 한다.

---

77) Kennett, 1976, p. 172.

✳ **근원적 인연론(Root relations):** 우리가 겪는 괴로움의 뿌리는 근본적인 무지(無知)며 이는 탐욕(貪), 분노(瞋), 어리석음(癡)의 형태로 나타난다. 그에 대한 치료는 원래 갖추고 있는 깨어 있는 마음에 의지하는 것이며 이는 자비, 사랑, 이해심의 형태로 나타난다.

✳ **대상 인연론(Object relation):** 마음은 그 대상에 의해 조건 지어진다. 따라서 온전한 대상에 마음을 집중하고 온전하지 못한 대상은 좋은 방향으로 변화시킴으로써 삶은 향상될 수 있다.

✳ **지배 인연론(Predominance):** 일반적으로 마음은 번뇌에 의하여 지배를 받지만 의도, 정진, 주의력과 탐구심이라는 온전한 영향력에 의하여 해방될 수 있다.

✳ **연상 인연론(Association):** 매 순간의 정신 작용은 과거의 것에 의하여 조건 지어진다. 그 고리는 현실을 직시하는 깨어 있는 마음으로 깨뜨려 버릴 수 있다.

✳ **상호의존 인연론(Interdependence):** 윤회의 모든 요소는 상호의존적이기 때문에 단 한 번의 깨달음으로도 모든 것을 쓸어 버릴 수 있다. 즉, 선은 '돈오(頓悟)'를 지지한다.

✳ **의존 인연론(Nissaya):** 모든 것은 무엇에서 자라난다. 몸과 마음은 분리될 수 없다. 따라서 마음의 자유를 구하는 선 수행은 몸을 버리지 않는 것이다.

✳ **지원 인연론(Support):** 다른 사람에게 도움을 주는 것은 치료사에게는 존재 방식의 자연스러운 표현이고 내담자에게는 치유의 길이다.

✤ **습 인연론(Habit):** 건전하고 예의 바른 삶의 습관을 확립하는 것은 자발성과 창조성을 구속하는 것이 아니라 오히려 그것들을 키울 수 있는 도약대다.

✤ **업 인연론(Karma):** 의도된 행동은 반드시 결과를 낳는다. 다만 '내' 가 없이 한 행동은 업이 되지 않고 세상에 강력한 영향을 미친다.

✤ **과보 인연론(Vipaka):** 업을 소멸하는 것은, 저절로 수행이 익어 갈 수 있도록 함이 없는 마음의 고요함을 이루게 한다.

✤ **양식 인연론(Food):** 일반적으로 우리는 단점을 키우도록 자양분을 제공한다. 특히 우리는 선입견을 뽑지 않고 기르는 경향이 있다.

✤ **근기 인연론(Indriya):** 모든 사람들은 몸과 감각, 성(性) 그리고 생명 력의 능력을 갖추고 있다. 선의 길은 더 유용하고 축복이 넘치는 삶을 살 수 있는 고도의 잠재력에 눈뜨게 한다.

✤ **선 인연론(Dhyana):** 마음은 길들일 수 있고 선은 그 길을 제시해 준다.

✤ **도 인연론(Marga):** 우리 모두는 스스로 길을 내며 살아가고 있다. 선의 길은 서원을 세우고 깨어 있는 마음으로 삶을 사는 것이며, 그렇게 함으로써 본래 갖추고 있는 최고의 잠재력을 실현하는 것 이다.

제 3 부

선 치료의 길

17

자 비

도에 순응하기

선(禪)은 중국의 도(道) 개념을 통합하고 있다. 도는 살아 있는 전통과 존재 방식을 가리키는 것이다. 모든 예술에는 도가 있으며, 우주 그자체에도 도가 있다. 그러므로 도라는 것은 전통 공예의 수련뿐만 아니라 성품의 자연스러움을 모두 포괄하는 것이다. 천연 재료를 써서작품을 만드는 공예가는 그 재료의 고유한 성품과 공예 전통에 순응하는데, 바로 이것에서 아름답고 독창적인 걸작을 창조해 낸다. 또한 공예가는 자신의 작품을 만드는 데 모든 것을 바치는 반면, 이 모든 것을함이 없이 해 나간다. 이것이 곧 도를 따르는 사람의 특징이다.

이 책의 제3부에서 제시하고자 하는 것은 심리치료 또한 선의 길이 될 수 있다는 것이다. 심리치료사는 내담자에게 드러나는 그대로의 도에 순응해야 한다. 심리치료사는 기술적인 면보다는 인격을 형성하는 오랜 견습 과정을 거친 뒤에야 만들어진다. 숙련된 치료사는 자신의 작업에 대하여 완전히 몰입하지만, 결과에 집착하지 않고 오히려 결과가 자연스럽게 흘러가도록 한다. 이처럼 심리치료의 길은 선의 방식을 따르고 있다.

자비(慈悲, karuna)란 다른 사람이 고(苦)에서 자유로워지기를 바라는 것이다. 어떤 의미에서 자비란 정신적 수행의 수동적 차원인 반면, 사랑이란 능동적인 차원이라고 할 수도 있다. 자비는 여성적이고 수용적이다. 그것은 단지 무엇이든 다른 사람이 가로막힌 것에서 벗어나 자유로워지기를 바라는 것이다. 그러나 선에서는 괴로움에 지친 사람을 위하여 단지 동정심을 내는 것에 머무르지 않고 그것을 넘어서는 것을 목표로 한다. 대자대비(大慈大悲, maha-karuna)의 불교사상은 전 우주를 포괄하는 보편적인 의미를 함축하고 있다. 일반적인 자비는 누군가를 측은히 여기는 것일 뿐이다. 반면에 대자대비는 심지어 식물과 자연 현상조차 포함한 모든 생명과 더불어 하나가 되어 그 요구에 응하는 것을 뜻한다. 따라서 대자대비는 공감의 차원을 넘어선 것이다. 공감 상태는 개별적으로 분리된 존재로서의 '나'를 계속 유지한다. 그래서 강물에 빠져 있는 사람이 내가 아니라는 것을 아는 동안에도 그 사람에 대한 공감이 가능하다. 그러나 대자대비한 마음으로는 강물에 빠져 있는 사람이 곧 나다. 이것이 아마 불교와 인본주의 간의 차이일 것이다. 선에서 깨달음은 내가 일체와 하나 되는 것을 체험하는 것이다.

대자대비는 수많은 개별적인 친절한 행동으로 드러날 수 있지만 보통의 연민과 다르다. 보통의 자비는 부분적이다. 자신의 고양이를 짜

증나게 하는 벼룩을 죽이는 것은 부분적인 자비의 행동이다. 고양이에 대한 자비는 있으나 벼룩에 대한 자비는 없기 때문이다. 대자대비는 또한 세속적인 자비와도 다르다. 세속적인 자비는 물질적인 관점을 기초로 하고 있는 친절이다. 다른 사람에게 선물을 줄 때, 선물 주는 자와 선물과 선물 받는 자를 의식하는 마음이 있다면 그것은 세속적인 자비다. 어떤 면에서 보면 사람은 계산적이다. 마음속에는 여전히 거래와 계산의 요소를 지니고 있다. 하지만 대자대비한 마음은 선물 주는 자와 선물과 선물 받는 자에 대한 의식 없이 그냥 베풀 뿐이다.[1] 대자대비한 사람은 선물을 선물이라고 생각하지도 않는다. 그러한 사람은 무엇이든 상황이 요구하는 것을 해 나가며 그냥 도를 따를 뿐이다.

'나'를 따로 보는 것은 일반적으로 어떤 집단 속에서 자신의 정체성을 확인하려는 우리의 의식에서 나온 것이다. 우리 식구, 우리 직업, 우리 스포츠 팀, 우리 동호인 등 우리가 함께하는 수많은 집단에 의하여 우리는 우리 자신의 정체성을 파악하고 있다. 대자대비는 이러한 '우리-의식'을 우주 전체로 확대하여 우리 아닌 어떤 '다른 우리'도 따로 존재하지 않는다.

그리하여 모든 존재에는 제각기 그 나름의 도가 있으며, 그것이 또한 대도(大道)의 표현인 것이다. 대도는 신비스러워 어디든 없는 데가 없다. 자비는 지금 여기 우리 앞에 마주하고 있는 그 사람의 도와 하나가 되어 응하는 것이다. 대자대비는 도와 더불어 함께 흐르는 것이다. 우리가 이렇게 행할 수 있을 때, 우리가 행하는 것은 마치 불가사의한

---

1) 역주: 육조 혜능 선사는 이에 대해 다음과 같이 말하고 있다. "응당 무상심(無相心)과 같이 보시한다는 것은, 능히 보시한다는 마음도 없고 베푸는 물건도 보지 않으며 받는 사람도 분별하지 않는 것을 상에 머물지 않는 보시라 하느니라."(『금강경오가해』, 무비 역해, 1999, p. 143)

힘에 의하여 신비스럽게 돌아가듯이 이루어진다.

보 살

불교 신화에서는 보살이라고 불리는 많은 이상적인 존재가 지혜의 모델로서 제시되고 있다. 이들은 불가사의한 힘을 구현하며, 그 힘의 의인화를 통하여 인간의 얼굴이 부여되어 있다. 그러나 불교의 개념에 서는 불가사의한 힘이 신성(神性)의 개입을 의미하는 것이 아니라는 점을 이해하는 것이 중요하다.[2] 불가사의한 힘이란 오히려 결코 한치의 오차 없이 작동하고 있는 우주의 자연스러운 법칙인 것이다.

보살은 부처가 되는 길을 걷고 있는 사람이다. 선 수행을 진지하게 시작하자마자 우리 모두 보살이 될 수 있으며, 모든 선행이 더욱 활발하게 펼쳐지는 세계를 창조하는 일에 기여할 수 있다.

극동 지역에서는 불가사의한 힘인 타력(他力) 사상을 전하는 이야기로 법장보살(Dharmakara Bodhisattva)의 이야기가 가장 널리 알려져 있다. 법장보살은 너무나 자비로워서 다른 사람의 모든 고통을 자신의

---

2) 역주: 여기서 보살을 신비주의적으로 이해하지 않도록 하는 것이 중요하다. 대승불교에서 보살은 부처님의 마음을 말하며 부처님의 마음은 아촉도 되고 아미타도 되고 관세음도 되고 지장도 되고 칠성도 되고 산신도 되고 용신도 되고 약사도 되고 지신도 되고 신중도 되고, 모든 게 아니 되는 게 없다. 부처님과 보살은 따로 있는 것이 아니다. 부처님 마음에서 한생각을 내면 보살이 되는 것이다. 그런데 우리는 모두 내면에 불성이 있기 때문에 우리가 가진 수많은 의식을 한마음으로 항복을 받게 되면 자연스럽게 우리 내면에 있는 자성 부처의 마음이 작용하게 되므로 저절로 천차만별의 보살행을 할 수 있는 것이다. 그래서 우리가 마음공부를 하는 것이 중요한 것이다. (대행스님법어집 『허공을 걷는 길 (법형제법회 1)』, 2001, pp. 617-640 참조)

고통으로 여겼으며, 깊은 믿음과 부지런한 수행의 결과 아미타(Amida)로 불리는 부처님이 되었다. 그 이야기에 따르면 아미타불은 여전히 '서방극락정토'에 거주하며 그를 진실로 믿는 사람은 누구에게라도 도우려 응한다는 것이다. 이것은 자비와 깨달음의 행동은 상식이나 물질적 관점으로 결코 이해할 수 없는 방식으로 언제나 도움을 받을 것이라는 메시지를 전하는 전형적인 이야기다.

아미타불(Amida Buddha)은 관세음보살(Avalokita Bodhisattva)이라 불리는 조력자가 있다고 말해진다. 관세음보살은 '깊이 관찰하는 분'이라는 뜻이며 자비의 보살이다. 그는 남자나 여자의 모습으로 나타날 수 있으며 '관음', 즉 '세상의 눈물을 보는 분'으로도 불린다. 바로 관음은 세상 속에 존재하는 대자대비의 정신인 것이다. 관음은 우리에게 더욱 가까이 존재해 있다. 관음은 우리의 고통에 응답해 주고 있으며 우리 자신 안에 존재하는 대자대비를 찾도록 도와준다.

그리하여 보살이란 세상을 위한 심리치료사인 것이다. 관음은 고통받는 사람을 결코 외면하지 않으나 그에게 다가가는 사람들을 진실로 도울 수 있을 뿐이다. 같은 방식으로 심리치료사로서 우리는 내담자의 내면에서 더욱 밝고 자비로운 삶에 다가가는 모습을 발견하는 것이 필요하다. 관음보살은 모든 존재에 대해서 무한한 관심을 갖고 있으며, 모든 사람에게 어진 어머니와 같다. 그러므로 선의 마음 또한 '부모의 마음'이라 불리는 것이다.

최근 어느 다르마 그룹에서 호스피스 자원 봉사자로 일하는 한 친구가 다음과 같은 질문을 제기하였다. 자비는 어떤 느낌인가? 죽어 가는 사람들과 함께하던 그는 자신이 죽어 가는 사람들에게 너무 깊이 빠져 있거나 또는 너무 초연한 것이 아닌지 궁금했던 것이다. 불교 경전에 따르면 보살은 모든 존재를 마치 하나밖에 없는 외아들인 것처럼 여긴다고 한다. 그렇지만 자신의 외아들이 죽어 가고 있다면 대부분의 사람이 무시무시한 혼란 속에 빠져들 것이다. 보살이 가진 부모의 마음은 우리가 자식을 사랑하는 마음과 똑같이 깊지만, 모든 생명을 다 품을 수 있을 만큼 끝없이 넓기도 하다.

우리는 모두 보살이다. 그러나 아직까지는 단지 보살 견습생에 불과하다. 우리는 스스로 이 광대한 자비와 끝없는 선의(善意)의 세계로 들어가려는 노력을 하고 있다. 그러한 세계에서 멀어진 때에도 우리는 그것을 인생 행로의 지침이 되는 북극성으로 삼을 수 있을 것이다. 그렇게 해서 우리가 어떤 선택을 할 때에도 그것을 항상 마음속에 간직한다면, 우리는 조금씩 이 대자대비의 세계에 가까이 다가갈 수 있을 것이다. 그렇게 할 때 우리는 세상을 위한 더욱 훌륭한 심리치료사가 될 수 있을 것이다. 이러한 노력 속에서 법장보살과 관세음보살의 이야기가 우리 삶 속에 살아 있게 되는 것이다.

자기와 상대

자비는 다른 생명을 존중하는 것을 의미하므로 에고를 극복한다. 많은 사람은 심리치료가 자아 존중을 도와주는 것으로 여기지만, 그것은 선의 방식이 아니다. 불교와 도교에 따르면 자아 존중은 전혀 생산적인 것이 아니다. 참된 행복은 내가 없다는 무아(無我, selflessness)에서 온다. 즉, 참된 행복은 이기적이고 변덕스러운 '나'보다 도에 순응하는 것에서 오는 것이다. 기독교에서와 마찬가지로 도교에서도 맨 마지

막에 서는 자가 가장 먼저 온다고 한다. 티베트 불교 라마승 툽텐 조파
는 다음과 같이 기술하고 있다.

> 당신은 그냥 한 사람일 뿐이다. 만약 당신이 지옥에 다시 태어난다고
> 할지라도, 당신은 그렇게 고뇌할 필요 없는 그냥 한 사람일 뿐이다. 만
> 약 당신이 윤회에서 벗어난다 할지라도, 당신은 그렇게 흥분할 필요 없
> 는 그냥 한 사람일 뿐이다. 중생이라고 하는 헤아릴 수 없는 모든 생명
> 이 당신과 같이 행복을 원하지, 고(苦)를 원하지 않는다. 그들의 소망도
> 당신의 소망과 하나도 다르지 않으며 그들의 소망 또한 헤아릴 수 없이
> 많다. 어떤 하나의 생명도 당신 자신이 중요하고 소중하다고 생각하는
> 만큼 중요하고 소중하다. 하나하나 그렇게 중요하고 그렇게 소중한 생
> 명이 헤아릴 수 없이 많은 것이다.[3]

우리가 겪는 모든 고는 우리 자신을 방어하는 데 마음을 쓰기 때문
에 오는 것이다. 만일 우리가 '나'를 몰록 놓아 버린다면, 그것은 동시
에 우리가 가진 정신적인 고도 놓아 버리는 것이다. 특히 자비심은 혐
오감의 치료제다. 우리는 앞에서 삼독(三毒)의 번뇌를 검토할 때 삼독
이란 탐욕, 분노, 어리석음이라는 것을 보았다. 혐오감이나 분노는 다
른 사람이 해를 입기를 바라는 마음이며, 자비심은 다른 사람이 해를
입지 않기를 바라는 마음이다. 자비심은 혐오감과 분노를 물리칠 수
있다.

자비는 다른 사람의 주관적인 세계에서 아무것도 훔치지 않고 그 세

---

3) Zopa, 1994, pp. 115-11.

계를 있는 그대로 이해하는 것이다. 훔치는 것은 그것을 나의 세계로 만드는 것이다. 자비의 마음은 내가 상대가 되는 것이다. 나는 상대에게 내가 되라고 강요하지 않는다. 자비의 마음은 상대의 눈을 통하여 바라보는 것이며, 아무런 사심(私心) 없이 상대의 마음으로 느끼는 것이다. 대자대비는 전 우주와 하나가 될 때 이루어진다. 우리는 모든 존재와 하나가 된다. 이것은 자신이 방어하려고 하는 어떤 입장이 따로 있는 것이 아니라는 것을 의미한다.

자비는 내면을 통하여 다른 사람의 세계를 꿰뚫어 보고, 느끼고, 이해하는 대로 말하고 행동하는 것이다. 그것은 자유나 지혜를 잃지 않고 상대의 아픔이 나의 아픔임을 아는 것이다. 우리의 에고가 자기를 위하여 무엇인가 구하는 것을 자기와 동일시하는 것은 자비와 확연히 구별된다. 그러므로 우리는 논쟁에서 이쪽 또는 저쪽 중의 한쪽에 동의할 수밖에 없지만, 양쪽 모두에게 자비심을 가질 수 있다. 실로 자비는 우리 자신에 대하여 객관성을 요구한다.[4] 자비는 무조건 받아들이는 것을 뜻하며 본질적으로 치료적 측면이 있는 것이다. 인간 중심 심리치료의 창시자인 로저스는 다음과 같이 기술하고 있다. "이러한 방식으로 상대와 함께한다는 것은 상대의 세계에 편견 없이 들어가기 위하여 당신의 관점과 가치를 버리는 것을 의미한다. 어떤 의미에서 이것은 당신의 자아를 버리는 것을 의미한다."[5]

우리는 모두 자연적으로 남을 보살피게 되어 있으며, 또한 정성껏 보살피는 것을 배울 수 있다. 예를 들어 우리는 마음으로 듣는 것을 배울 수 있다. 우리의 생각을 멈추고 사물을 알아차릴 수 있으며, 다른

---

4) Figurski, 1987, p. 200.

사람의 관점에 대하여 두루 생각해 볼 수 있다. 우리 모두는 실제로 우리가 생각하는 이상으로 다른 사람을 이해할 수 있는 능력을 갖추고 있다. 우리가 상대에 귀 기울일 때 강력한 변환 에너지가 우리의 가슴 속에서 흐를 수 있는 것이다. 우리의 세계는 증오로 찢겨 있으며 자비야말로 유일한 해결책이다. 예를 들어 로저스는 자신이 수행한 흑인과 백인 집단의 연구 결과를 논평하면서, 백인이 나타내는 반응 중에는 드러나는 감정의 깊이에 매우 부적절한 것이 많다고 지적한다.

> 분노는 그 마음을 들어야 한다. 이것은 겉으로 듣는 것을 의미하는 것이 아니다. 그 마음이 있는 그대로 인정받고 안으로 받아들여지며 둘로 나뉘어지지 않게 이해되어야 하는 것이다. 비난과 고발이 백인을 해치려는 의도적인 시도처럼 보이지만, 이는 수 세기에 걸친 학대, 억압 그리고 불평등을 해소하려는 카타르시스적 행동이다. 분노에 관한 진실은 그것이 아무런 조건 없이 진정으로 들어주고 이해될 때에 해소될 뿐이라는 것이다.[6]

자비는 치유한다

사람들은 단지 자비로운 행위의 수혜자가 되는 것뿐 아니라, 자비의 정신을 그들 자신 속에서 발견하여야 한다. 최상의 자비는 다른 사람 속에 있는 자비를 북돋아 주는 것이다. 사회 속에 존재하는 억압은 해

5) Rogersv, 1980, p. 143.

롭다. 왜냐하면 그것은 억압받는 사람들이 최선을 다한다 하더라도 그
들에게 벌을 주며 진심으로 무언가를 하려는 그들의 의지에 지나치게
높은 세금을 물리기 때문이다. 진심에서 우러나오는 행동을 하지 못하
고 좌절하게 되면, 육체적으로나 정서적으로 우리의 삶은 왜곡되고 병
들게 된다. 따라서 사기가 꺾이지 않고 억압적인 사회를 살아간다는
것은 매우 어려운 일이다.

　이러한 병든 마음을 진실로 치유할 수 있는 것은 내담자가 자신의
내면에서 발견하는 자비인 것이다. 자비는 삶의 중심을 자기 자신에서
바꿔 세계 속에서 더욱 건강하게 관계를 맺게 한다. 치료사의 임무는
단지 내담자에 대하여 자비를 펼치는 것뿐만 아니라, 내담자 내부에
존재하는 자비심을 북돋아 주는 것이기도 하다. 불교적인 심리치료는
내담자에게 연민을 느끼는 것보다는 그들 자신 안에 있는 최상의 덕목
을 계발하도록 이끄는 것에 관심을 가진다.

　자비는 깨어 있는 마음으로 지켜보는 기본 기술을 익히는 것에서부
터 자라난다. 일반적으로 내담자는 이미 그들 내부에 많은 긍정적 자
질을 갖추고 있다. 다만 자기 자신에게 집착하고 있어서 그러한 자질
을 사용하지 못하고 있을 뿐이다. 서양의 심리치료는 이러한 자기 집
착을 하도록 이끈 충격적 사건이 무엇인가를 밝혀내는 데에 집중하는
경향이 있지만, 선은 대체로 그것을 해결하는 데 초점을 맞춘다. 그러
므로 심리치료는 내담자의 주의를 다시 외부로 되돌리는 것에서부터
시작한다. 이는 관찰력을 개발함으로써 바로 가능하다. 우리가 자기
자신에게 사로잡혀 있을 때 우리는 우리 주변에 있는 대부분의 것을

6) Rogers, 1978, p. 133.

있는 그대로 보지 못한다. 심리치료에서는 강박적인 내적 탐구를 강화하면 안 된다. 내담자 스스로 주변의 사물을 그냥 관찰하도록 하라. 때가 무르익으면 내담자 스스로 주변의 상황이 무엇을 요구하는지를 알아차리기 시작할 것이다. 내담자에게 그렇게 될 수 있다는 것을 격려하라. 식물에게는 물이 필요하고, 방에는 정돈이 필요하며, 옷에는 수선이 필요한데, 비록 자비 행위의 수혜자가 반드시 살아 있는 존재가 아닐지라도 이러한 행위는 모두 자비가 될 수 있다. 내담자가 자기 주변에 대해 눈을 떠 갈수록 혐오감에 빠지는 일은 점점 줄어들게 될 것이다. 자기 자신을 건설적인 활동에 더 많이 투입할수록 덧없는 감정에 지배당하는 일은 더욱 줄어들 것이다.

사람들은 때로 자신의 목적의식을 자비에 대한 능력에서 도출하기도 한다. 일흔 살의 노인인 조(Joe)라는 내담자가 있었다. 평생 그는 술을 많이 마셨다. 음식을 별로 섭취하지 않는 대신 술을 마시는 데에만 돈을 퍼부었다. 그의 생활 환경은 누추하고, 이제 그는 알코올 중독과 영양실조로 인한 기억상실이라는 의료 진단 결과를 받고 괴로워하고 있다. 대부분의 의료 복지 기관의 입장에서 보면 그는 가망이 없는 경우였다. 지금까지 성취한 최선의 것은 어느 복지 기관이 마련한 지원금으로 내진 서비스를 받게 됨으로써 보호 감호 시설에 입원되는 것을 모면할 수 있었다는 것이다. 그러나 치료사는 그가 개를 키우고 있고, 자신보다도 오히려 그 개를 더 잘 먹인다는 사실을 알았다. 그러나 그개도 최근에는 건강이 좋지 않았다. 아마 논리적이고 현실적인 해결책은 그의 모든 음식을 먹어 치우고 있으며 그가 적절히 보살필 수도 없는 그 개를 없애는 것일 수도 있다. 그렇지만 치료사는 그것과는 정반대의 해결책을 내놓았다. 그것은 그에게 개를 돌보도록 하는 것이다.

개를 돌보는 것은 그의 삶에서 가장 긍정적인 요소다. 그것은 그의 실존에 의미를 부여하는 자비의 요소가 아직도 남아 있다는 증거이기도 하다. 만약 개가 없어진다면 그가 자비를 쏟을 수 있는 아무런 대상조차 없다. 그의 가족은 그를 거절하였고 몇 년 동안 본 적도 없다. 치료사는 그를 직접적으로 변화시키려는 시도를 거의 하지 않았지만 개를 돌보는 임무를 중심으로 그와 가까운 관계를 만들어 나갔다. 그 임무에는 개를 동물병원에 데려가는 일과 개의 치료, 먹이, 운동 등에 대하여 책임감을 갖는 것이 포함되었다. 개에게 필요한 것에 그의 모든 주의를 집중하도록 하였다. 두 번째로 동물병원에 다녀왔을 때 치료사는 그가 자신의 외모에 상당히 더 신경을 쓰고 있다는 사실을 알아차렸다. 그가 살림을 꾸려 가는 방식에서도 조금씩 개선점이 나타나기 시작하였다. 술을 끊지는 않았지만 음식을 먹기 시작하였다. 병원이나 감호 시설에 보호되어야 할 것 같았던 사람이 이러한 정도의 변화를 보이게 된 것은 만족할 만한 성과라고 할 수 있다. 사람들은 자기 자신을 위해서는 하지 않을 일도 자비의 씨앗이 싹틈으로써 해 나갈 수 있는 것이다.

사람들은 누군가 감사하게 받을 만한 것으로 줄 것이 아무것도 없다고 믿을 때 자살 위험에 처하게 된다. 자신이 쓸모없다고 느끼는 노인이 특히 자살의 위험을 안고 있지만, 이러한 느낌은 지나친 콤플렉스와 냉담한 사회 속에서 살아가는 이 시대 모든 연령층 대부분의 사람에게 공통적인 것이다. 불교적 관점에서 정말 중요한 것은 받을 수 있는 능력보다 줄 수 있는 능력이다. 앨리슨(Allison)이라는 내담자가 있었다. 그는 치료시간이 끝날 무렵 심리치료사에게 자신이 곧 자살할 것이라고 말하였다. 그 순간 치료사는 마음을 굳게 다잡고 그녀에게 그러한 행동을 하는 것을 절대로 용납하지 않겠다고 말하였다. 필요하다면 그녀가 자신의 진료실에서 나가지 못하도록 하겠다고도 말하였다. 그녀는 자기가 죽든지 말든지 당신과는 아무 상관이 없다고 항의하였다. 심리치료사는 이제 그것이 바로 자신의 일인 것처럼 느낀다고 반박하였다. 만약에 심리치료사가 그녀를 가도록 내버려 둬서 다음 날 그녀가 죽는다면 어떻게 살아 나갈 수 있겠는가? 마침내 그녀는 다음 번 치료시간까지는 자살하지 않기로 약속하고 치료실을 나갔다. 나중에 그녀는 이 만남이 자신에게 매우 큰 인상을 주었다고 치료사에게 말하였다. 왜냐하면 자신이 살아 있다는 것이 누군가에게 중요하다는 것을 깨달았기 때문이었다. 그녀는 치료사에게 상처를 안겨 주고 싶지 않다는 마음 때문에 한 주를 버틸 수 있었던 것이다. 오래지 않아 그녀는 살아 있어야 할 더 많은 이유를 찾아내었다.

사이코드라마에서 역할 바꾸기(role reversal)는 드라마의 주인공이 다른 사람의 눈으로 세계를 경험하도록 하기 위하여 사용된다. 사실상 역할 바꾸기란 "자기와 상대를 맞바꾼다."라는 고대 불교의 가르침을 서구적 방식으로 구체화한 것이다.[7] 세계적인 사이코드라마티스트 중의 한 사람인 모레노(Xerka Moreno)는, 자신의 경험에 따르면 심리치료에서 역할 바꾸기는 가장 중요한 유일한 기술이 아니라 할지라도 가장 중요한 기술 중의 하나라고 평가하였다. 확실히 이것은 불교의 관점이다. 우리가 다른 사람과의 역할 바꾸기에 능숙하게 될 때, 우리는 복합 다면적인 이 세계의 경이로움을 이해할 수 있을 것이다.

사이코드라마에서는 역할 바꾸기를 행동으로 실행한다. 내담자는 중요한 관계가 있는 상대와 입장을 바꾸어 실제로 그 사람의 역할을 실행하는 것이다. 그러한 역할 바꾸기를 통하여 나는 내 어머니, 내 자식, 내 친구, 내 경쟁자 또는 다른 누구라 할지라도 그 역할을 해 볼 수 있다. 역할 바꾸기를 통하여 사람들은 종종 자신의 삶의 인식을 결정적으로 전환하는 카타르시스적인 통찰력을 가지게 된다. 역할 바꾸기는 특히 화해와 용서를 북돋아 주기 위한 기법으로 사용된다.

자기와 상대의 역할 바꾸기는 또한 드라마상에서 행동으로 실행하지 않아도 대화와 상상을 통해서도 이루어질 수 있다. 내담자가 사랑하는 사람에 대하여 깊은 이야기를 할 때, 그 사람이 겪고 있는 어려움을 진지하게 받아들이려고 노력한다면 상대에 대한 자비의 마음이 피어오를 것이다. 이것은 경직된 태도를 녹여 버리기도 할 것이다. 의심이나 상처 대신 감사함과 배려심이 마음속에 자리잡게 될 것이다. '문제'를 새로운 각도에서 보게 된다면, 홀연히 그것은 단순히 하나의 인간적 상황이 되어 버리는 것이다. 우리의 삶에서 중요한 사람들을 위하여 자비의 마음을 계발하는 것은 성숙과 행복을 향해 내딛는 필수적인 발걸음이다.[8] 심리적 문제의 해결은 온갖 다양한 관점을 받아들이고 개별적인 좌절감을 초월할 수 있는 더욱 큰 마음을 이루는 데 있다.

자비란 비단 인간에 대한 문제인 것만은 아니다. 때때로 우리는 마치 앞의 내담자가 한 것처럼 애완 동물을 보살피거나, 정원을 가꾸거나 또는 예술이나 작품 활동을 하는 데 정성을 다한다. 고를 경감하든, 밥을 먹이든, 옷을 입히든, 집을 짓든 또는 실제적으로나 심리적으로 다른 사람을 도와주든 간에 어떤 긍정적인 목적에 기여하는 것이면 무엇이든 자비다. 아름다움을 창조하는 것 또한 자비다. 왜냐하면 그것은 자신의 에너지, 배려심과 주의를 자기 자신을 벗어나 세계를 개선

---

7) Gaytso, 1986, pp. 264-282.

하는 데 투입하는 것이 필요하기 때문이다. 그러므로 아름다움의 창조란 치유적 성격이 있다고 할 수 있다.

몇 해 동안 캐롤라인 비치(Caroline Beech)와 나는 '창조적 정신의 치유'라는 워크숍을 해 오고 있다. 여기에서 참가자들은 어느 정도 내면의 평화를 이루기 위하여 고요한 명상을 수행한다. 그리하여 명상 수행으로 얻어진 고도의 감각으로 무장한 참가자들은 자신의 직관력이 이끄는 대로 특정한 예술 매체나 자연물과 더불어 작업한다. 워크숍은 프랑스에 있는 우리의 명상 센터에서 자주 행해지는데, 많은 작업이 야외에서 이루어진다. 다양한 훈련을 통하여 돌과 숲, 그림과 찰흙, 소리와 움직임과의 만남이 이루어진다. 그러나 각각의 경우에 있어서 목표는 우리 내면에 있는 것을 표현한다기보다 이미 자연의 모습 속에 존재하고 있는 것을 이끌어 내는 것이다. 이러한 작업은 진정 자기 표현이라기보다 대상과 하나가 됨으로써 대상 자체의 깊은 성격을 구체화하는 시도인 것이다. 우리는 자신만의 개념이나 감정 또는 계획을 대상에 주입하는 것보다 그 대상과 더불어 느끼고 그것에 순응함으로써 성취할 수 있는 것이 훨씬 많다는 것을 발견하게 되었다.

자비심을 이루지 못하는 것은 곧 가장 첨예한 형태의 정신적 고통을 겪는 근본 원인이 된다. 자비심은 분노와 혐오감의 해독제인 것이다. 역할 바꾸기는 상처받은 관계를 치료하기 위한 길이다. 수많은 조각난 삶과 붕괴된 공동체로 가득 찬 이 세계에서 그 무엇보다 자비심이 절실히 요구되고 있다. 현대의 이기적인 물질주의 세계에서는 그 어느 때보다 더욱 절실하게 관음의 손길이 필요하다.

8) Figurski, 1987, p. 197.

결 론

자비심은 혐오감에 대한 해독제다. 자비심은 우리의 삶 속에서 수많은 고난을 야기하는 분노의 근원을 뿌리째 뽑아 버린다. 우리는 자비심을 가꾸어 나갈 수 있다. 우리 모두는 상대에게 필요한 것에 대하여 사려 깊게 생각하고, 그들이 고에서 벗어나기를 바라며, 그러한 소망을 실천할 수 있는 능력을 갖추고 있다. 우리는 먼저 주변의 가까운 사람과 더불어 이러한 능력을 개발하는 과정을 시작할 수 있다. 치료사는 내담자와 더불어 그것을 실천할 수 있다. 어떤 자비의 실천도 좋은 씨앗을 뿌리는 것이며, 그것은 우리의 의식 속에서 성장하여 우리의 삶을 변화시킬 것이다.

자비심은 자연스러운 것이며 우리 삶의 기본 바탕이다. 그것은 우리가 어머니와의 첫 인연 이후부터 계속 이어져 온 것이다. 심리치료란 마음속에 좋은 씨앗을 심고 가꾸게 하는 것이다. 자비심은 삶의 의미를 되살리고 관계의 상호성을 복원하며, 세계의 실상을 회복한다.

관찰하고, 서로가 하나 되어 느끼며, 남을 배려하는 일련의 방편으로 자비심을 일으킬 수도 있을 것이다. 사려 깊은 생각, 인내와 주의 집중, 경청하기, 도와주기 그리고 관대한 행동 등의 방편을 지혜롭게 사용함으로써 우리는 모두 자신의 전문 직업과 사생활에 좋은 결과가 있도록 향상시킬 수 있다. 자비심이 성장함에 따라 불가피하게 우리에게 다가오는 도전은 우리 내면에 존재하는 삶의 장애, 즉 번뇌를 극복하는 것과 아울러 우리가 따로 있다는 집착이 사라진 끝없는 도와 더불어 흐르는 것이다. 세계에는 따뜻한 손길이 필요하다.

18

사 랑

보현보살

관세음보살(Avalokita)이 대자대비를 상징하듯이, 인내와 실천의 보살인 보현보살(Samantabhadra)은 참사랑을 상징한다. 사랑이란 인내해야 할 때와 행동해야 할 때를 아는 하나의 예술이다. 여기서 자비는 말할 것도 없고 참사랑과 통상적인 사랑을 구분하는 것이 필요할 것 같다. 통상적인 사랑이란 우리 자신에게 중요한 사물과 사람을 사랑할 때의 사랑을 말한다. 참사랑이란 소유하지 않으며 무조건적이다. 이러한 사랑을 하는 사람은 어느 한쪽을 반대하고 다른 쪽은 지지하는 편가르기를 하지 않으며 그 때문에 세상의 아픔을 치료할 수 있다. 참사랑은 남 탓을 하지 않는다.

자비심이 증오심을 치료하듯이, 사랑은 탐욕스러운 마음을 치료한다. 탐욕스러운 마음은 자신을 위해 온갖 것을 가지려고 하며, 모든 것을 내 자신과 내 궤도 안에서 통합하기를 원한다. 사랑은 남에게 주기를 원하며, 무조건 사물을 있는 그대로 존중한다. 이 책의 많은 부분에서 다루는 인본주의 심리학과 비교한다면, 자비는 공감에 가깝고 사랑은 긍정적 존중에 가깝다.

이러한 능력은 심리치료사에게만 필요한 것이 아니다. 만약 내담자가 집착에 매여 있다면 자기 자신 속에서 사랑을 찾는 것이 필요하다. 서양의 심리치료에서는, 내담자는 단순히 사랑 받을 필요가 있다고 생각하는 경향이 있다. 그러나 진정한 변화는 내담자에게 자신의 근본적인 능력(indriya)을 재발견할 때 일어난다. 이것은 아마도 내담자에게 필요한 능력을 갖춘 치료사의 무조건적 존중을 받음으로써 가능할 것이다. 그렇지만 이것은 필요하지만 충분하지는 않다. 왜냐하면 내담자는 틀림없이 무엇인가 부적절하다고 느낄 수 있기 때문이다. 그렇지 않으면 내담자가 너무 고정관념에 매여 있어서 치료사가 제공하는 것을 보지 못할 수도 있다. 내담자가 자신의 사랑 능력에 근거하여 행하는 경우에는 치료사도 또한 이를 인정하고 긍정적으로 받아들여야 한다. 인정하는 것이 곧 내담자의 진실에 접근하는 길인 것이다.

어떤 내담자가 치료 시간에 늦은 것에 대해 사과한다. 그녀는 무엇을 가지러 친구 집에 들렀는데, 그녀가 도착했을 때 그 집의 창문이 깨져 있는 것을 발견하였다고 한다. 그녀는 그 집에서 창문 고치는 것을 도왔고, 그 결과 약속에 늦게 된 것이다. 그때 내담자는 "저는 저 자신을 돌보는 데 능숙하지 못합니다. 그 친구를 도우려 하지 않았어야 했습니다."라고 말하였다.

심리치료사: 당신은 친구를 돌보았어요. 친구를 돌보는 것이 곧 자신을
　　　　　　돌보는 최상의 길이 아닐까요?
내　담　자: 아니요, 저는 그렇게 쉽게 자신이 빠져나가게 하지 않을
　　　　　　겁니다. 저는 그 일로 저 자신에게 화를 내고 싶습니다.
심리치료사: 좋아요. 들어 봅시다.
내　담　자: 글쎄요, 먼저 무엇보다도 저는 집을 더 일찍 나섰어야 했
　　　　　　습니다.
심리치료사: 예, 그럴 수도 있지요. 당신은 좋은 일을 한 것이지만 그랬
　　　　　　더라면 더 좋았었겠지요.

　여기서 치료사가 내담자의 친절한 행동을 부각시키는 것과 함께 친
구를 돕지 말았어야 했다는 내담자의 자책을 받아들이지 않는 것을 볼
수 있다. 치료사는 내담자가 좋은 성격의 소유자인지 아닌지 하는 분
별에 사로잡히는 것이 아니라, 내담자가 그 친구에게 베푼 친절은 좋
은 일이라는 것을 따뜻한 말과 부드러운 미소로 표시하며 내담자에게
화가 나지 않았다는 것을 보여 주고 있다.
　이 내담자는 다른 종류의 심리치료에서 자신의 이익을 좇는 것이 친
구를 돌보는 것보다 더욱 중요하다고 배운 적이 있었던 것이다. 이것
은 상당히 일반적으로 두루 쓰이고 있지만 어리석은 생각이다. 이러한
믿음은 내담자에게 건설적인 길을 걷게 하는 것이 아니라 영원히 죄의
식을 느끼게 할 것이다. 이러한 생각은 모두 유해하다. 이기적인 것이
옳다고 받아들인 마당에, 그녀는 이제 어떤 좋은 일을 하더라도 죄의
식을 느끼고 잔인한 일을 하였을 때에도 죄의식을 느끼게 될 것이다.
결과적으로 그녀를 더 나쁘게 만들지 않도록 할 수 있는 것은 아무것

도 없다. 이러한 접근 방법은 치료사에게는 일거리를 만들어 주겠지만 내담자를 돕지는 못한다.

어떤 사람은 내담자가 더욱 이기적으로 되는 것을 배워야 하는 것이 마치 심리치료의 핵심이라고 여기고 있는데, 그러한 사실은 우리를 매우 슬프게 한다. 나는 다른 심리치료를 받은 사람들이, '저는 제 자신이 필요로 하는 것을 더 많이 생각해야 한다는 것을 알아요.' 라든지, '저는 제 자신을 생각해야 할 때 때로는 여전히 다른 사람을 생각하고 있는 것을 봅니다.' 라든지, '저는 다른 사람을 먼저 배려하곤 했는데, 그렇게 하지 말아야 한다고 어떤 심리치료에서 배웠습니다.' 라고 말하는 것을 수없이 듣는다. 그들은 자신이 충분히 이기적이지 못하다는 것에 죄의식을 느낀다. 또한 그들 자신이 정말로 이기적일 때에도 여전히 자연스럽게 적절한 죄의식을 느낀다.

누구도 이기적인 세계를 가꾸어 나감으로써 더 행복해지지는 않는다. 만약 이기심이 심리치료의 참뜻이라면 우리는 인간의 본래 성품에 대하여 깊은 오해를 하고 있는 것이다. 어떤 사람은 남에게 더 지혜롭게 또는 덜 강압적으로 배려하는 것을 배워야 하고, 순교자적 자세가 아니라 관대한 방식으로 그것을 실천하여야 할 것이다. 그러나 단지 우리가 다른 사람을 배려하는 것을 그만두면 더 건강해질 것이라는 생각은 개인이나 집단의 파멸을 위한 처방인 것이다. 심리치료가 진실과 동떨어지게 사람들을 이기적으로 만들 뿐만 아니라, 그러한 것을 부끄럽게 느끼는 자연스러운 마음을 막는다면, 심리치료는 소비자 운동의 시녀로 전락해 버릴 심각한 위험을 가진다.

사람들의 자신감을 증가시키는 방법은 그들을 더욱 이기적인 개인주의자로 만듦으로써 아니라 그들이 이미 갖추고 있는 사랑과 자비의 능력 속에서 존엄성을 발견하도록 도와주는 데 있는 것이다. 그러나 많은 치료사가 이러한 생각을 받아들이는 것은 아니다. 왜냐하면 그들은 그것을 사회에서 여자의 지위에 대한 정치적인 관점과 연관시키기 때문이다. 그들은 남자가 이미 이기적이라고 생각되는 만큼 여자도 이기적이기를 원하는데 그것이 일종의 평등을 이루기 위한 것이라고 믿기 때문이다. 그러나 사회를 향상시키는 데에는 모든 것을 가장 낮은 공통분모로 환원하는 것보다 더 나은 방법이 있다. 치료사로서 우리의 과제는 사람들 속에서 가장 나쁜 면이 아닌 가장 좋은 면을 발견하는 것이다.

이것은 치료사가 사람의 깊은 심연과 얕은 표면을 비추는 거울처럼 되어야 한다는 의미다. 이 방법은 '거울 비추기(mirroring)'라고 부를 수 있으며, 치료사는 내담자가 하는 행동과 유사한 행동을 함으로써 내담자가 의식적으로 자기 삶의 방식을 선택하는 기회를 가지게 한다. 이것은 선에서 확립된 방법인데, 서양에서는 이 방법이 남용될 잠재성이 있기 때문에 거의 논의되고 있지 않다. 그런데도 '나'를 내버린 숙련된 선 수행자는 단지 말뿐만이 아니라 종종 기대 밖의, 때로는 충격적인 행동으로 내담자의 성격을 그대로 내담자에게 비추어 주는 방법을 안다. 이러한 거울 비추기는 머리를 짜내서 하는 기교 같은 것이 아니다. 그것은 치료사가 자기 욕구를 확실히 다스리고, '심리치료사라는 역할'을 완전히 놓고 오로지 내담자의 삶에 내재하는 진실에 대한 깊은 이해를 바탕으로 행동하는 것에 달려 있는 것이다.

지극히 당연한 일이지만 심리치료가 시작되면, 내담자는 치료사가 진실로 신뢰할 만하고 개인적으로 판단하지 않으며 이기적 욕구로 치료를 둔화시키지 않는지 하는 것을 다양한 방법으로 시험한다. 일단 내담자가 치료사에 대한 신뢰를 확립하면, 나중에 그 반대의 시험이 일어날 수도 있다. 만일 내담자가 성장하려면, 내담자의 삶에서와 마찬가지로 치료사와 내담자의 관계에서도 일련의 시험이 일어나지 않을 수 없는데, 양쪽 모두 이것을 극복해야 한다. 그러한 상황은 치료사에 의하여 촉발될 수도 있고 또는 매우 자연스럽게 일어날 수도 있다. 그것은 내담자의 공안을 익히게 하는 데 도움이 될 것이다. 그 공안은 바로 아픔과 슬픔으로 얼룩진 이 세상 속에서 어떻게 더욱 무조건적 사랑을 하는 사람이 될 수 있을 것인가 하는 문제와 이런저런 방식으로 관련이 있다.

미 륵

치료사는 우선 내담자를 배려해야 한다. 이것이 최종 결론이다. 심리치료란 다른 사람을 소중히 여기는 것이다. 만일 치료사가 자신의 요구에 주로 관심을 가지고 내담자와 시간을 보낸다면 치료는 절대로 이루어지지 않을 것이다. 사랑에 대해 불교에서 주로 쓰는 말은 자애(慈愛, maitri)다. 자애는 사랑스러운 친절이고 편견 없는 친근감이다. 치료사는 내담자의 정신적인 친구, 즉 내담자 속에 존재하는 진리인 도의 친구다. 불교도는 이 세계의 다음 부처님은 미륵(彌勒, Maitreya)이라고 불리는 '자애로운 자'라고 믿고 있다. 다음 부처님이 출현하도록 하기 위해서 우리는 자신 속에 있는 자애의 정신을 찾아야 한다.

심리치료를 하는 데에는 원망하는 마음 없이 사랑할 수 있는 능력이 반드시 요구된다. 만일 치료사의 마음 안에 '나는 어떤데?' 하고 요구하는 목소리가 있다면 심리치료의 노력은 거의 결실을 맺기 어렵다. 만약 다른 사람을 돌봄으로써 자기는 무언가를 잃는다고 생각한다면 깊이 있는 치료는 이루어지지 않을 것이다. 보낼 수 있는 사랑의 양이 한정되어 있다고 믿는 한 조건 없이 베풀 수가 없다.

조건 없는 정신이란 어떤 대가를 받는다는 생각 없이 실천하는 것을 의미한다. 심리치료가 하나의 전문직으로 대두하게 된 것은 최근에 모든 것, 심지어 사랑조차도 사고파는 상품이 되었다는 사실에 크게 힘입은 것이다. 비록 우리가 이 사회에 순응하여 살아간다 할지라도 우리는 다른 정신, 즉 미륵의 정신으로 실천하고 행하여야 한다. 내담자가 치료사의 작업 시간에 대한 대가를 지불하는 공식적인 제도로서의 심리치료는 모두 현대의 지배자로 군림하고 있다. 그것은 단지 우리 시대의 전통 중 하나일 뿐이다. 다른 시대에서는 부족 사람들이 마을의 무당에게 선물을 제공하고 무당은 그들을 위한 정신세계의 여행을 떠났을 수도 있었을 것이다. 이렇게 제공된 부족 사람들의 선물은 무당이 다른 사람을 위해서도 계속 이러한 목적의 일을 할 수 있도록 하게 하는 것이다. 그것은 또한 내담자에게 어떤 존엄성을 부여하는 것이기도 하다.

이러한 전통적인 틀에서, 신성한 치료 작업이란 무엇보다도 치료사 자신의 걱정거리를 버리는 것과 더불어 시작되어야 한다. 선은 치료사라는 역할을 비우는 것이 그 출발점이 되는 것이다. 최고의 심리치료란 완전히 비우는 것이다(空, shunya). 그렇다면 무엇을 비울 것인가? '나'라는 에고를 비우는 것이다. 비우는 것, 즉 공(空)이란 치료사가 내담자라는 다른 사람을 위하여 전적으로 그 자리에 있는 것을 의미한다. 심리치료가 진행되어 감에 따라 내담자 또한 비워지게 된다. 그리하여 그들은 자신의 에고에 걸리지 않고 자신의 삶을 살펴볼 수 있다. 내담자의 에고는 자신의 삶을 방해하며, 치료사의 에고는 치료를 방해한다. 사랑한다는 것은 에고를 버리는 것이다. 심리치료란 기껏해야 공의 체험인 것이다.

에고에 대한 집착이 너무 강한 내담자는 치료 과정이 흘러가도록 하는 데 두려움을 느끼며, 치료사가 듣고 싶어 한다고 생각되는 것만 말하고, 치료 작업에 들어가기 전에 치료 결과에 대한 보증과 세부 사항을 원한다. 그러나 너무 지나치게 자신을 통제하려는 바로 그 노력은 심리치료의 목적을 이루지 못하게 한다. 그것은 마치 수영장의 한쪽을 계속 붙잡고 있으면서 수영하려고 애를 쓰는 것과 같다.

심리치료 기법은 우리의 상상력과 자원과 용기가 허용하는 만큼 다채로울 수 있다. 모든 심리치료 기법은 공을 이끌어 내기 위한 것이므로 꾸밈없이 자발적으로 흘러나오는 사랑이 꽃필 기회가 될 것이다. 사랑은 진정한 이해의 문을 여는 것이다. 그것은 단지 감정의 문제만은 아니다. 깊은 이해 없이 사랑은 이루어지지 않는다. 그리고 깊은 이해에는 공간이 필요하다. 우리가 내담자에게 공간을 내줄 때, 우리는 그들이 다른 모든 사람과 마찬가지로 좋은 의도와 인간적인 마음을 지니고 있다는 것을 알게 된다. 내담자에게 근본적으로 잘못된 것은 아무것도 없다. 우리가 이러한 사실을 진정 더 많이 이해할수록 정말로 호감이 안 가는 사람조차도 인격상의 어딘가에는 보물을 숨겨 두고 있다는 것을 더욱 확신할 수 있는 것이다. 단지 우리가 적합한 환경을 조성해 줄 수 있다면, 그 사람은 자신의 내면에 있는 보물을 꺼내서 우리에게 보여 주게 될 것이다.

부드러운 손길

공은 순수하다. 어떤 아이가 낯선 물건을 집어서 손으로 만지작거린다. 아이는 이쪽저쪽 두루 살펴본다. 우리도 그와 같이 할 수 있다. 돌 하나를 집어 손으로 만지작거려 보라. 돌에 익숙해져 보라. 돌의 색깔, 윤곽, 갈라진 틈을 살펴보라. 당신이 그렇게 할 때 그 돌은 당신에게 현실이 된다. 그 무엇이 되는 것이다. 눈을 감은 다음 그 돌을 계속해서 관찰하라. 손 안에 있는 돌의 무게를 느껴 보라. 그 돌의 온도와 질감을 느껴 보라. 그 돌은 친구가 되기 시작한다. 다른 정신적 요소가 작용하기 시작하는 것을 인식할 수도 있다. 예를 들어 소유욕, 지난 추억, 온화하거나 공격적인 느낌, 심미적 가치판단 등이 마음속을 지나간다. 만약 당신이 마음속에 지나가는 이러한 것에 집착한다면, 손에 든 그 돌에 대한 직접적 경험은 곧 놓쳐 버리게 된다. 그리고 당신은 다른 돌, 다른 시간, 다른 활동 등에 대하여 온갖 생각을 하게 될 것이다. 지금 여기 바로 이 돌에 주의를 기울이도록 노력하라. 당신의 상상력은 또한 돌과의 직접적인 접촉을 놓치지 않고 작용할 수도 있다. 그 돌은 순식간에 도구나 장식물이 된다. 돌의 표면은 하나의 풍경이 되고, 작은 세계가 된다. 순수한 마음에는 그 돌은 무엇이든 될 수 있지만 그렇다고 아무것이나 될 수는 없다. 왜냐하면 그 돌은 자기 스스로를 드러내고 우리에게 실제적 인상을 남기는 특질을 지니고 있기 때문이다. 그 돌은 언제나 놀랍고 신비한 대상인 것이다. 그렇게 그 돌은 친구가 될 수 있다. 그 돌은 단순히 나를 연장한 물체가 아닌 것이다.

그리하여 부드러운 손길이 자라나게 된다. 우리는 돌에 관심을 가지기 시작한다. 마치 어린아이처럼 우리는 그 대상을 정성스럽게 보살핀다. 물질적인 관점으로 보면 이것은 터무니없는 것이다. 바위는 전혀 화폐 가치도 없으며 최소한의 효용 가치가 있을 뿐이다. 그러나 이것이 바로 보살핌의 본질이 아닌가? 우리는 어떤 대가를 받으려고 보살피는 것이 아니다. 우리는 판매하거나 사용하려는 목적으로 부드러운 손길의 느낌을 가지는 것이 아니다. 우리는 단지 그 존재 자체에 감사할 뿐이다. 몇 가지 점에서 돌은 특히 보살피기가 쉽다. 왜냐하면 그것은 어떤 대가도 요구하지 않기 때문이다. 이제 나는 다음의 물음을 떨쳐 버릴 수 없다. 그 돌은 심리치료사인 것인가? 최고의 심리치료사가 돌이란 말인가? 어느 의미에서는 그렇다고 할 수 있다.[9] 그리고 실제로 많은 사람은 손에 돌을 쥐고 있는 이러한 간단한 활동이 자신을 편안하게 만드는 것을 발견한다. 우리는 해변을 산책한다. 해변을 따라 걸으면서 잠시 멈추어 작은 돌을 집어 든다. 아마 그 돌의 색깔이나 모양 또는 어떤 특징이나 그 평범함에 이끌릴 수도 있다. 돌은 잠시 몇 분 또는 몇 년 동안 친구가 될 수 있다. 그 돌은 상관하지 않는다. 그 돌은 우리에게 계약서를 요구하지도 않으며 어떤 형태의 요금 지불도 요구하지 않는다. 그 돌은 우리를 변화시키기 위한 어떤 인위적인 계획도 갖고 있지 않다. 그러나 우리 속에서 겪고 있는 변덕스러운 충동에 비교해 보면, 우리는 돌이 변함없이 우리를 편안하게 하고 있음을 알 수 있다.

내담자는 자신의 삶의 모습에 대해서 이야기한다. 치료사와 내담자는 마치 손으로 굴리는 많은 돌처럼 그것들을 소중하게 생각한다. 그것들에게 소중한 의미를 부여하거나 또는 그것들을 쓸모없는 것으로

---

9) Kopp, 1985 참조.

바꾸는 것이 보살핌인 것이다. 일반적으로 내담자가 제시하는 것은 소중한 추억이 담긴 장면이다. 때로 내담자는 매우 추상적인 말로 이야기하기도 하고 또는 단순히 느낌에 대해서 이야기하기도 한다. 이러한 종류의 이야기는 어떤 특정한 개인적인 자료에 의해 촉발되는 것이 일반적이다. 치료사는 내담자의 세계에 들어가는 것이 필요하고, 아마 기술적(descriptive) 방법으로 시작할 것이다. 내담자가 치료사에게 제시한 장면을 기술하면서 치료사는 그 세세한 장면 구성을 인식하기 시작한다. 치료사는 성급한 결론을 내리지 않으며 어떻게 듣느냐에 따라서 생길 수 있는 편견을 피한다. 내담자와 치료사가 제시된 삶의 모습에 더욱 익숙해짐에 따라 둘은 그것들을 친근하게 느끼기 시작한다. 치료사는 자기를 잊고 내담자의 세계로 몰입하게 되며, 내담자 또한 그렇게 된다.

물론 이야기란 삶의 모습을 표현할 수 있는 유일한 매개체도 아니고 최선의 매개체도 아니다. 그림 그리기, 색칠하기, 연기하기, 찰흙으로 만들기 또는 손에 닿는 물건으로 조각품 만들기 등의 활동을 하는 것이 더욱 유용할 수도 있다. 이 중 맨 마지막의 손에 닿는 물건으로 조각품 만들기와 같은 것이 특히 강력할 수 있다. 호주머니나 손가방에서 발견될 수 있는 여러 가지 물건을 이용하여 가족, 작업 환경 또는 온 생명 세계의 가장 두드러진 특징을 나타낼 수 있는 것이다.

어떤 내담자는 네 개의 쿠션을 이용하여 마치 작은 요새처럼 정사각형의 경계선을 만들었다. 그녀는 잠시 동안 서서 그것을 지켜본다. 그리고 그 쿠션을 등 없는 나무 걸상과 교체하였다. 여기에 대하여 그녀는 나무 걸상의 단단함이 그녀가 표현하고자 하는 것을 더욱 적절히 전달하기 때문이라고 한다. "제가 저 안에 있어요."라고 그녀는 말한다. 방을 돌아다니며 두 개의 매끈하고 편안한 짙은 색의 다른 쿠션을 집어 들고, 나무 걸상의 울타리에서 1미터쯤 떨어진 곳에 그것들을 반반으로 포개 놓는다. 그러나 아직 일이 다 마무리된 것은 아니다. 그녀는 방 코너에 있는 드럼과 드럼 스틱을 쿠션과 함께 놓는다. "이게 저의 가족이에요."라고 그녀는 말한다. 나는 그것이 다른 지방에서 살고 있는 그녀의 부모님 가족을 의미하는 것이라는 것을 그녀에게서 확인한다. 그녀는 자식 중의 하나를 상징하는 다른 드럼을 갖다 놓고, 빈 공간 한 군데를 가리키며 그곳은 어떤 물건으로도 표현하고 싶지 않은 다른 자식을 위한 공간이라고 한다. 이 과정의 단계마다 그녀는 멈추어 서서 조형물 전체의 모습을 바라본다. 우리 앞에 그녀가 마음속에 담아 둔 그림이 펼쳐진다. 그녀는 더 많은 물건을 계속 더해 나간다. 시계, 부드러운 장난감, 러시아 인형 세트, 작은 화분 등으로 다른 인물을 표현하는데, 가족의 고양이도 빠지지 않을 정도다. 나의 역할은 계속 주의를 기울이고, 공간을 마련해 주며, 때때로 선택된 물건의 특징을 말하거나, 그녀가 제시하는 어떠한 해석일지라도 비추어 보고 공감해 주는 것이다. 그러나 그녀가 찾는 것을 대신 찾아 주는 것은 나의 역할이 아니다. 인식 과정 자체가 필요한 작업을 진행시킨다. 나의 역할은 나 자신을 다스리며 모든 것을 그대로 받아들이는 것뿐이다. 나는 무언가를 고치려고 여기에 있는 것이 아니다. 나는 다른 사람의 세계를 그대로 받아들이며, 그들이 자신의 세계를 경험하는 것을 보강하기 위하여 있는 것이다. 마침내 그녀는 배치가 완성되었다고 느낀다. 그녀는 다시 재료를 집어 든다. 한동안 침묵이 흐른다. 결국 나는 그녀에게 조형물을 더 변형시킬 곳이 있느냐고 묻는다. "저는 벽을 더욱 부드럽게 만들고 싶어요."라고 말하며, 그녀는 걸상 두 개를 다시 쿠션으로 교체한다. 그다음에 그녀는 너무 갇힌 느낌이 나지 않도록 공간을 넓히기 위하여 울타리를 밖으로 조금 밀어낸다. "이제 그런대로 봐줄 만하군요."라고 말한다. 자신의 작품을 다시 정밀하게 살피며 "아, 피곤하네요."라고 그녀는 말한다.

선은 채워 넣는 게 아니라 비우는 원리로 작용하는 것이다. 사랑이란 직관력에 따라 짐을 내려놓을 공간을 상대에게 제공하는 것이다. 우리가 텅 비어 있음을 느끼면 몸은 피곤하지만 마음은 가벼워진다. 위의 사례를 보면 내담자는 눈에 보이는 매개체를 사용하여 자신의 세계를 형상화한다. 그러한 작업은 자신의 직관력을 따르고자 하는 그녀의 의지에 달려 있다. 치료사의 임무는 그것에서 해결책이나 충고를 제시하거나 단편적인 지혜를 이끌어 내는 것이 아니라 그 공간을 보호해 주는 것이다. 그러한 것은 기껏해야 기억을 되살리는 조언에 불과하다. 진정한 배움은 체험에 의해서다. 우리는 실제로 작품을 만드는 과정 속에서 부드러운 손길을 체험한다.

내담자가 특정한 '문제'를 해결하기 위하여 작품을 만든다는 일반적인 오류가 있다. 이러한 오류의 이면에 슬며시 숨어드는 것은 기계론적 사고방식이다. 우리는 어떤 문제를 떨쳐 버리기 위해서가 아니라 스스로 훈련을 통하여 우리 내면에 갖추어진 자발적인 창조력을 믿을 수 있도록 하기 위하여 조각이나 사이코드라마, 이야기하기 또는 그림 그리기를 한다. 풀어야 할 문제는 단순히 작품의 소재다. 작품을 만드는 것은 예술이지 논리가 아니다. 작품을 만드는 절차와 과정을 통하여 우리는 문제라는 것을 창조적인 삶을 위한 재료로 변화시킨다.

어떤 사람이 새로운 관점을 가지기 위하여 치료사를 찾아온다. 치료사의 마음은 열려 있다. 내담자는 오랫동안 몰두해 온 문제를 내보인다. 치료사는 그것들을 신선하게 바라본다. 그렇지만 선에서는 내담자가 치료사의 참신한 관점을 얻어서 자신이 이미 가지고 있는 관점에 보태는 데 그 목적이 있는 것이 아니다. 만약 그렇게 한다면 그 참신성을 파괴하는 것이 될 것이다. 선에서의 목적은 내담자 자신이 새로운 관점을 찾아내도록 유도하는 것이다. 심리치료는 반드시 내담자로 하여금 이제까지의 고정관념에서 자유롭게 해야 한다. 무조건적인 마음은 내담자와 치료사가 평등한 마음자리에 있는 것을 의미할 뿐 아니라 내담자를 그냥 그대로 놓아 버려야 한다는 것을 의미한다.

새 내담자가 상담실로 들어온다. 그녀는 나를 보고 웃는다. 나도 미소를 되돌려 보낸다. 그렇지만 나는 내 미소가 긴장되고 부자연스럽게 느껴지는 것을 알아차린다. 나는 미소를 멈춘다. 그녀는 울음을 터뜨린다. 그러고 나서 그녀는 이제까지 모든 사람에게 숨겨 온 비극적인 일을 털어놓는다. 30초 동안 행한 이 낯선 사람과의 비언어적 상호작용은 우리의 삶이 얼마나 틀에 박힌 반응에 지배받고 있는지, 또 그것을 조금만 깨뜨려도 얼마나 강력한 힘을 발휘할 수 있는지를 명백히 보여 준다. 만약 관습에 따라 내가 계속해서 공손히 미소를 지었다면 핵심에 도달하는 데 더 많은 시간이 걸렸을 것이며, 내담자는 인위적인 기품만을 내세웠을 것이다. 심리치료는 사람을 관습적인 태도에서 벗어나도록 뒤흔드는 무엇인가와 함께 시작되어야 한다. 어떤 사람은 내가 미소를 짓는다면 그 공간이 훨씬 안전할 것이라 생각할 것이고, 이것은 때로는 진실일 수 있다. 그러나 내가 참으로 진실해야 한다는 것이 훨씬 더 중요하다. 심리치료는 불편함을 제거하고자 하는 것이 아니라 진리를 체험하고자 하는 것이다. 이것은 치료사가 대중적인 인기를 누리고 싶은 마음을 뛰어넘어야 한다는 것을 의미한다.

자기 수행

사랑은 인내다. 사랑은 또한 실천과 방편을 내재하고 있다. 심리치료사가 조각, 예술치료, 사이코드라마, 엔카운터 그룹, 행동 프로그램, 교류 분석, 재구성, 최면, 명상 등의 방법을 안다면 이익이 될 것이다. 심리치료사가 어떤 방법이든 모두 쓰일 수 있도록 엮어 냄으로써 각각의 상황에 적합한 방편을 만들어 내는 데에는 상상력과 내적 자유(無我)가 필요하다. 그러한 다재다능함을 얻기 위해서는 우리 스스로 자신에 대하여 무엇인가를 해야 한다. 왜냐하면 우리가 가는 길에 방해가 되는 것은 바로 우리 자신이기 때문이다.

어떤 견습생이 포르노 사진을 치료 시간에 가져 온 한 노인을 두고 다음과 같은 대화를 나누고 있다.

> 견습생: 나중에 이런 생각이 들었습니다. 그 노인은 이런 식으로 저를
> 놀라게 해서 성적 자극을 받으려고 하는 것인가?
> 지도자: 그게 어떻게 느껴지던가요?
> 견습생: 이용당한 느낌… 그래서 혐오스럽게 느껴졌습니다.
> 지도자: 그래서 그에게 우리는 어떤 관심을 가져야 할까요?

갑자기 견습생의 태도가 바뀐다. 그녀는 상대방을 무조건 긍정적으로 존중하는 것을 실천하는 것이 무슨 의미인지를 마음속으로 이해한 것이다. 이 시점에서 그녀는 자신을 방어하려는 집착을 놓아 버린 것이다.

견습생: 감사합니다. 이 시간은 참으로 유용했습니다.

단지 대학 과정을 마치거나 일정한 시간의 경험을 축적했다고 하여 치료사가 될 수 있다고 생각하는 것은 어리석은 일이다. 학식과 경험만으로는 아무것도 보장하지 못한다. 그러한 훈련 중에는 함정을 가진 것도 많이 있기 때문에 어떤 것은 오히려 훈련하는 데 더 나쁠 수도 있다. 널리 알려진 두 가지 함정 중의 하나는, 우선 우리가 마음을 냉담하게 하고 내담자의 인간성에서 멀리 떨어져 대상적인 관점에서 내담자를 진단하는 식으로 생각하기 시작하는 것이다. 이것은 전문적 초연의 길이다. 이 방식은 우리가 무수한 경계선을 그어놓는 것이므로 결코 진정으로 내담자의 삶 그 자체에 맞닿을 수 없다. 또 다른 하나는, 내담자에게 귀를 기울이는 것이 거의 불가능할 정도로 우리가 더욱더 '심리치료사로서 우리 자신이 필요로 하는 것'에 몰두하는 것이다. 개인적인 성장을 위한다는 수많은 것이 사실은 우리 자신에게 더 관대하게 하고 남을 덜 배려하도록 조장한다. 이러한 의미의 '개인적 성장'이 치료사가 되기 위한 능력을 증진한다는 증거는 어느 곳에도 없다. 그런 성장이란 사실 진실로 요구되는 것과는 정반대인 것이다.

견습생으로 훈련을 받은 수많은 세월 동안, 나는 주변을 맴도는 것 같았던 견습생들이 나중에 최고의 치료사가 되는 수많은 사례를 보며 충격을 받았다. 마찬가지로 내담자가 어떤 변화를 성취하게 될지 우리는 미리 알 수 없다. 구산 선사는 말한다. "가장 덕이 많고 지적인 사람이 언제나 가장 빠른 진전을 이루는 것은 아니다. 때때로 그 반대가 진실일 경우가 있다. 말썽 많고 행실이 바르지 못한 사람들이 관심을 안으로 돌려 선 수행을 실천함으로써 신속히 획기적인 발전을 경험하

는 경우는 많다."[10] 과거의 모든 위대한 선사도 끊임없이 자신을 괴롭
히는 결점을 가지고 있었다. 그들이 훌륭한 스승이 된 것은 그러한 결
점에 어떤 방식으로든 대처하였기 때문이다.

그러므로 우리는 겸손함이 필요하다. 내가 내 안에 존재하는 결점의
씨앗을 발견하지 못하고는 내담자에게서도 결점을 발견할 수 없다. 우
리에게 필요한 개인적 성장이란 '나' 라고 하는 자아의 욕구를 충족시키
기 위하여 나를 점점 세우는 데 있는 것이 아니라, 선이 요구하고 있는
것처럼 나를 비우는 공에 있는 것이다. 그것은 모든 일이 흘러가는 것
에서 무언가를 배우기 위하여 나를 내려놓는 끊임없는 노력인 것이다.

요 약

선에서 우리는 깊이 듣는 것을 배우고, 주의 깊게 관찰하는 것을 배
우며, 감사한 마음으로 알아차리는 것을 배운다. 우리 자신을 그렇게
수련한다는 것은 단순히 심리치료 기법을 한 번에 50분 동안 적용하
는 것 이상을 의미한다. 오히려 우리는 전체적으로 우리의 삶에서 무
언가를 하도록 도전받고 있는 것이다. 그것은 단지 이념이 아니라 '존
재의 길' 을 발견하는 것이다. 심리치료란 충만한 생동감을 체험하는
만남이다. 심리치료는 가슴에서 가슴으로 이루어지며, 예측할 수 없는
내면의 과정에 따라 전개된다. '나' 에 대한 집착을 더 잘 놓아 버릴수
록, 우리는 치료를 위한 좋은 조건을 더욱 성공적으로 만들어 낼 수 있

---

10) Kusan Sunim, 1985, p. 62.

다. 근본적인 치료의 원리는 사랑과 이해라고 하는 나의 결론에 어떤 새로운 것은 없다. 우리의 과제는 우리 마음 내부의 그 장애물을 제거하는 것이다.

19

지 혜

선의 시작

부처님은 영축산(靈鷲山)이라고 불리는 곳에 은거처를 마련하였다. 부처님 생의 후반기에 가장 중요한 많은 가르침을 베풀었던 곳이 바로 이곳이다. 기록에 따르면 어느 날 범천(梵天, the Brahma god)이 영축산에 와서 부처님에게 황금 꽃 공양을 올리며 부처님이 생을 마감하는 시점이라면 가르침을 베풀기를 청하였다. 부처님은 법좌에 올라앉아서 꽃 한 송이를 들어 올렸다. 대중은 무슨 일이 일어나는지 이해하지 못하였다. 그러나 마하가섭(Great Kashyapa)만이 이해하고 빙그레 미소를 지었다. 부처님은 그때 이렇게 설하였다. "나에게 정법안장(正法眼藏)의 법문(法門)이 있는데, 이제 그것을 마하가섭에게 전하노니 잘 지키도록 하여라."

이렇게 주고받은 한 장면이 선(禪)을 전하는 시작이었다. 선은 대화로 행하여진다. 대화는 한 부처님과 다른 부처님 사이든, 사람과 풀잎 사이든 또는 무생물 사이에서도 이루어질 수 있다. 이 짧은 대화에 너무 많은 것이 담겨 있어 그것을 완전히 설명하려면 끝없는 시간이 걸릴 수도 있다. 그리고 그렇게 한다 하더라도 다 설명될 수도 없다. 이해는 설명에 있는 것이 아니라 스스로 체험하는 데 있기 때문이다. 부처님은 자신의 법이 각자 스스로에 의하여 이루어지는 것(ehipasiko),[11] 즉 지혜로운 사람이라면 누구나 스스로 견본으로 삼을 수 있는 것이라고 하였다.

그런데도 우리는 이 대화의 내용에 대하여 언급할 이유가 있다. 이 이야기가 제시되는 까닭은 여기에 우리 발목을 잡는 철제 덫이 가득차 있으며 우리가 그중 하나에라도 걸려 넘어지면 우리 자신에 대하여 무언가를 배우게 되기 때문이다. 첫째, 범천(Brahma)이 영축산에 왔다는 내용이다. 만약 범천이 전 세계를 창조한 신(神)이라고 믿는다면, 왜 신이 죽을 수밖에 없는 인간에게 가르침을 청하려고 왔겠는가? 만약 우리가 범천과 같은 세계를 창조하는 신을 믿지 않는다면, 그러한 신 중 하나인 범천에게 말을 하는 부처님은 도대체 무엇을 하고 있는 것인가? 그러나 이 모든 것은 단지 절단의 논리인 것이다. 선은 그런 절단의 논리에서 우리를 해방시키는 것이다.

범천은 부처님이 마치 자신의 삶을 막 끝마치려고 하는 입장에서 가

---

11) 역주: 이것은 먹는 것, 자는 것, 아픈 것, 죽는 것을 대신할 수 없듯이 불법의 가르침을 체득하는 것은 어느 누구도 대신해 줄 수 없다는 의미다.

르침을 내려 주기를 청하였다. 이것은 이해하기는 무척 쉽지만 행하기는 매우 어려운 것이다. 참지혜란 매 순간 자신의 삶을 내려놓는 것이다. 지금 여기에서 진정으로 살아간다는 것은 하나하나의 행마다 자신의 삶을 내려놓는 것이다. 이것이 곧 진실한 믿음이다. 믿음이란 범천을 믿거나 범천을 믿지 않는다거나 하는 것과는 아무 상관이 없다. 믿음은 자신의 삶을 내려놓는 것이다. 모든 사람은 무언가를 위하여 자신의 삶을 기꺼이 내려놓고자 한다. 우리는 무엇을 위하여 우리의 삶을 기꺼이 내려놓으려고 하는가를 찾아낼 때 우리의 종교가 무엇인지 알게 된다. 부처님의 깨달음은 다음과 같이 바꿔 볼 수도 있다. 즉, 도란 진리를 위하여 늘 자신의 삶이 몰록 놓여 있는 것이다.

이것은 실제로 일상적인 일이다. 우리의 삶이란 무엇인가? 그것은 우리 자신에 관한 이야기를 계속 이어 가는 것인가? 우리의 욕망과 계획을 충족시키는 것인가? 이제는 이미 사라져 버린 세월 속에 우리 이름을 가진 자에게 일어난 그 무엇인 것인가? 그 어느 것도 진정한 우리의 삶이 아니다. 잘 알려진 이야기를 하나 해 보자. 스님 두 분이 개울가에 다다랐을 때, 한 기생이 자신의 비단옷이 물에 젖지 않게 개울을 건너기 위하여 애쓰고 있었다. 노스님이 그 젊은 여인을 잡아 안고 개울을 건너 둑 너머에 그녀를 내려놓았다. 노스님과 기생은 서로 친절한 몇 마디의 말을 주고받았다. 그러고 나서 그 두 스님은 가던 길을 계속 가고 있었다. 잠시 후 젊은 스님이 갑자기 소리쳤다. "스님은 도대체 그 여인과 무엇을 한 것인지 생각은 해 보신 겁니까? 스님도 잘 아시는 것처럼 여인을 안고 건너는 것은 승려로서 금해야 하는 것이잖습니까!" 노스님은 빙그레 웃으며 다음과 같이 말하였다. "너는 아직도 그 여인을 들고 있느냐? 나는 그 여인을 개울에 내려놓았느니라."

스님의 존재는 하나의 이야기다. 노스님이 그 여인을 잡았을 때 더 이상 승려가 아니었다. 그때 스님은 이미 죽었다. 여인을 건너게 한 것은 또 다른 이야기다. 그 여인을 내려놓았을 때 그 이야기 역시 죽었다. 그러나 젊은 스님에게는 두 이야기 모두 죽은 것이 아니었다. 그래서 마음속에서 그 두 이야기가 싸움을 계속하면서 젊은 스님의 마음은 고통과 혼란 속에 빠지게 된 것이다. 심리치료에서 내담자는 자신의 마음속에서 죽지 않고 싸움을 벌이는 수많은 이야기 때문에 고통받는 피해자로서 우리를 찾아온다.

한 내담자가 나에게 와서 이야기한다. "저는 헌신적인 아내와 뛰어난 아이를 둔 매우 가정적인 남자입니다. 저는 아내와 아이를 정성껏 대하고 있습니다. 그런데 저는 애정을 원하는 다른 여자를 거절하지 못하는 바람둥이이기도 합니다. 저는 어느 것이 진정한 나인지 모르겠습니다. 저는 좋은 남편처럼 보이지만 아내를 속이고 있기 때문에 그렇지 못합니다." 이 내담자는 자신에 대한 여러 가지 이야기로 살아가는 존재다. 여러 가지 더 많은 이야기가 우리의 토의 과정에서 드러난다. 진취적이고 혁신적인 일꾼으로서의 자신에 대한 이야기는 이미 설명된 두 가지 이야기와 더불어 더 큰 갈등을 빚어내고 있다. 이것은 흔히 볼 수 있는 사람들을 곤란하게 하는 상황이다. 우리는 자신이 하나의 통일된 에고로 존재한다고 생각한다. 그러나 많은 경험은 우리가 수많은 유혹적인 이야기의 피해자임을 드러낸다. 하나의 통일된 에고로 존재한다는 생각이나 '참 나'가 있다는 생각 자체는 단지 또 다른 이야기일 뿐이다. 심리치료에서의 도전은 법문을 통과하는 열쇠로서 범천의 요구에 어떻게 대응하는가 하는 데에서 찾을 수 있다. 즉, 우리는 지금 자신의 삶을 마감하는 것처럼 진리의 말을 할 수 있을 것인가?

부처님은 법좌에 올랐다. 우리 각자의 불성이 법좌에 오르면 우리는 귀를 기울여 들어야 할 것이다. 우리에게 필요한 지혜는 교리를 붙드는 데에서 찾을 수 있는 것이 아니다. 그것은 우리 내면의 부처가 법좌에 오르도록 허용할 때 찾을 수 있다. 그 부처가 자리를 잡으면, 우리가 누구인가 하는 온갖 이야기는 죽어 버린다. 이것이 바로 지금 진실한 실천을 해 나가야 하는 필연적인 근거인 것이다.

이러한 경우 부처님의 가르침은 지극히 간단하다. 대개는 그러하다. 부처님은 손으로 꽃 한 송이를 들어 올렸다. 그것이 꽃이라는 데에는 어떤 별다른 마술이 있는 것이 아니다. 이것은 상징적인 것도 아니다. 그냥 그 당시에 꽃이 있었던 것뿐이다. 모든 대중이 부처님이 무엇을 줄 것인지 기다리고 있었다. 그러나 그들은 부처님이 이미 무엇을 주었는지를 알지 못하였다. 나중에 아난이 가섭에게 말하였다. "부처님께서 금란가사 외에 또 무엇을 전하셨습니까?" 가섭이 아난에게 말하였다. "문전의 찰간(刹竿)에 있는 깃발을 내리도록 하게!" 영어에는 "너의 깃발을 돛대에 달라."라는 격언이 있다. 우리가 자신의 깃발을 돛대에 달 때, 우리는 싸우고 죽을 수 있다는 것을 말하고 있는 것이다. 가섭은 아난에게 싸우기 전에 지금 곧바로 죽을 것을 말하고 있는 것이다. 이것이 바로 최선의 방법이다. 부처님은 곧바로 죽음을 보여 주었다. 부처님은 대중에게 아무것도 주지 않았다. 부처님은 교리나 정체성을 흔드는 사람들과 결코 싸우지 않았다. 부처님은 이미 자신의 깃발을 내려 버렸던 것이다. 부처님이 집어 든 것이 무엇이든 가섭에게는 빛을 내뿜는 것이었을 것이다. 왜냐하면 가섭에게는 마음속에서 내뿜는 빛의 근원이 이미 열려 있었기 때문이다.

심리치료에서 치료사는 항상 죽어야 한다. 참으로 치료사는 내담자에게 무슨 특별한 것을 주는 것이 아니다. 그러나 내담자는 치료사가 계속 죽는다는 것을 알아차릴 수도 있다. 치료사가 죽을 때마다 내담자가 갇혀 있는 마음의 감옥이 하나씩 그와 함께 죽는다. 내담자는 계속해서 새로운 깃발을 가지고 오며, 치료사는 그 깃발을 내릴 수 있도록 돕는다.

부처님은 "나에게 정법안장의 법문이 있다."라고 하였다. 사람이 죽을 때에는 상속자에게 재산을 물려준다. 부처님의 재산은 무엇인가? 부처님은 물려줄 토지나 직위도 없다. 부처님이 가진 것은 보물창고에 이르는 길인 것이다. 보물 창고란 무엇인가? 보물 창고는 사람들의 모든 업식을 담고 있는 창고, 즉 아라야식을 지칭하는 것이다. 모든 업식의 조건화 작용을 간직하고 있는 아라야식의 창고는, 법안(法眼)으로 보면 빛의 근원인 정신적 보물의 창고가 되는 것이다. 부처님은 꽃을 들어 올리는 행위조차도 완벽한 순간으로 보는 눈을 가지고 있다. 그렇다면 누가 부처님의 계승자인 것인가? 부처님의 계승자는 누구든지 법안을 일깨울 수 있는 사람인 것이다. 영취산에 모였던 사람 중에서는 바로 가섭이 그 계승자였다. 그러나 우리는 항상 영취산에 모여 있고, 가섭은 늘 바로 여기 우리 안에 있다. 만약 우리가 우리 안의 부처를 볼 수 있고 바로 이 순간 가섭과 함께 죽을 수 있다면, 우리는 가섭과 다르지 않은 것이다.

반야바라밀

지혜에 대한 불교 용어는 반야(般若, prajna)다. 이것은 영어의 '진단

(diagnosis)'이라는 말과 어원적으로 매우 가깝다고 할 수 있다. 반야는 사물의 핵심을 꿰뚫어 볼 수 있는 능력을 말하며, 학문적 지식의 결과로서가 아니라 밝은 인식을 흐리게 하는 모든 것을 버린 다음에야 얻어지는 능력이다. 우리는 이미 마음을 미혹하게 하는 것에 대하여 논의하였다. 그러한 장애가 바로 번뇌(kleshas)라고 불린다. 또한 밝은 인식에 대해서도 다루었다. 그것은 밝음(明, vidya)이라고 불리며, 무명(無明, avidya)과 상반되는 것이다. 우리가 또한 고려한 것은 바라밀(波羅蜜, paramita)이다. 바라밀은 '완벽한' 또는 '끝없는'이라는 뜻이다. 반야바라밀(prajna paramita)이란 마음속에 어떤 제한이나 조건화 작용의 방해 없이 사물의 핵심을 바로 꿰뚫어 본다는 말이다. 부처님은 반야바라밀에 대한 일련의 가르침을 제시하였으며, 이것은 선으로 들어가는 데 광범위하게 사용되었다.

현재 가장 보편적으로 쓰이는 반야바라밀 경전은 반야심경(般若心經)이다. 반야심경은 '나'라는 것으로 삶의 이야기를 엮어 내는 근거로 집착할 수 있는 일체의 것을 부정하는 일련의 매우 짧은 문구로 이루어져 있다. 그 내용은 〈표 15〉에 나와 있다.

반야심경에서 "생기는 것도 없고 사라지는 것도 없으며, 더러운 것도 없고 깨끗한 것도 없으며, 늘어나는 것도 없고 줄어드는 것도 없느니라."라고 하는 것은 우리 삶의 이야기가 만들어지는 구성 요소를 허물어뜨리는 것이다. 우리는 어디선가 태어나서 다른 어디에서 죽게 될 것이며, 그 사이에는 좋은 일도 하고 나쁜 일도 하면서 이익을 보기도 하고 손해를 보기도 하는 삶을 살아간다고 생각한다. 이러한 종류의 인생 이야기는 우리가 스스로 자신의 정체성을 만드는 재료인 것이다. 많은 심리치료에서는 대개 그러한 이야기가 내담자의 실제 생활에서

| 표 15 | 반야심경(般若心經) |

관자재보살(觀自在菩薩, Avalokita Bodhisattva)이 깊은 반야바라밀을 행할 때 오온(五蘊, five skandhas)이 모두 공(空)한 것임을 깨닫고 일체의 고(苦)를 벗어나셨느니라.

사리자(Shariputra)여, 물질(色, form)은 공(空, emptiness)과 다르지 않고 공은 물질과 다르지 않나니, 물질이 곧 공이며, 공이 곧 물질이니라. 감각(受, feelings), 지각(想 perception), 의지적 행동(行, mental confections)과 인식 작용(識, consciousness)도 또한 이와 같나니라.

사리자여, 모든 존재의 참모습은 공의 나툼이므로 생기는 것도 없고 사라지는 것도 없으며, 더러운 것도 없고 깨끗한 것도 없으며, 늘어나는 것도 없고 줄어드는 것도 없느니라.

그러므로 일체가 공한 가운데 물질, 감각, 지각, 의지적 행동, 인식 작용의 오온도 없느니라. 눈, 귀, 코, 혀, 몸, 뜻의 육근(六根)도 없고, 형상, 소리, 냄새, 맛, 감촉, 법의 육경(六境)도 없으며, 눈의 세계에서 의식의 세계에 이르는 온갖 세계도 없느니라. 그리고 십이연기(十二緣起)도 없는 고로, 무명도 없고 무명이 다함도 없을 뿐 아니라 늙고 죽음도 없고 또한 늙고 죽음이 다함까지도 없느니라. 또한 괴로움과 괴로움의 원인, 괴로움의 소멸과 괴로움을 벗어나는 방법의 사성제(四聖諦)도 없으며, 지혜도 없고 얻을 것도 없느니라.

얻는다는 것을 몰록 놓음으로써 보살은 반야바라밀의 끝없는 지혜에 의지하며, 그러한 고로 마음은 어떤 걸림도 없느니라. 마음에 걸림이 없는 고로 두려움이 없으며, 뒤바뀌고 헛된 견해를 멀리 벗어나 본래 갖추어진 밝음의 열반 경지에 이르는 것이니라.

과거, 현재, 미래의 모든 부처님도 반야바라밀에 의지하여 완전한 앎으로서의 최고의 완벽한 깨달음인 아뇩다라삼먁삼보리를 얻는 것이니라.

그러므로 알지어다! 반야바라밀은 가장 신비하고 가장 밝고, 가장 높고, 가장 당당한 깊은 미지의 지혜로운 한마음이므로, 모든 고통을 제거할 수 있으며 진실함을 일깨우는 참된 말씀인 것이니라. 이에 깊은 반야바라밀의 한마음을 깨닫는 주문을 설하노라.

아제아제 바라아제 바라승아제 모지사바하
(Gate gate paragate parasamgate bodhi svaha)

발 없는 발로 길 없는 길을
어서어서 벗어나세
우리 함께 벗어나세
이승 저승 없는 마음
어서어서 벗어나세
한마음의 깨달음은
그대로 여여하게 밝았으니
우리 함께 어서어서 벗어나세

의 사실과 더 잘 부합하도록 그 이야기를 다시 다듬는 것을 도와주는
데 관심이 있다. 그렇지만 참된 선은 아무리 훌륭하게 엮어 낸 이야기
라 할지라도 결코 실제로 진실이 될 수 없다는 사실을 깨닫게 한다. 반
야심경은 이러한 모든 이야기가 단지 '커버스토리'라고 말하고 있다.
이것은 임시변통적인 만큼이나 결코 만족스럽지 못하다. 우리 모두는
가면으로 위장된 삶을 살고 있다. 오직 우리가 관세음보살과 같이 끝
없는 지혜를 실제로 실천하는 보살이 될 때, 비로소 우리는 자신의 삶
의 모든 구성 요소라고 받아들이고 있는 오온(skandhas)이 공하다는
것을 알게 될 것이다. 오직 그때만이 우리는 진정한 자유와 광대한 지
혜를 발견할 수 있을 것이다.

우리 스스로에 대한 모든 세속적인 이야기는 결국 아무런 의미가 없
을 뿐만 아니라, 우리 스스로가 누구인가 하는 정체성을 구축함으로써
그 집착에서 벗어날 수 있다고 생각하는 것은 더더욱 헛된 일이다. 그
러므로 반야심경은 사람들이 마음속에 '나'의 이야기를 구성하는 데
상당히 공통적으로 사용하는 불교의 모든 요소를 빼내 버렸다. 심지어
열반과 도에 집착하는 것도 우리에게서 빼앗아 버렸다. 앞에서 다룬
바와 같이 도라는 것은 자기 조건화 작용의 최종 형태다. 반야심경에

따르면 열반은 우리가 얻을 수 있는 어떤 것이 아니며, 단지 우리가 행할 수 있는 어떤 것이다. 그리고 이것은 우리가 모든 골치 아픈 견해를 내던질 때에만 행할 수 있는 것이다. 오직 그때에야 비로소 우리는 참된 앎을 실천하게 되는 것이다.

반야심경은 만트라로 끝난다. 만트라는 진언(眞言)이다. 진언은 또한 마음의 수호자다. 선문답에서 도전적인 과제는 망상을 쳐부수고 마음을 드러낼 수 있는 참된 말을 하는 것이다. 이것은 다듬어진 추상적 개념이 아니다. 우리가 인간의 공통적인 광기에 둘러싸여 있어도 진리를 말해야 하는 수많은 삶의 상황이 있다. 얼마나 자주 우리는 그 시험을 통과하는가? 심리치료에서도 내담자는 다른 사람이 주입한 온갖 말도 안 되는 이야기를 단순히 반복하기도 하는데, 그때 치료사는 이렇게 말할 수도 있을 것이다. '네, 그건 다른 사람이 당신에게 말한 것이지요. 무슨 말씀이신지요? 무엇이 정말 진실입니까?' 우리는 진실을 찾기 위하여 우리 과거를 도약판 이상의 것으로 신뢰할 수 없다. 우리가 참된 말을 할 때 우리는 이미 도약해 버린 것이다. 그러면 우리는 경계의 끝을 넘어 완전히 건너가 버리는 것이다. 비로소 우리는 수영을 배우며 진리의 바다에 머무르게 되는 것이다.

네 가지 지혜

선에서 반야는 자비와 사랑을 포괄한다. 자비(karuna)와 사랑(maitri)은 지혜의 일부다. 도겐 선사는 보시(布施, generosity), 애어(愛語, loving words), 이행(利行, goodwill), 동사(同事, identifying ourselves with others)의 네 가지 지혜가 있다고 말한다. 보시는 어떤 보답을 바라지 않고 베풀어 주는 것을 의미한다. 얼마만한 것을 주느냐 하는 것은 문제가 아니다. 중요한 것은 베풀어 주는 무한한 마음이다. 만약 이러한 마음으로 모든 일을 한다면 보시가 아닌 것이 없다.

애어는 다른 사람을 자식처럼 여기고 자비로운 존경으로 가득 찬 마음으로 부드럽게 말하는 것을 의미한다. 사랑스러운 말을 들으면 마음이 밝아진다. 당신이 없는 자리에서 누군가 당신에 대하여 좋게 말한 사실을 알게 되면 한층 더 큰 효과가 있다. 사랑스러운 말은 다른 사람의 마음에 혁명적인 영향을 미친다.

이행은 다른 사람에게 이익이 되게 하는 방식으로 생각하는 것을 의미한다. 오늘날에는 순수한 이타주의가 존재할 수 있다는 생각을 비웃는 것이 보통이다. 결국 이기적이지 않은 어떤 일을 하는 사람은 없다고 말한다. 하지만 이것은 상황을 잘못 이해하고 있는 것이다. 우리는 모두 서로서로의 일부이기 때문에, 다른 사람을 위하여 무엇을 하든 그것은 결국 우리에게 이로울 것이다. 우리는 무슨 이익을 얻을지 계산할 필요가 없다. 우리는 단지 행할 뿐이며, 그러고 나서 그것을 잊는 것이다.

동사는 나와 남을 구별하는 것이 아니라 오직 대자대비로 가득 차 있는 것을 의미한다.

우리 마음속의 동물적 존재

불교 탱화에서 문수(文殊, Manjushri)는 지혜의 보살로 그려진다. 문수보살은 보통 사나운 짐승 위에 앉아서 완전히 고요한 선정에 들어 있는 것으로 묘사된다. 그러므로 우리가 여기서 말하는 지혜는 가장 무시무시한 상황 속에서조차도 평온함을 유지하는 것이다. 그러나 이 문수보살의 상징에는 언뜻 보이는 것보다 더 큰 의미가 있다. 우리는 단지 동물적 본성을 끊임없이 다스리고 있는 어떤 훌륭한 사람의 모습을 보며 여기 있는 것이 아니다. 동물과 문수는 더불어 함께 우리가 찾고 있는 지혜를 상징하고 있는 것이다.

어떤 사람이 반야를 갖추고 있다면 또한 밝은 앎(vidya)도 갖추고 있는 것이다. 그들은 세계를 있는 그대로 바라보며 그리고 다른 사람에게도 자기의 모습을 있는 그대로 드러낸다. 그들에게 감춰져 있는 어두운 모습은 없으며, 동물적인 모습도 누구나 볼 수 있는 곳에 드러나 있다. 이것은 또한 '여여(如如, tathata)'라고 불리는데 '그냥 있는 그대로(just so)'라는 뜻이다. 그것은 그 자신 그대로가 아닌 다른 어떤 것으로 보이려고 하지 않는 것이다. 그것은 거짓 위장의 반대며, 정직, 진실함, 투명함, 즉각성, 자발성과 밀접하게 관련되어 있다. 또는 인본주의 심리학의 용어로 일체감(congruence)으로 표현할 수 있는데, 이들 중 어느 것과도 그 의미가 정확하게 일치하지는 않는다. 원리적으로 말하면, 반야는 마음속의 조건화 작용을 벗어나 조화를 회복함으로써 어떤 상황이든 뛰어넘을 수 있는 마음을 말하는 것이다. 반야는 우리의 진정한 집으로서 우주 안에 우리가 살도록 하며, 우주의 참된 존재 중의 하나인 우리 안에 우주가 살도록 한다. 문수보살과 같이 지혜롭다는 것은 우리 삶의 현실을 그대로 살아갈 뿐임을 의미한다.

조건화된 삶은 요란한 소리를 낸다. 그러한 삶은 조화를 이루지 못하여 순조롭지가 않다. 우리는 여기서 특히 몸과 말 그리고 마음의 조화를 이야기할 수 있다. 몸은 행동을 의미한다. 그것은 우리의 육신이 경험하는 것을 이루는 모든 움직임과 감각인 것이다. 마음이란 느낌, 믿음, 감정, 사고 그리고 상상력을 말한다. 사람의 '외적인 삶'과 '내적인 삶'에 관하여 이야기할 때 우리는 때때로 이와 비슷한 구분을 하기도 한다.

실제로 몸과 말 그리고 마음 사이에는 정확하게 경계선을 그을 수 없다. 그런데도 우리가 절대적이라고 생각하지 않는다면 몸과 말과 마음 사이의 구분은 의미가 있다. 우리가 몸과 말과 마음의 조화를 이룰수록 그중의 하나를 다른 것과 구분하기는 더 어려워진다.

비참하다고 느낀다(마음)고 말하면서(말) 미소 짓는(몸) 사람은 조화롭지 않은 모습이다. 심리치료, 개인적 성장과 정신적 수행은 대부분 비일체감(incongruence)을 제거함으로써 자기조화(self-harmony)를 이루게 하는 시도에 초점을 맞추고 있다. 부조화는 심리치료에서 가장 많이 활용되는 징후 중의 하나다. 내담자가 부조화의 징후를 보일 때 그것이 바로 치료사가 주의를 집중할 곳이다.

방금 이야기한 것이 진실이 아닌 것은 아니지만, 그것을 더욱 깊은 뜻으로 생각할 수도 있다. 심리치료는 비일체감을 제거하는 것 또는 선은 망상을 제거하는 것이라고 말하는 것은 지나치게 단순한 생각이다. 만일 그렇다면 문수보살은 성자 조지(St. George)가 한 것처럼 단지 짐승을 죽일 것이다. 그러나 불교는 그러한 법이 아니다. 인간은 이 단순한 처방이 제시하는 것보다 한없이 더욱 복잡한 존재다. 사실 우리를 진리로 이끌어 가는 것이 바로 그 짐승이다. 달리 말하자면 결국 보물 창고임이 드러나는 것은 온갖 업식으로 채워진 아라야식인 것이다. 그러므로 우리가 자기 자신이나 다른 사람 속에서 명백한 부조화의 어떤 요소에 집중할 때, 우리는 인간의 깊은 내면을 감사히 받아들이는 경지로 들어서고 있다는 것을 알 수 있다.[12]

그래서 심리치료란 어떤 사람이 부조화에서 벗어나는 것을 돕는 것이라기보다는, 인간의 복잡성 그 자체에서 배우면서 그것을 감사하게 받아들이게 되는 과정이라고 말할 수 있다. 부조화는 단지 표면적인 문제일 뿐이다. 내가 함께하는 내담자가 자신의 비참함을 미소로 가릴 때 부조화의 모습이 나타난다. 그러나 이 명백한 자기 모순 너머로, 우리는 이 사람의 겉모습이 아니라 인격을 만드는 모든 것을 발견할 수 있다. 예를 들어 그의 미소는 아마 나를 불편하게 하지 않으려는 그의 바람과 조화되는 것일지도 모른다. 그리고 이 세계의 공통적인 역경은 옆에 두고 그의 비참함을 설명하는 것은 바로 다른 사람의 요구에 대한 이러한 민감성일 수 있는 것이다. 그래서 이 가상의 예에서는, 결국 그의 미소와 비참함 사이에 아무런 부조화가 없다는 것을 우리는 재빨리 알게 된다. 미소와 비참함 둘 다 그의 성품의 한 측면에서 나온 것이지만, 나는 즉각적으로 그것을 느끼지 못했던 것이다. 거기에는 더욱 깊은 지혜가 존재한다.

한 성품의 서로 다른 측면들 사이의 명백한 부조화는 우리가 곧바로 인식하지 못하는 부분을 되짚어 보게 한다. 가장 깊게 감추어진 부분이 불성이다. 감추어진 부분이 인식될 때, 망상으로 여기던 것이 더 이상 망상이 아닌 것 같다. 그래서 부조화라고 보는 것에 주의를 기울임으로써 우리는 그 사람의 비밀스러운 부분을 발견하게 되고, 이러한 비밀스러운 현실에 정성을 들이면서 우리는 망상의 구름이 사라지는

---

12) Neumann, 1969 참조.

것을 경험하게 된다. 망상의 구름은 겉모습 중의 한 측면이 제거되거나 바뀐다고 해서 사라지는 것이 아니다. 우리가 더욱 거대한 파노라마를 보기 시작하기 때문에 망상의 구름이 사라지는 것이다.

모든 심리치료는 사람들이 '자기 자신이 아닐 때' 무슨 일이 일어나고 있는지를 이해하는 데 관심이 있다. 흔히 쓰이는 이 말은 논리적으로는 전혀 이치에 맞지 않지만, 대다수의 사람에게는 의미 있는 것으로 인식될 수 있다. 사람이 어떻게 자기 자신이 되지 않을 수 있겠는가? '나'라고 하는 것에는 자신에 대하여 천차만별로 인식된 모습이 분명히 들어 있는 것 같다. 그럼에도 불구하고 우리는 이처럼 수많은 모습은 오직 하나, 즉 '나 자신'이라고 생각하도록 학습해 온 것이다.

나는 이 시점에 '나'의 개념에 대한 심층 분석으로 되돌아가고자 하는 것이 아니다. 그러나 다만 '나'라는 것이 하나의 실체가 아니라는 것에 주목하길 원하는 것이다. '나'라는 것은 우리가 자기라고 받아들이는 바로 그것이며, 심지어 순간순간마다 반드시 고정되어 있는 것도 아니다. 우리는 하늘에 떠다니는 수많은 구름처럼 수많은 자기 이야기를 가지고 있다. 우리는 맑은 날씨를 그리워하지만, 구름은 우리 행복의 장애물로 있다. 우리가 있는 그대로의 하늘을 통찰할 줄 알 때 구름은 단순히 장식품으로 보일 것이다.

앞서 제시되었던 예로 되돌아가서, 만일 내가 내담자와 마주 앉아서 '당신은 비참하다고 느낀다고 하는데, 지금 당신은 미소를 짓고 있지 않습니까?'라고 한다면, 이 사람은 십중팔구 곧바로 어떤 만족스러운 설명도 하지 못하고 '네, 저는 때때로 그처럼 바보 같아요.'라든지 또는 똑같이 의미 없는 어떤 변명을 할 것이다. 그러나 심지어 이러한 변명조차 그 사람의 성품을 드러낸다. 왜냐하면 변명 또한 앞에서 언급하였던 것처럼 민감성과 일치하기 때문이다. 사람들은 변명하고 모르는 체하고 거짓말하며 심지어 자기 자신조차도 속일 수 있지만, 그들은 결코 진리의 영역에서 벗어날 수 없다. 거짓말을 검토함으로써 우리는 진실을 발견하게 되며, 진실을 볼 수 있는 사람은 겉모습의 부조화를 초월하여 보는 것이다.

우리가 조화로울 때, 바깥으로 드러난 우리의 행동, 표정, 말 등은 안에서 일어나는 우리의 감정, 믿음, 사고와 모두 일체를 이루어 한 덩어리가 된다. 그러나 일치한다 또는 일치하지 않는다 하는 것은 실제로 내담자가 처해 있는 상태에 대한 묘사라기보다는 관찰자가 얼마나 깊이 인식하는가 하는 것과 함수관계가 있다.

그러므로 모든 사람의 깊은 지혜에 반드시 손쉽게 다가갈 수 있는 것은 아니다. 문수보살은 모두의 가슴에 살아 있지만, 문수보살의 감지를 위해서는 현명한 사람이 되어야 한다. 반야는 하늘을 보고 떠 있는 구름을 감사히 여김으로써 우리가 마주치는 모든 사람과 모든 세계의 깊은 조화로움을 통찰할 수 있는 능력이다. 망상에 빠져 있는 사람은 깨달은 자와 깨닫지 못한 자, 선한 자와 악한 자, 조화로운 자와 조화롭지 못한 자로 나누어진 세계를 경험한다. 깨달은 사람은 일체가 깨달아 있는 세계를 경험한다. 망상에 빠져 있는 사람은 일체에 마음이 이끌리거나 멀어지거나 혼란스러워한다. 깨달은 사람은 일체를 통하여 깨닫는다. 훌륭한 치료사는 내담자의 어느 부분도 버리지 않지만, 어떻게 모든 것이 숨은 진리의 나툼인 것인가 하는 것도 알아야 한다.

20

비밀스러운 길

비밀의 도

본론에서 약간 벗어나 이번 장에서는 비밀에 대하여 물음을 던지고 비밀이 어떤 긍정적인 가치가 있는지에 대하여 생각해 보자. 거의 모든 심리치료 이론가가 모든 일에서 개방과 정직을 옹호하는 것 같다. 그러나 이것은 특정 문화에 따라 다를 수 있으며, 미국에서 멀어질수록 이에 비례하여 그 효과가 떨어질 수 있다고 보는 사람도 있다.

일본의 노(能) 연극의 대표자라 할 수 있는 지아미(Zeami)는 말한다.[13] "감추어져 있는 것이 꽃이다. 감추어져 있지 않은 것은 꽃이 될

---

13) 역주: '솜씨' 또는 '재능'의 뜻을 가진 노(能)는 일본의 전통적인 연극 형식을 말한다. 고대 무용극과 중세기 신사나 절에서 벌이던 다양한 축제극에서 발전되어 오늘날까지 계승되고

수 없다. 이 차이를 아는 것이 꽃이며, 모든 꽃 중에서 이 꽃이 가장 중요하다."[14] 도이(Doi)는 이 구절에 대하여 논평한다. "비밀은 비밀스럽게 되는 것이 중요하기 때문에, 지아미에게는 비밀이 존재하지 않았다. 중요한 것은 무언가를 비밀 그 자체로 만드는 사실인 것이다."[15]

일본뿐 아니라 다른 나라에서도 예전에는 어떤 기술을 전수받거나, 무역을 하거나, 전문가 수련 또는 정신적 수행을 하는 것에 '비법'이 있다는 것을 받아들이는 경향이 있었다. 이러한 비법은 마치 소중한 보물처럼 보호되었다. 힘의 저장고로서 비밀의 중요성은 대부분의 사회 전반에 널리 인식되고 있었다. 여성의 힘은 남성 사회의 힘과 같이 그 비법을 전수하는 데 있었다. 모든 것은 명백히 드러나야 하고 우리 생활에서 비법은 추방되어야 한다고 믿게 된 것은 단지 현대에 이르러서다. 그런데 그렇게 함으로써 지금 우리의 삶은 더 풍요로운 것인가?

모든 것을 드러내어 검토하는 것은 신과 자기 사이에 성직자를 원하지 않던 초기 개신교도에 의해 시작되었다. 그다음 실증주의, 합리주의, 진보와 모더니즘이 도래하여 과학과 기술에 있어 많은 진보를 이룩하였으나, 수많은 판도라 상자의 문제를 야기하였다. 이제 우리는 더 오래 살고, 더 잘 먹고, 더 효율적으로 서로를 죽이며, 더 복잡한 삶을 살고, 더 큰 도시와 더 작은 숲을 유지하고 있다. 그러나 우리는 예전보다 눈에 띄게 더 행복하지도 않다. 과학은 인간 마음의 비밀을 풀어내지 못한 것이다.

가끔 우리는 서점에서 비법을 전수하는 사회나 전통의 비밀을 밝힌

있는 일본의 대표적인 연극 형식이다.
14) Doi, 1986, p. 110.
15) 앞의 책, p. 111.

다고 주장하는 책을 찾아볼 수 있다. 우리는 물론 어떤 책도 그러한 것을 실제로 밝힐 수 없다는 것을 알고 있다. 예를 들어 목수의 '비법'은 DIY 매뉴얼의 사용 설명서에 들어 있는 것이 아니라, 목수의 몸과 마음이 목재와의 교류를 통하여 조화를 이루는 가운데 자리잡고 있는 것이다. 이러한 것은 말로 전달하기가 결코 쉽지 않지만, 만약 우리가 그것이 우리의 삶 속에서 현존하고 있음을 알아차리게 되면, 경이로운 영감을 줄 것이다. 동양에서는 이러한 불가사의한 것을 도(道)라고 부른다. 선(禪)은 도를 꿰뚫어 보고 세계의 경이로움이 우리 앞에서 펼쳐지는 것을 볼 수 있는 우리의 본래 능력을 이끌어 내고자 하는 것이다. 선은 성급하게 모든 것을 남김없이 설명하려고 하지 않는다. 공(空)으로 되돌아가는 것이 잊지 말아야 할 근본적인 문제다. 어떤 경우에도 설명은 결코 체험에 미치지 못한다.

　심리치료 또한 인격의 개발이라는 하나의 도로 생각해 볼 수 있다. 마치 명인 목수가 목재의 나뭇결에 따라 섬세한 작업을 하는 것과 같이, 심리치료의 도를 따르는 사람은 내담자 삶의 결에 따라 깊이 대응한다. 내담자는 신비스러움을 간직하고 있다. 치료사의 임무는 그것을 있는 그대로 받아들이고 파괴하지 않는 것이다. 신비스러운 것 중의 신비스러운 것은 가장 소중한 보물인 불성이다. 오직 불성만이 이 보물창고의 열쇠를 가지고 있다.

　내담자가 물론 자신에게 소중한 보물이 있다는 것을 반드시 안다고는 할 수 없다. 내담자는 자신이 비밀스러운 '나' 때문에 괴로워한다고 믿고 그 '나'에서 더 빨리 벗어나는 것이 더 낫다고 생각할지도 모른다. 그러나 경험 있는 치료사는 결코 모든 것을 너무 빠르게 들추어 내어 결말을 지으려고 서두르지 않는다. 그렇게 하는 것은 보기 흉할 뿐 아니라 무례하게 보인다.

　내담자는 조심스럽게 포장된 소중한 선물을 치료사에게 가져오는 것이다. 내용물을 보기 위하여 최대한 빨리 종이 포장을 그냥 벗겨 버린다면 그것은 천박함의 증거가 될 것이다. 일본에서는 선물 포장에서 세련되고 정교한 기술이 발달되어 있기는 하나 어떻게 포장을 풀 것인지는 분명하지 않다. 그 비결은 신중하고 소중하게 다루어야 한다는 것이다. 종이를 지나치게 서둘러 벗길 때 선물의 의미보다는 내용물에 더욱 관심이 있다는 사실이 탄로난다. 사랑보다 탐욕이 드러나는 것이다.

일체감과 비밀

　어떤 의미에서 밝음(vidya)이란 비밀을 가지지 않는 것이다. 즉, 깨달은 사람은 아무것도 숨길 것이 없다. 그러나 더 중요한 의미에서 보면, 그것은 우리의 가슴속에 새겨진 비밀에 대하여 진실하다는 것이다. 비밀의 본질은 우리가 존재하는 방식 그 자체로서가 아니면 완전히 그대로 나타내기는 불가능한 것이다.

　다른 사람의 비밀스러운 삶에 열린 마음이 될 때 사랑이 일어나는 것이라고 말할 수 있다. 심리치료는 이러한 '비밀'을 진심으로 받아들이는 노력이다. 그리고 말로써 전달하는 것이 종종 부적절하기 때문에 우리는 이러한 목적으로 사람들이 개발한 다양한 종류의 예술적, 드라마적, 표현적 매체를 이용할 수 있다. 그러나 그 목적은 비밀을 드러내는 것이 아니라 그 깊이를 체험하는 것이다.

심리치료의 첫 번째 규칙은 비밀 보장이다. 심리치료는 특별한 장소를 마련하여 마술적인 치료가 이루어지는 비법의 전통에 속해 있다. 이 용광로 속에서 우리의 자비, 사랑, 이해심이 돋아나는 것이다. 심리치료사의 지혜는 비밀스러운 현실에 얼마나 진실할 수 있는가 하는 능력에서 나온다. 이것을 잘해 나가는 것이 내담자로 하여금 자신의 신비로움을 재발견하게 하고 그것을 다시 소중히 여기도록 한다. 사랑은 이 비밀스러운 일을 함께할 때 확인되는 것이다. 내담자의 숨겨진 상처가 그 진심을 열게 하는 열쇠다. "비밀의 고백은 본질적으로 사랑의 고백과 같다."[16]

마음에는 내면의 길이 있다

비밀에 관하여 조금 다루었으니, 이제는 조화의 탐구로 되돌아가자. 선은 모든 것을 의식에 드러내기보다는 마음속 내면의 길이 있다는 것을 받아들인다. 마음을 거스르는 것이 아니라 스스로 걸림 없이 놓고 가는 것이 선의 접근법이다. 부조화에 관한 몇몇 서구의 관점을 살펴보고 그것이 어떻게 선과 대조를 이루는지 알아보자.

위선과 무의식

어떤 사람의 행동과 그 내면 상태 사이에 조화를 이루지 못하는 것은 무의식적인 동기에 원인이 있다고 합리화할 수도 있을 것이다. 왜

---

16) Doi, 1986, p. 133.

사람은 자신의 어떤 측면을 드러내려고 하지 않는가? 고의로 무엇인가를 숨기려 하기 때문일 것이라고 생각할지도 모르지만, 이와 달리 우리는 또한 그 사람이 무엇을 드러내고 있지 않는지를 단지 알아차리지 못하기 때문일 것이라고도 생각할 수 있을 것이다.

어떤 사람이 만약 구직 면접을 한다면 그는 자기의 긴장감이 드러나지 않도록 할 것이다. 깔끔하게 차려 입고, 미소를 지으며 더 큰 목소리로 말함으로써 자신의 긴장감을 가장할 것이다. 이 경우처럼 사람들이 자신의 내면 상태를 알고 있기 때문에 그것을 감추려고 가장하는 것은 무의식적인 행위가 아니다.

다음으로 자각 수준이 낮은 상황이 있다. 만약 우리가 직장을 얻지 못하게 된 상황에서 이를 어떻게 느끼는지 누가 묻는다면, 우리는 곧바로 실망스럽게 느낀다고 대답할 것이다. 우리는 사람들이 그렇게 말하기를 기대하기 때문에 '실망스럽다'고 말했을 뿐이라는 것을 나중에 깨닫게 되면서, 사실은 너무 힘든 일자리를 얻지 않은 것에 오히려 안도감을 느낄 수도 있다.

그다음으로 상황 전체에 관한 자세한 분석을 통하여 밝힐 때까지 우리의 의식으로 결코 도달할 수 없는 상황이 있다. 이것은 프로이트가 '실수'를 저지르는 경우로 분류한 것이다. 예를 들면 잘못된 단어나 어구를 선택하였더라도 그것으로 무의식적인 욕구가 드러난다든지, 또는 예전에 우리를 기다리게 하였던 어떤 사람과의 약속은 잊어버리게 된다든지, 또는 되돌아가고 싶은 자리를 떠날 때 자기도 모르게 어떤 물건을 놓아두게 된다든지 하는 것으로 이들은 우리 자신에게 잠재적 욕구를 충족시키기 위한 단순한 동기를 부여하는 것이다.

무명(無明, avidya)은 정신 분석학에서의 무의식 개념과 관련이 있을 것이다. 무명은 무의식적인 욕구에 의해 유발된 행위다. 이러한 관점에서 보면 밝음(vidya)이란 대단히 드문 경우지만 억압된 동기에서 벗어난 상태인 것이다.

그러나 모든 것을 의식하려고 하는 시도는 공허하고 불필요하다. 선이 제시하는 깨달음은 무의식의 아라야식을 비우기보다는 그것에 본래 갖추어진 밝음을 쓰도록 하게 한다. 마음의 심연은 신비스럽고, 밝고 밝으며, 다함이 없는 것이다.

이 마음의 심연에서 사랑과 자비와 지혜가 나오는 것은 지극히 자연스러운 것이다. 내담자가 '나에게 무엇인가 문제가 있다.'고 하는 가정에 입각하여 끝없는 분석에 갇힌 채로 있기보다는 마음의 심연에서 솟아나오는 무한한 에너지의 활용을 배우는 것이 더욱 중요하다. 사랑에는 보호가 필요하다. 내담자의 영혼을 성급하게 드러내도록 시도하는 심리치료사는 내담자에게 이익보다는 피해를 줄 수 있다. 그러나 내면의 신비스러움을 마음 깊이 받아들이는 데에 뿌리를 내린 인내심을 지닌 친절한 심리치료사는 가장 상처받은 내담자조차 삶을 감사한 마음으로 새롭게 받아들일 수 있도록 도울 수 있을 것이다.

존재 가치의 조건

부조화의 두 번째 설명은 로저스의 이론인 '존재 가치의 조건론(conditions of worth)'이다.[17] 이 이론은 독창적인 것은 아니며 심지어 일반 상식처럼 보일 수 있다. 개괄적인 개념은 아이의 인격은 사랑을 받으려는 욕구에 의하여 형성된다는 것이다. 부모는 아이를 무조건적

---

17) Thorne, 1992, p. 32.

으로 수용하는 것이 아니라, 아이가 예절 바르게 행동하도록 하거나 또는 자신의 자아 도취적 욕구를 충족시키기 위하여 아이의 욕구에 대한 거래를 한다. 부모는 아이의 존재 가치를 긍정적으로 인정하기 위한 조건을 세워 놓는다. 예를 들어 '네가 예의 바르게 행동한다면 네가 좋은 아이라는 것을 인정하겠다.'고 하는 것이다. 따라서 아이는 자신의 욕구를 위장하고 숨기는 것을 배우며 그 결과 부조화를 이루게 된다. 존재 가치의 조건론은 모든 것은 부모 탓이라고 규정하는 현대 서양 심리학의 일반적 경향을 보여 준다.

그러나 이 이론은 비평받기 시작하고 있다. 모든 아이가 반드시 겪게 되는 사회화 과정이 근본적으로 아이들의 본성에 위배된다고 주장하는 것은 아무래도 만족스럽지 않다. 내가 다른 데서 주장한 것처럼 아이의 인격은 사랑을 받으려는 욕구에 의해 형성된다기보다 사랑을 표현하려는 아이의 노력으로 형성된다고 보는 것 또한 가능한 것이다.[18] 아이가 부모 마음에 들게 행동하는 것은 그 이면적인 동기로서 부모에게서 인정을 받고자 하는 성향이 존재한다는 사실과 결코 상충되는 것이 아니다. 일반적으로 인간은 다른 사람을 기쁘게 하는 것을 좋아하는데, 이것은 잘못된 감정도 아니며 또한 인정 구걸과 같은 이차적인 영향력이 매개될 필요도 없다. 실로 우리가 부조화라고 부르고 싶은 것은 잘못된 감정이거나 다른 것이 매개될 때만이다. 우리가 기쁨을 준 사람에게서 보상을 받을 때 사실상 그 사람의 기쁨을 지켜보는 순수한 즐거움이 감소할 수도 있다.

우리는 주로 사랑에 대한 우리 내면의 능력을 보호하기 위하여 부조

---

18) Brazier, 1993.

화되는 것을 배운다. 환경이 좋지 않을 때 우리 내면에 존재하는 최고의 장점은 마치 잠자는 미녀처럼 동면하게 된다. 이러한 상태에 처한 내담자를 만날 때, 치료사는 생명을 살리는 입맞춤을 하기 전에 무시무시한 덤불을 헤치고 무너지는 방호벽을 넘어갈 수 있도록 자신의 길을 발견해야 한다. 잠자는 미녀 이야기는 일반적인 공안을 묘사하고 있는 것이다.

그러므로 존재 가치의 조건론은 인간 본성을 본질적으로 이기적으로 보는 다소 비관적인 견해를 기초로 하고 있는 것 같다. 이것은 많은 점에서 로저스 이론의 일반적인 색조와도 어울리지 않을 뿐 아니라 확실히 선의 관점과도 맞지 않는다. 임상 실험에 따르면 내담자 인격의 핵심에 이르게 되면 집착하는 마음보다는 사랑하는 능력을 발견하게 된다. 더 많은 사람을 훨씬 더 깊이 이해할수록 자멸적이거나 파괴적인 행위조차도 사실상 긍정적으로 볼 수 있는 깊숙이 내재된 비밀스러운 동기에서 나온 것이라는 사실을 반복적으로 경험하게 된다. 그리고 나는 로저스도 이 점에 동의할 것이라고 확신한다.

개인적 일관성 찾기

인간은 자기와 인연된 세계 속에 매몰되어 살아가는 '단순한 존재'의 상태와 정신을 차려서 이러한 흐름을 멈추는 '반성적 존재'의 상태 사이를 오가며 살고 있다. 환경과의 접촉으로 드러나는 것이 우리가 마음으로 믿고 소중히 여기는 것과 일치하고 있다는 것을 알게 될 때 우리는 확신을 가지게 된다. 반면에 우리의 경험(몸)과 믿음(마음)이 서로 상충될 때 우리는 혼란스러움을 느낀다.

어떤 경우에는 그러한 혼란이 즐거울 수 있고, 다른 경우에는 고통일 수 있다.[19] 만약 우리가 우리의 경험을 통하여 항상 우리의 믿음을 확증한다면 삶은 지루할 것이다. 반대로 만약 확증되지 않고 반복된다면 우리는 제정신을 잃기 시작할 것이며, 어찌할 바를 모르고 의심만 가득 품게 될 것이다. 우리는 미칠 위험을 감소시키기 위하여 우리의 감각기관에 들어오는 많은 정보를 걸러내는 작업을 하고 있다. 프로이트는 우리의 감각기관은 감각 자료를 수집하기보다 과중한 부하가 걸리지 않도록 우리를 보호하기 위하여 작용하는 것임을 암시하였다.

우리는 다만 부분적으로 경험할 뿐이다. 그리하여 마음을 모으고, 내적 일관성을 가지며, 부조화를 제거하려는 노력은 우리의 일상적 심리 활동의 정상적인 부분이지만 결코 완전한 것은 아니다. 선은 그것을 완성하려고 하는 것이 아니라 그러한 복잡한 심리가 발생하기 이전의 본원적인 상태로 되돌아가고자 하는 것이다. 실제로 만약 우리가 자기를 고집하지 않고 놓을 수 있다면, 어느 정도 마음의 조화가 저절로 이루어진다. 완전한 마음의 조화(空, emptiness)는 완전한 놓음(無我, no-self)에서 온다.

대안적 이야기

또 다른 개념에 따르면 마음의 부조화는 우리 자신에 대해 스스로 말하는 수많은 이야기에서 나온다는 것이다. 우리가 수행하는 각각의 프로젝트는 하나의 이야기 속에서 하나의 역할을 우리에게 부여한다. 따라서 그 많은 이야기가 항상 일관성을 가지는 것은 아니며, 또한 해야 할 역할에 서로 모순이 없는 것도 아니다. 또 각각의 프로젝트를 하

---

19) Apter, 1989.

위 구성요소로 하여 아우르는 전체적인 이야기를 펼쳐 나가는 과정 속에서 이것은 삶을 풍요롭게 하는 데 도움이 될 수도 있고 또는 마음속의 갈등을 불러일으키는 결과를 초래할 수도 있다.

우리 삶의 이야기나 '각본'은 그 근원이 다양하다. 그것은 우리 조상이 우리 마음속에 계속 존재하고 있다는 사실에서 추적될 수도 있다. 조상숭배가 시대에 뒤떨어졌다고 하지만, 우리는 여전히 우리 가족 역사의 인물을 종종 무의식적으로 동일시하는 행동 양식을 가지고 살아가고 있다. 그래서 나에게 온 한 내담자가 인생의 어느 부분에서는 자유분방했다고 전해 내려오는 고조모를 원형으로 하는 삶을 살고 있을 수도 있다. 또한 다른 부분에서는 그녀에게 언제나 친절하고 바른 행동을 기대하였던 이모를 모범으로 삼아 살려고 하는지도 모른다. 내담자의 이러한 두 측면은 서로 상충될 수도 있는 것이다.

일체감이라는 개념은 이제 더 모호해졌다. 어떻게 한 사람이 상충되는 두 이야기에 동시에 진실할 수 있는가? 물론 내담자는 반대 감정이 병존하는 양면성을 종종 내보이는데, 이것이 바로 진정한 일체감일 수 있다. 치료사가 하나 이상의 이야기를 듣게 되는 것은 내담자의 양면성에 온마음을 집중함으로써다. 그리하여 '나눌 수 없는 궁극적 실체로서의 개인(in-dividual)'이 아니라 적절한 표현을 찾는다면 수많이 나누어져서 풍요로운(richly dividuated) 개인으로 드러난 사람의 진정한 마음의 바다를 있는 그대로 받아들일 수 있게 되는 것이다.

물론 이러한 논리를 따른다면 사람은 항상 무엇을 하든 자신의 '삶 이야기'의 어떤 측면, 즉 하나 아니면 다른 하위 이야기와 상응할 수밖에 없다는 의미에서 항상 반드시 일체감이 있다는 결론에 이를 수 있다. 하지만 선은 전체를 아우르는 삶의 이야기를 엮어 내는 것을 추구하는 것이 아니라 오히려 이야기 이전의 자리, 즉 '나' 라는 것의 그 이전의 본래 모습을 간파하고자 하는 것이다. 이러한 방식을 통하여 근본으로 되돌아가면, 우리는 어떤 이야기든 걸림 없이 모든 것을 있는 그대로 감사하게 받아들일 수 있을 것이다. 이렇게 할 수 있는 치료사는 어떤 역할이 요구되든 자유롭게 할 수 있으며, 이렇게 할 수 있는 내담자도 신경과민적으로 근심하는 일에 더 이상 사로잡히지 않을 것이다.

사람은 하나의 풍경과 같다

물질적인 풍경은 역사가 있다. 여기 하얗게 내린 서리가 산비탈에 쌓인 돌더미를 조각품으로 만들었다. 더 아래쪽 둑에는 비 온 뒤 매끄럽게 물을 머금은 잔디가 무성하게 펼쳐 있다. 그 아래에는 고요한 물이 모여서 시내를 이루고 잔잔한 물결이 조그마한 절벽처럼 보이는 둑 사이를 가로질러 흐르고 있다. 이러한 자연 풍경 속에서도 우리는 영원한 마음을 경험할 수 있다.

사람에게도 역사가 있으며 외부 환경에 노출됨으로써 형성된 다양한 개인적 풍경이 있다. 우리 삶의 이러한 정경은 불성은 아니지만, 그렇다고 해서 그것이 불성과 동떨어진 것 또한 결코 아니다. 그 역사는 해독될 수 있는 것이지만, 그것 또한 영원한 마음을 알게 해 주는 것이다.

우리는 다양한 마음의 틀로 풍경을 바라볼 수 있다. 만일 우리가 풍경에 이미 익숙하다면, 아마 많은 것을 당연하게 여길 것이다. 이것이 관습적인 태도에 빠진 사람들의 일상적인 마음이다. 혹은 우리는 좀

더 과학적인 관점을 취하여 표면적인 형상을 꿰뚫어 보고(진단) 작용하
는 힘을 파악할 수도 있다(분석). 예를 들어 여기에는 빙하 작용, 저기
에는 하천 침식 등과 같이 진단하고 분석하는 것을 말한다. 이것이 분
석가의 접근 방법이다. 혹은 마치 시인처럼 각각의 특별한 '성격'과
마음을 알아차리고 제각기 자신만의 특별한 마술을 발휘하게 하여 전
체 현상이 매력적으로 융합되는 가운데 그 독특한 응집력이 살아 움직
이게 하는 방식이 있다. 이것이 바로 선에 가까운 접근 방법이다.

이 세 가지 방법은 우리가 사람을 다룰 때에도 똑같이 활용할 수 있
는데, 각각 관습에 근거한 일상적인 방법, 환원주의가 바탕이 되는 과
학적인 방법 그리고 직관에 의한 선의 방법이라 할 수 있다. 선 치료에
서는 내담자가 자신의 정체성이 타파될 때까지 자신의 이야기, 즉 공
안(公案)을 가지고 계속 작업을 해 나간다. 오랜 세월 동안 그 이야기
를 내려놓지도 못하고 거기서 벗어나지도 못한 내담자는 엄청난 에너
지로 그 작업을 부지런히 수행한다. 그 이야기의 수많은 지류 이야기
가 흘러들어 그곳에 모일 때까지, 여기저기 그 둑을 부수고 더 도움이
되는 길을 찾을 때까지, 흘러넘친 물이 저지대의 생명을 다시 풍요롭
게 할 때까지 우리 모두의 개별적인 이야기가 공통의 출구를 찾아 빛
나는 바다에서 함께 합쳐지는 한마음의 큰 바다에 이르는 길을 찾을
때까지 그것은 계속되는 것이다.

진실한 말을 하는 그룹

도는 전통적인 형태를 가지고 있으나, 또한 살아 있는 힘이다. 선과

심리치료라는 두 가지 도가 서로를 풍요롭게 할 때 새로운 형태가 나온다. 우리는 다도의 전통을 많이 이용하는데, 함께 차를 마신다는 단순한 행위가 나눔과 화해의 기초가 되기 때문이다. 이것에서 서양의 감수성 훈련 그룹의 많은 특성을 통합하면서 선의식의 심오한 효과를 간직하는 그룹이 발전되었다. 여기서 우리는 민감한 비밀을 그대로 받아들일 수 있는 격식 있는 공간을 만들어 보기로 한다.

제인(Jane)은 자리에서 조용히 일어난다. 그녀는 원의 중앙으로 조용히 걸어가서 거기에 있는 꽃병에 일배를 하고, 그 꽃병을 들고 자기 자리로 돌아온다. 그녀는 방석 앞에 꽃병을 놓고 앉는다. 모든 사람이 그녀가 말하기를 기다린다. 이러한 격식은 상황을 더욱 진지하게 만든다. 그녀는 어떤 표현을 할지 조심스럽게 찾아내어 정한다. 그리고 말한다. 그녀는 모임의 한 사람인 해리(Harry)에게 말한다. 그것은 며칠 전에 해리가 누군가를 위하여 베풀었던 조그마한 친절에 대한 이야기다. 그녀는 자신이 직접 관련되지는 않았지만, 그 일이 얼마나 그녀를 감동시켰는지를 되새기며 그에게 감사한다. 말을 마친 다음 그녀는 자리에서 일어나 꽃병을 원 중앙의 제자리에 되돌려 놓는다. 그녀는 자기 자리로 돌아간다. 벨이 울린다. 모든 사람이 일배를 하며 제인의 말에 감사한다. 침묵의 순간이 흐른다. 그리고 칼(Carl)이 자리에서 일어나서 동일한 방법으로 꽃병을 자기 자리로 가져간다. 칼은 애니타(Anita)에게 말한다. 어떻게 그녀의 행동이 자기에게 분노의 소용돌이를 일으켰는지, 그 결과가 어떻게 나타나고 있는지, 자기가 그렇게 강렬하게 반응한 내면의 진정한 원인이 무엇인지 궁금하다고 말한다. 칼은 상대방을 비난하지 않고 할 말을 다하려고 무척 애를 쓴다. 그는 그 일을 자신의 개인적 명상 재료로 삼았다고 진지하게 말한다. 말을 마친 그는 꽃병을 중앙에 돌려놓고 자기 자리로 돌아온다. 벨이 울리고 모두가 일배를 한다. 각자 진실한 말을 하려고 함에 따라 방 안에는 강렬한 힘이 느껴진다. 또 다른 사람이 같은 방식으로 말한다. 마리아 (Maria)는 칼의 이야기를 듣는 동안 최근 그녀 자신이 칼이 애니타를 묘사한 것과 유사한 방법으로 행동한 것을 알게 되었다고 한다. 또한 그의 말을 들으며 자신이 한 행동이 다른 사람을 화나게 할 수도 있었다는 것을 깨닫게 되었다고 말한다. 이러한 그룹 활동은 약 45분간 계속된다.

이러한 종류의 모임은 '진실한 말을 하기'를 실천하며, 우리 스스로를 사랑스럽고 자비로우며 지혜롭게 훈련하는 기회다. 그룹에서 이야기되는 어떤 것도 감사한 마음으로 받아들여진다. 아무도 답해야 할 의무가 있는 것은 아니고, 스스로를 방어할 필요도 없다. '진실한 말을 하기 그룹'에 참여하는 전제 조건은 회원이 최소한 '고(苦)가 있다는 것은 곧 내가 있다는 것이다.'라는 것을 수용하는 단계에 이르러야 한다. 다시 말해서 우리가 다른 사람이 행동한 결과로 마음에 아픔을 느낄 때에는 우리 자신의 마음이 조건화하는 과정을 관찰할 수 있는 기회인 것이다. 이러한 그룹은 그 절차가 단순하다. 이것은 서양의 엔카운터 그룹에서 나온 개념과 선문답의 개념을 결합한 것이다.

잠시 후에 애니타가 이야기한다. 그녀는 칼의 이야기로 얼마나 영향을 받았는지, 칼이 말하던 중에 자신의 내면에 어떤 느낌이 일어났는지를 말하는 것이다. "그렇게 말씀해 주셔서 기쁩니다. 그러한 말씀을 하셨을 때 사실 비난받는 느낌이 들었으나 또 진정한 사랑도 함께 느꼈어요. 함께 아픔을 나누려고 하면서도 저를 배려해 주셨습니다. 아프게 해 드린 데 대하여 죄송하다는 말씀을 드리고 싶습니다. 그리고 무슨 일이 일어난 것이지 저의 입장에서 철저히 검토해 보겠습니다."
모임이 끝날 무렵, 이러한 모임에 처음 참석한 피터(Peter)가 말한다.
"오늘 이 방에 무한한 사랑이 흘러 넘치는 것 같습니다. 그 사랑에 압
도되는 느낌이 듭니다."

사람들은 가끔 선은 감정이 없어지고 긴장한 상태에 있게 되는 문제
라고 생각한다. 이것은 전혀 사실이 아니다. 선은 불교의 근본 정신이
다. 선의 방식을 통하여 우리는 내면에 감춰진 비밀스러운 사랑을 재
발견하고 나눌 수 있는 것이다.

21

상실의 가르침

죽음에서 배우기

경전을 읽어 보면 온갖 종류의 사람과 한마음으로 교류할 수 있는 부처님의 자비와 능력을 감지할 수 있으며 또한 부처님의 아이러니한 유머도 인식하게 된다. 부처님은 깨달음을 통하여 이 세상에서 인간이 추구하고 있는 것의 대부분은 허망하다는 것을 분명히 알게 되었다. 부처님은 본질적으로 우리가 바라는 만족을 결코 가져다줄 수 없는 대상에 우리가 얼마나 많은 시간과 에너지를 투자하는가를 본 것이다.

"모든 것은 무상하다(諸行無常, Sabbe sankhara anicca)."라고 부처님은 말했다. '행(行, sankhara)'이라는 용어는 학자마다 다르게 번역하지만, '조합(調合, confection)'이라는 단어가 영어로는 가장 근접한 직접적인 동의어다.[20] 약간 격에 맞지 않는 용어지만, 이 용어가 부처님이 뜻한 것을 아주 잘 전달하고 있다고 생각한다. '행'은 우리의 프로젝트, 멋진 생각, 콤플렉스, 몸, 복잡한 삶 등 우리의 모든 물질적, 사회적, 심리적 또는 정신적 창조물과 고안품을 포함한다.

함께 모여 있는 것은 모두 조만간 흩어진다. 이것을 불법의 요체로 삼음으로써 부처님은 우리가 받아들이고 싶지 않은 오랜 습관을 가진 것을 직시하고 우리 모두가 계속해서 반복하는 공통의 바보짓을 그 자신과 함께 웃어넘길 수 있도록 이끌어 주었다.

오늘날 부처님의 가르침은 그때보다도 더 큰 영향력이 있다. 얻는 것이 망상이고, 잃는 것이 깨달음이다. 이러한 생각은 치열한 생존경쟁의 근간을 통째로 잘라 버린다. 선(禪)의 관점에서는 슬픔이란 우리가 습관적으로 세계를 인식하는 비현실적인 방식, 즉 실질적인 이익과 더불어 잠시 동안의 위안에도 불구하고 현실을 부정하고 슬픔을 저장하는 방식의 결과라는 것이다. 그러므로 이러한 관점에서 슬픔이란, 어떤 질병이나 비정상 상태이기는커녕 사실 우리 존재의 핵심을 파고드는 진리의 순간을 체험하는 것이다. 다른 어떤 사건으로 인하여 이 같은 체험을 하기는 흔하지 않다. 슬픔은 정신적 성숙의 기회, 즉 세계가 생생하고 고통스럽게 피할 수 없이 실재하는 때다.

우리는 많이 가질수록 더 좋으며 잃는 것은 재앙이라는 생각이 마음속에 조건화되어 있다. 그러나 우리의 삶을 가로막는 것은 바로 그러한 우리의 집착이다. 상실은 우리를 자유롭게 한다. 마지막 상실인 죽

---

20) 역주: '行'을 뜻하는 용어인 'sankhara'는 팔리어며, 이 책의 제7장에서 검토한 오온 중의 하나인 산스크리트어 'samskara'와 같다.

음은 우리에게서 모든 것을 빼앗아 버린다. 만일 우리가 집착하는 마음 상태에 있으면 죽음은 악몽의 절정이 될 것이다.

젊었을 때 어느 여름날 나는 콘월(Cornwall)에서 휴가를 보내고 있었다. 더운 여름이었다. 우리는 산책을 하였고 하루가 끝날 무렵 바다에서의 수영은 더위를 식힐 좋은 방법으로 보였다. 우리는 가장 가까운 해변으로 갔다. 콘월에 있는 해변은 여러 개의 깊은 여울과 모래사장이 구비되어 있어 매우 아름다웠다. 나는 수영을 잘하지는 못하지만 그리 넓어 보이지 않는 굴곡진 해안의 입구를 건널 수 있을 것이라고 생각하였다. 그러나 절반쯤 건너갔을 때 내가 실수를 저질렀음을 깨달았다. 그 거리는 내가 생각하였던 것보다 훨씬 멀었고, 산책 후라서 나는 몹시 피곤하였다. 바다는 매우 추웠다. 내 근육은 더 이상 힘이 없었다. 나는 계속 나아갈 수도, 다시 되돌아갈 수도 없다는 것을 알았다. 나는 절망에 빠져 소리를 치며 떠 있으려고 애를 썼지만 승산이 없다는 것을 알았다. 해변에 있는 누군가가 내게 무슨 일이 일어났는지를 알아차리기는 어려울 것 같았고, 알아차린다고 하더라도 나에게 올 수는 없을 것 같았다. 서투르게 파도와 분투하면서 나는 벌써 상당히 많은 양의 소금물을 삼켰고 더 이상 내 머리를 수면 위로 들고 있을 수 없었다. 갑자기 '지금 나는 죽어가고 있구나.' 하는 생각이 뚜렷하게 들었다. 나는 죽음의 문턱을 지나가고 있었다. 나는 이것이 바로 죽음이라는 것을 확신할 수 있었다. 그 시점에서 내 안의 모든 것이 변화하였다. 살기 위해 시도하였던 모든 노력이 멈추었다. 나는 완벽한 고요를 느꼈다. 그것은 마치 망토가 마룻 바닥으로 미끄러지는 것처럼 모든 나의 소유물, 관계, 집착이 나에게서 떨어져 나가는 느낌이었다. 그때 어떤 목소리가 나에게 말하고 있는 듯하였다. '네가 이제 해야 할 유일한 일은 잘 죽는 것이다.' 나는 믿을 수 없으리만큼 편안해졌다. 마치 모든 곳이 하얀 빛으로 충만한 것처럼 모든 것이 매우 밝게 보였다. 나는 더 이상 버둥거릴 필요가 없어졌고 단지 흘러가는 대로 그냥 같이 흘러갈 뿐이었다.

그러나 사실 나는 이 세상을 떠나도록 허락되지 않았다. 해변에 있는 사람들이 나를 발견하고, 마침 인명 구조에 숙련된 사람이 나를 방파제로 끌고 나왔다. 나는 그다음 날 밤 내내 바닷물을 계속 토해 냈다. 되돌아보면 하마터면 목숨을 잃을 뻔했던 이 일이 나에게는 오히려 다행이었던 것 같다. 그 사건은 나에게 죽음은 괜찮은 것이라는 확고한 인식을 새겨 주었다. 실제로 나는 수많은 상황 속에서 생존을 위하여 몸부림치며 통상적으로 반응한다. 반면에 내 존재의 또 다른 부분에서는 누군가의 말처럼 죽음의 문턱으로 되돌아가서 죽음의 다음 단계를 경험하기를 갈망하고 있는 것이다. 나는 이렇게 알고 있는 나라는 존재를 마치 만질 수 있는 것처럼 느낀다. 그것은 진주보다는 약간 크지만 구슬보다는 약간 작은 둥근 구체(sphere)처럼 내 심장 가까이에서 느껴진다. 삶의 가장 어두운 시기에서도, 그것은 결코 완전히 나의 의식에서 사라지지 않는다.

자신이 죽어 가고 있음을 진정으로 받아들이는 사람은 평온하다. 게다가 죽음은 자기를 세우는 우리의 모든 활동을 궁극적으로 깎아내리는 것이다. 선에서의 깨달음은 우리가 몸으로 죽기 이전에 마음으로 죽는 것을 체험하는 것과 같다. 그것은 견성(見性)이라 불리며 사물의 본질을 꿰뚫어 통찰하는 것이다. 견성은 모든 옷을 벗고 마음이 확연히 나체로 드러나는 순간이다. 불교 안에서도 깨달음이란 것이 우리 자신의 노력으로 이루어지는 것인지, 또는 '타력'으로 부여되는 것인지는 의견이 분분하다. 그러나 견성은 자력과 타력이 서로 합일될 때 일어나며, 그것은 죽음이 드러나는 빛을 선택할 때인 것이다. 죽음을 가까이 경험한 다음, 많은 사람이 삶의 새로운 조화를 찾아낸다.

죽음이 다가오고 있음을 수용하며 죽어 가는 사람은 주위의 모든 사람이 공포에 떨고 있을지라도 자신은 고요한 마음을 이룰 수 있다. 죽어 가는 사람이 주위 사람에게 진실을 숨기는 일도 종종 있다. 그러한 사람은 주위 사람이 아직 준비되어 있지 않은 것을 아는 것이다. 죽어 가는 사람에 대하여 관습적으로 안타까움을 느끼지만, 때때로 환자는 건강한 사람보다 더 안정된 심리 상태에 있다. 대부분의 사람이 마치 죽음이 오지 않을 것처럼 살아가며 심지어 죽음이 거론되는 것조차 거부한다. 어느 누가 죽었다고 하더라도 그 사실을 자세히 알려고 하지도 않는다. 이것이 일반적인 정신 상태다. 때때로 심리치료의 기능은 아무도 들어주지 않으려는 것을 그냥 들어주어야 하는 것일 수도 있다. 이는 금기시하는 것을 해소하기 위해서다. 그렇게 하기 위하여 치료사는 깊은 내면의 고요함 속에 안주하여야 하며, 모든 것을 부정하는 마음이 아니라 그대로 수용하는 마음에 뿌리를 내려야 하는 것이다.

여기서 쉽게 사람을 판단하는 것에 대하여 주의를 주는 것이 중요할 것 같다. 사람들이 상실, 슬픔과 죽음이라는 주제를 회피하고 현실의 많은 측면을 부정하려 한다는 사실은 그다지 놀라운 일이 아니다. 슬픔은 엄청나게 고통스럽다. 사람들이 그것에 대하여 자기 자신을 방어하는 것은 단지 인간적인 것이다. 그러한 감정과 싸우고 있는 내담자는 그러한 감정에 빠져 있는 것을 인정하지 않을지도 모른다. 친척이 그 주제에 관하여 이야기하는 것을 매우 조심스러워하는 것도 이해할 만하다. 치료사 또한 때때로 난처하게 느낄지 모른다. 왜 사람들은 죽음이라는 주제를 직면하지 않는가를 치료사 스스로 인내심과 자비심으로 깊이 이해하는 것이, 그렇게 하도록 사람들을 도와주는 것만큼이나 중요한 치료사의 역할일 것이다.

그런데도 얻는 것과 잃는 것에 대한 상식적 접근 방식은 거꾸로 되어 있다는 것이 선의 중심적 관점이다. 통찰력과 깨달음은 쌓아 가는 것이 아니라 단순화하는 데에서, 얻는 것이 아니라 버리는 데에서 오는 것이다. 나는 미국에 사는 어떤 태국 여인을 만난 적이 있다. 그녀의 빨랫줄에는 그녀가 입고 있는 것과 같은 매력적인 꽃무늬 패턴의 블라우스가 많이 널려 있었다. 내가 이것을 알아채고 말을 던지자 그녀는 자신의 이야기를 내게 해 주었다. 그녀는 어린 나이에 미국으로 이주해 왔다. 그리고 열심히 공부하여 전문 직업도 얻었고, 물질적으로도 풍요로워져서 저축도 하였다. 그 돈으로 그녀는 가게를 열었다. 사업이 번창하여 두 번째 가게도 열게 되었다. 머지않아 그녀는 매우 '성공한' 여인이 되었다. 그러나 그녀의 건강은 나빠졌다. 온갖 스트레스성 증상을 겪게 된 것이다. 그녀가 서양인이었다면 아마도 심리치료사나 의사를 만나러 갔겠지만 그녀는 태국인이었다. 비록 그녀는 자기가 종교적이라고 여기지는 않았지만, '나는 태국인이니 스님을 찾아뵙고 내가 다시 건강해지기 위해서 무엇이 필요한지 알아보는 게 더 낫겠다.'라고 생각하였다. 스님은 말하였다. "당신의 삶을 단순화하세요." 그래서 그녀는 바로 그렇게 하였다. 그녀는 자신에게 기대는 친척이 스스로 생계를 유지하도록 가게를 처분하였다. 또한 매일 같은 옷을 입을 정도로 자신의 생활을 완전히 단순화하였다. 그녀를 다시 만났을 때, 그녀는 매우 밝고 즐거운 사람으로 변해 있었다. 나는 바로 느낄 수 있었다. '이 사람은 행복한 사람이다.'

변화와 연속성

"조합되어 이루어진 것은 어느 것도 영원한 것이 아니다(제행무상)." 행복에 이르는 길은 우리를 결국 우울하게 하는 대상에 대한 집착에서 우리 자신을 자유롭게 하는 것이 필요하다. 만물은 변화한다. 불 속의 장작은 타 버리고 사라진다. 비록 장작의 모습은 사라졌지만 그것이 없어진 것은 아니다. 그것은 지금 불탄 재와 연기 그리고 열로 되어 버린 것이다. 나는 재를 정원에 놓아두었다. 며칠이 지난 뒤 재는 사라져 버렸다. 그러나 또 한편 그 재는 실제로 없어진 것이 아니다. 그 재는 흙의 한 부분이 되어 버렸다. 나는 그 장작이 없어졌다고 슬퍼하여야 하는가, 아니면 정원이 기름져졌다고 축하하여야 하는가? 아마도 언젠가는 이 흙 위에서 나무가 자랄 것이고 그 재는 다시 한 번 장작이 될 것이다. 또는 이와 다른 길을 걸을 수도 있다. 모든 것은 그 당시의 지배적인 조건에 달려 있는 것이다. 나는 내 생명의 재가 바람 속에서 어디로 흩어질지 알 수 없다.

이 우주 안에서는 아무것도 결코 잃어버리는 것은 없지만, 모든 것은 변한다. 잃어버리는 것이란 실제로는 탈바꿈하는 것이다. 불 속의 장작처럼 사물의 모습은 사라진 것처럼 보인다. 그러나 그 '장작' 이란 실제로는 흙이 나무로 화하고, 나무는 나뭇가지로 화하고, 나뭇가지는 장작으로 화하고, 장작은 재로 화하고, 재는 흙으로 화하는 진화 과정 중의 특정 부분에 대한 우리 마음속의 관념인 것이다. 이러한 이유로 서로 다른 문화권에서도 실제로 모든 장례식은 부활과 성장에 관련되어 있다.[21] 이러한 순환 과정 속의 특정한 국면을 편의상 장작이라고 이름 붙인 것뿐이다. 바로 이것 때문에 실제로 우리가 직면하는 것은 수많은 과정이 어우러진 세계, 즉 흐름일 뿐인데 온갖 '사물'로 가득 찬 세계라는 환상이 일어나는 것이다. 잃어버리는 것은 우리가 이러한 현실로 되돌아가도록 한다.

심리치료는 우리 주위의 자연 속에서 얻어질 수 있다. 슬픔에 잠긴 사람들은 시골길을 걸으며 종종 위안을 얻는다. 선은 부드러운 걷기 명상을 생명력 넘치는 심오한 운동으로 발전시켰다. 발걸음과 호흡이 하나가 되어 천천히 걷는다. 주변 환경 속에서 깨어 있는 마음이 흩어지지 않도록 한다. 잠재의식 속에서는 자연과 하나 되는 느낌이 자라난다. 가끔 걸음을 멈추어서 꽃을 바라보거나, 나무를 껴안거나, 땅을 만질 수도 있다. 그러나 대부분은 걸음걸음 땅과 실제로 마주 닿음을 느끼며 그냥 부드럽게 걸을 뿐이다. 이 단순한 수행은 놀랍도록 훌륭한 것이다. 그룹으로든, 둘이든 또는 혼자든 우리는 하루에 규칙적으로 걷기 명상을 할 수 있다. 일반적으로 걷기 명상을 할 때 어디를 가는 것은 아니다. 단지 걷는 것을 위하여 걸을 뿐이며, 한 걸음 한 걸음 생명과 마주하기 위하여 걸을 뿐이다. 걷는 중간 중간마다 누군가 마음을 일깨우는 종을 울리는데, 그때 우리는 내면의 고요함으로 되돌아가기에 충분할 만큼 걸음을 멈추고 쉰다. 이러한 수행이 우리 삶의 일부로 자리 잡기만 한다면, 우리는 자기도 모르게 서두르게 되는 다른 때에도 스스로를 지켜볼 수 있게 될 것이다. 그리고 잠시 하던 일을 멈추고, 미래를 향하여 질주해 나가는 것이 아니라 진정으로 지금 여기에서 깨어 있는 마음으로 한 걸음 한 걸음 즐거운 발걸음을 천천히 계속 이어 갈 수 있을 것이다.

---

21) Bloch & Parry, 1982.

걷기 명상은 인간이 생명의 요소와 다시 연결되게 한다. 비록 인간 세상이 황량해 보일지라도 바람과 꽃, 강과 구름은 여전히 우리에게 말하고 있으며, 모든 것을 가르칠 수 있다. 때로는 탁 트인 야외에서 천천히 함께 걷는 동안에 아픔에 대한 상담이 이루어질 수 있다. 때로는 그냥 멈추어서 꽃을 바라보거나 잎을 만질 수도 있다.

시골길을 걸으며 우리는 나무에 대하여 경탄한다. 나무는 제각기 윤곽이 뚜렷한 푸른 잎으로 덮여 있다. 나무는 대단히 딱딱한 것처럼 보이고, 환경에 따라 바뀌기는 하지만 특정한 종류에 따라 특징 있는 전체적인 모습을 띠고 있다. 만일 우리가 여러 번 똑같은 길을 걷는다면 나무는 우리에게 친숙하게 다가오며, 우리는 그것을 바로 알아차린다. 그것은 우리 세계의 편안하고 친근한 모습 중의 하나가 되는 것이다.

만일 우리가 가던 길을 멈추고 좀 더 자세히 관찰해 본다면, 나무의 윤곽은 실제로 우리가 일반적으로 상상하는 것이 아니라는 것을 즉시 알아차릴 수 있다. 좀 더 자세히 살펴보면 멀리서 '딱딱한 덩어리' 같이 보이는 것의 '경계'를 이루는 것은 대부분 실제로 나뭇잎 사이에 틈이 많은 빈 공간이라는 것을 알게 된다. 그리고 이러한 나뭇잎조차 산들바람과 함께 움직이고 있다. 딱딱한 덩어리라고 하는 관념은 환상인 것이다.

나뭇잎과 나뭇가지 안에서도 변화는 끊임없이 계속되고 있다. 인간의 감각기관은 이러한 변화를 직접 볼 수 없지만, 우리는 그러한 변화가 일어나고 있다는 것을 알고 있다. 수액은 흐르고, 세포는 성장하며 소멸한다. 스스로 반복해서 다른 것으로 변화하는 물질은 끊임없이 움직이고 있는 것이다. 나무의 새로운 부분은 계속 태어나고 다른 부분은 죽어 가고 있다. 이것은 불연속적인 사건으로 보이지만, 실제로는 틈이 없이 이어진 하나의 과정이라고 말할 수 있다. 나무는 끊임없이 이어지는 변화의 흐름이다. 어떤 시점의 나무를 구성하고 있는 대부분의 물질은 과거에 그 나무를 구성한 그 물질이 아니며, 머지않아 다시 그 나무를 떠날 것이다. 우리는 나무를 물질적 대상으로 생각한다. 하지만 그 나무를 구성하고 있는 물질은 그냥 통과할 뿐이다.

그러나 이 계속적인 변화는 우리가 쉽사리 인식할 수 있는 것이 아니다. 오히려 우리는 나무를 자연 풍경 속의 딱딱하고 영구적인 덩어리로서 경험하는 경향이 있다. 가을에 산책하러 나와서 우리는 말한다. "와, 저기 봐! 나뭇잎이 모두 갈색으로 변해 버렸어." 그러나 우리가 변하는 그 자체를 본 것은 아니다. 변화는 갑자기 일어나는 것 같다. 나뭇잎이 땅에 떨어진다. 나뭇가지가 마침내 부러지고 낙엽이 떨어지기 시작하는 바로 그때에 우리에게 감응이 일어나는데, 그것을 목격하는 경우는 드물다. 그러나 바로 그 직전의 순간은 단지 죽어 가는 과정의 일부다. 특정한 나뭇잎이 언제 실제로 죽었는가 하는 것은 항상 자의적이다. 그 죽음은 본래 태어났을 때부터 내재하고 있었으며, 여름 내내 성장하고 변화하였을 때에도 그 죽음은 도사리고 있었던 것이다. 죽음이 변화의 끝도 아니다. 나뭇잎은 이제 대지로 돌아가 다른 식물의 영양분이 될 것이다.

따라서 변화는 항상 일어나고 있다. 이것은 나무뿐 아니라 우리 자신과 산과 지구를 포함한 모든 존재에도 그러한 것이다. 우리와 함께 사는 모든 것도 마찬가지다. 모든 것은 변하고 있으며, 모든 것은 항상 '죽어 가고' 있는 것이다. 이 책을 방 안의 다른 사람과 읽고 있다면, 잠시 멈추고 옆에 있는 사람이 죽어 가고 있다고 생각해 보라. 우리는 언제 이 과정이 시체라는 것으로 드러날지 모르지만, 죽음이 진행되고 있다는 것은 알고 있다. 물론 우리는 항상 사람이나 사물을 이러한 식으로 인식하지 않는다. 우리는 단지 어떤 사람의 생명 작용을 지탱하는 조건이 작동하지 않거나 곧 그렇게 될 것이라는 말을 듣는 특정한 시점에 이르러서야 그 죽음을 인식하는 것이다. 그리고 슬퍼한다.

사실 우리는 개별적인 사람이나 사물을 잃어버린 것을 슬퍼하기보다 잃어버린 사람이나 사물이 속한 이 세계, 즉 우리를 위하여 존재한다고 자신의 마음이 구성한 이 세계를 잃어버린 것을 슬퍼하는 것이다. 파열되는 것은 우리가 가진 사고의 틀이며 우리의 환상인 것이다. 심리적 적응이 잘 이루어진다면, 우리는 잃어버린 것이 이미 사라진 '새로운' 세계를 받아들이게 된다. 그러나 마음 깊이 통찰해 보면 우리는 헤아릴 수 없이 많은 모든 세계가 본래 고정된 것이 아니라는 것을 알 수 있다. 있다는 것과 없다는 것은 실제로 마음이 만들어 낸 구성물에 불과하다. 한 사람의 죽음이 다른 사람에게 받아들여지는 시점은 임상적 사망의 시점과 느슨하게 관계될 뿐이다. 많은 사람이 세월이 꽤 흐른 후에야 고인에게 실제로 작별 인사를 한다. 반면에 누군가 실제로 죽기 오래 전에 정신적으로 그 사람의 존재를 지워 버리는 사람도 있다.

슬픔은 사실상 '극복' 되어야 할 어떤 것이 아닌지도 모른다. 슬픔이란 사실상 다른 방법으로는 도달할 수 없는 현실로 통하는 문이 될 수도 있다. 애도를 한다는 것은 정상적인 일상생활의 흐름을 흐트러뜨리는 중간의 에피소드라기보다, 완전히 다른 방식으로 삶을 보게 하도록 우리를 이끌 수도 있는 것이다. 어떤 내담자는 말한다. "슬픔은 결코 극복하는 것이 아니에요. 그냥 다른 사람이 되는 겁니다."

잃어버리는 것을 건강하게 마주하는 사람은 이 세계를 더욱 적극적으로 수용하며 더욱 관대해지는 것이다. 그렇지 못한 사람은 좀 더 경직 되며 영속적인 것으로 보이는 것에 더 집착하려고 한다. 뒤의 경우를 '건강하지 못하다'고 하는데, 이는 미래에 상처받기 더욱 쉽게 되기 때문이다. 대개 하나를 잃어버릴 때마다 또 다른 것을 잃어버린다면 그 고통은 배가된다. 슬픔은 누적되는 것이다. 그러나 반드시 그럴 필요는 없다. 치료사가 내담자를 만나는 방식에 따라서 서로 다른 결과를 만들 수 있는 것이다.

중요한 사람을 잃어버린 것을 회고하며, 최근에 한 내담자가 다음과 같이 썼다.

죽음이란 나에게 어떤 의미를 주고 있는가? 아담이 죽었을 때까지는 스스로 죽음을 결코 두려워하지 않은 것 이외에 죽음에 대하여 결코 알지 못하였고 궁금할 이유도 없었다. 아담이 죽었던 날이 내 생애 최악의 날이라고 말하기 쉽지만, 실제로 나는 그다지 큰 느낌은 없었다. 너무 큰 충격을 받았기 때문이었다. 최악의 악몽이 눈앞에서 전개되는 것 같았다. 나는 아담의 죽음을 감당할 수 없었다. 나는 다른 곳에서 지켜보고 있었다. 그 일이 마치 나를 정상적인 생활에서 떼어 놓은 것처럼 나는 사람들에게서 멀리 떨어진 느낌이었다.

사람들은 대개 나에게 공포에 질린 반응을 보였고 나에게 말을 걸 수 없었다. 그때 나는 내가 아는 최악의 고통을 경험하리라는 것을 몰랐다. 그 일이 얼마나 끔찍한 것이었는지 지금까지도 기억할 수 있다. 나는 누구하고도 도저히 말을 할 수 없었다. 가까운 친구들은 당황하였고, 많은 사람이 내가 바쁘게 지내야 한다거나, 시간이 지나면 괜찮아진다거나 또는 내가 다시 시작할 만큼 젊지 않은가 하는 태도를 보였다. 나는 사랑하는 사람이 죽는다는 의미를 얼마나 분명히 이해하는가, 더 지각 있는 많은 사람이 이러한 경우에 얼마나 부질없는 말을 많이 하는가에 대하여 매우 이상하게 느꼈다.

일찍부터 나는 나에게 선택의 기회가 있다는 것을 깨닫고 있었다. 그것은 아담의 죽음을 받아들이고 그 고통을 견디든지, 아니면 그것에서 도피하여 인생의 나머지 시간을 도망자의 삶으로 보내며 결국 몸이 아파 약을 먹으며 생을 마감하든지 하는 선택인 것이다. 나는 무슨 일이 일어나고 있는지에 대하여 어느 누구에게도 결코 말하지 않았다. 그러나 그때에는 내가 얼마나 오랫동안 그 고뇌와 아픔을 견뎌야 하는지를 감지하지 못하였다.

내가 어느 정도 나아지는 것을 느끼게 될 때까지는 2년 정도 걸렸으며, 그때부터는 아담의 죽음과 함께 살아가며 죽음이 나에게 무슨 의미가 있는지를 배우는 길고 더딘 과정이 시작된 것이다. 이 이야기의 긍정적인 점은 아무것도 없는 것처럼 내가 말하기 어려운 것이다. 만약 내가 말을 한다면 그만큼 사람들이 충격을 받을까? 많은 사람이 죽음에서 도피하여 몸이 병들게 되는 것보다도 죽음을 받아들이는 것이 더 힘들 것이라고 나는 생각한다.

아담의 죽음을 받아들임으로써 아니면 최소한 항상 그렇게 노력함으로써 어쨌든 그렇게 할 수 있는 힘이 나에게 있다는 것을 알게 되었으며, 그것이 또한 성장의 계기가 되었다. 아담의 죽음이 없었더라면 가질 수 없었을 인생의 통찰력을 얻게 된 것이다. 그것은 생명이란 영원한 것이며 우리는 결코 없어지지 않는다는 것이다. 내가 가톨릭의 가르침으로 길러졌음에도 불구하고 이것은 내가 한 번도 생각해 본 적이 없다. 그러나 아담의 장례식에서, 나는 아담이 장례식장에는 없을 뿐만 아니라 다른 어떤 곳에 존재하고 있으리라는 것을 예리하게 알아차렸다. 이것은 많은 사람이 귀를 기울일 내용이 아니다. 오히려 그들은 나를 미쳤다고 할 것이다.

그런데 슬픔의 치료는 포괄적인 수준에서 일어날 수도 있고 특정한 수준에서 일어날 수도 있다. 포괄적 수준은 상실이 우리에게 떠맡기는 통찰을 받아들이는 문제와 관계가 있다. 그것은 우리의 상황을 심층적으로 받아들이지 못함으로써 우리가 얼마나 스스로 고통을 겪게 되는가 하는 것을 재검토하는 문제인 것이다. 특정한 수준은 우리가 특정한 상처를 어떻게 치료하는가, 슬픔의 과정이 얼마나 변화무쌍한가 하는 것과 관계가 있다. 서양 심리학은 대개 뒤의 것에 관심을 둔 반면, 동양 심리학은 앞의 것에 관심을 가졌다. 그러나 이 두 가지 수준은 손쉽게 분리되지 않는다. 왜냐하면 우리가 특정한 상실에 어떻게 대응하는가 하는 것은 본질적으로 우리가 전체적으로 삶을 어떻게 보는가 하는 것에 의하여 결정되며, 삶에 대한 우리의 지혜는 우리가 특정한 상실을 얼마나 깊게 경험하는가에 따라 형성되는 것이기 때문이다. 고통은 우리를 형성시킬 수도 있고 파괴할 수도 있다.

슬픔은 현실과 맞부딪치는 것이다. 대단히 중대한 사별로 인하여 인생의 일대 전기를 겪은 한 내담자는 그 사별 직후의 심경을 다음과 같이 말했다. "저는 현실과 직면하였습니다. 그렇게 하였기 때문에 저는 다른 상황의 현실도 또한 볼 수 있었습니다." 상실할 때가 바로 깨달음인 것이다. 그런 때야말로 정반대의 모든 습관적인 성향을 거슬러 더욱 적나라한 방식으로 현실을 인식하지 않을 수 없다. 이것이 종종 사람들을 정신적으로 다시 태어나게 하도록 하며, 이때 치료사의 역할은 산파가 되는 것이다. 바로 그때 우리는 그렇지 않았다면 포착될 수 없는 현실을 명확히 알게 되는 것이다. 그러한 때에는 시적이고 정신적인 언어가 꼭 맞지는 않지만 그나마 적합한 유일한 언어로 여겨질 것이다.

정신적으로 다시 태어난 다음에는 특정한 개인적인 슬픔에 영향을 덜 받게 된다. 왜냐하면 상실의 아픔은 더 이상 점점이 따로 떨어져 강렬하게 느껴지지도 않을 뿐 아니라 마음이 모든 것을 포괄하는 전체적인 관점에 열려 있기 때문이다. 죽음과 상실은 더 이상 우리와 맞서지 못한다. 모든 것은 끊임없이 생기고 사라진다는 것을 인식하는 능력은 부처님이 깨달음의 요체로 얻은 것이다. 한편 이와 더불어 다가오는 슬픔은 좀 더 보편화된 슬픔인 '대비(大悲)'인 것이다. 고통의 보편성을 알게 된다면, 우리는 시인 존 던(John Donne)의 말을 깊이 이해하게 된다. "누구를 위하여 종이 울리는지 알려고 사람을 보내지 마십시오. 종은 언제든지 우리를 위하여 울리는 것입니다."

22

놓 음

아픔, 놓음과 치유

진(Jean)이 처음으로 심리치료를 받으러 왔을 때 그녀는 침착해 보였으나 의자의 가장자리에 앉았다. 직장에서 곧장 와 깔끔하게 차려입은 상태였다. 그녀는 자신의 사업을 경영하고 있었다. 진은 자신이 의기소침해 있고, 잠을 잘 이루지 못하며, 집중할 수 없고 직장 동료와의 관계를 원만하게 유지할 수 없다고 말하였다.

그녀의 동생 토니(Tony)는 두 달 전 심장마비로 죽었다. 토니의 아내 사라(Sara)가 진에게 토니가 가슴 통증으로 병원에 갔다고 전화한 그날 그가 죽었다. 그날 진은 걱정이 되었으나 일이 바빠서 병원에 가볼 수가 없었다. 다음 날 가려고 하였는데, 그날 밤 사라가 다시 전화해 토니가 죽었다고 말하였다. 진은 곧장 사라와 세 자녀가 있는 곳으로 갔다. 그녀는 장례식 준비를 돕는 데 몰두하였다. 그 와중에 사라는 진에게 아이들이 장례식에 가도 되는지를 물었다.

진이 나에게 이 말을 하였을 때, 지금까지 매우 냉정하였던 그녀의 얼굴이 붉게 상기되었다. "물론 갈 수 있지요!"라고 그녀에게 말하였다. "아이들은 언제든지 장례식에 갈 수 있습니다!" 나는 진의 목소리에 재빨리 힘을 더하여 주었던 것이다. 그녀의 눈에 눈물이 흘러내렸다. 그녀는 말하였다. "나는 정말로 아이들도 장례식에 참여해야 한다고 믿어요."

나는 그녀에게 이것이 개인적인 의미가 있는지 물었다. 진은 거의 흐느껴 울 것처럼 보였으나 바로 마음을 가다듬고 다음 이야기를 하였다. 그녀가 열두 살 때 그녀의 아버지도 심장마비로 죽었다. 당시 여덟 살이었던 토니와 어린 동생 앤은 집에, 진은 할머니 집에 있었다. 그때 갑자기 토니와 앤이 할머니 집에 2주일 동안 머무르기 위하여 왔다. 진은 동생을 통하여 아버지의 죽음을 알게 되었다. 그녀가 할머니에게 무슨 일이 일어났느냐고 물었을 때 할머니는 그냥 걱정하지 말라고 하였다.

세 아이가 집으로 돌아갔을 때 상황은 많이 바뀌어 있었다. 아버지의 죽음은 언급되지 않았으며 아버지가 어떻게 되었는지에 대한 아무런 표시조차도 없었다. 나중에 어른이 되어서 아버지를 화장하였다는 것을 알 수 있었으나 아버지의 유골이 어떻게 되었는지는 알아낼 수 없었다. 그녀의 어머니는 몹시 낙담하였으며 건강을 다시 회복하지 못하였다. 어머니는 단순한 일조차 할 수 없었으며 자주 몸져누워서는 진에게 아프다고 말하였다. 유능한 소녀였던 진은 어머니가 해 오던

많은 일을 기꺼이 맡았다. 어린 두 동생을 부양하고, 동생들이 학교에 가도록 말쑥하게 차려 입혔다. 그녀는 물론 자신의 학업도 해 나가면서 가족을 위하여 집을 청소하고 시장을 보았다. 그녀의 십대 시절은 이러한 생활의 연속이었다.

사람들은 모두 진이 얼마나 활기차고 유능한지에 대하여 말하였지만, 그녀는 항상 행복하지는 않았다. 어머니의 건강을 걱정하며, 어머니 역시 죽는 것은 아닌가 하고 생각하였다. 물론 이러한 생각이 오랫동안 지속되었던 것은 아니었다. 진에게는 항상 해야 할 일이 산더미처럼 쌓여 있었기 때문이다.

열여섯 살이 되었을 때 할머니도 죽었다. 진은 장례식에 갈 수 있을까 하는 생각이 들었다. 그러나 슬픔에 잠겨 어쩔 줄 모르던 어머니는 어떤 경우에도 장례식은 어린아이들이 가는 데가 아니므로 남아서 동생들을 잘 보살펴야 한다고 하였다. 진은 이 점을 수긍하였으나 그녀 자신의 죽음이 걱정되기 시작하였다. 뒤돌아보면 아버지가 죽은 후 수년 동안 어머니는 정신적으로 병을 앓고 있었음이 틀림없었다. 그러나 당시 그녀는 어머니가 침대에 드러누워 있는 것이 심각한 육체적 질병의 증상이 아닌가 하고 줄곧 두려워하고 있었다. 실제로 몇 년을 앓고 난 다음, 어머니는 십 년 후에 암으로 죽었다. 그때 이미 결혼한 진은 매일 집에 돌아가 어머니를 간호하였다.

진은 감정을 거의 드러내지 않고 자신의 이야기를 해 나갔다. 이야기 도중에 그녀의 눈가에 눈물이 몇 방울 고이기도 하였으나, 금세 사라졌다. 나는 가끔씩 그녀에게 특히 마음에 사무치는 말을 되풀이하기도 하였으며, 그녀는 마치 그것을 처음으로 듣는 것처럼 잠시 울곤 하였다. 그때 나는 거의 견딜 수 없을 정도로 감정의 심연에 이르는 감동을 받았다. 그러나 그녀는 항상 자제력을 되찾았다.

두 번째 주에 진은 덜 차분하게 보였다. 그녀는 다시 나를 찾아올지에 대해서 망설였을 뿐 아니라, 두 가지 일 때문에 절제할 수 없을 정도로 울고 있는 자신을 발견하고는 그 주 내내 더 혼란한 느낌을 가졌던 것이었다. 그녀는 인생에서 처음으로 고통을 이길 수 없었던 것에 대하여 불평하였다. 우리는 감정에 압도되는 그녀의 두려움을 이야기하며 대부분의 상담 시간을 보냈다. 자라면서 그녀는 감정에 지지 않도록 자신을 가르쳐 왔고, 이러한 방법으로 수년 동안 그녀는 잘 헤쳐 나왔다.

상담을 거듭하며 진은 아버지의 죽음을 전후한 사건과 뒤이어 일어난 어려운 시절에 관해 이야기하였다. 그녀는 여러 번 똑같은 사건에 되돌아오곤 했지만 그때마다 더 많은 감정을 경험하는 것처럼 보였다.

몇 달 후에 심리치료는 진이 사이코드라마적으로 아버지와 어머니에게 작별 인사를 고하였던 장면을 연출하며 정점에 도달한 것처럼 보였다. 치료를 받는 동안 내내 해결되지 않는 주제는 그녀가 아버지를 연상시킬 수 있는 어떤 장소도 없다는 것이었다. 나는 그녀에게 아버지를 어디에 안치시키고 싶은지를 물었고, 그녀는 정원을 제안하였다. 우리는 치료실 안에서 꽃 침대, 잔디와 나무로 꾸며진 정원의 이미지를 마음속에 함께 그리는 데 얼마간의 시간을 보냈다. 진은 창가의 아름다운 흰 자작나무를 보고, 그 나무의 그늘이 부모님이 함께 행복할 수 있는 자리가 될 수 있을 것이라고 결정하였다. 우리는 그녀가 아버지와 어머니의 몸을 부드러운 흙 속에 눕히는 것을 상상하였다.

"작별 인사를 드리기 전에 부모님께 드리고 싶은 말씀이 있나요?" 하고 나는 물었다.

"저는 두 분이 이제 쉬실 수 있기만을 바라요…. 그리고 제가 두 분을 사랑한다는 것을 알아주시면 좋겠어요."라고 진이 말하였다.

"당신이 두 분께 직접 말씀 드릴 수 있나요?"

"저는 아빠 엄마가 이제 행복하시기를 원해요…. 평화롭게 잠드시기를… 그리고 사랑해요, 아빠… 사랑해요, 엄마…."

진의 눈은 눈물로 가득 고였다. 그녀는 나를 바라보았다.

"작별 인사를 드릴 준비가 되었나요?" 나는 물었다.

"네… 그런 거 같아요." 진은 몸을 구부리고 우리가 그녀의 아버지를 안치하였던 땅을 만졌다. "안녕히 계세요, 아빠…." 그리고 그 옆의 땅을 만지면서 말하였다. "안녕히 계세요, 엄마."

그녀는 감정으로 가득 찬 얼굴을 하고 일어섰다. 그녀는 방의 반대쪽에 있는 의자로 향해 가면서 말하였다. "두 분은 이제 평화롭게 잠드실 수 있을 거예요." 나는 말하였다. "그러니 이제 당신은 부모님을 떠날 수 있어요."

진은 부모님께 작별 인사를 한 뒤 두 차례의 상담 시간을 더 가졌다. 비록 그녀가 여전히 매우 감정적이라 하더라도 그녀의 태도 속에는 더 안정된 무언가가 있는 것처럼 보였다. 그녀는 남편과 아이들 그리고 사업을 펼쳐 나갈 계획에 대해 이야기하였다.

나는 심리치료가 이제 다 끝나 가고 있는 것인지 궁금하였고, 진에게도 그렇게 느끼는지 물어보았다. 진은 마무리 짓는 것에 대하여 생각해 왔었다고 말하였다. 나는 진이 치료를 끝마치고 떠나는 것에 대하여 어떻게 느낄지 궁금하였다. 심리치료는 그녀에게 중요한 시간이었고 우리는 함께 많은 것을 해냈다. 이것을 긍정적인 경험으로 마무리 짓는 것은 중요한 것 같았다. 나는 얼마간 이러한 생각을 진과 함께 나누었다.

진은 웃었다. "네, 당신이 맞아요. 저는 아무것도 말하지 않고 지나칠 뻔했어요. 하지만 그것은 단지 같은 패턴을 되풀이하는 것일 뿐이에요. 저는 안녕이라고 말하는 것을 싫어하지만 그것을 배워야 해요."

그녀는 자신의 감정이 우리가 만난 시간 동안 어떻게 변화되었는지에 대해서 이야기하였다. 상담 시간의 끝 무렵에, 그녀는 이제 또 만날 약속을 하지 않을 것이라고 말하였다. 그리고 그녀는 손을 내밀어 내 손을 잡았다.

"고맙다고 말하고 싶어요… 안녕이라고 말하고 싶어요…." 그녀는 내 손을 따뜻하게 잡았다. "언젠가 다시 올지도 몰라요. 그러나 지금은 작별을 해야 할 시간이고 그것은 참 중요한 말처럼 느껴져요."

해 설

내담자의 힘과 지혜

우리 모두는 기본적으로 온전한 정신인 내면의 지혜와 자비심을 가지고 있다. 심리치료는 여기에 의존한다. 진은 많은 심각한 장애를 잘 헤쳐 왔다. 그녀는 어렸을 때조차 주위 사람에게 필요한 것을 살피고 가족을 결속하는 데 많은 힘을 기울였다. 정신적으로 문제가 있는 어머니, 돌아가신 아버지와 두 명의 어린 동생 등 그녀는 싸워야 할 일이 많았다. 그럼에도 불구하고 그녀는 학교 생활을 잘하여 능력을 인정받았고, 직업을 구하고 결혼을 하여 그녀만의 가정을 꾸렸으며, 때를 놓치지 않고 심리치료사를 찾아오는 용기도 가졌다.

내담자의 공안

진은 모든 것이 고정됨이 없다는 것을 알고 있었지만 그에 저항하였다. 마치 절반만 배운 것 같았다. 그녀는 사물이란 산산히 흩어진다는 것을 배웠으며, 하늘이 무너지더라도 정신을 차리면 어떤 일을 성취하는 것이 가능하다는 것을 배웠다. 그러나 그녀는 흐름을 거스르며 자신의 모든 에너지를 쏟아 붓는 것 외에 흐름을 타며 수영하는 것은 배우지 못하였고, 그냥 놓아 버리는 것이 최선의 방책이라는 것은 배우지 못하였던 것이다.

그녀의 에너지는 안정적으로 적응하는 모습을 창출하는 데 쓰였다. 그러나 세상이 그녀의 생각보다 얼마나 불안정할 수 있는 것인지는 알지 못하였다. 그녀는 아버지의 죽음을 머리로는 알고 있었으나 자신의 삶 속에서 그 사실을 참으로 받아들인 것은 아니었다. 그녀가 그 자리에 있었던 것도 아니고 아무도 그 일에 대하여 이야기하지 않았다. 그녀가 어머니가 병으로 앓는다는 것을 알고 있었으며, 어떤 의미에서 어머니를 이미 잃었다고 할 수 있었다. 그러나 그것은 쉽게 이해할 수 있는 병이 아니었다. 아버지의 죽음을 직면한 열두 살 때, 그녀는 이미 모든 것이 변해 버린 것을 알게 되었다. 그러나 그녀는 자신의 모든 노력을 기울여 상황을 본래대로 유지하려고 혼신의 힘을 다하였다. 그 과정에서 그녀는 자신의 의지를 붙잡는 것, 타인을 돌보는 것 그리고 세계가 인정하는 방식에 잘 맞추는 것을 배웠다. 그러나 잃어버린 것이 여전히 현실이 아닌 채로 남아 있었으며, 그것은 중요한 의미를 지닌 것이었다.

치유 위기 촉진

진은 진정으로 슬퍼한 것이 아니었다. 슬픔에는 두 개의 층이 있는데, 개인적 교훈과 우주적 교훈으로 소화해야 하는 것이 그것이다. 그녀는 실질적으로 자신과 함께했던 사람들이 없는 세계에 사는 데 성공적으로 적응하였다. 그러나 이미 잃어버린 그들을 마음속에 붙들지 말고 놓아 버리면 된다는 것을 알게 되는 깊은 차원에까지는 미치지 못하였다. 그녀는 여전히 해야 할 일이 있었으며, 어느 정도 그녀는 그것을 알 수 있는 지혜가 있었다. 이러한 깊은 층의 정신 작용을 정면으로 대처하기 위해서는 치유 위기, 즉 방아쇠가 요구되었다. 삶이란 항상 언젠가는 계기를 만들어 준다. 진의 경우, 그것은 토니의 죽음이었다.

그녀는 토니의 죽음과 자신의 연관성을 이야기하였다. 아이들은 언제나 장례식에 가도록 허락되어야 한다는 그녀의 주장에는 그 말을 하는 감정이 짙게 배여 있었다. 진은 토니의 아이들을 보면서, 의식적으로 자신의 경험과 연결시키지 않고도 그 아이들이 필요로 하는 것을 알았다. 물론 이것은 그녀 자신의 경험에 의한 것이었다. 그녀는 자신을 위해서는 할 수 없었던 것을 아이들을 위하여 할 수 있었다.

어떤 치료사는 진의 입장에서 이것을 실패한 것으로 볼지 모르나, 나는 단순히 그녀가 본래부터 가지고 있는 자연스러운 자비심의 일부분으로 본다. 비록 그녀는 어렸을 당시 자신에게 최선의 것을 할 수 있는 기회를 가지지 못하였지만, 다른 사람이 그러한 기회를 박탈당하지 않도록 하는 데 조금도 주저하지 않았다.

그녀는 아이들에게 무엇이 필요한지 알고 있었으나, 그것을 어떻게 알게 되었는지에 대해서는 애당초 전혀 기억하지 못하였다. 우리는 경험하고, 그 경험에서 배우며, 계속해서 배워 나가는 반면, 그 경험을 잊어버린다. 어떤 의미에서 배운다는 것은 기억을 더듬는 일이고, 치료사의 관찰을 통하여 그 근원이 종종 밝혀진다.

진은 동생의 죽음을 두고 겪고 있는 어려움이 어린 시절 부모를 잃은 경험의 불완전함과 관련되어 있음을 알게 되었다. 치료의 과제는 그녀가 집착을 놓도록 도와주는 것이었다. 경험에서 무엇인가를 알게 될 때 우리는 되돌아갈 수 없다. 그러나 그렇게 알게 된 것이 완전히 소화되지 않으면, 우리 성격 속에서 완고함이 일어난다.

투 쟁

공안은 덤벼들어 해결해야 하는 그 무엇이다. 선에서는 이것을 턱에 쇠구슬을 문 물고기와 같다고 비유하기도 한다. 물고기는 그것을 삼킬 수도 뱉을 수도 없다. 어린 시절 겪는 부모의 죽음은 우리가 의지하는 모든 것이 본질적으로 고정된 것이 아니라고 하는 사실에 대한 명백한 증거다. 그러나 이러한 사실과 더불어 그것이 불러일으킬 혼돈을 직면하기 시작하는 것은 진에게는 공포스러운 일이었던 것이다. 하지만 과거도 공(空)하고 현재도 공한 가운데 있는 그대로의 현실과의 만남을 다시 구축할 수 있는 다른 방법도 없었다. 진리에 이르는 길은 슬픔이라는 아픔과 이어져 있는 것이다.

진은 자신의 이야기를 전개해 나가면서, 혼돈에 대한 강렬한 두려움을 포함한 새로운 감정을 많이 경험하게 된다. 이 공포는 그녀에게는 충격으로 다가온다. 이제까지 해 온 대로 자신의 방식으로 파도를 헤쳐 나갈 수 있는 또 다른 활동이라고 기대하면서, 그녀는 심리치료에 뛰어들었다. 치료사가 지나치게 거부하는 내담자와 작업하며 균형을 잡는 것은 어려운 일이다. 유능하고 효율적인 많은 사람이 몇 번의 치료 작업으로 이 모든 것을 처리하고 극복할 수 있다는 기대를 가지고 심리치료에 접근하고 있다.

자신이 알고 있지만 알고 싶지 않은 진실에 압도되지 않기 위한 싸움에서 내담자는 처음에는 치료사를 잠재적인 동지로 여길지 모른다. 심리치료는 결국 사람들이 '진실한 말을 하기' 위한 기회다. 그러나 내담자가 처음부터 이것을 원하는 것은 아니다. 내담자는 한편으로 심리치료를 받으려는 내면의 지혜와 다른 한편으로는 도피를 통하여 평안함을 추구하려는 조건화된 습관 사이에 갇혀 있는 것이다.

내담자는 단지 감정을 다시 밀어 넣으려고 하는 예전의 패턴으로 되돌아갈 위험을 실질적으로 갖고 있다. 그러나 종종 감정이란 마치 고양이처럼 자루에 집어넣기가 매우 어려운 것이다! 내담자는 무엇이 밖으로 드러날지 모르는 두려움 때문에 심리치료를 그만둘지도 모른다. 우리는 모두 미쳐 버리지 않나 하는 두려움에 겁을 먹고 있다.

치료사는 내담자의 내면의 지혜가 이끄는 대로 따르려고 노력하지만, 그것이 단지 내담자의 유일한 목소리가 아니기 때문에 몇 가지 구별할 수 있는 주의 사항이 필요하다. 치료사는 내담자의 말을 주의 깊게 들어야 하고, 말하지 아니한 것을 들어야 하고, 목소리의 음색과 얼굴 표정에서 중요한 의미를 간파하여야 한다. 목소리와 얼굴 표정은 겉으로 나타난 표현에서 놓치기 쉬운 매우 다른 진실을 전한다. 일반적으로 말하기는 쉽고 행동하기는 어렵다.

그러므로 내담자는 종종 자기가 오히려 부정하고 싶은 것을 치료사에게 드러낸다. 어떤 사물에 대하여 무시하도록 스스로 훈련해 왔어도 얼굴 표정에서는 고뇌가 드러날 수 있는 것이다. 계속 반복된다면 충격과 괴로움을 주는 것에 대하여 내담자는 사실적으로 말한다. 내담자가 그 아픔을 인식할 수 있거나 인식하려고 하기 훨씬 이전에, 치료사는 내담자가 자신의 세계에서 괴로워하는 부분을 알아차릴 수 있을 것이다. 만약 치료사가 모든 것을 그때그때 즉각 다시 비춘다면, 내담자는 압박감을 느끼고 심리치료를 중단할지 모른다. 그런가 하면 만약 치료사가 진실하지 않거나 핵심을 거의 간파하지 못하면, 내담자는 계속 부정하는 일만 되풀이하게 될 것이다. 그러므로 이 사이의 균형이 요구된다. 치료사는 내담자에게 다음과 같이 말할 수 있다. "우리는 여기에서 중요한 일을 하고 있지만 서두를 필요는 없습니다. 제가 보기에 당신이 살펴보고 싶은 경험이 너무 많이 있는 것 같습니다. 당신이 완전히 나가떨어지지 않고 그것들을 살펴볼 수 있는 방법이 있는지 함께 연구해 보도록 합시다."

지원 체계

치료사는 내담자의 불안을 담아 내는 데 도움이 되는 작업 방법을 제시할 수 있다. 이러한 점에서 긴장 이완이나 명상 기술과 마찬가지로 미술 재료로 작업하는 것도 도움이 될 수 있다. 우리는 또한 내담자가 치료 시간 사이에 일지를 쓰거나 친구와 대화를 나누거나 걷기 명상을 하도록 권할 수도 있다. 이러한 활동으로 인하여 감정이 온전히 그 힘을 발휘하는 것은 종종 치료 시간 이후에야 분명해진다. 이러한 활동은 스스로를 지켜보는 기술을 개발해 나가는 내담자에게는 거의 틀림없이 도움이 될 것이다. 내담자 자신의 방식과 시간에 맞게 작업을 계속하는 데 도움이 되도록 내담자에게 깨어 있는 마음으로 지켜보는 간단한 훈련을 하게 해도 좋을 것이다.

심리치료는 내담자를 도와주는 지원 체계를 제공한다. 진의 아버지가 죽었을 때, 그녀는 이러한 도움을 받지 못하였다. 그녀는 집에 없었고, 도대체 무슨 일이 일어나고 있는지를 듣지 못했으며, 단지 자신의 어린 동생들에게서 전해 들을 수밖에 없었던 것이다. 그녀에게는 자신의 걱정과 고뇌를 꽂을 수 있는 구체적인 사건이나 시간이 없었다. 아버지라는 존재는 갑자기 사라졌다. 그녀에게는 무덤 또는 기념비 같이 아버지를 연상시킬 수 있는 물리적 공간이 아무것도 없었다. 아버지는 그냥 사라져 버렸던 것이다. 아버지와 할머니의 장례식에 모두 참석하지 못하였기 때문에 두 사람의 죽음을 실제로 체험하기는 힘들었던 것이다.

또한 어머니의 죽음도 복잡하였다. 아버지의 죽음은 그녀에게 사실로 받아들이기가 어려웠지만, 어머니는 실제로 죽기 전에 이미 죽었던 것처럼 여겨졌다. 따라서 부모 자식 사이에 말 못한 사연이 너무나 많이 있었던 것이다. 진은 어머니가 죽음으로 향하는 몇 년의 세월을 두려움에 떨면서도, 완전하지는 않지만 이미 그 죽음을 슬퍼했던 것이다. 마치 그러한 생각이 어머니가 죽음에 이르는 데 일조를 한 것처럼 그것은 그녀에게 아련한 죄의식으로 남아 있었다. 그녀는 또한 어머니가 실제로 죽었을 때에 한시름 놓았던 것에 대해서도 죄책감을 느꼈다. 이러한 이중적인 태도가 어머니의 쇠약함과 죽음 그리고 그것이 자신에게 미치는 영향에 대한 관점을 흐리게 하였던 것이다. 그리하여 그녀는 어렸을 때와 같이 스스로 그것을 직면하지 않고 마음을 다른 데로 돌리는 전략으로 되돌아갔던 것이다.

남동생의 죽음은 비록 깊은 상처를 남겼지만, 그녀의 마음을 치료할 수 있는 첫 번째 기회를 제공하였다. 이 경우 그녀는 여러 일에서 적극적인 역할을 할 수 있었다. 이것은 그녀에게 자신의 과거와 그 의미를 다시 살펴보게 하였던 것이다. 그녀의 표현되지 않은 감정의 샘은 넘쳐흐르기 시작하였다. 그녀는 실제로 슬픔을 느끼기 시작하였고, 이것이 그녀의 삶을 더욱 생생하게 만들었던 것이다. 그녀가 어떻게 알게 되었는지는 모르지만, 아이들을 배제시키지 않는 것이 얼마나 중요한지 알게 되었다. 비록 그녀가 의식적으로 자신의 과거와의 관계를 인식한 것은 아니지만, 그녀의 슬픔이 그녀를 이 내면적인 앎과 마주하게 한 것이다.

그러나 토니의 죽음에도 어려움이 있었다. 그가 죽은 날 그를 보러 가지 않았다는 죄책감이 있었던 것이다. 그녀는 자신의 마음속에 어떤 거부의 요소가 있는 것을 깨달았다. 자신이 잘 대처하지 못할까 봐 두려워하며, 그녀는 동생이 아프거나 죽지 않기를 바라고 또한 만약 그녀가 걱정할 것이 없는 것처럼 가장하면 마술적으로 그러한 일이 일어나지 않게도 할 수 있으리라는 생각을 하였다.

슬픔의 공간

가까운 누군가가 죽으면 우리는 그들을 쉬게 하고 생각할 수 있는 공간이 필요하다. 무덤이 있으면 그곳을 방문함으로써 상당한 위안을 얻는다. 무덤가는 자연스러운 명상처다. 불교 사찰에는 일반적으로 부처나 다른 성인의 유골이 있다. 현대인은 죽음을 멀리하려고 노력하지만, 선 수행은 죽음과 가까이 지내도록 한다.

우리는 그 사람에게로 되돌아가 우리의 사랑을 보여 주고, 힘을 이끌어 내며, 다시 우리의 일상으로 되돌아온다. 바다에서 목숨을 잃어버린 경우처럼 그 주검을 확인할 수도 없을 때, 죽음을 당한 사람은 가슴 아픈 과정의 첫 단계조차 취하지 못할 수도 있다. 빈소가 마련되지 않는 한 그 죽음을 현실로 받아들이지 못할 수도 있는 것이다.

그래서 우리는 상실의 현실을 구체적인 방법으로 체험하는 것이 필요하다. 또한 우리는 고인을 우리 외부에 마음으로 안치해 놓을 수 있는 공간, 우리가 방문할 수도 있고 떠날 수도 있는 그러한 공간이 필요한 것이다. 만일 그러한 자리가 아직 없다면 내담자는 그러한 공간을 만들어야 한다. 그것은 공공 장소나 자신의 집 또는 정원에 있는 기념비나 사당일 수도 있다. 고인에 대하여 그렇게 예를 갖추는 것은 종종 자발적이고 자연스럽게 일어난다. 선 수행에서는 몇 대의 조상을 추모할 수 있는 기념 장소를 만드는 것이 보통이다.

의식의 필요성

이 사례에서 심리치료의 결정적 계기는 의식(儀式)을 행하는 가운데 만들어져 왔다. 의식은 삶의 전환이 성공적으로 이루어지게 하는 데 아주 중요한 역할을 한다. 장례식은 죽음으로 인한 모든 과정 중 슬픔을 공개적으로 인정하는 중요한 이정표다. 사람들은 다른 상황이라면 말할 수도 없는 그러한 슬픔을 인정하는 것이다. 의식을 능숙하게 활용하는 것은 아주 오랜 옛날부터 내면의 성품이 발현되고 성장하도록 돕는 탁월한 방법으로 발전되어 왔다.

진은 놓음의 길을 찾을 필요가 있었다. 그녀는 마음속에 묻어 버리지 못한 부모님을 붙들고 많은 세월을 보냈다. 그녀에게 필요한 것은 의심의 여지없이 그들을 재결합시키는 것이었다. 그녀의 십대 시절은 어머니가 아버지와의 사별로 고통스러워하는 것에 압도적인 영향을 받았다. 진의 마음속에는 이 슬픔이 간직되어 있었다. 부모님을 재결합시키는 길을 찾음으로써 진은 자신의 슬픔과 더불어 어머니의 슬픔을 붙들지 않게 되었다.

우선 특별한 장소를 만들어 보라. 진은 부모님을 떠나보낼 수 있는 상상의 장소를 선택하고 물리적으로 그 장면을 연출하였다. 비록 현실적으로 되돌아갈 수 있는 장소는 아니었지만, 그 장면을 연출한 것은 자신의 외부에 부모님을 안치하는 심상(心像)을 지속적으로 주기에 충분하였다. 모든 의식은 깊은 체험을 주기에 적절한 분위기를 조성하며 천천히 존경심을 가지고 진행되었다.

그 장면이 진에게 가능한 한 현실적으로 됨으로써 그녀가 부모님과 실제로 같이 있는 느낌을 가질 수 있는 것이 중요하였다. 그렇기 때문에 나는 그녀가 부모님에게 말하였을 내용을 늘어놓는 것보다도 직접 그들에게 말하라고 용기를 북돋워 주었다. 작별 인사를 하기 전에 하고 싶은 말을 무엇이든 다하는 기회를 가지는 것이 중요하였다. 또한 아버지와 어머니와 따로따로 이야기하고 자신의 마음속에서 부르는 그들의 이름을 사용하는 것도 중요하였다. 그 장면이 끝났을 때 진은 물러서서 자리에 앉았다. 그녀는 진정으로 놓는 것을 체험한 것이다.

내담자가 그러한 중요한 장면을 여러 번 반복하는 것이 드문 일은 아니다. 그것은 때로는 상상적인 것일 수 있고, 때로는 임종 침대나 장례식 장면의 반복일 수도 있다. 이때 내담자가 옳다고 느껴지는 것을 말할 기회가 주어져야 하고 자신의 속도에 맞추어 놓아 버리는 것이 결정적이다. 치료사는 내담자가 진실로 작별을 고하고 떠나가려는 것인지, 아니면 단지 떠나가려는 시늉만을 하는 것인지를 알아차려야 한다. 만일 뒤의 경우라면 그 내담자는 아마도 아직 놓을 준비가 되지 않은 것이다.

치료 끝내기

심리치료의 끝내기는 중요하다. 슬픔의 치료에서는 특히 더 그러하다. 끝내기는 좀 더 의식적으로 상실을 체험할 기회를 제공할 수 있다. 끝내기가 적절하게 수용되는 것이 중요하다. 진이 마지막 치료 시간 끝에 작별을 고했을 때, 우리가 함께 보낸 시간을 중요하다고 여긴 그녀의 따뜻하고 감사하는 마음이 나에게 전해졌다. 이때에 나는 그녀가 자신의 감정을 감추지 않았음을 느꼈다. 우리는 마음의 조건화 작용을 깨뜨리고 하나의 새로운 패턴을 만들어 낸 것이다.

나는 진이 한 인간으로서 빠른 속도로 성장하고 변화해 가는 것을 경험하였다. 비록 그 치료 과정이 종종 극도로 고통스러웠으나 새로운 성품이 진에게 현존하게 되었다. 그녀는 아주 특별한 에너지와 따뜻함을 가지고 있었다. 심리치료가 마무리되었을 때, 진이 내가 옛날에 정말로 알고 있었던 어떤 사람으로 느껴졌다. 그녀와 다른 사람과의 관계도 역시 긍정적으로 변화되었다. 남편이나 아이들과의 관계에서도 친근한 감정이 늘어 가고 있다고 말하곤 하였다. 그 전에 함께 지냈던 사람들과의 관계가 더 이상 편안하게 느껴지지 않게 되면서 그녀의 사교 모임도 변하고 있었다. 그녀는 옛 친구에게 기대되는 것 이상의 그 무엇을 원하였다.

슬픔을 인정하고 직면하는 것은 진을 이전에는 경험하지 못하였던 삶의 영역으로 이끌어 주었다. 아버지와 동생이 죽지 않았다면 그녀가 어떻게 되었을까 하는 것은 알 수 없다. 그러나 그들의 죽음과 맞부딪치면서 그녀는 하나의 사람으로서 성장하였으며, 새로운 생동감을 가지고 살아가게 된 것 같다.

23

귀 가

공동체를 통한 조화

이 마지막 장에서는 한편으로는 심리치료와 다른 한편으로는 공동체, 사회와 환경 사이의 관계에 대한 큰 그림을 조망해 볼 것이다. 심리치료는 생명의 근본 또는 도(道)에 뿌리를 내리고 있으며 그것에서 힘을 끌어낸다. 선(禪)에서의 도는 개인주의를 초월하여 공생(共生, eco-log-i-cal)이며, 공체(共體, com-mu-nitar-i-an)이고, 공용(共用, uni-ver-sal-ist)의 길인 것이다. 우리는 각자 스스로 진리를 이해하고 그렇게 하는 문을 여는 열쇠는 나 아닌 나의 불가사의한 힘에 맡기는 것이다. 우리는 각자 내면에 내재되어 있는 불성을 찾아서 그것이 어느 누구의 개인적 물건이 아니라는 것을 발견한다. 불자들은 고요한 선정 속에 앉아 있다. 그러나 외관상 홀로 하고 있는 듯한 이 활동조차 그룹을 이루어 함께할 때에는 놀라우리만큼 심화된다는 것을 알게 된다. 선은 개인적인 도덕상의 딜레마를 치료 작업의 중심에 두며, 우리 각자 그러한 공안을 붙들고 씨름하게 함으로써 조화롭고 깨어 있는 공동체를 만들게 되는 것이다. 선의 이상형인 보살은 자기 혼자만의 구원은 의미가 없다는 것을 깨닫는다. 왜냐하면 참된 만족은 다른 사람을 위하여 사는 것이기 때문이다.

생태학(ecology)이라는 단어는 그리스어의 '집' 또는 '가정'을 의미하는 'oikos'란 말과 '연구' 또는 '지식'이란 의미의 'logos'란 말에서 유래한다. 생태학은 외면적 의미에서 우리의 집에 대한 연구인 것이다. 그것은 모든 생명이 어떻게 함께 집을 만들 수 있으며, 서로서로 이롭게 할 수 있는가에 관한 연구인 것이다. 반면에 심리치료는 사람이 마음으로 인식하고 있는 집으로 어떻게 되돌아갈 수 있도록 도와줄 수 있는가에 관한 것이다. 이때의 집이란 우리 내면의 본래 고향을 말하며, 수많은 마음이 조화롭게 한마음이 되는 마음자리를 말한다. 선은 외부과 내면이 둘 아니게 조화를 이루는 것에 관심을 가져왔다. 우리가 이 책을 통하여 수없이 살펴본 바와 같이, 선의 관점에서는 다른 사람들에게서 떨어져서 자기를 위한 안락한 영역을 만든다는 것은 불가능하다. 마음의 평화는 세계와 조화를 이루는 것을 포함하며, 우리 내면의 빛을 이해할 수 있는 것도 그러한 외부적인 조화로움에 의해서다.

우리가 살고 있는 푸른 지구는 태양계의 작은 행성 중의 하나다. 그것은 중간 성노의 은하세 내에서 중긴 정도의 지리를 차지하는 중간 정도의 별 주위를 돌고 있다. 상상할 수 없는 광대무변한 우주 속에서 보면 그것은 너무나 미미한 생명체인 것이다. 그것은 생명 있는 물질, 생명 없는 물체와 더불어 영양과 호흡을 주고받으며 서로 의존하는데, 이러한 생명체와 무생물이 지표면 위로 얇은 막을 형성한다. 이 막을 생물권(biosphere)이라 한다. 이 허약한 생물권 내에서 사람들이 살게 된 것은 지구의 역사로 보면 아주 짧은 세월에 불과하다. 이러한 관계로 생각해 볼 때 우리의 위치란 지극히 취약해 보인다. 우리는 서로를 보살피지 않는 어리석은 자다. 선에서 가장 가치 있는 심리 활동은 '우리'를 키우고 키워서 궁극적으로 어떠한 존재도 빠짐없이 그 속에 담을 수 있도록 하는 것이다.

보통의 현대적 세계관에 따르면 대부분의 일은 그다지 특별한 문제가 없고, 진보로 말미암아 결국 나머지 문제는 해결될 것이라는 것으로 본다. 그러나 불교의 관점에서는 이러한 자기 만족은 근거가 빈약하다고 본다. 우리의 행성은 병들어 있다. 우리 사회는 억압적이며 정신적으로 가난하고, 우리 공동체는 허물어지고 있으며, 우리 가족은 산산이 부서지고 있다. 전쟁은 더 빈번해지고, 많은 생명이 전례 없는 속도로 멸종되고 있다. 생태학적인 재앙이 다가오고 있다. 고(苦)는 도처에 있으나, 많은 사람은 진정한 해결을 하기보다는 관심을 다른 데로 돌리거나 망각하는 길을 찾고 있다. 반면 다른 한편으로 불교의 관점은 이 세상이 무한히 아름답다고 본다. 의식하는 순간순간이 기적이다. 불성은 끊임없이 샘솟는 자비와 사랑과 지혜의 원천이다. 모든 사람은 각자 내면에 빛을 지니고 있으며, 온갖 선행을 도와주기 위해 기다리는 불가사의한 힘이 있다.

억압, 잔인함, 거짓, 중독, 폭력, 공해 그리고 전쟁은 피할 수 없는 것이 아니다. 사람들은 자신들이 무슨 일을 하고 있는지 이해하지 못하고 파괴적인 일을 하고 있다. 일반적으로 파괴적인 일은 모두 자기와는 다른 종족인 '나쁜 사람'이 한다고 여기지만, 이는 잘못된 생각이다. 우리는 근본적으로 모두 하나의 성품인 것이다. 우리는 그 하나의 성품이 무엇인지를 깨닫지 못하고 있을 뿐이다. 그렇기 때문에 우리가 어떠한 능력을 갖추고 있는지를 보지 못하는 것이다.

심리치료의 과제는 사람들을 자신의 내면 세계로 다시 연결시키고, 사람들 사이를 다시 연결시키며, 사람들과 세계를 다시 연결시키는 것이다. 부처님이 살아 있을 당시, 스님들은 내다 버린 옷의 누더기를 모아 그 조각들을 바느질로 짜맞추어 법복(法服)을 만들곤 했다. 그렇게 기워 맞춘 법복은 불교적 삶에서 매우 가치 있는 상징으로 여겨진다. 이와 유사하게 인간 마음을 치료하는 치료사의 작업도 쓸모없이 보이는 것을 함께 합쳐서 그 잠재력을 빛나는 그 무엇으로 드러내는 데에 있다. 진정한 법복은 물론 비단이나 면으로 만들어진 것이 아니다. 어떤 사람은 그것을 타고날 때부터 가지고 있고, 또 어떤 사람은 자신의 삶을 달리 이해하게 됨으로써 그것을 얻기도 한다. 우리도 역시 그렇게 해서 다른 사람에게 줄 수 있는 무엇인가를 얻을 수 있다. 그렇지 않으면 맹인이 맹인을 이끄는 것과 같이 된다.

내면의 평화와 외부의 평화는 서로를 비춰 주고 있다는 것이 불교의 기본 원리다. 아무리 많은 인위적 지원 시스템을 설치하여 작용하게 할지라도 몸에서 분리된 사지가 건강할 수 없듯이 지구의 삶에서 분리된 개인의 구원은 결코 가능하지 않다. 그리고 우리가 우리 내면에서 조화를 이룰 뿐 아니라 우리 사이에서 조화를 이룰 때까지 지구 또한 스스로 본래의 건강과 완전함을 되찾을 수 없을 것이다. 인간은 자기 본래의 뿌리에서 분리되어 점점 그 자신의 인위적인 지원 시스템 내에서 살아가는 존재가 되어 가고 있다. 우리는 어머니 지구의 자비의 손일 수도 있으나, 그녀의 사형 집행자가 될 위험에 처하여 있다. 부처님이 깨달음을 얻었을 때에 그는 손을 내려 땅을 만졌다. 우리도 반드시 깨달음을 얻어 다시 한 번 지구에 손을 내밀어야 한다.

공동체 의식

현대 신화에서 거의 의심하지 않는 가정은 진보다. 그러나 불교의 신화에서는 우리가 깨어나지 않는 한 점진적 퇴화가 끊임없이 진행하고 있다고 한다. 우리가 겪는 진보는 기술과 숫자의 측면에서다. 정신적 진화에서 진보가 이루어져 왔다고 주장하기는 매우 어렵다. 이것은 우리가 기술적인 힘에서는 이득을 얻은 반면, 대중 사회에 의한 전통의 파괴와 공동체의 해체에서는 손실을 입었기 때문이다. 그러므로 우리는 불교에서 말하는 승가(僧伽, sangha), 즉 조화로운 공동체의 재창조가 필요하다. 이는 정치적인 것이 아니라 정신적 건강을 위하여 반드시 필요한 것이다.

역사는 일반적으로 사회가 어떻게 공동체를 통제하고 파괴하였는가에 대한 이야기다. 우리의 현대적 이상은 열린 사회, 민주주의와 정의라는 것으로 짜여 있다. 그러나 『작은 것이 아름답다(*Small is beautiful*)』라는 아이러니한 제목의 책으로 유명한 불교 경제학자 슈마흐(E. F. Schumacher) 박사와 같이 공동체의 소멸을 아쉬워하며 더 배려 깊고, 더 작은 규모의 삶으로의 접근을 모색하는 사람들도 언제나 존재해 왔다.[22] 불자들은 공동체를 창조하거나 재창조하려고 노력한다.

그러나 현대 사회에서 공동체는 많은 경우 이제 가족 단위로 한정되어 있다. 심지어 가족 단위조차도 더 이상 줄일 수 없는 최소한의 규모로 축소되고 불안정하게 되어 버렸다. 자유 사회의 자연스러운 발전은 마치 가족 모두를 없애 버리고 단지 개인만이 있는 것처럼 여기고 있으나, 결코 그렇게 되는 것이 아니다. 성인은 비용을 지불하고 사회의 '합리성'에 대처할 수 있지만, 아이는 그렇지 못하다. 현대 사회에서 우리는 전례가 없을 정도의 가정 붕괴를 목격하고 있으며, 이것은 심리치료사에게 일거리를 만들어 주고 있다.

공동체를 사회로 대체한 것에 대한 정신적 비용은 스트레스다. 공동체에서는 대부분의 시간 내내 우리가 알고 있는 사람들인 친구, 친척과 지인에 둘러싸여 있다. 사회에서는 낯선 사람에게 둘러싸여 있다. 다른 동물과 마찬가지로 인간도 낯선 사람 때문에 놀라게 된다. 열린 사회가 조금이라도 기능하려면 모두가 지나치게 강도 높은 스트레스에 대처하고 위장하여야 하는 것이다.

현대 사회에서 공동체가 피폐해지면서 그 대신 심리치료가 등장하였다. 이 과정이 가장 극도로 진행된 나라인 미국에는 다른 어떤 곳보다 심리치료법이 많다. 심리치료의 관계는 가족 밖에서 한 개인이 있는 그대로 받아들여질 수 있고 개인 차원에서 진정한 유기적 관계의 감각이 일어날 수 있는 소중한 자리를 제공하는 것이다. 그러나 이러한 상황조차도 위협을 받고 있다.

공동체를 지향하는 운동의 일부로서 심리치료는 대중 사회에 위협이 된다. 그래서 사회는 심리치료를 통제하고 전문화하며 보강함으로

22) Schumacher, 1973.

써 그 자신의 목적을 위해 심리치료를 파괴하려고 한다. 전문화는 심리치료와 인간 잠재력 운동에 단단한 벽을 설치하여 1960년과 1970년대에 반짝 드러냈듯이 그 혁명적 충격을 억제하고자 하는 방법이다. 이미 심리치료 직업은 사회의 치안 유지 기능을 발휘하기 시작한 것이다.

그렇지만 여전히 심리치료가 공동체의 실천이라는 더 넓은 개념으로 다시 돌아오는 길을 제공할 수 있을 것인지, 그렇다면 어떤 방법이 가능한지에 대한 문제가 남아 있다. 이것은 실질적으로 정신병을 예방하는 문제일 것이다. 정신적으로 무너질 가능성이 가장 낮은 사람들은 삶에 대한 확신이 서 있고 자신이 믿고 이바지할 수 있는 공동체가 있는 사람들이다. 그러나 많은 내담자가 계속 요구하고 있는 것이라 할지라도 심리치료 공동체의 실천은 사실상 존재할 수 없도록 규제를 받아 왔다. 그러므로 우리는 공동체의 잠재적 치유 기능과 심리치료의 공동체적 연합을 다시 주장할 필요가 있는 것이다. 심리치료가 다른 의료 전문가와 나란히 돈을 많이 벌 수 있는 직업이기를 바라는 의료 기관에서는 이러한 주장이 들리지도 않을 것이다.

그러나 모든 종류의 심리치료 요법은 인간 공동체의 찢어진 얼개를 치유하는 기능이 있다. 치료사는 거리를 두지 않는 방식으로 내담자를 알게 된다. 사람들이 계약과 경계의 중요성을 어떻게 생각하든지 간에 심리치료의 관계는 상업적 거래 이상을 의미한다. 양쪽 모두 마음을 주고받는다. 어떤 치료는 매우 짧고 어떤 치료는 좀 더 길다. 하지만 그것이 우리를 변화시키는 만큼이나 두 사람 사이에 맺어진 인연은 언젠가 어떤 방식으로든 이 세상을 유익하게 할 것이다.

승가 만들기

선과 모든 불교에서 가장 중요한 부분의 하나는 승가의 설립이다. 승가는 선 수행을 서로서로 지원하는 사람들의 모임이다. 그 목적은 진정한 공동체를 재창조하는 것이다. 특히 인간이 소외되고 있는 현대 사회의 상황에 비추어 보면 이런 종류의 연결 고리를 만드는 것은 중요하다. 우리가 그렇게 할 수 없다면 사람들은 어떤 것도 신뢰할 수 없을 것이다.[23] 공동체를 만드는 것은 정신병을 예방하는 것이다. 심리 치료는 관계에 의존한다. 몇 분의 유명한 현대 불교 스승의 말을 인용해 보고자 한다.

틱낫한 사람 사이의 관계는 수행에 있어 성공의 열쇠다. 적어도 한 사람과의 친밀하고 깊은 관계가 없다면 변화는 성공하기 힘들다. 한 사람의 지원만 있어도, 당신은 안정과 지원을 느끼게 되며, 나중에는 세 번째 사람에게도 손을 내밀 수 있고 결국 승가의 모든 사람에게 형제나 자매가 될 수 있다. 당신은 승가의 모든 사람과 평화롭고 조화롭게 살 의지와 능력이 있다는 것을 보여 주게 된다. 가족과 같이 친근하고 따뜻한 분위기의 수행 공동체를 서양에 설립하여 사람들이 수행을 성공적으로 이룰 수 있도록 하는 것이 나의 깊은 바람이다.[24] 우리는 각자 승가를 필요로 한다. 만약 아직 훌륭한 승가가 없다면 우리는 그것을 만드는 데 우리의 시간과 에너지를 쏟아야 할 것이다. 만약 당신이 심

---

23) Hanh, 1992, p. 101.
24) Hanh, 1992, p. 107.

리치료사, 의사, 사회사업가, 평화활동가 또는 환경운동가라면 당신에게는 승가가 필요하다. 승가 없이는 충분한 지원을 받을 수 없고, 당신에게는 곧 소진해 버릴 것이다.[25]

트룽파 우리는 진정한 대화를 가능하게 하는 어떤 구조를 창조하여야 한다. 거기서 진정한 대화가 이루어져야 한다. 그리고 누군가 그 일을 시작해야 한다. 만약 아무도 시작하지 않는다면 아무것도 일어나지 않는다. 일단 시작하고 개발하여 한 사람을 접촉할 수 있다면 곧 세 번째 사람과 연결될 수 있으며, 그다음 네 번째 사람 등으로 점점 발전해 나갈 것이다. 마치 런던에서처럼, 우리를 우울하게 하는 것은 지하철의 색채, 의자, 벽이 아니라 제각기 우울한 표정으로 개미처럼 이리저리 분주하게 움직이고 있는 사람들의 얼굴이다. 각자 자신의 빛을 지니고 움죽거리는 사람들의 공동체를 창조하도록 시작하여 보자.[26]

로 시 스승인 사와키 로시는 종종 수도원이 마치 화로 안의 타오르는 숯불 같다고 했다. 만약 한 개의 작은 숯을 넣는다면 그것은 곧바로 꺼져 버릴 것이다. 그러나 작은 숯을 여러 개 모은다면 각각의 숯이 조금만 빨갛게 달아올라도 그 불길은 타오를 것이다. 같은 방식으로 우리 모두 각자 조촐한 보리심을 내지만 우리의 승가는 번영할 수 있게 된다.[27]

25) 앞의 책, p. 112.
26) Trungpa, 1969, p. 26.

그래서 선은 분리된 개인주의가 아니며 함께 하나로 뭉치는 것이다. 진정한 홀로서기는 관계를 끊는 것이 아니다. 그것은 관계 속에서 우리를 더욱 책임감 있는 사람으로 성장시켜 관계를 더욱 풍요롭게 한다. 진정한 홀로서기는 불교 용어로 'bhad-dekarat-ta'라고 하며, 이것은 글자 그대로 해석하면 '하나가 되는(eka) 최고의(bhadd) 기쁨(ratta)'이다. 좋은 공동체를 만들기 위해서 우리는 각자 이 'bhad-dekarat-ta'를 수행하려고 노력하여야 한다. 우리는 각자 스스로의 힘으로 혼신의 노력을 최대한 기울여야 한다. 우리의 노력에는 조건이 없다. 우리는 이기적 관심에 바탕을 둔 협상으로 승가를 만드는 것이 아니다. 우리는 '내가 저지른 게 아니기 때문에 저 난장판을 치우지 않을 거야.'라고 말하지 않는다. 우리는 무조건 관대하게 베풀며 행한다. 그것이 곧 보살도인 것이다. 역설적일지 모르지만, 진정한 공동체는 아마도 홀로 설 능력이 있는 사람들에 의하여 만들어질 수 있을 것이다. 왜냐하면 그런 사람들은 무조건 줄 수 있기 때문이다.

부처님이 살아 있을 때에 '홀로 사는 자'가 된다는 것은 대단히 높이 평가받는 일이었다. 은둔자는 매우 존경받았다. 그러나 부처님이 '홀로 사는 자'가 되는 사람에 대하여 설할 때, 그것은 어디를 가든 이기심이 따라붙지 않는 사람을 뜻하는 것이었다. 그래서 부처님은 말한다. "이러한 마음으로 삶을 살아가는 비구는 설사 비구, 비구니, 우바새, 우바이, 왕족, 관리 그리고 외도의 스승과 추종자와 함께 마을에 살고 있다고 할지라도 여전히 '홀로 사는 자'인 것이다. 어째서인가? 왜냐하면 그의 '두 번째'는 이기적인 욕심이며 그는 그것을 버렸기 때

---

27) Uchiyama, 1993, p. 183.

문이다. 이것이 바로 그를 '홀로 사는 자'라 부르는 이유다."[28]

사실 부처님은 공동체의 중요성에 대하여 매우 특별하게 강조하였다. 승가는 불교의 세 가지 귀의처 중의 하나이고 그래서 승가는 불교 수행의 길에 핵심으로 자리 잡고 있다. 이것이 2,500년 동안 불법이 명맥을 유지해 올 수 있는 이유이기도 한 것이다. 세속적인 조건을 초월하기 위한 선의 목표가 인간 사회의 완전한 변화를 추구하는 공동체 창조의 에너지를 끌어내고 있는 것이다. '밑에서부터 위로(bottom up)'하는 것을 기초로, 불교의 접근 방법에는 문명을 완전히 재형성할 수 있는 힘이 내재하고 있다.[29] 결국 "승가란 또한 우리 사회에 지배적인 효율성, 폭력성과 불건전성 중심의 생활 방식을 저항하는 하나의 공동체인 것이다."[30]

훌륭한 공동체와 동료를 만드는 것은 모두 심리치료적 효과가 있다. 다른 사람을 본받고 반응하는 것은 어린아이로서 우리 모두가 대부분의 기술과 태도를 배우는 방식이다. 최근 서양의 심리치료에서는 공동체에 대하여 충분히 주의를 기울이지 못하였다. 왜냐하면 그것은 아마도 심리치료라는 것을 그냥 하나의 직업이라기보다 모든 것을 포괄하는 것으로 만들기 때문일 것이다. 존 히턴(John Heaton)은 최근 실존 분석학회지에서 소크라테스(Socrates), 파이로(Pyrrho), 견유학파(Cynics), 스토아철학(Stoics), 회의론자(Sceptics) 등의 대화를 가리키며 '철학적인 심리치료'에 관하여 언급하였다.

28) Migajala Sutta, Samyutta Nikaya 4.
29) Ling, 1976.
30) Hanh, 1992, p. 114.

철학적인 심리치료는 철학자의 삶에서 나온다. 그러므로 그리스인과 로마인은 철학자가 어떻게 삶을 살았고 어떻게 죽었는지에 대하여 매우 관심이 많았다. 왜냐하면 쾌락과 고통의 노예가 되지 않고 죽음에 대한 비이성적인 두려움을 극복해 버린 것이 철학자의 징표였기 때문이다. 그리스인과 로마인은 심리치료를 받기 위하여 야심적이고 탐욕스럽거나 질투심 있는 누군가를 찾아간다는 것은 얼토당토 않는 일로 여겼을 것이다. 왜냐하면 이러한 것이 바로 영혼의 질병이기 때문이다. 만약 심리치료사가 이러한 질병에서 벗어나 있지 못하다면 어떻게 다른 사람을 치료하기를 바랄 수 있겠는가?[31]

집단은 사람들을 도울 수 있는 매우 강력한 매개체가 될 수 있다. 승가가 일시적이든 지속적이든, 정신적으로 성장하는 것은 함께 나누는 것에서 비롯된다. 이와 같은 모임의 참여자가 된다는 것은 강력한 경험인 것이다. 진정한 공동체는 심리치료의 효과가 있다. 선의 삶을 살아가는 사람은 홀로 있다 할지라도 공동체 속에 함께 있는 것이고, 다른 사람과 함께 있는 속에서도 홀로 있는 것이다.

너의 마음, 나의 마음

선은 공생(共生)으로 살아가는 마음이다. 그것은 모든 것이 서로 연결되어 있으므로 어떠한 해를 끼칠 수 없다는 내면의 계율을 지닌 마

---

31) Heaton, 1990, p. 5.

음이다. 조화로운 삶을 살아가는 것은 광대한 우주의 질서 속에서 우리의 위치를 인식하는 데에서 자연스럽게 흘러나온다. 심리치료는 자비와 사랑과 이해심을 실천하고 자연과 교감하는 것을 통하여 그러한 인식을 재확립하고자 하는 것이다.

나는 그녀 자신이 거의 아무것도 할 수 없을 정도의 개인적인 근심거리를 매주마다 끊임없이 줄줄이 가져오곤 하였던 내담자를 기억하고 있다. 그때마다 창문을 통하여 햇빛의 물결은 끝없이 흘러들었다. 때때로 나는 반짝이는 그 물결에 그녀의 관심을 돌리게 하고, 얼마간의 침묵을 함께 즐기곤 하였다. 어느 봄날이었다. 그녀는 나에게 다음과 같이 말했다. "집에 있을 때에는, 제가 처한 상황이 아무것도 변하지 않은 것 같아요. 하지만 저는 어쨌든 호전되었다고 느껴요. 그래서 그걸 옛날과 똑같은 식으로 보지는 않아요." 나는 그녀에게 정말로 햇빛 이외에는 아무것도 준 것이 없었다. 그녀는 우리가 함께 공생하는 마음을 통하여 스스로 치료된 것이다.

우리 자신보다 더 위대한 무엇인가에 마음을 열 때 우리는 정신적 또는 영적이라는 말을 쓰게 된다. 어떤 사람은 이 말을 좋아하지만 어떤 사람은 싫어하기도 한다. 선에서는 이것을 무엇이라 부르든지 사실 문제가 되지 않는다. 어찌됐든 현대인은 자연에서 분리된 정도에 비례하여 정신적인 것에서도 분리된 것이다.

심리치료가 정신적인 길이 될 수 있다는 생각은 일반적이지 않을 수 있다. 일반적으로 심리치료는 직업 또는 유사 의료 행위로 여겨진다. 그렇지만 실제로 심리치료의 세계에서는 수많은 정신적인 차원의 문제가 다루어지고 있다. 원래 '직업(profession)'은 한 개인이 믿음을 확언한다는(professed) 것을 뜻하였지만 지금은 그것으로 대가가 지불된다는 뜻을 나타낸다. 이러한 변화는 현대의 가치체계의 퇴화를 반영하는 것이다. 심리치료가 한마음으로 향하는 길이라고 제시하는 것은 최근의 흐름과 맞지 않다. 그러나 순전히 효용주의적인 접근으로 인한 피해가 명백하게 드러나면서, 상황이 바뀔 수 있는 몇 가지 징조가 보인다.

그대는 그때 어디에 있었는가?

깊이 숨 쉬고,
깊이 숨 쉬어라.

내 가슴을 가득 채우는 공기는 어떠한가?
내가 몇 분 더 살 수 있는 은총,
이 은총을
내 피는 받아들이고,
내 모든 세포는 다시 새로워진다.
들이고 내는 숨마다
내 일부분은 떨어져 나가고
새로운 것이 자리 잡는다.

어제 내가 먹은 밥,
그것은 지금 어디에 있는가?
나의 근육과 뼈 속에.
함께 나눈 주스,
그것은 어디로 가 버렸는가?

우리의 팔다리와 온몸에.

지난 달
벼는 햇빛을 받아 물결쳤고
다른 대지에서,
미시시피나 이라와디의
물이 범람하지 않는 평원에서,
과일은
사이프러스 또는 시실리
또는 스페인의 나무에도 열렸다.

그 이전에는 무엇이었던가?
그 이전에 그것은
흙 속에 있었고,
공기 속에 있었고,
바다 속에 있었네.
바다 속에 있었을 때에는
모아지기를 기다렸고,
저 하늘 꼭대기에 높이 솟아오르기를 기다렸고,
비가 되기를 기다렸네.

그대와 나는
대체로 물이네.
지난해
우리는 각자 대부분

대양 속에 있었네.

대서양에서

아니면 아마 태평양에서

우리는 함께 돌고 있었네.

왜냐하면 우리는 대체로 물이기 때문이지.

작열하는 태양열에 의하여,

폭풍처럼 쏟아지며,

대양의 얼굴을 강타하는

헤아릴 수 없는 광자의 충돌에 의하여

물은 하늘로 오르네.

그리고 모든 광자는

태양으로부터,

별의 배꼽으로부터 나온 것이라네.

지난 날 그대와 나는 별이었니까.

태양의 소용돌이 치는 심장 속에서

우리는 숨바꼭질했지.

그러니 지난해 그대의 집에서 살던 사람은 누구였는가?

그리고 다음 주에 그대는 어디에 있을 것인가?

누가 그대의 진정한 친구이고 누가 그대의 원수인가?

그리고 다음 해 그대는 누구일 것인가?

깊이 숨 쉬고,

깊이 숨 쉬어라.

이 공기가 나이고

이 공기가 그대라네.

우리가 함께 나누는 이 공기.

나는 그대에게 나의 재료를 주고

그대는 그대의 재료를 나에게 주노니.

들이고 내는 숨마다 나는

거대한 숲들과 연결되어

하나의 궤도로 돌아가네.

내가 숨을 내쉬니 숲이 먹고,

숲은 내 가슴을 가득 채우네.

지난해

나는 나무였고

그 나무는 바로 나였네.

날마다

우리는 재료를 모으고,

끊임없이

서로에게서 자기를

다시 만드는 일을 계속하네.

날마다

우리는 자기의 한 부분을 버리고,

끊임없이

서로에게로 자기가

다시 돌아가는 일을 계속하네.

날마다 우리는 고정됨이 없으니,
나는 그대가 되고 그대는 내가 되네.
우주의 재료,
티끌과 그 모든 것은
우리 모두를 통과하고,
우리 자신도 그들을 모두 통과하네.

그때 그대는 어디에 있었는가?
깊이 숨 쉬고,
깊이 숨 쉬어라.

우리가 풀어야 할 과제는 모든 생명뿐 아니라 생명이 없는 세계까지
도 우리와 하나임을 깨닫는 것이다. 조류가 흐르는 바다, 생명을 먹이
는 대기와 지구의 마당인 대륙은 모두 그 자신의 생명력으로 약동하며
끊임없이 움직이고 있다. 문명인으로서 우리가 가진 불안감은 크게 자
연에게서뿐만 아니라 서로에게서 스스로 거리를 두는 우리의 능력에
원인이 있다. 진정한 심리치료는 개별적인 인간뿐만 아니라 온 지구가
어떻게 치료될 것인가 하는 비전을 가지는 것이다.

참고문헌

Apter, M. J. (1989) *Reversal Theory*. London: Routledge.

Barrett, W. (1961) *Irrational Man: A study in existential philosophy*. London: Heinemann.

Beech, C. J. (1994) Private communication.

Bettelheim, B. (1992) *Recollections and Reflections*. London: Penguin.

Binswanger, L. (1975) (trans. and ed. Needleman, J.) *Being-in-the-World*. London: Souvenir.

Bloch, M., and Parry, J. (1982) *Death and the Regeneration of Life*. Cambridge: Cambridge University Press.

Boss, M. (1982) (trans. Lefebre, L.B.) *Psychoanalysis and Daseinanalysis*. New York: Da Capo Press.

Brazier. D. J. (1992) *Mitwelt*. Newcastle upon Tyne: Eigenwelt Amida.

Brazier. D. J. (1993) 'The Necessary Condition is Love', in *Beyond Carl Rogers*. London: Constable.

Brooke, R. (1991) *Jung and Phenomenology*. London: Routledge.

Brooks, C. V. W. (1982) *Sensory Awareness: The rediscovery of experiencing*. Santa Barbara, CA: Ross-Erikson.

Cox, M., and Theilgaard, A. (1987) *Mutative Metaphors in Psychotherapy*. London: Tavistock.

Chung, C. Y. (1968) 'Differences of the Ego as Demanded in Psychotherapy in the East and West', *Korean Journal of Neuropsychiatry 7, 2*, October 1968.

Chung, C. Y. (1990) 'Psychotherapist and Expansion of Awareness', *Psychotherapy and Psychosomatics, 53*, pp. 28-32

Cornell, A. W. (1993) 'Teaching Focusing with Five Steps and Four Skills', in D. J. Brazier (ed.), *Beyond Carl Rogers*. London: Constable.

Doi, T. (1986) *The Anatomy of Self: The individual versus society*. Tokyo: Kodansha.

Engler, J. (1986) 'Therapeutic aims in psychotherapy and meditation', in K.

Wilber and D. P. Brown (eds.), *Transformations of Consciousness*. Boston: New Science Library.

Epstein, M. (1988) 'The deconstruction of the self: ego and "egolessness" in Buddhist insight meditation', *Journal of Transpersonal Psychology 20, 1*, pp. 61-69.

Figurski, T. J. (1987) 'Self-awareness and other-awareness: The use of perspective in everydaylife', in K. Yardley and T. Honess (eds.), *Self and Identity*. Chichester: John Wiley & Sons.

Fox, W. (1990) *Toward a Transpersonal Ecology*. London: Shambhala.

Frankl, V. E. (1967) *Psychotherapy and Existentialism*. New York: Square Press.

Freud, S. (1901) *The Psychopathology of Everyday Life*. London: Penguin (1975).

Freud, S. (1914) 'On Narcissism', in *On Metapsychology*. London: Penguin (1984).

Gendlin, E. T. (1962) *Experiencing and the Creation of Meaning*. Glencoe, II: Free Press.

Gendlin, E. T. (1981) *Focusing*. New York: Bantam.

Gyatso, K. (1986) *Meaningful to Behold*. London: Tharpa.

Gyatso, K. (1990) *Essesnce of Good Fortune*. London: Tharpa.

Hanh, N. (1990) *Present Moment Wonderful Moment*. Berkeley: Parallax.

Hanh, N. (1992) *Touching Peace*. Berkeley: Parallax.

Hanh, N. (1993a) *For a Future to be Possible: Commentaries on the Five Wonderful Precepts*. Berkeley: Parallax.

Hanh, N. (1993b) *The Blooming of a Lotus*. Boston: Beacon.

Hanh, N. (1993c) *Thundering Silence: Sutra on knowing the better way to catch a snake*. Berkeley: Parallax.

Hayashi. S., Kuno, T., Morotomi, Y., Osawa, M., Shimizu, M., and Suetake, Y. (1994) *A Re-evaluation of Client-centered Therapy though the Work of F. Tomoda and its Cultural Implications in Japan*. Paper presented at the 3rd International Conference on Client-Centered and Experiential Psychotherapy, Gmunden, Austria, September 1994.

Heaton, J. M. (1990) 'What is Existential Analysis?', *Journal of the Society for Existential Analysis, 1*, pp. 2-5.

Hogen, Y. (1993) *On the Open Way*. Liskeard, Cornwall: Jiko Oasis Books.

Holmes, P. (1992) *The Inner World Outside: Object relations theory and psychodrama*. London: Routledge.

Husserl, E. (1925) (trans. Scanlon, J.) *Phenomenological Psychology.* Hague: Martinus Nijhoff, 1977.

Husserl, E. (1929) *The Paris Lectures.* Hague: Martinus Nijhoff.

Husserl, E. (1931a) *Ideas: General introduction to pure phenomenology.* New York: Macmillan.

Husserl, E. (1931b) (trans. Cairns, D.) *Cartesian Meditations.* Hague: Martinus Nijhoff.

Husserl, E. (1983) (trans. Kersten, F.) *Ideas Pertaining to a Pure Phenomenology and to a Phenomenological Philosophy.* Hague: Martinus Nijhoff.

James, W. (1890) *The Principles of Psychology*, Volume 1. New York: Dover (1950).

Jung, C. G. (1907) 'The Psychology of Dementia Praecox', in *The Psychogenesis of Mental Disease.* London: Routledge (1991).

Jung, C. G. (1978) *Psychology and the East.* London: RKP.

Kalu (1987) *The Gem Ornament of Manifold Oral Instructions.* New York: Snow Lion.

Kennett, J. (1976) *Zen is Eternal Life.* Emeryville, CA: Dharma Publishing.

Kohut, H. (1971) *The Analysis of the Self.* London: Hogarth Press.

Kohut, H. (1977) *The Restoration of the Self.* New York: International Universities Press.

Kopp, S. (1985) *Even a Stone can be a Teacher.* Los Angeles: Tarcher.

Kornfield, J., Dass, R., and Miyuki, M. (1983) 'Psychological Adjustment is not Liberation', in J.Welwood (1985) *Awakening the Heart: East west approaches to psychotherapy and the healing relationship.* London: Shambhala.

Kusan Sunim. (1985) *The Way of Korean Zen.* New York: Weatherhill.

Laing, R. D. (1961) *Self and Others.* London: Penguin.

Leidloff (1986) *The Continuum Concept.* London: Penguin.

Ling, T. (1976) *The Buddha.* London: Penguin.

Macy, J. (1991) *World as Lover, World as Self.* Berkeley: Parallax Press.

Marineau, R. F. (1989) *Jacob Levy Moreno 1889-1974: Farther of psychodrama, sociometry and group psychotherapy.* London: Routledge.

May, R. (1983) *The Discovery of Being.* New York: Noton.

Merleau-Ponty, M. (1964b) 'The Film and the New Psychology', in H. L. Dreyfus and P. A. Dreyfus (trans.), *Sense and Non-Sense.* Chicago: Northwestern University Press.

Mikulas, W. (1990) 'Mindfulness, self-control and personal growth', in M. G. T. Kwee (ed.), *Psychotherapy, Meditation and Health*. Proceedings of 1st International Conference on Psychotherapy, Meditation and Health. London: East-west Publications.

Moacanin, R. (1986) *Jung's Psychology and Tibetan Buddhism*. London: Wisdom.

Moreno, J. L. (1985) *Psychodrama*, Volume 1. Ambler, Pennsylvania: Beacon House.

Narada (1973) *The Buddha and his Teachings*. Singapore: Singapole Buddhist Meditation Centre.

Neumann, E. (1969) *Depth Psychology and a New Ethic*. London: Hodder and Stoughton.

Nyanaponika (1974) *The Snake Simile*. Kandy, Sri Lanka: Buddhist Publication Society: Wheel Publication number 48/49.

O'Hara, M. (1989) 'When I use the term Humanistic Psychology...', *Journal of HumanisticPsychology*, 29, pp.263-273.

Okuda, Y. (trans.) (1989) *The Discourse on the Inexhaustible Lamp of the Zen School*, by Zen Master Torei Enji. London: Zen Centre.

Perls, F. (1969) *Gestalt Therapy Verbatim*. Berkeley: Real People Press.

Price, A. F., and Wong, M. L. (1969) *The Diamond Sutra and the Sutra of Hui Neng*. Boston: Shambhala.

Punnaji (1978) 'Buddhism and Psychotherapy', *Buddhist Quarterly 10*, 2-3, pp. 44-52.

Purton, C. (1994) *The Deep Structure of the Core Conditions: A Buddhist Perspective*. Paper presented to the 3rd International Conference on Client-Centered and Experiential Psychotherapy, Gmunden, Austria, September 1994.

Reps, P. (1957) *Zen Flesh Zen Bones*. London: Penguin.

Reynolds, D. (1989) *Flowing Bridges, Quiet Water: Japanese Psychotherapies, Morita and Naikan*. New York: State University Press.

Rhee, D. (1990) 'The Tao, Psychoanalysis and Existential Thought', *Psychotherapy and Psychosomatics*, 53, 1-4, pp. 21-27.

Rogers, C. R. (1942) *Counseling and Psychotherapy: New Concepts in Practice*. Boston: Houghton Mifflin.

Rogers, C. R. (1951) *Client Centered Therapy*. London: Constable.

Rogers, C. R. (1967) *On Becoming a Person*. London: Constable.

Rogers, C. R. (1978) *On Personal Power*. London: Constable.

Rogers, C. R. (1980) *A Way of Being*. Boston: Houghton Mifflin.

Schneider, D. (1993) *Street Zen*. London: Shambhala.

Schumacher, E. F. (1973) *Small is Beautiful: A study of economics as if people mattered*. London: Sphere/Penguin.

Sekida, K. (1975) *Zen Training: Methods and Philosophy*. New York: Weatherhill.

Seligman, M. E. (1975) *Helplessness: On depression, development and death*. San Francisco: W. H. Freeman.

Solomon, R. C. (1988) *Continental Philosophy since 1750*. Oxford: Oxford University Press.

Spiegelman, M. J., and Miyuki, M. (1987) *Buddhism and Jungian Psychology*. Phoenix, Arizona:Falcon.

Spinelli, E. (1989) *The Interpreted World*. London: Sage.

Stevens, A. (1990) *On Jung*. London: Routledge.

Suzuki, D. T. (1949) *An Introduction to Zen Buddhism*. London: Rider.

Suzuki, D. T. (1950) *Essays in Zen Buddhism: Second series*. London: Rider.

Suzuki, D. T. (1969) *The Zen Doctrine of No Mind*. London: Rider (1986).

Suzuki, D. T. (1972) *Living by Zen*. London: Rider (1982).

Suzuki, S. (1970) *Zen Mind Beginners Mind*. New York: Weatherhill.

Tanahashi, K. (1985) *Moon in a Dewdrop: Writings of Zen Master Dogen*. San Francisco: North Point Press.

Thien-an (1975) *Zen Philosophy Zen Practice*. Berkely: Dharma Publishing.

Thorne, B. (1992) *Carl Rogers*. London: Sage.

Trungpa, C. (1969) 'The New Age', *International Times* 63 (29 August-11 September 1969), p. 26.

Uchiyama, K. (1993) *Opening the Hand of Thought*. London: Arkana/Penguin.

Watts, A. W. (1957) *The Way of Zen*. London: Penguin.

Wilber, K. (1985) *No Boundary: Eastern and western approaches to personal growth*. London: Shambhala.

Zopa, T. (1994) *The Door to Satisfaction*. Boston: Wisdom.

찾아보기

내 용

| 저자 소개 |

David Brazier

오랫동안 선불교의 가르침을 심리치료에 접목하는 방법론을 연구해 온 심리치료사로 유럽, 아프리카, 남아시아를 중심으로 새로운 실천 불교 운동을 전개하고 있는 선 수행자다. 아미타 트러스트(Amida Trust)라는 수행 단체(http://www.amidatrust.com)를 조직하여 불교 심리치료의 교육, 참여 불교 프로젝트의 추진, 현대적인 수행 공동체의 개발 등 불교의 현대화를 위하여 많은 노력을 하고 있으며, 현재 이 단체의 정신적 지도자로 활동하고 있다. 주요 저서로는 이 책의 원서인 *Zen Therapy* 외에 *New Buddhism, The Feeling Buddha* 등이 있다.

| 역자 소개 |

김용환   The Pennsylvania State University (USA) 경영학 박사
         한마음과학원 기획조정실장

박종래   University of Leeds (UK) 공학 박사
         한마음과학원 연구원

한기연   Duke University (USA) 경제학 박사
         한마음과학원 연구원

역자와의
협약으로
인지생략

선 치료 Zen Therapy: A Buddhist Approach to Psychotherapy

2007년   7월 20일 1판 1쇄 발행
2024년   9월 25일 1판 6쇄 발행

지은이 • David Brazier
옮긴이 • 김용환 · 박종래 · 한기연
펴낸이 • 김진환
펴낸곳 • **학지사**
121-837 서울특별시 마포구 서교동 352-29 마인드월드빌딩 5층
대표전화 02)326-1500 / 팩스 02)324-2345
홈페이지 http://www.hakjisa.co.kr
등   록 1992년 2월 19일 제2-1329호

ISBN 978-89-5891-482-2 93180

정가 17,000원

잘못 만들어진 책은 구입처에서 교환하여 드립니다.

인터넷 학술논문 원문 서비스 **뉴논문** www.newnonmun.com